René Guénon

COMPTES-RENDUS D'ARTICLES DE REVUES & NOTICES NÉCROLOGIQUES

- Recueil posthume -

René Guénon
(1886-1951)

Comptes-rendus d'articles de revues
& notices nécrologiques
- Recueil posthume -

Publié par
Omnia Veritas Ltd

www.omnia-veritas.com

COMPTES RENDUS D'ARTICLES DE REVUES 9

PARUS DE 1928 À 1950 DANS LE VOILE D'ISIS, DEVENU ÉTUDES TRADITIONNELLES EN 1936 .. 9

Octobre 1928 9
Juin 1929 9
Juillet 1929 11
Octobre 1929 14
Novembre 1929 19
Décembre 1929 23
Janvier 1930 26
Février 1930 27
Mars 1930 30
Juin 1930 32
Juillet 1930 33
Octobre 1930 34
Novembre 1930 37
Janvier 1931 38
Février 1931 41
Mars 1931 45
Avril 1931 48
Juin 1931 50
Juillet 1931 55
Octobre 1931 57
Novembre 1931 60
Janvier 1932 62
Février 1932 65
Mars 1932 66
Mai 1932 69
Juin 1932 79
Juillet 1932 83
Octobre 1932 ? 87
Octobre 1932 89
Novembre 1932 90
Novembre 1932 ? 97
Décembre 1932 97
Janvier 1933 100
Février 1933 109
Mars 1933 111
Avril 1933 114
Juin 1933 116
Août-septembre 1933 ? 119

Octobre 1933	121
Décembre 1933	127
Année 1933 (mois inconnu, > février)	129
Janvier 1934	129
Mars 1934	133
Mai 1934	136
Juin 1934	136
Juillet 1934	138
Octobre 1934	140
Novembre 1934	142
Janvier 1935	143
Février 1935	146
Mars 1935	148
Mai 1935	149
Juillet 1935	150
Octobre 1935	151
Novembre 1935	153
Décembre 1935	159
Année 1935 (mois inconnus)	161
Janvier 1936	163
Mars 1936	164
Avril 1936	165
Mai 1936	167
Juin 1936	169
Juillet 1936	172
Octobre 1936	175
Novembre 1936	178
Décembre 1936	179
Année 1936 (mois inconnus)	181
Février 1937	184
Mars 1937	186
Avril 1937	187
Mai 1937	190
Juin 1937	192
Juillet 1937 ?	195
Juillet 1937	196
Septembre 1937	197
Octobre 1937	200
Novembre 1937	200
Décembre 1937	201
Année 1937 (mois inconnus)	204

Janvier 1938 205
Février 1938 207
Mars 1938 212
Avril 1938 213
Mai 1938 218
Juin 1938 221
Juillet 1938 221
Octobre 1938 223
Novembre 1938 228
Décembre 1938 233
Année 1938 (mois inconnus) 236
Janvier 1939 240
Février 1939 243
Mars 1939 245
Avril 1939 247
Mai 1939 249
Juin 1939 252
Juillet 1939 254
Année 1939 (mois inconnus) 255
Janvier 1940 256
Février 1940 259
Avril 1940 262
Mai 1940 264
Juin 1940 268
Année 1940 (mois inconnu) 269
Octobre-novembre 1945 274
Décembre 1945 275
Janvier-février 1946 277
Mai 1946 283
Juin-juillet 1946 285
Août 1946 291
Septembre 1946 294
Octobre-novembre 1946 295
Décembre 1946 301
Années 1945-1946 (mois inconnus) 305
Janvier-février 1947 310
Avril-mai 1947 312
Juin 1947 315
Juillet-août 1947 318
Septembre 1947 322
Octobre-novembre 1947 325

 Décembre 1947 326
 Année 1947 (mois inconnu) 330
 Janvier-février 1948 331
 Mars 1948 333
 Juin 1948 336
 Juillet-août 1948 339
 Septembre 1948 343
 Octobre-novembre 1948 345
 Janvier-février 1949 347
 Avril-mai 1949 354
 Juin 1949 357
 Juillet-août 1949 368
 Septembre 1949 370
 Octobre-novembre 1949 376
 Décembre 1949 378
 Année 1949 (mois inconnus) 383
 Janvier-février 1950 388
 Avril-mai 1950 388
 Juin 1950 395
 Juillet-août 1950 400
 Octobre-Novembre 1950 402
 Année 1950 (mois inconnu, > juin) 404

NOTICES NÉCROLOGIQUES 407
 SÉDIR ET LES DOCTRINES HINDOUES 407
 LÉON CHAMPRENAUD (1870-1925) 408
 MADAME CHAUVEL DE CHAUVIGNY 409

DÉJÀ PARUS 411

Comptes rendus d'articles de revues

parus de 1928 à 1950 dans le *Voile d'Isis*, devenu *Études Traditionnelles* en 1936

Octobre 1928

— *Buddhism in England*. – Nous avons reçu le n° de décembre 1927 de cette revue, qui est l'organe de la *Buddhist Lodge* de Londres ; son Bouddhisme, « qui n'est d'aucune école, mais de toutes », nous rappelle assez malencontreusement le « Bouddhisme éclectique » inventé jadis par Léon de Rosny. Nous n'y avons d'ailleurs trouvé que des considérations d'un ordre tout à fait élémentaire, et encore sont-elles trop visiblement « adaptées » à la mentalité européenne ; c'est un exemple de cet esprit de propagande et de « vulgarisation » qui est si caractéristique de notre époque. Nous sommes fort loin, pour notre part, de défendre le Bouddhisme, qui est en dehors de la tradition régulière ; mais nous pensons que, malgré tout, il vaut encore beaucoup mieux que les images déformées qu'on en présente en Occident.

Juin 1929

— *Le Messager de la Nouvelle Église*, organe swedenborgien, contient, dans son numéro de février, un article sur les phénomènes de stigmatisation de Thérèse Neumann. Nous y notons cette idée très juste, que les phénomènes, même « miraculeux », ne prouvent absolument rien quant à la vérité d'une doctrine. D'autre part, nous y apprenons l'existence en Allemagne d'une secte dite « lorbérienne », dont le fondateur, Jakob Lorber, se présente, paraît-il, comme un émule de Swedenborg.

— *Krur* est, sous un nouveau nom, la continuation de la revue italienne *Ur*, dirigée par J. Evola. Pourquoi faut-il que nous trouvions, encartée dans le second numéro, une attaque à la fois violente et perfide contre un ancien collaborateur ? De tels procédés sont bien fâcheux, et ils pourraient même faire douter de la valeur initiatique de certains enseignements ; en effet, c'est plutôt dans le monde profane qu'on est habitué à voir des choses de ce genre, et il conviendrait de les lui laisser. Cela est d'autant plus regrettable que cette revue contient toujours des études réellement intéressantes, quoique orientées dans un sens « magique » un peu spécial, et malgré les réserves qu'il y a lieu de faire sur l'existence d'une « tradition méditerranéenne » qui nous paraît fort hypothétique.

— Par une rencontre assez curieuse, nous relevons dans le numéro de mars d'*Atlantis* un article signé Philèbe, où se trouve, comme dans *Krur*, l'affirmation de l'« individualisme » comme caractéristique de l'Occident. De l'Occident moderne, cela n'est pas douteux ; mais peut-il en être de même lorsqu'il s'agit de doctrines traditionnelles ? Et puis, pourquoi vouloir à toute force qu'il y ait opposition entre l'Orient et l'Occident, alors que, si on laisse de côté les déviations, il ne peut au contraire y avoir qu'harmonie ? Quelles que soient les différences de forme, toutes les traditions véritables, qu'elles soient d'Orient ou d'Occident, s'accordent nécessairement sur le fond, elles sont même identiques en leur essence. La Vérité est une, si les voies qui y conduisent sont multiples et diverses ; mais cette multiplicité des voies est requise par les différences mêmes de nature qui existent entre les hommes, et c'est pourquoi on ne doit en exclure aucune ; l'« exclusivisme » est toujours l'effet d'une certaine incompréhension, et ceux qui en font preuve n'ont sûrement pas le « don des langues ».

— *La Science Nouvelle*, qui paraît en Belgique depuis le début de cette année, semble surtout destinée à répandre les théories de M. Georges Ravasini, qui a inventé, entre autres choses, une nouvelle science désignée par le nom quelque peu barbare de « sexosociologie ». Les collaborateurs de cette revue devraient bien tout au moins, d'une façon générale, s'efforcer d'écrire en un français un peu plus correct.

— Dans le *Grand Lodge Bulletin*, organe de la Grande Loge d'Iowa (n° de février), une étude sur Pythagore et la 47ème proposition d'Euclide (théorème du carré de l'hypoténuse), dont la conclusion, malheureusement, demeure quelque peu dans le vague. Il y aurait eu cependant beaucoup à dire sur le « triangle sacré » 3-4-5 et sur bien d'autres questions connexes ; mais c'est réduire le symbolisme maçonnique à bien peu de chose que de ne vouloir y voir, comme c'est le cas ici, qu'une signification exclusivement morale et sociale ; qu'en penseraient les anciens Maçons « opératifs » ?

— *Gnosi* (n° de mars-avril) annonce la mort du professeur Otto Penzig, ancien secrétaire général de la Société Théosophique Italienne.

— La *Revue Internationale des Sociétés Secrètes* (partie occultiste, n° du 1er avril) publie un article sur la *Question juive*, dans lequel M. de Guillebert prétend opposer la « Cabale » (qu'il s'obstine d'ailleurs à confondre avec le Talmud) à la « Tradition », comme si ce dernier mot n'était pas la traduction pure et simple de l'autre ; et il affirme que la « Cabale » est « l'interprétation matérielle de la Bible », alors qu'elle est précisément tout le contraire ! Avant de se risquer à traiter certains sujets, on devrait tout de même chercher à savoir de quoi il s'agit, à moins que... Mais nous ne voulons pas supposer que ce soit sciemment que, pour les besoins d'une thèse, on déforme à ce point la vérité. – Dans le n° du 14 avril de la même revue, nous trouvons les échos d'une étrange querelle avec les *Études* des Pères Jésuites, à propos d'un livre récent intitulé *L'Élue du Dragon*, sur lequel nous aurons peut-être l'occasion de revenir[1].

Juillet 1929

— Le *Grand Lodge Bulletin* d'Iowa (n° de mars) contient plusieurs notices intéressantes au point de vue symbolique et surtout historique ; l'une d'elles concerne les modifications successives du tablier dans la Maçonnerie anglaise. Dans un autre article, nous voyons que les Maçons américains s'étonnent de la liberté avec laquelle des publications « d'outre-mer » traitent de questions se rapportant à des parties « ésotériques » du rituel.

---

[1] [Comptes-rendus de livres, juillet 1929.]

— La mentalité des Maçons américains, et aussi anglais, est en effet très particulière à bien des égards ; dans *Le Symbolisme* (n° d'avril), un article d'Oswald Wirth, intitulé *L'Église maçonnique anglo-saxonne*, apporte de curieuses précisions à ce sujet. D'après une information contenue dans la même revue, il vient de se constituer à Berlin une « Loge mystico-magique » intitulée *Fraternitas Saturni*, qui semble se rattacher plus ou moins directement aux anciennes organisations de Theodor Reuss, fondateur de l'O.T.O. (*Ordo Templi Orientis*).

— Précisément, la *Revue Internationale des Sociétés Secrètes* (partie occultiste, n° du 1er mai) publie quelques documents sur cet O.T.O., dont le chef actuel, tout au moins pour les pays de langue anglaise, semble être Sir Aleister Crowley, récemment expulsé de France (et qui, d'autre part, a dû aussi recueillir antérieurement l'héritage de l'Ordre S.S.S. et de la Fraternité Z.Z.R.Z.Z., dont la *R.I.S.S.* paraît ignorer l'existence). Ces documents sont naturellement accompagnés d'un commentaire tendancieux, où l'O.T.O. est présenté comme une « Haute Loge » et Aleister Crowley comme un successeur des « Illuminés » dont il est question dans *L'Élue du Dragon* ; c'est faire beaucoup d'honneur aux fantaisies plus ou moins suspectes de quelques individualités sans mandat et sans autorité ! Mais il est évident que la chose perdrait beaucoup de son intérêt, au point de vue très spécial où se place cette revue, si l'on devait reconnaître qu'il ne s'agit que d'une simple fumisterie ; pourtant, comment qualifier autrement une organisation dans laquelle n'importe qui, à la seule condition de payer une somme de 20 dollars, se trouve immédiatement admis au troisième degré ? – Dans la note que nous avons consacrée à *L'Élue du Dragon* et qu'on aura lue d'autre part, nous faisions allusion aux gens qui croient encore aux histoires fantastiques de Léo Taxil ; or, après avoir rédigé cette note, nous avons trouvé dans la *Revue Internationale des Sociétés Secrètes* (n° du 19 mai) un article dont le but est justement de donner à penser que c'est en s'accusant de mensonge que Taxil a menti ! Nous avons bien connu certaines des personnes dont il est question à cette occasion, et nous avons même en notre possession divers documents se rapportant à cette affaire ; nous pourrions donc, nous aussi, dire quelque chose là-dessus si nous le jugions à propos, mais, pour le moment, nous n'en voyons pas la nécessité. Nous suggérerons seulement à la *R.I.S.S.* une idée qui nous paraît fort susceptible de rentrer dans son programme : pourquoi ne publierait-elle pas un jour les documents de l'*Ordre du Labarum* ?

— Dans le *Lotus Bleu* d'avril, M. J. Marquès-Rivière continue une série d'articles fort intéressants ; il traite cette fois de *La « Roue de la Vie » bouddhique selon les traditions thibétaines*. Cela fait un singulier contraste avec les historiettes de M. Leadbeater !

— *Espiral* est l'organe de la branche mexicaine de l'A.M.O.R.C. (*Ancient Mystic Order of the Rosy Cross*), une des nombreuses organisations américaines à étiquette rosicrucienne. Nous nous souvenons que cette même organisation avait essayé de fonder aussi une branche en France il y a quelques années, mais elle semble n'y avoir rencontré que fort peu de succès.

— Dans *Rays from the Rose Cross* (n° de mai), organe d'une autre association plus ou moins similaire (*Rosicrucian Fellowship*), nous relevons une interprétation d'un passage biblique où quelques mots hébraïques sont assez malencontreusement déformés, sans parler de certains contresens encore plus fâcheux (ainsi, *iam* signifie « mer », et non pas « sel », qui se dit *melah*), et aussi une étude sur la planète Neptune et la quatrième dimension, qui n'est pas dépourvue d'une certaine fantaisie.

— Le *Mercure de France* du 15 mai contient une remarquable étude de M. Paul Vulliaud sur *Gioberti et l'Impérialisme italien*.

— Dans *Atlantis* (numéro du 21 avril), M. Paul Le Cour poursuit ses recherches sur le symbole des trois enceintes ; il reproduit un curieux document figurant, malheureusement sans indication de provenance, dans l'ouvrage du chanoine Edme Thomas sur la cathédrale d'Autun, et qui est donné comme représentant la cité gauloise des Éduens. Dans le même article sont citées quelques réflexions de M. Charbonneau-Lassay, qui dit notamment qu'il ne serait pas surpris que les Chrétiens aient fait de ce symbole une image de la Jérusalem céleste. Or, dans l'article que nous avons consacré ici à cette question le mois dernier[2], nous indiquons précisément de notre côté quelques

---

[2] [*La triple enceinte druidique.*]

rapprochements dans le même sens, et nous rappelions qu'une autre disposition des trois carrés constitue une des figures les plus habituelles de la Jérusalem céleste. Nous sommes heureux de signaler cette rencontre, qui d'ailleurs ne nous surprend pas, car il est déjà arrivé bien souvent que M. Charbonneau-Lassay et nous-même ayons abouti, indépendamment et par des voies différentes, aux mêmes conclusions sur beaucoup de points concernant le symbolisme.

— *Le Compagnonnage* (n° de mai) continue la publication d'une étude sur l'*Origine préhistorique du Compagnonnage* ; il y aurait beaucoup à dire pour et contre. Notons-y seulement, pour le moment tout au moins, un point qui soulève une question intéressante : il s'agit du « bâton de commandement », dont la signification symbolique et initiatique serait en effet à étudier de plus près, à l'aide des analogies qu'on pourrait trouver dans de nombreuses formes traditionnelles d'époques et de contrées fort diverses.

— Dans *La Rose-Croix* (avril-mai-juin), M. Jollivet-Castelot donne la suite d'un travail dans lequel il oppose « théodicée » à « théologie » ; sans entrer dans le fond du sujet, nous nous permettrons cette simple remarque : pourquoi dire que « la théodicée » enseigne telle ou telle chose, alors que, en fait, il s'agit uniquement des conceptions personnelles de l'auteur ?

Octobre 1929

— *Les Annales d'Hermétisme*, nouvelle publication trimestrielle qui s'intitule « organe des groupements d'Hermétisme et de la Rose d'Occident », sont la suite de la revue *Hermétisme*, dirigée par Mme de Grandprey. La « Rose d'Occident » est, paraît-il, un groupement féminin « régi par des lois particulières dont toutes émanent des plans de l'invisible », et dont l'insigne, reproduit sur la couverture de la revue, « a été donné par une vision » ; nous avons déjà vu tant de choses de ce genre qu'il nous est bien difficile de ne pas rester quelque peu sceptique sur les résultats à en attendre. Dans les deux premiers numéros, il n'y a d'hermétique, pour justifier le titre, que le début d'une traduction du *Traité de la Pierre philosophale* d'Irénée Philalèthe.

— Dans le *Lotus Bleu*, il n'y a toujours d'intéressant à signaler que les excellentes études de M. J. Marquès-Rivière : *Le Bouddhisme tantrique* (n° de mai), *La Science du Vide dans le Bouddhisme du Nord* (n° de juin), auxquelles on ne pourrait reprocher qu'un peu trop de concision. De la conclusion du premier de ces deux articles, nous détachons ces quelques lignes qui expriment une pensée très juste : « Il ne faut pas se hâter de conclure d'une façon définitive, comme l'ont fait maints auteurs. La science des *Tantras* est multiforme. Elle peut être une très bonne et une effroyable chose. La volonté et l'intention de l'opération fait tout... C'est la Science de la Vie et de la Mort... Que l'on discute longuement sur le "comment" et le "quand" de l'introduction du Tantrisme dans le Bouddhisme, cela me paraît très secondaire, car sans solution possible. Le Tantrisme remonte fort loin dans la tradition. Que par l'évolution de l'âge actuel il ait pris et prenne encore une certaine prédominance, cela est possible. Mais conclure à la "dégénérescence" et à la "sorcellerie", c'est ignorer les données du problème. »

— *La Revue Internationale des Sociétés Secrètes* continue – et le contraire nous eût bien étonné – à s'efforcer de ressusciter l'affaire Taxil ; elle publie (nos des 7, 14 et 21 juillet) une longue biographie de Diana Vaughan, qui n'a probablement jamais existé, mais qu'elle présente en quelque sorte comme une seconde Jeanne d'Arc, ce qui, en tout état de cause, est vraiment un peu excessif. Cette publication a été précédée (n° du 23 juin) de la reproduction d'une lettre de ladite Diana Vaughan à l'abbé de Bessonies, qui a été pour nous l'occasion d'une remarque bien amusante ; comme il y est question du « digne abbé Joseff », on a ajouté la note suivante : « Ce nom est ainsi orthographié dans le texte. Il s'agit sans doute de l'abbé Tourmentin. Ces deux *ff*, uniques dans cette lettre où le nom de Joseph est parfaitement orthographié (quand il s'agit de saint Joseph), semblent bien venir d'une distraction involontaire d'une personne originaire de Russie. » On prétend en effet, dans le commentaire qui suit la lettre, que cette soi-disant Américaine aurait été en réalité une Russe, ce qui ne s'accorde d'ailleurs nullement avec la biographie susdite ; mais, quand on s'engage dans de telles histoires, on n'en est pas à une contradiction près... Il n'y a qu'un malheur à tout cela : c'est bien de l'abbé Tourmentin qu'il s'agit, mais Tourmentin n'était qu'un pseudonyme et son nom véritable (nous disons bien son nom de famille, et non pas son prénom) s'orthographiait exactement

Josepff ; il y a donc bien une faute, mais qui consiste dans l'omission du *p* et non pas dans les deux *ff* qui doivent parfaitement s'y trouver. Les rédacteurs de la *R.I.S.S.* sont-ils donc si ignorants qu'ils ne connaissent même pas le vrai nom de leur ancien confrère en antimaçonnerie ? Quoi qu'il en soit, en fait de lettres de Diana Vaughan, nous avons quelque chose de mieux : nous en avons une qui est écrite sur un papier en tête duquel on voit une queue de lion entortillée autour d'un croissant d'où émerge une rose, avec les initiales D. V. et la devise : *Me jubente cauda leonis loquitur* ! – Dans la « partie occultiste » de la même revue (n° du 1ᵉʳ juillet), il y a un article signé A. Tarannes et intitulé *Essai sur un symbole double* : *Quel est donc ce Dragon* ? Nous nous attendions à des considérations sur le double sens des symboles, auquel nous avons nous-même fait assez souvent allusion, et qui, en effet, est particulièrement net en ce qui concerne le serpent et le dragon ; nous avons été entièrement déçu. Il s'agit seulement de donner du poids, si l'on peut dire, à la trop fameuse *Élue du Dragon*, à l'aide d'une documentation assez bizarre en elle-même et encore plus bizarrement commentée. Nous nous permettrons, à ce sujet, une question probablement fort indiscrète : la figure de la page 207 est, dit-on, « empruntée à un fragment malheureusement éprouvé d'un ouvrage assez rare » ; quels sont donc le titre de cet ouvrage, le nom de son auteur, le lieu et la date de sa publication ? Faute de ces indications essentielles, on pourrait être tenté de penser que le document est apocryphe, et ce serait vraiment dommage ! D'autre part, il est bien difficile de garder son sérieux devant l'importance attribuée aux fumisteries d'Aleister Crowley ; décidément, il faut croire que les élucubrations de ce personnage vont bien dans le sens voulu pour appuyer les thèses soutenues par la *R.I.S.S.* ; mais ce que celle-ci ne fera sûrement pas connaître à ses lecteurs, c'est que l'O.T.O. et son chef ne sont reconnus par aucune organisation maçonnique, et que, si ce soi-disant « haut initié » se présentait à la porte de la moindre Loge d'apprentis, il serait promptement éconduit avec tous les égards dus à son rang ! Nous avons encore noté, dans le même article (p. 213), autre chose qui permet d'être fixé sur la valeur des informations de la *R.I.S.S.* : c'est une allusion à un écrivain récemment décédé, qui n'est pas nommé, mais qui est assez clairement désigné pour qu'on le reconnaisse sans peine, et qui est qualifié de « prêtre défroqué ». Nous mettons l'auteur de l'article au défi – et pour cause – de prouver son assertion ; et, s'il garde le silence, nous insisterons. – En attendant, la *R.I.S.S.* a reçu dernièrement, pour son zèle souvent intempestif, un blâme motivé de l'Archevêché, ou plus précisément du Conseil de Vigilance du diocèse de Paris ; elle s'est bornée à en « prendre acte » purement et simplement (n° du 14 juillet), en se gardant bien d'en reproduire les termes plutôt sévères. Pour l'édification de nos lecteurs, voici le texte de ce document, tel qu'il a paru dans la *Semaine Religieuse* : « Le Conseil de Vigilance de Paris a été saisi, dans sa séance du 31 mai 1929, de plaintes formulées par plusieurs groupements d'œuvres de jeunesse et d'écrivains catholiques contre la *Revue Internationale des Sociétés Secrètes*. Des renseignements fournis, il résulte que les jugements de cette Revue ont jeté le trouble dans certains diocèses de province, où ils ont pénétré, et que la rédaction de la Revue, citée devant l'Officialité de Paris par les fondateurs et directeurs de la J.O.C., l'un des groupements diffamés, s'est abstenue de comparaître. Le Conseil de Vigilance de Paris, au courant déjà de ces attaques, a été unanime à reconnaître, devant les documents produits, que les jugements incriminés sont dénués de toute autorité ; qu'ils méconnaissent les services rendus à l'Église par des écrivains d'un mérite et d'une orthodoxie éprouvés ; qu'ils vont témérairement à l'encontre des approbations pontificales les plus autorisées ; qu'ils témoignent enfin d'un esprit de dénigrement systématique, qui va jusqu'à atteindre les décisions solennelles du Souverain Pontife, en ce qui concerne, par exemple, la question romaine. Le Conseil de Vigilance ne peut donc que blâmer et réprouver cette attitude, offensante pour l'Église elle-même et pour quelques-uns de ses meilleurs serviteurs. » Il y a déjà longtemps que nous prévoyons, et sans avoir besoin pour cela de recourir à la moindre « clairvoyance », que toutes ces histoires finiront par mal tourner…

— *Les Annales Initiatiques* publient une bonne étude générale sur le *Soufisme*, par notre collaborateur J. H. Probst-Biraben.

— *La Science Spirituelle* (avril-mai) donne, sur Édouard Schuré et ses rapports avec Rudolf Steiner, un article qui contient quelques documents inédits.

— *Atlantis*, dans son n° de mai, reproduit la plus grande partie d'une remarquable conférence de Mario Meunier sur « la formation et le rôle de l'élite ». Dans le n° de juin, nous notons un curieux article de M. Paul Le Cour sur cette étrange école d'ésotérisme catholique que fut le *Hiéron du Val d'Or* de Paray-le-Monial. À propos d'un autre article où il est question de l'ouvrage de de Grave, *La République des Champs-Elysées*, qui aurait été démarqué récemment par un certain Marcel Pollet, signalons qu'il semble exister en Belgique toute une école « celtisante » à laquelle se rattachent, non seulement les théories de de Grave, mais aussi celles de Cailleux, dont M. Le Cour ne parle pas ; il y aurait peut-être, surtout pour ceux qui se spécialisent dans l'étude des traditions occidentales, des recherches assez intéressantes à faire de ce côté. Dans le n° de juillet-août, nous relevons une note, accompagnée de figures, sur les « graffites » de la cathédrale de Strasbourg.

— *Le Compagnonnage* (n° de juillet) publie un discours prononcé par M. J. Pradelle, aux cours professionnels de Montauban, et qui est une éloquente protestation contre l'invasion des méthodes industrielles, d'importation américaine, désignées par les mots barbares de « standardisation », « taylorisation », « rationalisation », menaçant de ruiner ce qui subsiste encore des anciennes traditions corporatives. Il semble malheureusement bien difficile de remonter le Courant qui, partout, tend à la substitution de la « quantité » à la « qualité » ; mais il n'y en a pas moins là des vérités qu'il serait bon de répandre, ne serait-ce que pour tenter de sauver ce qui peut l'être encore au milieu de la confusion actuelle.

— Dans *Le Symbolisme* (n° de mai), un article de M. Armand Bédarride, intitulé *Les Idées de nos Précurseurs*, expose, à propos des anciens Maçons opératifs, et particulièrement des constructeurs de cathédrales, des vues intéressantes, quoique incomplètes à bien des égards et parfois contestables ; peut-être aurons-nous l'occasion d'y revenir. Le n° de juin contient deux articles d'Oswald Wirth, l'un sur *Le Sacerdoce*, l'autre sur *La Science traditionnelle*, dont les intentions sont certainement excellentes, mais dont l'inspiration est bien fâcheusement « rationaliste » ; pourquoi ne pas laisser aux « profanes » cette tournure d'esprit qui convient essentiellement à leur condition d'êtres non « illuminés » ? Réduire tout à des proportions purement humaines, au sens le plus étroit de ce mot, c'est se fermer à la connaissance de toute vérité profonde ; au point de vue initiatique, le sacerdoce est bien autre chose que cela, et la science traditionnelle aussi ; nous nous sommes toujours, pour notre part, montré assez sévère à l'égard de tout « occultisme » plus ou moins fantaisiste pour n'être pas suspect en formulant cette affirmation. Nous préférons un autre article d'Oswald Wirth, sur *La mission religieuse de la Franc-Maçonnerie* (n° de juillet), qui, sans se placer non plus sur le terrain vraiment initiatique, laisse du moins certaines possibilités ouvertes pour ceux qui voudraient aller plus loin.

— Le *Grand Lodge Bulletin* d'Iowa (n° de mai et juin) donne une étude sur les deux colonnes, plus historique à vrai dire que symbolique, mais qui contient, en dehors des références proprement bibliques, des détails intéressants et dont certains sont assez peu connus. Ainsi, sait-on que le signe usuel du dollar est une figuration schématique des « colonnes d'Hercule » réunies par une sorte de banderole, et que cette figuration, empruntée aux monnaies espagnoles, se trouvait déjà, dans l'antiquité, sur celles de Tyr ?

Novembre 1929

— *Gnosi*, organe théosophiste italien, ne publie guère que des traductions d'articles empruntés à d'autres publications de même caractère, généralement de langue anglaise ; on n'y voit presque jamais la signature d'un collaborateur italien, ce qui est assez étrange ; la section italienne de la Société Théosophique est-elle donc si pauvre en écrivains ?

— La revue *Rays from the Rose Cross*, d'Oceanside (Californie), est devenue, à partir du numéro d'août dernier, *The Rosicrucian Magazine*, simple changement de titre qui n'entraîne aucune autre modification ; au fond, ce soi-disant rosicrucianisme américain n'est guère qu'une sorte de théosophisme dépouillé de sa terminologie pseudo-orientale.

— *The Theosophical Quarterly*, de New York, est l'organe d'une « Société Théosophique » qui s'affirme comme la continuation de la Société originelle fondée par H. P. Blavatsky et W. Q. Judge, et qui déclare n'avoir aucun lien avec les organisations de même nom dirigées par Mme Besant, Mme Tingley ou autres, non plus qu'avec la Co-Maçonnerie, l'Ordre de l'Étoile d'Orient, etc. ; combien de « Sociétés Théosophiques » rivales existe-t-il donc aujourd'hui ? Dans le numéro d'avril 1929, nous notons un « éditorial » dans lequel est affirmée explicitement la supériorité des Kshatriyas sur les Brâhmanes (c'est-à-dire, en d'autres termes, du temporel par rapport au spirituel), ce qui conduit tout naturellement à l'exaltation du Bouddhisme ; on y prétend que les Rajputs (ou Kshatriyas) « venaient peut-être d'Égypte », ce qui est une hypothèse toute gratuite, et que les Brâhmanes, à l'origine, « ne paraissent pas avoir connu les Grands Mystères », parce que la réincarnation n'est pas enseignée dans le *Véda* ! D'autres articles sont meilleurs, mais ne sont guère que des résumés de livres : l'un sur le *Hako*, un rite des Indiens Pawnees ; l'autre sur l'*Antre des Nymphes*, de Porphyre, où, d'ailleurs, l'idée de réincarnation est encore introduite de la façon la plus inattendue.

— Le *Lotus Bleu* (n° d'août) publie une conférence de M. G. E. Monod-Herzen sur *Dante et l'initiation occidentale*, d'après le livre de M. Luigi Valli auquel nous avons consacré un article ici même il y a quelques mois ; ce n'est guère qu'un aperçu de ce que contient l'ouvrage en question, et nous n'y trouvons pas la moindre indication des insuffisances et des lacunes que nous avons signalées en nous plaçant précisément au point de vue initiatique. – Le même numéro contient un article de M. J. Marquès-Rivière, terminant la série de ses études sur le Bouddhisme que nous avons mentionnées à diverses reprises ; cet article, intitulé *Le Bouddhisme et la pensée occidentale*, est excellent comme les précédents ; mais les vues qu'il exprime sont tellement contraires aux conceptions théosophistes (qui sont bien du nombre de ces « défigurations » occidentales qu'il dénonce si justement), que nous nous demandons comment de telles choses ont pu passer dans le *Lotus Bleu* !

— La *Revue Internationale des Sociétés Secrètes* publie maintenant une série d'articles intitulée *Diana Vaughan a-t-elle existé* ? Il s'agit de prouver que les Mémoires de cette hypothétique personne n'ont pu être écrits que par quelqu'un appartenant réellement à la famille du rosicrucien Thomas Vaughan ; mais les prétendues preuves apportées jusqu'ici ne sont que des allusions qui y sont faites à des choses beaucoup plus connues qu'on ne veut bien le dire, ou tout à fait invérifiables ; attendons donc la suite… – Dans le numéro du 25 août, nous notons une information reproduite d'après le *Figaro*, qui a, dit-on, « découvert une nouvelle petite secte » en Amérique ; or il s'agit tout simplement de l'organisation appelée *Mazdaznan*, qui est bien connue depuis longtemps, et qui possède, à Paris même, plusieurs restaurants et magasins de vente de produits alimentaires spéciaux. Si le *Figaro* peut bien ne pas être au courant de ces choses, une telle ignorance est-elle excusable de la part des « spécialistes » de la *R.I.S.S.* ? Et est-ce vraiment la peine, à propos d'une « secte » d'un caractère si banal, et parce qu'une certaine Mme Arrens a, paraît-il, quitté son mari et ses enfants pour suivre le « Maître », de venir évoquer encore Clotilde Bersone et Diana Vaughan ? – Le numéro du 8 septembre contient le commencement d'une étude ayant pour titre *La Franc-Maçonnerie et son œuvre*, et signée Koukol-Yasnopolsky ; il semble qu'il s'agisse de la traduction d'une brochure, mais on n'indique ni où ni quand celle-ci a été publiée. Le premier chapitre, consacré aux « origines maçonniques », ne contient que la réédition de quelques-unes des sottises les plus courantes sur les Templiers et les Rose-Croix ; c'est tout au plus un travail de troisième ou quatrième main. – Dans la « partie occultiste », M. Henri de Guillebert poursuit ses études sur *La Question juive*, qui sont toujours pleines des assertions les plus étonnantes : ainsi (n° du 1er août), nous y lisons que, « pour conquérir le divin, l'initié prétend se servir de sa seule raison », alors qu'une telle prétention est justement au contraire la marque des « profanes », et que ne peut être considéré comme « initié », au vrai sens de ce mot, que celui qui fait usage de certaines facultés supra-rationnelles. Dans le même article, nous trouvons présenté comme « document initiatique » particulièrement « révélateur » un tableau emprunté à un ouvrage de M. Pierre Piobb, tableau n'exprimant que certaines conceptions personnelles de l'auteur, qui, pour si ingénieuses qu'elles soient, n'ont pas le moindre caractère traditionnel. Dans l'article suivant (n° du 1er septembre), il y a une interprétation « sociologique » de la formule hermétique *Solve coagula* qui dépasse en fantaisie tout ce qu'on peut imaginer ; et il y aurait bien d'autres choses à relever, mais il faut nous borner. Notons cependant encore l'erreur de fait qui consiste à déclarer juifs, toujours pour les besoins d'une certaine thèse, des protestants comme Schleiermacher et Harnack, sans parler de l'affirmation d'après laquelle Renan aurait été « pratiquement converti au judaïsme », alors que tout le monde sait qu'il était en réalité devenu étranger à toute religion définie, pour ne garder qu'une vague religiosité qui, d'ailleurs, n'avait rien de judaïque, mais était simplement chez lui un dernier reste de christianisme « désaffecté ». – Dans ce même numéro du 1ᵉʳ septembre, M. A. Tarannes (l'auteur de l'article sur le Dragon dont nous avons parlé dans notre précédente chronique) traite de *Quelques symboles de la Maçonnerie mixte*, qu'il prétend interpréter dans le sens le plus grossièrement « naturaliste » ; ce qui est extraordinaire, c'est que les gens qui se livrent à ce petit jeu ne paraissent pas se douter que certains adversaires du catholicisme ne se sont pas gênés pour appliquer le même système à ses symboles et à ses rites ; cela réussit tout aussi bien, et c'est exactement aussi faux dans un cas que dans l'autre. Il y a encore dans cet article quelques méprises curieuses : on a pris les initiales du titre d'un grade pour les consonnes de son « mot sacré » (ce qui prouve qu'on ignore ce mot), et l'« âge » de ce même grade pour le numéro d'un autre, ce qui a conduit à attribuer à celui-ci la « batterie » du premier. L'auteur déclare remettre à plus tard le déchiffrement d'un soi-disant « carré maçonnique » qui l'embarrasse probablement ; épargnons-lui donc cette peine : ce qu'il y a là-dedans, c'est tout simplement *I.N.R.I.* et *Pax vobis*. – Enfin, toujours dans le même numéro, il y a une petite note bien amusante au sujet de l'emblème des organisations de la Croix-Rouge : il y est dit que, « au lieu de Croix-Rouge, l'on pourrait aussi bien écrire Rose-Croix de Genève » ; à ce compte, il est vraiment bien facile d'être Rose-Croix… ou du moins de passer pour tel aux yeux des rédacteurs de la *R.I.S.S.* !

— *Krur* a commencé dans ses derniers numéros la publication d'une importante étude sur la « tradition hermétique » ; l'interprétation qui y est donnée du symbolisme est très juste dans l'ensemble, mais peut-être l'auteur a-t-il voulu y mettre un peu trop de choses, et il est à craindre que la multiplicité et l'abondance des citations ne déroutent les lecteurs insuffisamment familiarisés avec le sujet.

— Dans *Ultra* (nos de mai-juin et juillet-août), nous relevons un article sur le Bouddhisme *Mahâyâna*, dans lequel nous avons vu, non sans quelque étonnement, celui-ci présenté comme le produit d'une pensée « laïque » et « populaire » ; quand on sait qu'il s'agit au contraire d'une reprise, si l'on peut dire, et d'une transformation du Bouddhisme par l'influence de l'esprit traditionnel, lui infusant les éléments d'ordre profond qui manquaient totalement au Bouddhisme originel, on ne peut que sourire de pareilles assertions et les enregistrer comme une nouvelle preuve de l'incompréhension occidentale.

Décembre 1929

— *La Revue Internationale des Sociétés secrètes* poursuit la publication de la série intitulée *Diana Vaughan a-t-elle existé* ? (nos des 29 septembre et 20 octobre) : on s'attache à montrer la concordance de certaines assertions contenues dans les « Mémoires » avec divers livres anciens et plus ou moins rares sur les Rose-Croix ; la conclusion qui nous paraîtrait s'en dégager le plus naturellement, c'est que l'auteur des « Mémoires », quel qu'il ait été, connaissait aussi bien que le rédacteur de la revue les livres en question ; mais ce serait probablement trop simple, et en tout cas trop peu satisfaisant pour la thèse qu'il s'agit de soutenir coûte que coûte. Dans le numéro du 6 octobre est inséré, sans rectification ni commentaire, un article d'un correspondant de Pologne qui a pris un temple des *Old Fellows* pour une Loge maçonnique ; admirons une fois de plus la compétence de ces « spécialistes » ! Dans le numéro du 27 octobre, un article intitulé *La Mode du Triangle* nous rappelle certaines élucubrations taxiliennes sur le symbolisme maçonnique de la Tour Eiffel ; il paraît que les grands magasins vendent des poupées « qui ont été soumises dans les Hautes Loges, à des incantations et à des envoûtements » ; il paraît aussi que le triangle est « le symbole de la religion de Satan », ce dont nous ne nous serions certes pas douté à le voir figurer dans tant d'églises catholiques. Les gens qui sont capables d'écrire de pareilles choses, s'ils sont sincères, sont de véritables obsédés qu'il faut plaindre, mais qu'on devrait bien empêcher de propager leur manie éminemment contagieuse et de détraquer d'autres esprits faibles. – Dans le même numéro, un autre article présente comme un « Sage hindou » Sundar Singh, qui est un Sikh converti au protestantisme, donc doublement « non-hindou » ; notons à ce propos que *sâdhou* (et non *sanhou*) n'a jamais voulu dire « moine brâhmane », expression qui ne correspond d'ailleurs à aucune réalité ; qu'il est donc facile d'émettre des affirmations sur des sujets dont on ignore le premier mot ! – La « partie occultiste » (n° du 1er octobre) est consacrée cette fois principalement à défendre l'*Élue du Dragon* contre les Jésuites des *Études* et de la *Civiltà Cattolica*, en leur opposant certains de leurs anciens confrères qui ont eu, paraît-il, une façon de voir toute différente (ce qui n'implique pas nécessairement qu'elle ait été plus juste). À cet effet, M. A. Tarannes évoque *L'« Hydre aux trois têtes » du R. P. Rinieri, S. J.*, brochure dans laquelle il n'est d'ailleurs question en réalité ni d'hydre ni de dragon, si ce n'est dans un sens tout figuré. Ensuite viennent *Trois lettres du R. P. Harald Richard, S. J., sur l'occultisme contemporain* ; leur auteur est ce Jésuite qu'on prétend avoir copié et annoté les manuscrits originaux de Clotilde Bersone ; la première de ces lettres parle de quelques guérisseurs plus ou moins spirites, et tout son intérêt consiste en ce que certains prélats, voire même un cardinal, y sont accusés d'aller trouver lesdits guérisseurs, « non seulement pour se faire soigner, mais pour leur demander conseil sur toutes les grandes affaires ». Une phrase du préambule nous laisse rêveur : il est dit que ces lettres ont été « compilées à l'aide de nombreuses confidences à des familiers » ; alors, est-ce que ce sont bien vraiment des lettres ? Nous saurons peut-être un jour ce qu'il en est, si l'on met à exécution la menace de « donner des fac-similés des pièces authentiques, où apparaîtront plus clairement des noms et des jugements auxquels certaines personnalités ecclésiastiques et religieuses n'ont rien à gagner » ; que tout cela est donc édifiant !

— Dans les *Études* (n° du 20 septembre), nous relevons un article de P. Lucien Roure, ayant pour titre *Pourquoi je ne suis pas occultiste*, et qui veut être une réponse au récent livre de M. Fernand Divoire, *Pourquoi je crois à l'Occultisme*. Cet article, plein de confusions, prouve surtout que son auteur ne sait pas ce que c'est que l'analogie, qui n'a jamais eu ni le sens de ressemblance ni celui d'identité, et que, sur l'astrologie et l'alchimie, il s'en tient aux conceptions erronées qui ont cours chez les modernes.

— *Vers l'Unité* (n° de juillet-août) contient une intéressante « étude médiévale » de notre collaborateur J. H. Probst-Biraben, sur *Eximeniç, évêque d'Elne, et les sciences occultes de son temps*. Signalons aussi, dans le même numéro, le commencement d'un travail du lieutenant-colonel de Saint-Hillier, intitulé *Glozel devant l'histoire* ; l'auteur soutient la thèse d'une origine carthaginoise des fameuses inscriptions glozéliennes ; malheureusement, son assertion que « l'arabe vulgaire parlé en Algérie est à très peu de chose près le langage antique des premiers Carthaginois » nous incite à quelque méfiance ; il est vrai qu'il arrive à traduire les inscriptions et à y trouver un sens plausible, mais nous avons déjà vu, dans d'autres cas, des gens qui obtenaient des traductions parfaitement cohérentes et pourtant purement fantaisistes ; il convient donc, jusqu'à nouvel ordre, de faire au moins quelques réserves sur la portée de cette « découverte ».

— *L'Ère Spirituelle* est l'organe de la branche française de la *Rosicrucian Fellowship* de Max Heindel ; un article sur *La Grande Pyramide*, qui se termine dans le n° d'octobre, contient des choses déjà dites bien souvent, et d'ailleurs plus qu'hypothétiques, sur les mystères égyptiens.

— *Die Säule* publie la traduction allemande d'une conférence du baron Robert Winspeare sur l'enseignement de Bô Yin Râ (dont le texte français a paru en brochure à la librairie Maison-neuve), et une étude du Dr Alfred Krauss sur la « quadrature du cercle ».

— Le *Grand Lodge Bulletin* d'Iowa (n° de septembre) consacre un article au symbolisme des globes et des autres emblèmes qui figurent sur les chapiteaux des deux colonnes du Temple ; notons l'interprétation d'après laquelle les deux globes, l'un céleste et l'autre terrestre, correspondent respectivement au pouvoir sacerdotal et au pouvoir royal.

— *Le Compagnonnage* (n° d'octobre) continue la publication d'une étude sur l'*Origine préhistorique du Compagnonnage* que nous avons déjà mentionnée ; l'affirmation d'une identité entre certains signes relevés dans les cavernes et les signes compagnonniques nous paraît quelque peu sujette à caution ; cela demanderait à être vérifié de très près.

— Nous avons reçu le premier numéro (15 septembre) d'un autre organe compagnonnique, intitulé *Le Compagnon du Tour de France*, qui s'affirme nettement « traditionaliste », proteste contre certaines tentatives « réformistes », et se montre opposé à la fusion (nous dirions volontiers la confusion) des différents rites, tout en préconisant l'entente et la collaboration de tous les groupements ; ce sont là des tendances que nous ne pouvons qu'approuver pleinement.

— Nous avons reçu également les *Cahiers de l'Ordre*, autre publication antimaçonnique, mais dont la documentation nous paraît être d'un caractère beaucoup moins… fantastique que celle de la *R.I.S.S.*

Janvier 1930

— Dans la *Revue Internationale des Sociétés Secrètes*, la suite des articles concernant les *Mémoires de Diana Vaughan* (10 novembre et 1er décembre) ne nous fait pas modifier en quoi que ce soit les réflexions que nous avons formulées précédemment à ce sujet. Dans le dernier, il y a une méprise assez curieuse : citant un passage où est mentionné le « traité de la Génération et de la Corruption », qui est un ouvrage d'Aristote, l'auteur de l'article a cru qu'il s'agissait d'une « théorie imaginée par Robert Fludd » ! – Autre curiosité relevée dans le compte rendu d'une fête compagnonnique (10 novembre) : il y est dit que « la désignation C∴, pour Compagnon, trahit ouvertement l'accointance maçonnique ». Or l'usage des trois points dans les abréviations est au contraire d'origine purement corporative ; c'est de là qu'il est passé dans certaines branches de la Maçonnerie « spéculative », mais il en est d'autres, notamment dans les pays anglo-saxons, qui l'ignorent totalement. – Les numéros des 17 et 24 novembre contiennent une étude historique sur le *Rite de Misraïm*, qui, malheureusement, n'éclaircit guère la question assez obscure de ses origines. – Dans la « partie occultiste » (1er novembre), M. A. Tarannes se contente cette fois de reproduire, sans grands commentaires, un certain nombre de signes compagnonniques (marques de tailleurs de pierres) relevés à l'église Saint-Ouen de Rouen. – Un autre collaborateur de la revue traite, à sa façon, de *La Musique et l'Ésotérisme* ; il semble avoir découvert un peu tardivement le numéro spécial du *Voile d'Isis* consacré à ce sujet, et il prête à ses rédacteurs les intentions les plus invraisemblables. D'autre part, nous ne nous serions jamais douté qu'une « propagande » pût avoir un caractère ésotérique, ce qui nous paraît une contradiction dans les termes, ni qu'il y eût une « foi à l'ésotérisme », celui-ci étant essentiellement et exclusivement affaire de connaissance. – Notons enfin, dans le même numéro, la seconde des *Trois lettres du R. P. Harald Richard, S. J.*, sur *l'Occultisme contemporain* ; il est question cette fois des sourciers, qui sont dénoncés tout simplement comme des suppôts du diable ; et c'est l'occasion de faire remarquer charitablement qu'« il y a aujourd'hui beaucoup trop de curés et de religieux qui se sont faits sourciers ». Il est aussi parlé dans cette lettre « du pendule de Chevreuil (*sic*), nom d'un chef spirite vivant, qu'il ne faut pas confondre avec Chevreul, le savant mort centenaire en 1896 » ; le malheur est que c'est bien du pendule de Chevreul qu'il s'agit, et que le spirite Chevreuil, son quasi-homonyme, n'est absolument pour rien là-dedans.

— *L'Astrosophie* donne le début d'une étude de M. Marc Semenoff intitulée *Blavastky, la Bible, les Védas et le Christ* ; ce titre produit une impression de confusion qui n'est pas démentie par l'article lui-même ; il y a notamment là-dedans des citations de textes védiques qui sont « arrangés » de telle façon qu'on croirait plutôt lire des extraits de la trop fameuse « tradition cosmique ».

— *Krur* (n° 9-10-11) contient, entre autres choses, la suite de l'étude sur la *Tradition hermétique* que nous avons déjà signalée, et un article intitulé *Catholicisme et ésotérisme*, où sont exprimées beaucoup de vues justes. Un autre article, à propos de notre récent livre, *Autorité spirituelle et pouvoir temporel*, marque une divergence sur un point essentiel, en affirmant la « non-subordination », si l'on peut dire, des Kshatriyas vis-à-vis des Brâhmanes ; c'est là une question sur laquelle, avec la meilleure volonté du monde, il ne nous est pas possible de nous montrer conciliant.

— Les *Annales Initiatiques* (juillet-août-septembre) reproduisent une conférence de S. U. Zanne sur la *Médiumnité*, qui, si nous ne nous trompons, avait paru autrefois dans l'*Initiation* ; ce n'est guère plus clair que le livre du même auteur dont nous avons rendu compte dernièrement[3].

— *Atlantis* (n° de septembre-octobre) contient une très intéressante lettre de M. Charbonneau-Lassay sur le symbole de la « triple enceinte », envisagé plus spécialement dans l'emblématique chrétienne.

Février 1930

— Dans le *Symbolisme* (numéro de novembre), un article d'Oswald Wirth,

---

[3] [Comptes-rendus de livres, décembre 1929.]

intitulé *Le respect de la Bible*, revient encore sur les divergences qui existent entre les conceptions maçonniques des pays anglo-saxons et celles des pays latins ; nous y retrouvons cette regrettable tendance « rationaliste » que nous avons déjà signalée ; traiter les Écritures sacrées, quelles qu'elles soient d'ailleurs, comme quelque chose de purement humain, c'est là une attitude bien « profane ». – Dans le numéro de décembre, une intéressante étude de M. Armand Bédarride sur *L'Initiation maçonnique* ; il s'y trouve bien, dans certaines allusions aux doctrines orientales, quelques confusions dues probablement à une information de source surtout théosophique ; mais il est très juste de faire remarquer que l'idée d'une voie unique et exclusive est particulière à l'Occident ; seulement, la « voie du milieu » a un autre sens, beaucoup plus profond, que celui que lui donne l'auteur.

— Nous avons reçu les premiers numéros de la revue allemande *Saturn Gnosis*, organe de cette *Fraternitas Saturni* dont il a déjà été question ici ; c'est une publication de grand format, très bien éditée ; mais les articles qu'elle contient, en dépit de leur allure quelque peu prétentieuse, ne reflètent guère que les conceptions d'un « occultisme » ordinaire, de tendances très modernes et assez éclectiques, puisque le théosophisme même et l'anthroposophisme steinerien y ont une certaine part. La *Fraternitas Saturni*, issue d'une scission qui s'est produite au sein d'un mouvement dit « pansophique », se donne comme « la première Loge officielle de l'ère du Verseau » ; décidément, cette ère du Verseau préoccupe beaucoup de gens. Notons aussi qu'il est beaucoup question de « magie » là-dedans, ce qui répond d'ailleurs à un état d'esprit très répandu actuellement en Allemagne, et qu'on y fait une grande place aux enseignements du « Maître Thérion », soi-disant « envoyé de la Grande Fraternité Blanche », lequel n'est autre qu'Aleister Crowley.

— Il est précisément question, une fois de plus, de la *Fraternitas Saturni*, de l'O.T.O. et d'Aleister Crowley dans la « partie occultiste », de la *Revue Internationale des Sociétés Secrètes* (numéro du 1er décembre). À propos de Théodore Reuss, on se déclare disposé « à publier les fac-similés de tous les diplômes, lettres de créance ou affiliation qui rattachent cet excentrique à la Maçonnerie régulière » ; nous serions vraiment curieux de voir cela ; mais, malheureusement, il est bien probable que ces documents émanent tout simplement des organisations de John Yarker ou du fameux Rite Cerneau. – Dans le même numéro, et à deux reprises différentes, on a éprouvé le besoin de lancer contre nous des pointes qui voudraient être désagréables, et qui ne sont qu'amusantes : ainsi, on met à nous traiter d'« érudit » une insistance qui est vraiment comique quand on sait combien nous faisons peu de cas de la simple érudition. Nous tenons seulement à faire remarquer ceci : depuis près d'un quart de siècle que nous nous occupons d'études ésotériques, nous n'avons jamais varié en quoi que ce soit ; que nos articles paraissent à *Regnabit*, au *Voile d'Isis* ou ailleurs, ils ont toujours été conçus exactement dans le même sens ; mais, étant entièrement indépendant, nous entendons donner notre collaboration à qui il nous plaît, et personne n'a rien à y voir. Si ces Messieurs estiment « n'avoir pas de leçons à recevoir de nous » (en quoi ils ont grand tort, car cela leur éviterait quelques grosses sottises), nous en avons encore bien moins à recevoir d'eux ; et, s'ils s'imaginent que leurs petites injures peuvent nous atteindre le moins du monde, ils se trompent fort. – Ce numéro débute par un article consacré à l'« Ordre Eudiaque », de M. Henri Durville, que l'on confond d'ailleurs avec ses frères, ce qui montre encore une fois la sûreté des informations de la R.I.S.S. ; et qualifier cette organisation de « nouvelle société secrète » est vraiment excessif. La vérité est beaucoup plus simple ; mais, si on la disait, ce serait trop vite fini, et cela ne satisferait guère la curiosité d'une certaine clientèle… – La dernière des *Trois lettres du R. P. Harald Richard, S. J., sur l'occultisme contemporain*, intitulée *Le double jeu de Satan*, n'est comme les précédentes, qu'un ramassis de racontars assez quelconques. – Quant à la suite des articles intitulés *Diana Vaughan a-t-elle existé ?* (n° du 29 décembre), c'est toujours aussi peu concluant. – À propos de Diana Vaughan, précisément, voici que l'abbé Tourmentin, qui avait disparu de la scène antimaçonnique depuis plusieurs années, ressuscite pour donner à la *Foi Catholique* des souvenirs sur la mystification taxilienne qui ne semblent pas destinés à faire plaisir aux promoteurs du « néo-taxilisme », d'autant plus que la rédaction de cette revue les a fait précéder d'une note fort dure, où nous lisons notamment ceci :

« On ne s'explique guère le motif de cet incroyable essai de résurrection du "taxilisme". On se l'explique d'autant moins que les preuves nouvelles, annoncées, clamées à son de trompe, se réduisent exactement à rien. » C'est tout à fait notre avis ; et la note en question se termine par cette phrase qui pourrait donner la clef de bien des choses : « L'*Intelligence Service* a prodigué cette année les secrets de cette espèce. Ce n'est pas rassurant. » De tout cela, jusqu'ici, la *R.I.S.S.* n'a pas soufflé mot.

— Dans la revue italienne *Ultra* (n° de septembre-décembre), nous notons une étude sur *Le mythe de Lohengrin*, envisagé à un point de vue un peu trop exclusivement « psychologique », et le commencement d'une autre sur *Mysticisme et symbolisme*, qui malheureusement se borne à des considérations assez vagues : il ne faudrait pas confondre le véritable symbolisme avec la simple allégorie.

Mars 1930

— La revue *Krur* se transforme en un organe bimensuel intitulé *La Torre*, « feuille d'expressions variées et de Tradition une », qui s'affirme résolument « antimoderne » ; nous souhaitons que la réalisation corresponde vraiment à cette intention.

— *Vers l'Unité* (novembre-décembre) contient un très intéressant article de M. Émile Dermenghem sur *Les poèmes mystiques et métaphysiques d'Ibn el Faridh*. La suite de l'étude du lieutenant-colonel de Saint-Hillier sur *Glozel devant l'histoire* ne nous semble pas devoir nous faire revenir sur les réserves que nous avons formulées précédemment.

— Le *Lotus Bleu* (janvier) publie sous le titre : *La Doctrine de l'Esprit*, un chapitre détaché du prochain livre de M. Maurice Magre, *Magiciens et illuminés d'Occident*, sur la doctrine des Albigeois ; le rattachement de l'Albigéisme au Bouddhisme, tel que l'envisage l'auteur, nous paraît plus que problématique, quelles qu'aient pu être d'ailleurs les similitudes réelles sur certains points.

— Dans le *Grand Lodge Bulletin* d'Iowa, (décembre), nous notons un article sur le symbolisme de la rosée et de la manne, qui, comme toujours, s'en tient un peu trop exclusivement aux seules références bibliques.

— Dans la « partie occultiste » de la *Revue Internationale des Sociétés Secrètes* (1er janvier), M. de Guillebert prend prétexte du petit livre de M. Steinilber-Oberlin sur *Les Hiéroglyphes égyptiens* pour se livrer à une de ces élucubrations sociologico-pornographiques dont il est coutumier. Nous trouvons une autre production du même genre dans le numéro suivant (1er février), à propos d'*Une vieille image* de provenance indéterminée, dont le symbolisme se rattache nettement à l'hermétisme chrétien, mais où l'on veut découvrir toutes sortes d'intentions plus ou moins diaboliques ; l'auteur prouve qu'il ignore simplement ce qu'est la *Trimûrti* hindoue, qui n'avait d'ailleurs rien à voir là-dedans.

— Le fascicule de janvier contient encore quelques attaques contre le *Voile d'Isis* en général (il paraît que le numéro spécial sur les Templiers renferme « de quoi motiver abondamment les plus solides réquisitoires de leurs accusateurs » !), et contre nous en particulier. Nous ferons seulement remarquer que l'« orthodoxie hindouiste » n'est pas plus une affaire d'« érudition » et ne constitue pas davantage une « lubie difficultueuse » que l'orthodoxie catholique ; nous laisserons chacun parfaitement libre d'être ce qui lui plaît, mais nous revendiquons pour nous la même liberté ; cela ne vaut d'ailleurs pas la peine d'y insister. Admirons plutôt la bonne foi de ces Messieurs : au sujet d'un livre assez malpropre, et du reste entièrement fantaisiste, publié récemment, ils ont l'audace décrire que ce livre a « recueilli les avis favorables de toute la presse spéciale, y compris le *Voile d'Isis* » ; or le *Voile d'Isis* s'est soigneusement abstenu, non seulement de parler du volume en question mais même de le mentionner simplement, afin de ne pas lui faire la moindre réclame ! Un peu plus loin, ces mêmes gens feignent de ne pas savoir ce que nous avons voulu dire quand nous leur avons reproché de traiter mensongèrement M. Grillot de Givry (car c'est bien de lui qu'il s'agissait) de « prêtre défroqué » ; et leur note est rédigée de telle façon qu'on ne peut même pas savoir s'ils rétractent leur calomnie ou s'ils la maintiennent ; que tout cela est donc répugnant !

— De son côté M. Paul Le Cour s'efforce aussi de nous attaquer dans *Atlantis* (décembre) ; nous déclarons une fois pour toute que nous sommes bien décidé à n'y plus prêter la moindre attention.

— Nous en dirons autant d'une autre personne à qui nous ne ferons même pas l'honneur de la nommer, parce que ses insultes atteignent au dernier degré de la bassesse. À celle-là nous ferons simplement remarquer : 1° que c'est à tort qu'elle nous attribue un livre intitulé : *La faillite de l'Occident*, que nous n'avons jamais écrit ; 2° que nos ouvrages ne traitent pas d'« hermétisme », mais de traditions orientales ; 3° que personne n'est qualifié pour nous adresser un « rappel à l'ordre », notre indépendance étant absolue ; 4° enfin, qu'elle devra s'abstenir désormais de mêler le souvenir de notre famille à ses petites ignominies, sans quoi nous nous verrions obligé d'agir par les moyens légaux, à regret d'ailleurs, car nous voulons croire que nous avons affaire à une irresponsable.

Juin 1930

— *Le Symbolisme* (n° de mars), publie une conférence de M. A. Dreyfus-Hirtz sur *Les forces supérieures de l'esprit*, qui contient certaines idées intéressantes, mais exprimées d'une façon quelque peu confuse.

— Dans le *Grand Lodge Bulletin* d'Iowa (février et mars), nous trouvons plusieurs articles sur le symbolisme de l'abeille et de la ruche, d'où il résulte que les idées d'industrie et de charité qu'on y attache actuellement sont assez récentes, et que, à l'origine, l'abeille était surtout un symbole de résurrection et d'immortalité.

— *Le Compagnonnage* (n° de mars) reproduit un procès-verbal de reconnaissance des Compagnons tanneurs-corroyeurs du Devoir, daté de l'an 1300 ; en dépit de l'orthographe archaïque de ce document, il nous paraît quelque peu douteux qu'il remonte authentiquement à une époque aussi lointaine ; ne serait-ce pas plutôt 1500 qu'il faudrait lire ?

— Nous avons reçu les trois premiers numéros (janvier-février-mars) de la revue allemande *Hain der Isis*, dirigée par le Dr Henri Birven, et consacrée « à la Magie comme problème culturel et conception du monde » ; là encore, nous retrouvons quelques écrits du « Maître Thérion », autrement dit Aleister Crowley ; sans doute aurons-nous l'occasion d'y revenir.

— Il paraît que nul n'a le droit de parler favorablement de nos ouvrages ; telle est du moins la prétention de la *Revue Internationale des Sociétés Secrètes* (n° du 9 février), qui se permet de réprimander une revue suisse pour avoir publié un compte-rendu de notre dernier livre, compte rendu qu'elle feint de prendre pour le communiqué d'un « office de publicité », alors qu'elle sait fort bien que nous n'usons pas de ce genre de réclame ; c'est du dernier grotesque !
– Les articles de la série *Diana Vaughan a-t-elle existé ?* deviennent de plus en plus insignifiants : l'un (9 février) est consacré à des racontars plus ou moins extravagants sur la mort de Spinoza, que les Rose-Croix (?) auraient empoisonné après s'être servis de lui ; un autre (23 février), à propos de Bacon, finit en traitant Joseph de Maistre, au sujet de son *Mémoire au duc de Brunswick*, de « naïf gogo » (*sic*), ce qui est tout de même un peu fort. – Après Léo Taxil, voici maintenant qu'on semble vouloir réhabiliter l'ex-rabbin Paul Rosen (6 avril) ; à quand le tour de Domenico Margiotta et de quelques autres encore ? – Dans la « partie occultiste » (1er mars et 1er avril), nous trouvons le début d'une étude sur Bô Yin Râ, dont la doctrine est appelée « un essai contemporain de mystique nietzschéenne ». Dans le premier de ces deux numéros, M. de Guillebert poursuit ses rêveries malsaines, cette fois à l'occasion du livre de M. L. Hoyack, *Retour à l'univers des anciens* ; dans le second, il enseigne gravement que l'idolâtrie consiste dans le culte des lettres de l'alphabet, ou plus précisément des consonnes, ce qui est quelque peu inattendu. Enfin, dans le numéro du 1er avril, un autre collaborateur qui signe Jean Claude commente à sa façon un texte alchimique de Basile Valentin, dans lequel il croit trouver des indications remarquables sur les origines de la Maçonnerie ; il est à peine besoin de dire que c'est là un travail de pure imagination.

— *Atlantis*, qui porte maintenant le sous-titre : « études occidentales », consacre son numéro de janvier à la question de l'Hyperborée, et celui de février-mars à une enquête sur le machinisme.

Juillet 1930

— *Le Grand Lodge Bulletin* d'Iowa (n° d'avril) continue à étudier le symbolisme de la ruche ; il reproduit un ancien article dans lequel le parallélisme entre les travaux de celle-ci et ceux d'une Loge maçonnique semble quelque peu forcé.

— Dans *Le Symbolisme* (n° d'avril), signalons un article d'Oswald Wirth intitulé *L'Énigme de la Franc-Maçonnerie*, à propos d'un récent livre de M. G. Huard.

— *Diana Vaughan a-t-elle existé* ? Cette question est toujours à l'ordre du jour de la *Revue Internationale des Sociétés Secrètes* ; il s'agit cette fois (n° du 23 mars) de Philalèthe, autrement dit Thomas Vaughan, soi-disant ancêtre de l'héroïne de Léo Taxil. On reproduit à son sujet quelques passages de l'abbé Lenglet-Dufresnoy et de Louis Figuier, en prétendant qu'ils contiennent des « énigmes indéchiffrables » et qu'« il fallait que Diana Vaughan vînt pour nous en donner la clef » ; et cette clef, c'est... que « le Mercure des Sages ou Satan, c'est tout un » ! À quelle singulière clientèle d'ignorants la *R.I.S.S.* peut-elle bien espérer faire accepter de pareilles énormités ?

— *La Torre* (n° du 15 avril) contient des réflexions sur le sacre des rois, à propos de l'article de notre collaborateur Argos sur le même sujet ; nous y retrouvons la tendance habituelle de cette revue (et de celles dont elle est la continuation) à présenter le pouvoir royal comme indépendant du pouvoir sacerdotal, à mettre en quelque sorte l'un et l'autre sur un pied d'égalité, et à attribuer au pouvoir royal en lui-même un caractère spirituel. – Par contre cette tendance n'apparaît pas dans un autre article de la même revue (n° du 1er mai), sur *La contemplation et l'action*, que nous ne pouvons qu'approuver entièrement.

Octobre 1930

— Dans le *Symbolisme* (n° de mai), un article de M. Armand Bédarride, intitulé *Un problème de méthode*, fait ressortir quelques-unes des différences qui existent entre l'enseignement initiatique et l'enseignement profane. – Dans le n° de juin, Oswald Wirth envisage un *Dédoublement de la Franc-Maçonnerie* : il y aurait « des Maçons selon la lettre et d'autres selon l'esprit » ; l'intention est assurément excellente, mais, étant donné l'état actuel de la

Maçonnerie, elle nous paraît bien difficilement réalisable. – Dans le n° de juillet, autre article d'Oswald Wirth sur *L'hérésie biblique* (à propos de la Maçonnerie anglo-saxonne), qui procède d'un point de vue bien extérieur : la méconnaissance du véritable caractère des Livres sacrés, quels qu'ils soient d'ailleurs, chez des hommes qui se recommandent d'une tradition initiatique, nous cause toujours quelque étonnement.

— Le *Grand Lodge Bulletin* d'Iowa termine dans son n° de mai l'étude sur le symbolisme de la ruche. – Le n° de juin contient quelques indications intéressantes sur des livres anciens dans lesquels il est fait mention de la Maçonnerie.

— Dans la « partie occultiste » de la *Revue Internationale des Société Secrètes* (n° du 1er mai), M. de Guillebert, dans un article intitulé *Science et Magie*, s'imagine découvrir des intentions « ésotériques » dans les théories les plus « profanes » de la science contemporaine. Il continue dans un autre article intitulé *Occultisme scientifique* (n° du 1er juin) où il s'en prend plus spécialement à MM. Maxwell, Jollivet-Castelot et Paul Choisnard, en qui il voit les agents d'une tentative d'annexion de la science officielle par l'« occultisme » ! Il est d'ailleurs obligé, en ce qui concerne M. Choisnard, de se rétracter dans le numéro suivant (n° du 1er juillet), en post-scriptum à un article sur *Jacob Boehme* inspiré par le numéro spécial du *Voile d'Isis*, et rédigé de telle façon qu'il est à peu près impossible de distinguer ce qui est un compte rendu de celui-ci et ce qui est réflexions personnelles de l'auteur. Notons-y seulement l'extraordinaire affirmation que Jacob Boehme était Juif ; c'est une véritable hantise ! – Dans les nos du 1er mai et du 1er juillet, nous trouvons aussi la fin de l'étude sur *Bô Yin Râ* que nous avons mentionnée précédemment, et, dans celui du 1er juin, une réponse à une réponse de M. Henri Durville au sujet de *L'Ordre Eudiaque*. Au fond, M. Durville devrait être flatté de se voir considéré comme une « Autorité Supérieure », donnant une « Initiation Supérieure », et plus proche des « Hautes Puissances Occultes » que la Maçonnerie ! Cette querelle ne nous intéresse pas, mais nous devons relever une erreur de fait : les livres d'Éliphas Lévi n'ont jamais été « mis en interdit par l'Église » (cf. P. Chacornac, *Éliphas Lévi*, p. 184, où cette question est mise au point). – En dehors de la « partie occultiste », signalons un article intitulé

Les Porte-lumière des Ténèbres (n° du 6 juillet), à propos d'un récent livre anglais consacré à la *Stella Matutina*, continuation de l'ancienne *Golden Dawn*, et à quelques autres organisations dépendant plus ou moins d'Aleister Crowley. – Enfin, pour terminer, une chose amusante que nous avons trouvée dans un article sur *Un Congrès universel des religions contre la guerre* (n° du 20 juillet) : décrivant la couverture du compte rendu des travaux du « Comité préparatoire », on y signale « une inscription espérantiste (ou ido, ou autre chose) : *Santi Pax Salaam* ». Or cette inscription, c'est tout simplement le mot « Paix » en sanscrit, en latin et en arabe ; quels admirables linguistes que les rédacteurs de la *R.I.S.S.* !

— *La Torre* (nos 8 à 10) contient une bonne critique de divers mouvements « néo-spiritualistes » ou connexes : spiritisme, métapsychisme, psychanalyse, théosophisme. Signalons aussi, dans le n° 10, un article sur *La grande et la petite guerre sainte*, venu à la suite de celui que nous avons donné ici sur le même sujet[4], mais qui se place à un point de vue un peu différent. Il est fâcheux que, d'autre part, on accorde, dans cette revue, aux fantaisies pseudo-historiques de Bachofen une importance bien exagérée.

— *Espiral*, organe de la branche mexicaine de l'A.M. O.R.C. (une des nombreuses organisations américaines à prétentions rosicruciennes), a jugé bon de donner, sans aucune autorisation, des extraits de la traduction de Paracelse par M. Grillot de Givry ; de tels procédés sont toujours regrettables.

— La nouvelle revue allemande *Hain der Isis* (nos d'avril à juillet) continue à s'occuper surtout de magie et à faire une grande place aux écrits du trop fameux Aleister Crowley.

— *Atlantis* consacre son n° d'avril-mai à *Virgile et le Messianisme*. À propos d'une note contenue dans ce même numéro, nous nous trouvons dans l'obligation de faire remarquer : 1° que, dans le *Voile d'Isis* de mars (p. 212), nous n'avons pas écrit : « Je ne m'occupe pas d'hermétisme, mais seulement de tradition orientale » (nous n'avons d'ailleurs jamais commis l'incorrection décrire à la première personne du singulier), mais : « Nos ouvrages ne traitent

---

[4] [*La grande Guerre sainte* (mai 1930). Est devenu le chapitre VIII du *Symbolisme de la Croix*.]

pas d'hermétisme, mais de traditions orientales », ce qui est très différent ; 2° que, du fait que quelqu'un ne parle pas d'une chose, nul n'a le droit d'inférer que cette chose est « inconnue » de lui.

Novembre 1930

— Dans le *Symbolisme* (n° d'août-septembre). Oswald Wirth donne un article sur *L'Étude du Tarot*, comme « introduction au déchiffrement des vingt-deux arcanes » ; nous y relevons une appréciation élogieuse sur Éliphas Lévi, qualifié de « génial occultiste », appréciation qui nous semble quelque peu en contradiction avec ce que le même auteur a écrit en d'autres occasions.

— Dans la *Revue Internationale des Sociétés Secrètes* (« partie occultiste », n° du 1er août), M. de Guillebert intitule *Précision* un article… fort peu précis. Un certain M. Tozza, ayant publié dans le *Lotus Bleu* un article qu'on peut, avec quelque bonne volonté, rapprocher de la définition bizarre que M. de Guillebert lui-même a donnée de l'« occultisme », se voit attribuer, « en matière initiatique », une autorité dont il doit assurément être le premier surpris. Quant à la prétention de solidariser, sous le vocable trop commode d'« occultisme », les choses les plus disparates, y compris le spiritisme, c'est de la rêverie pure et simple… ou une mauvaise plaisanterie ; et il est à peine utile d'ajouter que l'auteur de l'article, qui emploie à chaque instant le mot d'« initiation », n'a pas la moindre notion de son véritable sens.

— Dans le numéro du 27 juillet, un nouvel article sur *Diana Vaughan* retrace quelques épisodes des polémiques auxquelles les *Mémoires* de celle-ci ont donné lieu dès leur apparition. On veut tirer avantage de ce que M. Waite a cru à l'existence de *Diana Vaughan* ; il paraît qu'il devait savoir ce qu'il en était… en qualité de membre de la *Societas Rosicruciana*, d'Angleterre ; quand on sait ce qu'est réellement cette *Societas Rosicruciana*, on ne peut s'empêcher de sourire (pour ne pas dire plus) de semblables assertions. – Dans le numéro du 3 août, une note intitulée *La Rose-Croix du XXe siècle*, mais où il n'est nullement question de Rose-Croix, débute par un résumé de l'histoire du « Martinisme » en Russie à l'époque même de Saint-Martin, et se termine par une accusation de « luciférianisme » contre le philosophe Vladimir Soloviev et ses « disciples », MM. Dmitri Mérejkovsky, Nicolas Berdiaef et Valentin Spéransky. À force de voir du « diabolisme » partout, les rédacteurs de la *R.I.S.S.* finiront peut-être par n'être pas bien sûrs de n'en être pas eux-mêmes plus ou moins entachés !

— *Atlantis* consacre son n° de juin-juillet au Pythagorisme.

Janvier 1931

— Dans le *Symbolisme* (n° d'octobre), un article intitulé *La Maçonnerie sacerdotale* (mieux eût valu dire « pseudo-sacerdotale ») et signé Diogène Gondeau est une bonne critique des visions du T∴ Ill∴ F∴ (et *Mgr*) Leadbeater et de la fantastique histoire du « Chef de tous les vrais Francs-Maçons ». Un autre article de M. A. Siouville, sur *L'Oraison dominicale*, n'est qu'un morceau d'exégèse moderniste : il paraît que le Pater a « un caractère très purement hébraïque » ; nous ne voyons pas en quoi tout cela peut aider à en pénétrer le sens profond. – Dans le n° de novembre, Oswald Wirth continue à s'en prendre à *La Maçonnerie dogmatique*, c'est-à-dire à la Maçonnerie anglo-saxonne, à propos des questions de « régularité ». Deux réponses à de précédents articles : *Apologie de la Bible*, par M. Elie Benveniste, qui ne veut d'ailleurs y voir que le Décalogue, ce qui est un point de vue bien restreint ; *Plaidoyer pour l'Occultisme*, par M. Marius Lepage, qui nous semble bien enthousiaste pour cet « occultisme » contemporain où l'on trouve un peu de tout, sauf la véritable connaissance initiatique (que la plupart de ses adversaires, d'ailleurs, ne possèdent pas davantage) ; la jeunesse qu'il avoue excuse ses illusions, que le temps se chargera sans doute de dissiper.

— Les *Cahiers de l'Ordre*, organe antimaçonnique, qui avaient interrompu leur publication au début de l'année, l'ont reprise en septembre. Nous y voyons l'annonce d'un « Parti national-populaire français anti-juif » qui, à l'imitation des « racistes » allemands, a pris pour emblème le swastika ; à quoi les symboles ne peuvent-ils servir quand on ne les comprend plus ?

— Le n° du 1er septembre de la *Revue Internationale des Sociétés secrètes* (« partie occultiste ») débute par une étude de M. de Guillebert, intitulée

Antisémitisme, moins « excentrique » que beaucoup d'autres du même auteur, mais où l'influence juive est, comme toujours, fort exagérée. Vient ensuite une revue des revues où nous devons relever le procédé appliqué notamment à quelques articles du *Voile d'Isis* de juin, qui consiste à mettre bout à bout des lambeaux de phrases isolées de leur contexte, ce qui permet évidemment d'y trouver le sens qu'on veut. Signalons aussi qu'on nous fait dire que la connaissance des « petits mystères » s'acquiert en parcourant les « noms des choses », ce qui n'a aucune signification ; nous avions écrit la « roue des choses ». – Toujours dans le même n° un article du Dr G. Mariani, intitulé : *Les Doctrines Kaïnites dans la F∴ M∴ : un conte symbolique de Gérard de Nerval*, attribue une importance bien excessive à une fantaisie dans laquelle son auteur a mêlé des éléments de provenances diverses au produit de sa propre imagination ; il est vrai que ce conte sur la reine de Saba est une « source » à laquelle ont puisé nombre d'antimaçons, qui n'ont pas hésité à le présenter comme l'authentique légende d'Hiram. Quant aux allusions au « Roi du monde » contenues dans l'article, nous nous bornons pour l'instant à en prendre note, en attendant la suite... s'il y en a une. – Dans le n° du 1er octobre (« partie occultiste » également), M. de Guillebert intitule son article *Les Polaires* ; nous aurons peut-être à parler bientôt de cette bizarre histoire, qui, d'ailleurs, n'est ici qu'un prétexte à des considérations très mêlées sur la « mystique occulte ». Le Dr Mariani étudie *L'Occultisme dans les pays anglo-saxons*, d'après « *Light-Bearers of Darkness* », par « *Inquire Within* » ; l'auteur de ce livre, dont il avait déjà été question précédemment, a largement utilisé notre propre ouvrage sur le *Théosophisme* ; mais, à côté de certains renseignements sérieux et exacts, il en donne beaucoup d'autres qui ne peuvent être acceptés que sous bénéfice d'inventaire. – Notons enfin, à propos de Diana Vaughan (n° du 12 octobre), un article intitulé *Puissance dogmatique*, dans lequel on s'efforce de prouver que ce qui est ainsi désigné dans la Maçonnerie écossaise serait autre chose que le Suprême Conseil de chaque pays ; l'argumentation ne tient pas debout... et pour cause.

— Dans le *Lotus Bleu* (n° de septembre), sous le titre *De la Magie à la science*, M Alfred Meynard dit quelques bonnes vérités au professeur Charles Richet, à l'occasion de la critique que celui-ci a fait des livres de Mme David-Neel dans la *Revue Métapsychique* ; nous ne pouvons qu'approuver. Il y a aussi une phrase très juste sur certaines « écoles plus ou moins américaines » qui ne sont que des « caricatures du yoga » mais qu'il est donc imprudent de dire une telle chose dans un organe de la Société Théosophique ! Dans le même numéro, article assez confus du Dr E. de Henseler sur les *Anges* ; il y aurait beaucoup à dire sur ce sujet, mais qui donc, aujourd'hui, comprend encore quelque chose à l'angélologie ? Quant à l'idée de faire de Jéhovah « un des sept archanges », sur laquelle se termine l'article en question, c'est de la pure fantaisie. – Dans le numéro suivant (octobre), le même auteur parle des *Centres initiatiques*, dont il se fait une conception bien spéciale ; nous n'avons pas réussi à découvrir ce qu'il y a d'« initiatique » là-dedans.

— *Hain der Isis* (nos d'août-septembre et d'octobre) continue à se présenter surtout comme l'organe de disciples ou de partisans d'Aleister Crowley. – Signalons à ce propos qu'on a annoncé la disparition de celui-ci, qui se serait noyé volontairement en Portugal, le 24 septembre dernier ; nous ne savons si cette nouvelle a été confirmée.

— Dans le même ordre d'idées, un nouvel « organe d'action magique », français celui-là et intitulé *La Flèche*, a commencé à paraître le 15 octobre ; cette publication nous semble encore d'un caractère quelque peu douteux ; nous en attendons la suite pour nous prononcer plus nettement.

— Nous avons reçu les deux premiers numéros (juillet et août) de la *Revue Caodaïste*, organe d'une nouvelle religion qui a vu le jour en Indo-Chine, et qui se présente comme un singulier mélange de Bouddhisme, de Taoïsme (parfaitement incompris, bien entendu), de Confucianisme, de Christianisme, et… de spiritisme ; spiritisme un peu spécial, d'ailleurs, où Dieu lui-même dicte des communications au moyen d'une « corbeille à bec » (*sic*). Il paraît que les fondateurs et dignitaires sont tous des fonctionnaires ayant reçu une éducation française, ce qui ne nous surprend pas ; c'est bien là en effet, un produit de l'influence occidentale.

— La plus grande partie du n° de septembre-octobre d'*Atlantis* est occupée par une conférence de M. Louis Rougier sur *La preuve astronomique de l'immortalité de l'âme dans le Pythagorisme*, dont l'intention principale semble être d'exalter la civilisation grecque aux dépens de toutes les autres. Une simple question à ce propos : si tout a commencé avec les Grecs, que devient l'Atlantide ?

— Reçu aussi des n^os d'une revue catholique, d'un caractère quelque peu étrange, intitulée *Fides Intrepida* et « consacrée à l'étude du Surnaturel et à la démonstration de l'action de la Providence dans les événements humains » ; il y est surtout question des prophéties de Nostradamus et du secret de la Salette, et elle ne semble pas être en excellents termes avec les autorités ecclésiastiques.

Février 1931

— Le n° de novembre d'*Eudia* est consacré au *Livre du Sômatiste*, qui vient de paraître ; cette désignation de « sômatiste » (du grec *sôma*, corps) est celle du premier des trois « grades mineurs » de l'« initiation eudiaque » ; le second est celui de « dianoïste » (de *dianoia*, entendement), et le troisième est celui de « pneumatiste » (de *pneuma*, souffle) ; quant aux « grades majeurs », on n'en parle pas encore… Beaucoup de fantaisies sur les anciens mystères égyptiens ; ce n'est pas avec des essais de reconstitution de ce genre, sans la moindre transmission régulière (et pour cause), qu'on arrivera jamais à réaliser une initiation authentique et effective.

— Dans le *Symbolisme* de décembre, nouvel article de Diogène Gondeau sur *Occultisme et Franc-Maçonnerie*, faisant une distinction très juste et raisonnable entre l'occultisme sérieux et… l'autre ; mais, pour éviter toute confusion, ne vaudrait-il pas mieux abandonner purement et simplement à ce dernier cette dénomination si discréditée, et d'ailleurs d'invention fort récente, donc n'ayant même pas ce qu'on pourrait appeler une valeur « historique » ?

— Dans le *Grand Lodge Bulletin* d'Iowa (n° d'octobre), une discussion sur le temps qui est censé s'être écoulé entre la mort d'Hiram et la découverte de son corps par Salomon : certains disent quatorze jours, d'autres quinze. Les extraits cités sur ce sujet contiennent des remarques intéressantes, notamment sur les correspondances astronomiques (il s'agirait de la durée de la demi-lunaison décroissante) et sur le rapprochement qu'il y a lieu de faire avec la légende d'Osiris.

— Le numéro du 1ᵉʳ novembre de la *Revue Internationale des Sociétés Secrètes* (« partie occultiste ») est occupée presque entièrement par un article du Dr G. Mariani sur *Le Christ-Roi et le Roi du Monde*, qui contient à notre adresse beaucoup de phrases élogieuses recouvrant de fort perfides insinuations. Nous ne relèverons pas en détail, pour le moment du moins, tous les points sur lesquels il y aurait quelque chose à dire, car il y en a trop ; nous nous bornerons aux plus importants. Tout d'abord, est-il possible, après les explications que nous avons données dans notre livre, de soutenir sérieusement que le « Roi du Monde » (désignation d'ailleurs très exotérique, comme nous avons eu soin de le faire remarquer) n'est autre que le *Princeps hujus mundi* de l'Évangile ? Nous ne le pensons pas, pas plus que nous ne pensons qu'on puisse de bonne foi identifier l'*Agarttha* à la « Grande Loge Blanche », c'est-à-dire à la caricature qu'en ont imaginée les Théosophistes, ou interpréter dans un sens « infernal » sa situation « souterraine », c'est-à-dire cachée aux hommes ordinaires pendant la durée du *Kali-Yuga*. Par ailleurs, l'auteur, en disant, à propos de textes hébreux, que ce sont seulement « certains Kabbalistes » qui donnent à « leur Dieu » (*sic*) le titre de « Roi du Monde », montre qu'il ignore les formules de prières juives les plus courantes, où cette expression *Melek ha-Olam* revient constamment. Il y a mieux : on soutient ici que le « Roi du Monde » est l'Antéchrist (et la rédaction de la revue a cru bon d'ajouter à ce propos une note invoquant le Secret de la Salette !) ; nous ne nous étions pas douté jusqu'ici que l'Antéchrist existait déjà, ni surtout qu'il avait toujours existé depuis l'origine de l'humanité ! Il est vrai que cela fournit l'occasion de nous présenter, d'une façon à peine dissimulée, comme spécialement chargé de préparer la prochaine manifestation dudit Antéchrist ; nous pourrions nous borner à sourire de ces histoires fantastiques si nous ne savions trop combien elles sont propres à tourner la tête de pauvres gens qui n'ont vraiment pas besoin de cela... D'autre part, on prétend identifier « notre doctrine » (*sic*) avec l'« hérésie de Nestorius », qui n'a pas pour nous le moindre intérêt en réalité, pour la bonne raison que nous ne nous plaçons jamais au point de vue de la religion exotérique, et avec laquelle ceux qu'on qualifie communément de « Nestoriens » et auxquels nous avons fait allusion n'avaient sans doute eux-mêmes rien à voir ; on oublie, plus ou moins volontairement, que cette doctrine est antérieure de bien des siècles au Christianisme, avec lequel le monde n'a tout de même pas commencé, et aussi que l'initiation des Kshatriyas, dont relevaient apparemment ces prétendus « Nestoriens », en tout état de cause, ne comporte que les applications contingentes et secondaires de ladite doctrine ; nous avons pourtant assez souvent exposé la différence entre les Brâhmanes et les Kshatriyas, et donné à comprendre que le rôle de ces derniers ne saurait en aucun cas être le nôtre. Enfin, nous noterons une allégation véritablement monstrueuse, contre laquelle nous ne saurions protester assez énergiquement : on ose nous accuser (en invoquant l'autorité d'un certain M. Robert Desoille que nous ignorons totalement) de tendances « matérialistes » et « politiques » ! Or, et tout ce que nous avons écrit le prouve surabondamment, nous n'avons que la plus parfaite indifférence pour la politique et tout ce qui s'y rattache de près ou de loin, et nous n'exagérons rien en disant que les choses qui ne relèvent pas de l'ordre spirituel ne comptent pas pour nous ; qu'on estime d'ailleurs qu'en cela nous ayons tort ou raison, peu importe, le fait incontestable est que c'est ainsi et non autrement ; donc, ou l'auteur de l'article est inconscient, ou il trompe ses lecteurs pour un but que nous ne voulons pas chercher à définir. D'autre part, nous avons reçu personnellement, de la part du Dr G. Mariani lui-même, une lettre si étrange que la première de ces deux hypothèses nous en paraît moins invraisemblable ; comme l'article doit avoir une suite, nous y reviendrons s'il y a lieu. – Signalons aussi, dans le numéro du 7 décembre de la même revue, la conclusion de la longue série d'articles intitulée *Diana Vaughan a-t-elle existé* ? Cette conclusion revient en somme à dire qu'il n'est pas possible que Taxil ait tout inventé ; on sait bien qu'en effet il a pillé un peu partout des documents qu'il a d'ailleurs souvent déformés, et aussi qu'il avait des collaborateurs, ne serait-ce que le fameux Dr Hacks ; quant à prétendre voir dans cette documentation aussi abondante qu'hétéroclite une preuve de l'existence de Diana Vaughan et de ses « papiers de famille », cela n'est vraiment pas sérieux. Il paraît aussi que Taxil n'aurait pas pu faire lui-même « cette révélation sensationnelle que l'essence de l'alchimie est le pacte avec Satan » ; ici, tous ceux qui ont la moindre notion de ce qu'est l'alchimie ne pourront s'empêcher d'éclater de rire !

— Dans la *Revue Caodaïste* (n° de septembre), nous voyons que, outre la secte dont elle est l'organe, plusieurs autres (*Minh-Ly, Minh-Tân, Min-Thiên*), en Indo-Chine également, sont « nées du spiritisme depuis ces dernières années ». Nous savons d'autre part que, en Chine et au Japon, quelques religions bizarres ont aussi vu le jour sous l'influence d'idées occidentales ; où ce désordre s'arrêtera-t-il ? Le numéro d'octobre nous prouve d'ailleurs à quel point les « Caodaïstes » sont occidentalisés : il contient un article sur *Quan-An*, fait entièrement d'après des orientalistes européens, et un autre très bref sur le *Tao*, où les citations de Lao-Tseu sont tirées de la moins sérieuse de toutes les traductions françaises !

— Nous avons entre les mains les premiers numéros du *Bulletin des Polaires*, qui a commencé à paraître en mai dernier ; leur contenu est parfaitement insignifiant, et si c'est là le résultat de communications avec des « grands initiés » de l'Himâlaya ou d'ailleurs, c'est plutôt pitoyable. Nous n'en aurions même pas parlé si nous n'avions appris qu'on a, dans cette organisation, une fâcheuse tendance à invoquer notre nom comme recommandation auprès des personnes qu'on veut y attirer, et ceci nous oblige à mettre les choses au point. En fait, nous avons quelque peu suivi les manifestations de la méthode divinatoire dite « oracle de force astrale » en un temps où il n'était nullement question de fonder un groupement basé sur les « enseignements » obtenus par ce moyen ; comme il y avait là des choses qui semblaient assez énigmatiques, nous avons tâché de les éclaircir en posant certaines questions d'ordre doctrinal, mais nous n'avons reçu que des réponses vagues et échappatoires, jusqu'au jour où une nouvelle question a enfin amené, au bout d'un temps d'ailleurs fort long en dépit de notre insistance, une absurdité caractérisée ; nous étions dès lors fixé sur la valeur initiatique des hypothétiques inspirateurs, seul point intéressant pour nous dans toute cette histoire. C'est précisément, si nous nous souvenons bien, dans l'intervalle qui s'est écoulé entre cette dernière question et la réponse qu'il a été parlé pour la première fois de constituer une société affublée du nom baroque de « Polaires » (si l'on peut parler de « tradition polaire » ou hyperboréenne, on ne saurait sans ridicule appliquer ce nom à des hommes, qui, au surplus, ne paraissent connaître cette tradition que par ce que nous en avons dit dans nos divers ouvrages) ; nous nous sommes formellement refusé, malgré maintes sollicitations, non seulement à en faire partie, mais à l'approuver ou à l'appuyer d'une façon quelconque, d'autant plus que les règles dictées par la « méthode » contenaient d'incroyables puérilités. Nous avons appris depuis lors que les quelques personnes sérieuses qui avaient tout d'abord donné leur adhésion n'avaient pas tardé à se retirer ; et nous ne serions pas surpris si tout cela finissait pas sombrer dans le vulgaire spiritisme. Nous regrettons que quelques-unes des idées traditionnelles que nous avons exposées dans *Le Roi du Monde* soient mêlées dans cette affaire, mais nous n'y pouvons rien ; quant à la « méthode » elle-même, si l'on a lu ce que nous avons écrit plus haut sur la « science des lettres », on pourra facilement se rendre compte qu'il n'y a là rien d'autre qu'un exemple de ce que peuvent devenir des fragments d'une connaissance réelle et sérieuse entre les mains de gens qui s'en sont emparés sans y rien comprendre.

Mars 1931

— Le numéro de novembre-décembre d'*Atlantis* est consacré en grande partie à la reproduction des discours prononcés au « troisième banquet platonicien ». Par ailleurs, une note qui prétend répondre à notre précédente mise au point nous oblige à quelques nouvelles remarques : 1° l'emploi du « nous » en écrivant est une question, non de « simplicité » ou de son contraire, mais d'usage et de convenances (comme l'habitude de mettre une majuscule à un nom propre) ; ce pluriel se trouve être, en outre, susceptible d'une intéressante signification initiatique ; 2° ce n'est pas parce que M. Le Cour, impressionné plus qu'il ne convient par les rêveries de feu M. de Sarachaga, croit trouver *Agni* et *Aor* dans *Ag-ar-Tha* ou dans tout autre nom, que nous sommes obligés de l'admettre ; 3° nous n'avons jamais éprouvé qu'un fort médiocre intérêt pour le Gnosticisme, d'abord parce qu'il est bien difficile actuellement de savoir au juste ce qu'il fut en réalité, et ensuite parce qu'en tout cas sa forme grecque est pour nous des plus rebutantes ; 4° toutes les formes régulières de la Tradition sont équivalentes, et, par conséquent, les mêmes choses quoique autrement exprimées, se trouvent à la fois dans l'Hindouisme, dans le Taoïsme, dans l'Islamisme ésotérique, etc. ; nous n'avons jamais envisagé les choses d'une autre façon ; 5° du reste, depuis à peu près un quart de siècle que nous nous occupons des questions d'ordre initiatique, nous n'avons jamais varié en quoi que ce soit, et nous souhaiterions à certains de pouvoir en dire autant ; 6° enfin, nous n'avons pas à faire savoir à M. Le Cour où à tout autre « chercheur » ce que nous possédons ou ne possédons pas ; et, pour ce qui est particulièrement du « pouvoir des clefs », ainsi que nous l'avons fait entendre dans *Autorité spirituelle et pouvoir temporel*, nous nous expliquerons là-dessus le jour où il nous conviendra ; jusque-là, rien ne « se verra » que ce que nous voudrons bien laisser voir, et, bon gré mal gré, M. Le Cour devra en prendre son parti. Ajoutons qu'il n'est pas nécessaire de « posséder les clefs de l'hermétisme » pour savoir que la fête de saint Jean n'est pas devenue celle du Sacré-Cœur, ou que les animaux appelés « lémuriens » ne vivent pas en Asie centrale, mais à Madagascar…

— Dans le *Grand Lodge Bulletin* d'Iowa (numéro de décembre), notons un article sur la question des « bijoux mobiles et immobiles », où les rituels anglais et américain sont fort loin d'être d'accord, l'un qualifiant de « mobile » ce que l'autre appelle « immobile » et inversement.

— Nous avons signalé précédemment l'apparition d'un organe intitulé *La Flèche*, qui, dès le premier abord, nous avait paru assez suspect ; nous n'avons pas vu le numéro 2, qui, paraît-il, aurait été saisi ; mais le numéro 3 (15 décembre) contient une profession explicite de « luciférianisme », voire de « satanisme » rédigée en des termes qui semblent empruntés en grande partie aux élucubrations taxiliennes ou à l'*Élue du Dragon* ; nous ne pouvons assurément prendre ces histoires au sérieux, mais l'intention n'en vaut pas mieux pour cela. Le véritable ésotérisme et la tradition initiatique n'ont absolument rien à voir avec ces divagations malsaines ; et le fait qu'on prétend les y mêler nous amène à nous demander si nous ne serions pas en présence d'un nouveau coup monté à la façon de Diana Vaughan…

— Le numéro du 1er décembre (« partie occultiste ») de la *Revue Internationale des Sociétés Secrètes* contient un article de M. de Guillebert sur la traduction du *Siphra di-Tzeniutha* de M. Vulliaud ; cet article, dont le ton uniformément élogieux nous a quelque peu surpris, débute par des souvenirs sur feu Le Chartier et son entourage (ce qui nous reporte encore à l'affaire Taxil) ; nous savions depuis fort longtemps que M. de Guillebert avait effectivement été en relations avec cet étrange milieu, mais c'est la première fois, sauf erreur, que nous en trouvons l'aveu sous sa plume ; et pourquoi, lui qui a fort bien connu Jules Doinel, éprouve-t-il le besoin d'en faire un « vintrasien » ? D'autre part, il est curieux de constater que, tandis que cet article affirme tout au moins le sérieux des études kabbalistiques, une note placée à la fin du même numéro parle des « grossières superstitions de la cabale » (*sic*) ; les rédacteurs devraient bien tâcher de se mettre un peu d'accord entre eux ? Dans ce même numéro encore, un article du Dr Mariani sur *Un guérisseur : le « Professeur » Michaux*, critique assez amusante et en grande partie justifiée, est suivi des appendices annoncés précédemment à l'article sur *Le Christ Roi et le Roi du Monde* ; ces appendices, sur l'*Asgard des Dialogues philosophiques* de Renan et sur le *Mundus Subterraneus* du P. Kircher, n'ajoutent pas grand'chose à l'article lui-même.

— Dans le numéro du 1ᵉʳ janvier (« partie occultiste » également), M. de Guillebert intitule son article *Ésotérisme, Érotisme* ; il s'agit de l'affaire de *La Flèche*, qu'on va évidemment exploiter dans le sens des thèses spéciales soutenues par la *R.I.S.S.* ; mais quel rapport cela a-t-il avec les recherches chimiques ou « hyperchimiques » si l'on veut, de M. Jollivet-Castelot ? Vient ensuite un article de M. Gustave Bord sur *Le Serpent Vert* de Goethe, essai d'interprétation peut-être plus obscur que le conte lui-même ; nous croyons y comprendre que son auteur s'efforce de ramener tout le symbolisme à une signification exclusivement politique ou sociale, mais nous n'arrivons pas à savoir finalement s'il admet ou n'admet pas l'existence réelle d'un « secret de la Maçonnerie ».

— Dans le numéro de décembre du *Lotus Bleu*, un article sur *Giordano Bruno*, traduit du *Theosophist*, débute par cette déclaration qu'il convient d'enregistrer :

« Mme Annie Besant a récemment montré à plusieurs reprises qu'un des plus importants devoirs de la Société Théosophique est de propager la compréhension de la réincarnation. » On prétend ensuite, contrairement à toute vraisemblance, que « la doctrine de la réincarnation est le centre de la pensée et des projets de Giordano Bruno, dans la mesure où ils sont révélés par son œuvre » ; et, grâce à cette interprétation anachronique, on affirme l'existence d'une « grande affinité mentale » qui tendrait à prouver que Mme

Besant elle-même est Giordano Bruno réincarné !

Avril 1931

— Dans *La Flèche* (numéro du 15 janvier), nous trouvons, à côté d'une conférence sur le Satanisme, un article qui se termine par cette affirmation péremptoire : « C'est l'Occident qui sait la vérité et c'est de l'Occident que viendra le salut. » Il ne nous déplaît pas que de telles choses soient dites en un pareil lieu ; voilà des recrues bien compromettantes pour les « défenseurs de l'Occident » !

— *Atlantis* (numéro de janvier-février) annonce son intention de se consacrer davantage que par le passé à l'étude du symbolisme. Un article de M. Ph. Lebesgue, intitulé *La naissance des symboles*, s'inspire largement du *Barddas* paru récemment ici même. Dans un autre article, M. Paul Le Cour parle du *swastika*, dans lequel il veut voir le « symbole de la force » ; ne prend-il pas au sérieux l'usage qu'en font les « racistes allemands » ?

— Dans le *Symbolisme* (n° de janvier), sous le titre *Le Devoir latin*, Oswald Wirth continue à s'en prendre à la Maçonnerie anglo-saxonne ; il lui reproche d'être infidèle à l'esprit des Constitutions de 1723, en lesquelles il veut voir l'expression de la « Maçonnerie traditionnelle », alors qu'elles représentent plutôt une rupture avec la tradition. – Le numéro de février de la même revue est occupé en grande partie par des discussions sur la Bible ; chacun veut dire son mot sur cette question, et il s'en dégage une impression passablement chaotique ; nous doutons fort que du choc de toutes ces idées disparates jaillisse la moindre lumière.

— Dans la *Revue Internationale des Sociétés secrètes* (« partie occultiste », n° du 1er février), le Dr G. Mariani intitule *Philosophie, Religion, Magie* une sorte de sommaire dont il serait bien difficile de tirer la moindre notion précise, et dont l'intention même n'apparaît pas très clairement. Sous le titre *Les Revues*, M. H. de Guillebert s'occupe surtout du *Voile d'Isis*, et plus spécialement de nos articles et comptes rendus ; il demeure fidèle à sa méthode des citations tronquées, pour ne pas dire truquées (nous voulons croire que les fautes qui les dénaturent ne sont dues qu'à la négligence des imprimeurs ou des correcteurs) ; et le plus drôle est que c'est à nous qu'il reproche de « tronquer ou truquer les textes des chroniques incriminées, pour en rendre la correction plus facile » ! Cela nous fait penser à l'histoire évangélique de la paille et de la poutre ; peut-être M. de Guillebert voudrait-il nous voir reproduire « in extenso » tous les articles que nous mentionnons, ou tout au moins les siens... Il est pourtant un point sur lequel nous sommes entièrement d'accord avec lui, à savoir que « la discussion n'est pas toujours le meilleur moyen de faire jaillir la lumière » ; mais que cette déclaration fait donc une étrange figure dans un organe de polémique ! Pour le surplus, nous nous bornerons à faire remarquer : 1° Que nous avons relevé le caractère suspect de *La Flèche* avant même la *R.I.S.S.* ; 2° Qu'une malpropreté, de quelque côté qu'elle vienne, ne change pas pour cela de caractère à nos yeux, qu'étant entièrement indépendant, nous n'éprouvons aucune gêne à le dire, et que ce n'est certes pas nous qui avons pu qualifier de « faits de connaissance », (*sic*) une élucubration pornographique comme celle que notre contradicteur ose reproduire ; 3° Que nous répudions hautement toute solidarité avec les théosophistes, occultistes et autres « néo-spiritualistes », de tout genre et de toute école, qui ne présentent que des contrefaçons de l'ésotérisme, que tous nos écrits le prouvent d'ailleurs surabondamment, et que prétendre le contraire ne peut être qu'ignorance ou mauvaise foi ; 4° Enfin, que nous ne connaissons point de « frères en initiation », dans le monde occidental, où nous n'avons d'ailleurs jamais rencontré le moindre initié authentique. Nous prions M. de Guillebert et ses collaborateurs de prendre bonne note de ces observations une fois pour toutes, car la patience a des bornes, et il est des rapprochements dont le caractère diffamatoire ne saurait être contesté.

— Dans *Eudia* (numéros de janvier et de février), M. Jollivet-Castelot intitule *Étude positive de la magie* une série de réflexions sur les arcanes du Tarot ; il assure que « la vraie magie se confond avec la vraie science et la vraie philosophie », qu'il conçoit de façon toute moderne, et il ajoute qu'« aujourd'hui elle s'est démocratisée » ; il y paraît, hélas ! – À côté d'*Eudia*, M. Henri Durville publie depuis octobre dernier un autre organe intitulé *Les Forces spirituelles pour la protection et la guérison*, qui se présente d'ailleurs comme une simple feuille de « vulgarisation ».

— La *Revue Caodaïste* publie un « message de l'esprit d'Allan Kardec » (numéro de novembre) et un article sur *L'existence de Dieu* rempli de considérations « scientistes » sur la radioactivité et autres choses de ce genre (numéro de décembre) ; tout cela confirme bien l'inspiration occidentale de la nouvelle religion dont cette revue est l'organe.

— Les *Amis du Bouddhisme* publient la traduction d'une brochure intitulée *Kamma* (*Karma*), par Bhikkhu Silacara, simple opuscule de propagande, qui rectifie cependant incidemment quelques conceptions erronées ayant cours parmi les Occidentaux.

Juin 1931

— Dans le *Symbolisme* (nos de mars et avril), suite de la discussion sur la présence de la Bible dans les Loges, son remplacement par un « livre blanc » etc. ; discussion pleine de confusion et constamment influencée par les points de vue les plus « profanes » ; ce n'est pas seulement au sens symbolique qu'on peut parler ici de la « Parole perdue » !

— Dans la *Revue Internationale des Sociétés Secrètes* (n° du 1er mars, « partie occultiste »), M. H. de Guillebert intitule *Sous le signe du Tétragramme* un article dans lequel il continue à exposer ses conceptions très spéciales sur la Kabbale et sur l'alphabet hébraïque. Dans le même numéro et dans le suivant (1er avril), nous trouvons le commencement d'une étude du Dr Mariani ayant pour titre *L'Islam et l'Occultisme* ; cet emploi du mot « occultisme », que nul ne comprend en Orient, est plutôt fâcheux ; par ailleurs, il y a là de justes critiques à l'égard de quelques orientalistes, et aussi l'indication de certains rapprochements curieux, mais qui auraient grand besoin d'être « clarifiés », et surtout interprétés en dehors de tout parti pris.

— La direction du *Voile d'Isis* a reçu la lettre suivante :

« *Monsieur*,

Vous avez publié dans le n° 134 du Voile d'Isis *quelques lignes que M.*

Guénon me fait l'honneur de consacrer à mon article, Le Christ-Roi et le Roi du Monde *(R.I.S.S.).*

M. Guénon, n'ayant sans doute eu le temps que d'apporter une attention superficielle à mon étude, a, sur deux points au moins, mal saisi ma pensée.

1° Il est inexact que je confonde l'Agarttha avec la Grande Loge Blanche. Au contraire, parlant du rôle que celle-ci joue dans l'œuvre de Mme Blavatsky, je cite le passage suivant de M. Guénon (p. 3, note 4, § 3) : « Si les Mahâtmâs ont été inventés, – ce qui pour nous ne fait aucun doute, – non seulement ils l'ont été pour servir de masque aux influences qui agissaient effectivement derrière Mme Blavatsky, mais encore cette invention a été conçue d'après un modèle préexistant. »

Ce dernier membre de phrase m'autorise par conséquent à écrire (p. 9) : « Le Roi du Monde lui-même siège, entouré d'un conseil de douze sages, – que nous identifions à la Grande Loge Blanche. » Il est évident que cette identification n'a été faite que pour la commodité du langage ; j'évitai, en m'en servant, périphrases et redites.

2° Il est inexact que M. R. Desoille et moi ayons jamais prêté à M. Guénon des tendances matérielles et politiques. Voici précisément ce que j'ai écrit, sur une observation de mon ami (p. 25) : « Nous nous trouvons en présence de deux traditions symétriques : l'une dirigeant les destinées spirituelles, mystiques de ce monde ; ce Principe a, en Dieu, pour aspect le Christ-Roi, dont saint Michel est le lieutenant… ; l'autre, relative au principe dirigeant les destinées matérielles, politiques de ce monde ; ce principe a, en Satan, pour aspect l'Anté-christ, dont le Roi du Monde est le lieutenant… M. Guénon, avec son antipathie pour le mysticisme (mysticisme et non pas mystique spéculative), inclinant naturellement vers une interprétation matérialiste, n'a vu que la seconde tradition. »

Il ressort clairement de ce passage que les qualificatifs « matérielles » et « politiques » ne s'appliquent qu'au Roi du Monde et non à M. Guénon ; je n'ai pas encore poussé l'extravagance jusqu'à croire qu'il y ait identité entre ces deux personnalités.

En outre, il est évident que le sens du terme « matérialisme » du dernier alinéa ne doit être entendu que par opposition à celui de « mysticisme » de la ligne précédente.

J'attire enfin l'attention sur le fait que le renvoi 4 (p. 25) où je nomme M. Desoille se rapporte, comme il y est écrit, au paragraphe entier (relatif au double aspect du problème, théorie traditionnelle d'ailleurs), et non au dernier alinéa (relatif à M. Guénon), mon ami, plus encore que moi, répugnant à toute polémique.

Je confesse d'ailleurs bien volontiers ignorer, faute de pratique, les prières israélites ; je maintiens seulement que le titre de Roi du Monde ne se trouve dans aucun texte biblique admis par le Christianisme et cité dans l'encyclique Quas primas *sur la Royauté de Jésus.*

Je vous demande, Monsieur, de bien vouloir porter cette lettre à la connaissance de vos lecteurs et de M. Guénon : j'ai en effet autant d'estime pour sa personnalité que pour sa valeur intellectuelle, et j'aurais été fâché que cette discussion, au lieu de se maintenir sur un terrain purement spéculatif, versât dans une polémique indigne de lui, et – j'ose l'espérer – de moi-même.

Je vous prie, Monsieur, d'agréer l'expression de ma parfaite considération. Paris, 1ᵉʳ mars 1931, Christo regnante.

G. Mariani »

Tout en remerciant notre contradicteur du ton courtois de sa lettre, nous devons dire que, au fond, celle-ci n'explique rien et n'apporte pas sur sa pensée plus de précision que son article, que nous avions du reste lu avec toute l'attention nécessaire. Si ce n'est que « pour la commodité du langage » qu'il a parlé de la « Grande Loge Blanche » comme il l'a fait, il a été en cela assez mal inspiré : une chose ne saurait être désigné convenablement par le nom de sa contrefaçon ou de sa parodie ; et n'eût-il pas été plus simple encore de parler de l'*Agartha* ? D'autre part, nous n'aurions jamais pu supposer qu'il fallait qu'un texte fût « admis par le Christianisme » pour être regardé comme appartenant au Judaïsme authentique ! Enfin, sur le point le plus grave, c'est-à-dire sur le passage de l'article où il était question de « tendances matérielles et politiques », nous constatons d'abord que l'auteur se fait du « Roi du Monde » une idée singulièrement basse, qui en fait, mettrait ce personnage au-dessous du dernier des initiés, puisqu'il lui attribue un caractère et des préoccupations purement « profanes » ; ensuite, qu'il donne au mot « matérialisme » un sens tout à fait arbitraire, en en faisant l'opposé de « mysticisme », alors que personne, à notre connaissance, ne l'a jamais employé ainsi. Quoi qu'il en soit, il reste que c'est bien à nous que s'appliquent les mots « inclinant naturellement vers une interprétation matérialiste », et nous ne pouvons, là-dessus, que renouveler notre protestation la plus indignée. Nous ferons remarquer à cet égard que, alors que le point de vue « matérialiste » est de toutes façons en-deçà du mysticisme, le nôtre est au contraire au-delà, si bien que le mysticisme lui-même nous apparaît comme quelque chose d'assez « matériel » encore, ainsi qu'on aura pu le voir par ce que nous avons écrit plus haut à ce sujet ; la confusion commise ici par le Dr Mariani prouve simplement une fois de plus combien il est difficile à certains de faire la distinction nécessaire entre le domaine initiatique et le domaine profane. Quant à la répugnance qu'il professe à l'égard de la polémique, nous l'en félicitons bien sincèrement, tout en nous demandant comment elle peut se concilier avec sa collaboration à la *R.I.S.S.* ! Qu'il se rassure en tout cas : nous n'acceptons jamais aucune polémique, ne nous reconnaissant pas le droit de quitter notre terrain pour nous placer sur celui de l'adversaire. Pour ce qui est de M. Desoille, nous ne nous souvenons d'avoir entendu prononcer son nom qu'une seule fois avant de lire l'article du Dr Mariani, mais dans une circonstance tellement bizarre que, en le retrouvant dans la note en question, un rapprochement s'imposait immédiatement à nous ; mais ceci est une autre histoire, qui n'a d'intérêt que pour nous-même, et nous n'avons pas l'habitude d'entretenir nos lecteurs de questions personnelles…

— Dans *Le Rayonnement Intellectuel*, M. L. Charbonneau-Lassay, qui dirige cette nouvelle publication, continue ses remarquables études sur les symboles du Christ, commencées jadis dans *Regnabit* ; le dernier article (n° de janvier-février) est consacré au symbolisme du cygne.

— Le n° de mars d'*Atlantis* est consacré pour la plus grande partie à l'Irlande et au Celtisme ; il y est aussi question de la prophétie de saint Malachie. Vers la fin, nous trouvons la petite attaque d'usage contre le *Voile d'Isis*, devenu, paraît-il, le *Voile de Maya* (ce qui serait d'ailleurs exactement la même chose), et plus spécialement contre nous, à qui M. Le Cour s'obstine à attribuer, pour la vingtième fois peut-être, une phrase qu'il dénature complètement. Nous n'entendons pas discuter avec M. Le Cour sur le *Kali-Yuga* et la théorie des cycles, qu'il « arrange » à sa fantaisie ; mais, puisqu'il semble vouloir nous opposer la déclaration parue au début du n° de janvier du *Voile d'Isis*, nous lui ferons remarquer que nous avons nous-même parlé maintes fois, dans les mêmes termes, du « retour à la Tradition en mode occidental ». Nous profiterons de cette occasion pour dissiper une équivoque sur laquelle on a d'autre part appelé notre attention : il doit être bien entendu que la phrase finale de cette déclaration ne saurait s'appliquer personnellement à ceux des rédacteurs qui se rattachent d'une façon effective aux traditions orientales.

— Le n° de mars du *Grand Lodge Bulletin* d'Iowa contient une étude historique sur l'Ordre de la Jarretière.

— La *Revue Caodaïste* (n° de janvier et février), tout en publiant le « code » de la nouvelle religion dont elle est l'organe, fait une part de plus en plus large au vulgaire spiritisme occidental.

— Il nous faut revenir sur le *Bulletin des Polaires*, qui, dans son n° de mars, sous prétexte de répondre à la note que nous lui avons consacrée précédemment[5], se répand en injures à notre adresse, injures qui d'ailleurs ne sauraient nous atteindre. Ces gens se trompent étrangement s'ils croient nous gêner en publiant la préface que, cédant à leurs sollicitations quelques peu importunes, nous leur avions donnée pour le livre intitulé *Asia Mysteriosa* ; nous n'avons rien à y changer, sinon que nous ne pouvons plus envisager hypothétiquement, comme nous le faisions alors, une communication réelle avec un centre initiatique dans le cas particulier des fondateurs des « Polaires ». Quant à prétendre que c'est l'auteur du livre qui a « retiré volontairement » cette préface, c'est un impudent mensonge ; en fait, nous avons dû, pour en

---

[5] [Février 1931.]

obtenir le retrait, menacer de faire saisir l'édition si elle y figurait contre notre gré ! Les raisons de ce retrait, nous les avons déjà indiquées : la constitution d'un groupement que nous ne pouvions paraître recommander, et dont nous nous sommes d'ailleurs refusé personnellement à faire partie, puis l'obtention d'une réponse absurde à une question d'ordre doctrinal. Pour le surplus, nous ferons remarquer à ce personnage, qui va jusqu'à nous reprocher d'avoir eu la complaisance de corriger ses épreuves, que s'il peut être « insolent » à notre égard, nous ne saurions l'être vis-à-vis de lui, le rapport n'étant pas réversible, comme disent les logiciens, et que nous n'avons point de « leçons » à recevoir de lui ; nous admettons d'ailleurs que son origine excuse jusqu'à un certain point son ignorance du sens de certains mots français, comme celui de « pamphlets » par exemple ; mais elle n'excuse pas l'emploi d'une expression comme celle de « grand-maître de l'occultisme », appliquée à quelqu'un dont l'attitude a toujours été formellement « anti-occultiste ». Quant aux personnes qui se sont retirées de son groupement, si nous en avons parlé en employant le pluriel, c'est que nous en connaissons au moins quatre ; il fera donc mieux de ne pas insister. Nous ne pouvons pas éprouver de « colère » contre une chose qui est simplement ridicule, et il nous plaît de constater, en lisant les « révélations de Conan Doyle » (n° de février et mars), que nous ne nous étions pas trompé en prévoyant que tout cela sombrerait dans le spiritisme ; mais nous ne saurions tolérer que notre nom serve à une « propagande », quelle qu'elle soit d'ailleurs, et c'est parce qu'on nous a signalé l'abus qui en était fait que nous avons dû parler de cette affaire, que sans cela, nous aurions considérée comme parfaitement négligeable.

Juillet 1931

— Dans la *Revue Internationale des Sociétés Secrètes* (n° du 1er mai, « partie occultiste »), M. Henri de Guillebert, sous le titre *Bons et mauvais procédés*, nous prend encore à parti, en prétendant nous opposer le *Symbolisme de l'Univers* de M. Hoyack, à quoi nous répondrons simplement que les vues de celui-ci n'ont que l'importance de conceptions individuelles sans aucun caractère traditionnel, et qu'elles sont d'autant moins susceptibles de « détruire » ce que nous avons écrit que, pour notre part, nous ne croyons nullement à la valeur des « visions intuitives » ; la véritable intuition

intellectuelle n'a rien de « visionnaire ». D'autre part, M. de Guillebert semble fort mécontent de ce que nous avons dit à propos de Le Chartier, et il voudrait bien nous faire passer pour un « nouveau venu » dans cette histoire, qu'il croyait sans doute perdue dans la nuit du passé ; mais il ne s'agit ici ni d'intuition ni même de raisonnement, il s'agit de faits, tout simplement. Les questions que notre contradicteur nous pose sur un ton qu'il veut rendre impertinent ne nous embarrassent pas le moins du monde ; si nous n'y répondons pas dès maintenant, c'est qu'il ne nous convient pas d'être questionné par qui n'a aucune qualité pour le faire ; nous entendons être seul juge de ce que nous avons à dire et du moment opportun pour le dire. Nous ferons donc seulement savoir à M. de Guillebert que nous avons en notre possession un important manuscrit de Le Chartier, intitulé *Le Gennaïth-Menngog de Rabbi Eliézer ha-Kabir*, qui est bien ce qu'on peut imaginer de plus extraordinaire dans le genre « pornographie érudite » et qu'il nous a suffi de rapprocher de certains articles parus dans les tout premiers numéros de la *R.I.S.S.*, il y a à peu près vingt ans, pour identifier aussitôt les origines intellectuelles, si l'on peut dire, de l'auteur desdits articles, qui se dissimulait alors sous l'étrange et « antéchristique » pseudonyme d'Armilous. Nous avons aussi quelques lettres du même Le Chartier, dont une contient la traduction (?) du véritable *Gennaïth-Menngog*, celui de Taxil-Vaughan, et dont une autre, avec signature en hébreu rabbinique, renferme une bien curieuse allusion à un mystérieux personnage qu'il appelle « son Maître » ; et tout cela ne date pas d'hier… Quant au « vintrasianisme » de Jules Doinel, quoique celui-ci ait effectivement passé par beaucoup de doctrines diverses, nous continuons à n'y pas croire, d'autant plus que les explications données ne concordent nullement avec la réalité des faits et des dates. Ajoutons que, si nous avons parlé d'« aveux », c'est que ce mot, dans le style spécial de la *R.I.S.S.*, est employé à chaque instant pour qualifier les déclarations les plus naturelles, quand elles proviennent d'adversaires ; notre intention ironique n'a pas été comprise. Enfin, si « la *R.I.S.S.* n'a aucune théorie spéciale », M. de Guillebert en a sûrement, et dont il pourrait être fort instructif de rechercher la provenance !
– Dans le même numéro, suite de l'étude du Dr Mariani intitulée *L'Islam et l'Occultisme*, où une assez bonne documentation, en dépit de quelques erreurs et confusions, est gâtée par des interprétations d'une révoltante partialité. – Un autre numéro (10-17 mai), est occupé entièrement par un article intitulé *Les*

Missionnaires du Gnosticisme ; en réalité, il s'agit de l'O.T.O. et de son fondateur, feu Théodore Reuss ; cela n'a rien à voir avec le Gnosticisme, mais il y a des mots qui sont toujours d'un effet sûr quand il s'agit d'impressionner certains esprits, et celui-là en est un, comme celui d'Illuminisme en est un autre. Justement, l'auteur anonyme de l'article voudrait faire prendre au sérieux les nouveaux « Illuminés » de Léopold Engel, dont la prétention à se rattacher à Weishaupt ne reposait absolument sur rien. Et le Dr Mariani, de son côté, n'écrit-il pas que « le soufisme n'est que le nom arabe de l'illuminisme », ce qui ne veut rien dire du tout ?

— Dans le *Symbolisme*, les articles d'Oswald Wirth intitulés *Le Rôle éducatif de la Franc-Maçonnerie* (n° de mai) et *Le Pouvoir créateur* (n° de juin) reflètent de plus en plus une conception « rationaliste » qui, quoique leur auteur parle à chaque instant de l'« Initiation », est fort loin d'être véritablement initiatique. Nous préférons de beaucoup un petit article sur l'*Initié*, par F. Ménard (n° de mai), qui laisse entrevoir de tout autres horizons. Une étude sur *La Modernisation de la Maçonnerie*, par A. Bédarride (n° de mai et de juin), contient des vues en partie justes, mais fort mélangées ; bien rares sont ceux qui savent faire comme il convient la distinction du point de vue initiatique et du point de vue profane.

— La *Revue Caodaïste* (n° de mars) fait de plus en plus de place au vulgaire spiritisme occidental, tout en s'efforçant par ailleurs de moderniser le « culte des ancêtres ».

— Une brochure intitulée *Le Mystère de la Vallée des Rois*, publiée aux « Éditions de la Flèche » par M. Jean de Villodon, nous donne un échantillon d'une égyptologie ultra-fantaisiste : noms déformés et interprétés par l'hébreu, prétendue assimilation de l'histoire égyptienne avec les récits de la Bible, tout cela n'est pas sérieux, et nous nous demandons ce que l'auteur a voulu prouver par là.

Octobre 1931

— Dans le *Symbolisme* (n° de juillet), Oswald Wirth décrit l'*Initiation chez les Yagans*, habitants de la Terre de Feu.

— Dans la *Revue Internationale des Sociétés Secrètes* (n° du 1ᵉʳ juin, « partie occultiste »), M. H. de Guillebert se livre encore à quelques réflexions maussades sur nos articles ; nous lui répondrons simplement cette fois : 1° Que, si nos comptes rendus ont un certain retard, c'est que nous sommes fort loin de toute « salle de rédaction »... et du monde occidental ; 2° Que ni lui ni d'autres ne peuvent « discuter nos idées », pour la bonne raison que nous n'en exposons point qui nous appartiennent en propre, mais seulement des idées traditionnelles ; 3° Que, si étrange que cela puisse lui sembler, « la personnalité de René Guénon » nous importe peut-être encore moins qu'à lui, attendu que les personnalités, ou plutôt les individualités, ne comptent pas dans l'ordre des choses dont nous nous occupons ; et puis, après tout, est-il même bien sûr qu'il y ait actuellement par le monde quelqu'un qui porte ce nom ? Qu'on le prenne pour une pure désignation conventionnelle, adoptée pour la commodité du langage comme aurait pu l'être toute autre signature quelconque, c'est tout ce que nous demandons... – Dans le numéro du 1ᵉʳ juillet (« partie occultiste » également), le même auteur intitule *Les deux sciences* un article si confus que nous n'avons pas pu deviner de quelles sciences il s'agissait, et, sous le titre *Le Pouvoir directeur occulte du Monde*, le Dr G. Mariani analyse un livre d'une certaine Mrs Bailey qui semble être un bel exemple de divagations théosophistes sur la « Grande Loge Blanche ». – Dans les deux mêmes numéros, le Dr Mariani continue également son étude intitulée *L'Islam et l'Occultisme* ; nous admirons sa confiance dans les informations des orientalistes... – Dans le numéro du 28 juin, nous trouvons un soi-disant compte rendu du numéro spécial du *Voile d'Isis* sur la *Tradition rosicrucienne* ; l'auteur a bravement signé de la seule initiale H., mais il est facilement reconnaissable à son interprétation délirante de quelques figures symboliques ; à côté de lui, Freud ferait presque figure d'être raisonnable ! Cette fois, c'en est trop, et nous ne nous abaisserons pas à répondre à de grossières plaisanteries.

— Le numéro du 5 juillet contient quelques nouveaux documents sur Aleister Crowley et l'O.T.O. – Dans le numéro du 12 juillet, le Dr Mariani donne une étude historique sur Cazotte, qu'il appelle *Un transfuge de l'Illuminisme au XVIIIe siècle* ; une bizarre attaque contre M. Le Forestier, qualifié de M∴ fort gratuitement, termine cet article d'une façon imprévue.

— À la suite de notre dernière réponse au Dr Mariani, M. Robert Desoille nous a adressé une longue lettre de laquelle il résulte qu'il s'occupe uniquement « de sujet touchant à la physique et à la psychologie », et qu'il professe une sorte d'indifférence à l'égard des questions doctrinales, ce dont nous lui donnons acte bien volontiers.

Il parait que la remarque qu'il avait faite à son ami n'avait pour but que d'éviter à celui-ci « le reproche de traiter le problème en sectaire » (hélas !) ; il nous semble que ce n'est pas tout à fait de cette façon que le Dr Mariani lui-même a présenté les choses, même dans sa lettre, mais cette divergence ne nous regarde en rien ; qu'ils s'en expliquent entre eux...

Quant à l'histoire à laquelle nous avons fait allusion à la fin, puisque M. Desoille paraît tenir à la connaître, la voici en quelques mots : un certain jour, un personnage d'aspect fort louche se présenta chez nous sous prétexte de demander un emploi de secrétaire, se disant envoyé « par un de nos amis » ; comme nous insistions pour savoir le nom de cet « ami », il prononça celui de M. Desoille, que nous ignorions totalement ; puis, devant notre étonnement, il en donna encore un autre qui ne nous était pas moins inconnu ; nous nous empressâmes naturellement d'éconduire l'individu, mais nous n'oubliâmes jamais le nom de M. Desoille.

— Dans le *Rayonnement Intellectuel*, M. Charbonneau-Lassay termine son étude sur le Cygne (n° de mars-avril) et en commence une autre sur le Coq et le Basilic (n° de mai-juin).

— *Atlantis* consacre son n° d'avril-mai au symbolisme des animaux et au « totémisme » ; sur ce dernier, nous y trouvons toute une série d'extraits de Durkheim, Loisy, Frazer et autres « officiels », dont la raison d'être nous échappe. Bien autrement intéressante est une simple lettre dans laquelle M. Charbonneau-Lassay expose le plan de son grand ouvrage en préparation sur l'iconographie emblématique chrétienne.

— Dans le *Symbolisme* (n° de juillet), Oswald Wirth décrit l'*Initiation chez les Yagans*, habitants de la Terre de Feu.

Nous avons reçu aussi une lettre de M. Jean de Villodon, qui, au sujet de quelques lignes que nous avons consacrées à sa brochure[6], se plaint d'être incompris ; nous pouvons, si cela doit lui être une consolation, lui assurer que, s'il ne nous est pas possible de prendre ses interprétations au sérieux, nous n'avons pas plus de considération pour celles de l'égyptologie officielle, qu'elle siège au « Collège de France » ou ailleurs.

Novembre 1931

— *Atlantis* (n° de juin-juillet) publie une conférence de M. J. Toutain sur *Le Mythe de Phaéton*. – M. Paul Le Cour éprouvant le besoin de nous attaquer encore une fois dans ce même numéro, nous lui ferons savoir : 1° que nous n'avons pas à lui rendre compte des raisons spéciales pour lesquelles nous avons dû, à une certaine époque, voir par nous-même ce qu'il en était réellement de diverses organisations se qualifiant plus ou moins justement d'« initiatiques » ; 2° que le mot « Gnose » signifie exactement « Connaissance », ce qui n'a rien à voir avec le « gnosticisme », et que, pour notre part, nous ne l'avons jamais pris dans un autre sens ; 3° que, depuis le temps assez lointain dont il parle, nous avons si peu varié qu'il pourra retrouver, sous la signature à laquelle il fait allusion, des articles dont le contenu est reproduit intégralement, avec d'autres développements, dans quelques-uns de nos livres les plus récents. Quant à l'hermétisme, sur lequel notre article publié ici en mai dernier ne prétendait donner qu'un aperçu très général, n'ayant rien à voir avec telles ou telles connaissances précises dont il ne nous convient pas de parler présentement, ce n'est, nous le répétons, qu'un aspect secondaire de la tradition ; et, de plus, nous ne voyons pas en quoi l'hermétisme chrétien pourrait être plus « essentiel » que l'hermétisme islamique, ou que la partie correspondante d'autres formes traditionnelles... Mais est-ce bien la peine de relever les opinions de quelqu'un qui trouve des choses extraordinaires dans le retournement des mots Maroc et Suez, sans se douter

---

[6] [Juillet 1931.]

qu'ils ne sont qu'une vulgaire corruption des noms arabes *Merakesh* et *Es-Swês* ? Nous ne pouvons d'ailleurs nous étonner de rien de la part de l'auteur d'une note sur le « baragouin » (n° de mars), où se lit cette assertion prodigieuse : « En hébreu, *BaRa*, premier mot de la Genèse, veut dire commencement » ! Nous avions jugé charitable de ne pas citer cette phrase en son temps, mais ces mauvaises plaisanteries se prolongent un peu trop ; que M. Paul le Cour (sans majuscules, puisqu'il semble y tenir) emploie donc ses loisirs à méditer sur les mystères du mot *bafuna*, et qu'il s'applique à lui-même ce que son admirable perspicacité ne manquera pas d'y découvrir !

— Dans le *Symbolisme* (n° d'août-septembre), sous le titre *Église et Franc-Maçonnerie*, une curieuse étude signée François Ménard et Marius Lepage, et où le symbolisme du Tarot est appliqué à la question des rapports entre ces deux puissances. – Dans le numéro d'octobre, un article d'Oswald Wirth sur *Rudyard Kipling Franc-Maçon* ; un autre du Dr Legrain, intitulé *Symbolisme et graphologie*, qui nous paraît témoigner chez son auteur d'une conception bien rudimentaire du symbolisme, associée d'ailleurs à tous les préjugés du scientisme évolutionniste.

— Dans la *Revue Internationale des Sociétés Secrètes* (nos du 1er août et du 1er septembre, « partie occultiste »), le Dr G. Mariani, continuant son étude intitulée *L'Islam et l'Occultisme*, mêle étrangement les organisations initiatiques et les « sectes » hétérodoxes (jusqu'au Béhaïsme occidentalisé inclusivement), suivant un procédé qui, en ce qui concerne le monde chrétien également, a été fréquemment employé par les ennemis de l'ésotérisme, méconnaissant ou feignant de méconnaître que religion et initiation constituent deux domaines parfaitement distincts. – Dans le premier de ces deux numéros, le même auteur parle de notre dernier livre et de celui de M. Émile Dermenghem ; il le fait à sa manière habituelle, dont le moins qu'on puisse dire est qu'elle manque de franchise. Nous ne nous arrêterons pas à relever les assertions plus ou moins bizarres qui nous visent, mais qui ne sauraient nous atteindre ; nous citerons seulement, dans un autre ordre d'idées, cette phrase bien caractéristique d'une certaine mentalité : « Le catholicisme n'a qu'*une* signification, et nous l'avons apprise au catéchisme. » Si vraiment c'était ainsi, quelle pitié ! L'article se termine par de perfides insinuations au sujet des « Éditions Véga », et dans une intention que nous ne qualifierons pas, mais que nous ne discernons que trop bien, on énonce, en ce qui nous concerne, une « prédiction » qui va exactement au rebours de la vérité ; nous n'en dirons pas davantage pour le moment, car nous aurons sans doute à y revenir... Nous n'ajouterons qu'un mot : nous n'avons jamais songé le moins du monde à faire du *Voile d'Isis* notre « chose » et, si quelques-uns de ses collaborateurs s'inspirent volontiers de nos travaux, c'est tout à fait spontanément et sans que nous ayons jamais rien fait pour les y amener. Nous ne voyons là qu'un hommage rendu à la doctrine que nous exprimons, d'une façon parfaitement indépendante de toutes les considérations individuelles ; du reste, si on continue à nous... empoisonner avec la « personnalité de René Guénon », nous finirons bien quelque jour par la supprimer tout à fait ! Mais nos adversaires peuvent être assurés qu'ils n'y gagneront rien, tout au contraire...

Janvier 1932

— *Psyché* (n° d'octobre) publie un article de M. Gabriel Huan intitulé *Orient et Occident ou le conflit des métaphysiques* (ce pluriel est admirable) : d'un résumé fort confus de quelques-unes des idées exposées dans nos ouvrages, et aussi dans ceux de Matgioi, l'auteur prétend tirer des conclusions diamétralement opposées à ce que nous affirmons nous-même (sans doute pense-t-il savoir mieux que nous ce que nous avons voulu dire), et cela pour arriver à trouver une soi-disant contradiction entre les doctrines orientales et le Christianisme ; il est à peine besoin de dire qu'il se fait de ce dernier la conception la plus exotérique et la plus sentimentale qu'on puisse imaginer.

— Le numéro du 1er octobre de la *Revue Internationale des Sociétés Secrètes* (« partie occultiste ») débute par une étrange lettre provoquée par les insinuations lancées dans le numéro du 1er août au sujet des « Éditions Véga » et dans laquelle, sous prétexte de « mise au point », on répond par d'autres... contre-vérités un peu fortes ; il ne nous convient pas d'y insister présentement, mais, en raison du préjudice qui nous est causé en tout cela (car il va de soi que c'est toujours nous qui sommes visé), nous faisons toutes réserves sur les suites que pourra comporter cette singulière affaire. Dans une série de comptes rendus qui vient ensuite, une nouvelle diatribe contre les doctrines orientales voisine, comme par hasard, avec des compliments à M. Paul Le Cour et un éloge dithyrambique du F∴ Oswald Wirth ; cela est assurément peu banal ; est-ce l'« union sacrée » pour la « défense de l'Occident » ? Ce qui donnerait encore à le croire, c'est que, dans le numéro suivant, M. Gabriel Huan, dont il a été question ci-dessus, reçoit à son tour les félicitations du « Dr G. Mariani »... – Le numéro du 25 octobre reproduit des informations concernant une bizarre histoire de sorcellerie qui s'est passée en Finlande, et dont on attribue la responsabilité à une secte anglaise appelée *Panacea Society*. Nous avons sous les yeux une brochure émanant précisément de cette société, et dans laquelle il est dit qu'elle « a pris naissance dans l'étude des œuvres de huit Prophètes modernes par un groupe de personnes qui découvrirent ainsi qu'une Visitation de Guérison et de Secours (*sic*) devait être attendue en Angleterre, à peu près entre les années 1923 et 1927 » ; la liste des « Prophètes » en question commence par le nom de Jane Leade ; parmi les sept autres, beaucoup moins connus, figure au second rang Joanna Southcott, du Devonshire, morte en 1814. Or, dans les informations citées par la *R.I.S.S.*, Joanna Southcott se trouve transformée en « Joanna Scout », et il est dit qu'elle est enterrée au cimetière d'Helsingfors, alors qu'il paraît certain que, en fait, elle n'a jamais quitté l'Angleterre ; que peuvent bien signifier ces anomalies ? Dans le numéro du 1er novembre (« partie occultiste »), sous le titre *Lumières suspectes*, le « Dr G. Mariani » publie un article documentaire sur les « Polaires », assez exact dans l'ensemble ; mais pourquoi l'histoire des préfaces d'*Asia Mysteriosa*, dont il a déjà été question ici[7], est-elle présentée de telle façon qu'il est impossible de comprendre que la nôtre fut retirée par nous avant la publication du volume ? Il y a aussi, vers la fin, une note dans laquelle on met au présent ce qui devrait être au passé... et même au « passé antérieur » ; c'est là une manière un peu trop commode de présenter les faits à sa convenance ! Dans les comptes rendus de revues, également du « Dr G. Mariani », nous signalerons seulement une assez longue note sur le freudisme, à propos d'un article de M. Robert Desoille dans *Action et Pensée* : « la partie du freudisme, y est-il dit, qui nous paraît la plus intéressante, la plus vraie, en son principe du moins, est celle relative à la symbolique » ; voilà une bien fâcheuse concession... Enfin, une chose tout à

---

[7] [Février et juin 1931.]

fait amusante pour terminer : nous avons, dans notre récent article sur *Sheth*[8], fait allusion aux mystères du « dieu a la tête d'âne » ; là-dessus, mais sans d'ailleurs s'y référer, le « Dr G. Mariani » se met à parler à son tour du « dieu à la tête d'âne » dans la *R.I.S.S.* ; quelle imprudence ! Le « savante dottore » semble vraiment un peu trop jeune encore pour le rôle qu'il veut jouer... ou qu'on veut lui faire jouer.

— Le « diabolisme » de la *R.I.S.S.* paraît être contagieux : les *Cahiers de l'Ordre*, autre publication antimaçonnique qui avait semblé jusqu'ici assez raisonnable, publie (n° spécial d'octobre) des « instructions des chefs secrets de la Franc-Maçonnerie Lucifériennne en 1870 », qui semblent venir en droite ligne de l'officine de feu Léo Taxil, bien qu'on prenne soin de nous affirmer que certains (qu'on ne désigne d'ailleurs que par des initiales) en auraient eu connaissance antérieurement aux « révélations » de celui-ci, de sorte « qu'on peut même penser que cette pièce fut parmi les textes authentiques dont Taxil s'inspira et sur lesquels il travailla » ; comme réponse anticipée aux objections possibles, cela est assez bien trouvé... Ce « document » est suivi d'un « commentaire » au cours duquel sont dénoncés quelques prétendus agents d'exécution du « plan luciférien » : d'abord les « surréalistes », ce qui est faire beaucoup d'honneur à un petit groupe de jeunes gens qui s'amusent à des facéties d'un goût douteux ; puis les « Polaires », auxquels on donne décidément, dans les milieux antimaçonniques, bien plus d'importance qu'ils ne le méritent ; et enfin *La Flèche*, qui, elle du moins, se déclarait effectivement « luciférienne » et même « sataniste », ce qui n'est pas une raison pour la prendre au sérieux ; nous avions d'ailleurs prévu que cette dernière affaire serait exploitée en ce sens, mais, à vrai dire, ce n'est pas aux *Cahiers de l'Ordre* que nous pensions alors.

— Dans le *Rayonnement Intellectuel* (n° de juillet-août), M. Charbonneau-Lassay continue son étude sur le symbolisme du Coq.

— Dans *Atlantis* (n° de septembre-octobre), il est question du Pythagorisme, du Druidisme... et de Glozel.

---

[8] [Octobre 1931.]

— Dans le *Symbolisme* (n° de novembre), article d'Oswald Wirth sur *La Vérité maçonnique*, avec ce sous-titre : « Travail d'adhésion à l'Académie des Philalèthes » ; il s'agit de la *Philalethes Society*, de San Diego (Californie), ainsi intitulée sans doute par allusion au rite de ce nom qui, au XVIIIe siècle, adressa à tous ceux qu'il invitait à participer à son Convent, un questionnaire fameux montrant à quel point, à cette époque déjà, « la Parole était perdue » même pour les Maçons des hauts grades ; d'ailleurs le présent travail n'est qu'un exposé de quelques idées très élémentaires, tant au point de vue historique qu'au point de vue symbolique. – Une note sur des *Symboles isiaques* découverts jadis à Pompéi n'éclaircit guère la signification des dits symboles. – Dans la suite de l'étude sur *La Modernisation de la Franc-maçonnerie*, par Armand Bédarride, nous relevons une distinction très juste entre « initiation » et « instruction » rapportée assez ingénieusement à celle de la qualité et de la quantité ; mais l'initiation, au vrai sens de ce mot, est encore bien autre chose que ce qu'envisage l'auteur ; et celui-ci fait preuve d'un éclectisme vraiment excessif en donnant aux spéculations profanes une place qui ne saurait légitimement leur appartenir.

Février 1932

— Dans le *Symbolisme* (n° de décembre), article d'Oswald Wirth sur *L'Unité maçonnique*, où sont critiquées une fois de plus les tendances de la Maçonnerie anglo-saxonne, et où nous trouvons une conception du « Maçonnisme » qui a le tort de méconnaître entièrement l'efficacité des rites eux-mêmes ; il ne peut y avoir d'initiation, non seulement symbolique, mais réelle, sous quelque forme que ce soit, en dehors du rattachement effectif à une organisation traditionnelle. – Fin de l'étude sur *L'Initiation chez les Yagans*, en cours depuis plusieurs numéros. – Armand Bédarride essaie de donner une *Définition de l'Œuvre* ; il semble pressentir certaines choses, mais retombe presque aussitôt au point de vue « moral et humanitaire » ; s'il ne s'agissait que de cela, l'usage du symbolisme et du rituel serait vraiment bien inutile !

— La *Revue Internationale des Sociétés Secrètes* (n° du 1er décembre, « partie occultiste ») annonce la mort de son collaborateur M. Henri de Guillebert des Essarts ; il est à souhaiter qu'il ait emporté dans la tombe son ténébreux secret.

— Le reste du numéro est occupé par un long article sur *Richard Wagner et la mystique guerrière de l'Allemagne*, signé « Le Capitoul » ; il s'y trouve un peu de tout, mais surtout des considérations extravagantes sur la « Cabale » (*sic*), avec une accumulation de citations hétéroclites qui vont du *Dictionnaire de la Conversation* à la *Revue Spirite* et au *Bulletin des Polaires*, pour finir par les *Paroles d'un Croyant* ; il s'agit, paraît-il, de prouver par là que « Richard Wagner est bien le chantre des "Protocols d'Israël" (*sic*), auxquels l'armée allemande sert de moyen d'exécution » ! Signalons une étrange hypothèse d'après laquelle le *Baphomet*, dont le nom « ressemble à *Mahomet* » (on oublie que celui-ci n'est que la déformation de *Mohammed*), aurait été « la représentation du dieu même des Égyptiens, Sérapis-Hélios (voyez le Larousse), un corps d'homme avec une tête de taureau » ; à la vérité, ce « dieu à la tête de taureau » nous semble plus phénicien qu'égyptien, à moins qu'il ne soit tout simplement le « Minotaure », figuré au centre du « Labyrinthe » que les constructeurs du moyen âge tracèrent sur le dallage de certaines églises ; mais ne serait-ce pas plutôt que l'auteur, plus averti que son confrère le « Dr G. Mariani » n'a pas osé reparler du « dieu à la tête d'âne » ?

— Le *Lotus Bleu* (n° de novembre) publie la traduction d'un article assez bizarrement intitulé : *Les Maîtres comme voyageurs*, qui nous reporte aux fantasmagories du temps de Mme Blavatsky ; on se demande ce que toutes ces allées et venues de personnages fictifs ont bien pu servir à dissimuler...

— Dans *Atlantis* (n° de novembre-décembre), nous relèverons seulement une nouvelle trouvaille linguistique de M. Paul le Cour : « Le mot *Isthar* est bien près du mot *Christ* » ; sans commentaires !

— Dans *Psyché* (n° de novembre), M. Gabriel Huan s'appuie sur une répugnante description de Huysmans pour opposer au *Symbolisme de la Croix* ce qu'il appelle le *Réalisme de la Croix* ; il y a heureusement dans le Christianisme autre chose que ce bas sentimentalisme, même si les Chrétiens ne sont plus capables de le comprendre.

Mars 1932

— Dans le *Symbolisme* (n° de janvier), une « étude rituélique » de Marius Lepage sur l'*Incinération du testament philosophique*. Armand Bédarride, continuant son travail sur la *Modernisation de la Maçonnerie*, envisage la question des rituels et de leur adaptation ; il proteste avec raison contre l'intrusion de l'esprit « scientiste », que certains poussent jusqu'au point de vouloir faire des rituels quelque chose qui ressemblerait à des « manuels scolaires » ! Notons dans cet article l'affirmation, soulignée par l'auteur, que la philosophie maçonnique est « plus orientale qu'occidentale » ; cela est très vrai, mais combien sont ceux qui le comprennent aujourd'hui ?

— Dans le *Grand Lodge Bulletin* d'Iowa (n° de décembre), un article consacré à Albert Pike montre en celui-ci, par des citations de ses œuvres, un esprit religieux aussi éloigné que possible du « Souverain Pontife luciférien », des légendes taxiliennes. Un autre article traite de la construction du Temple de Jérusalem et des « carrières de Salomon ».

— Les *Cahiers de l'Ordre* (n° de novembre) exhument un livre sur les « messes noires », publié il y a une vingtaine d'années par un « néo-spiritualiste » pour qui il en serait résulté, dit-on, toutes sortes de mésaventures ; il paraît qu'on en prépare une réédition, autour de laquelle on s'efforcera sans doute de faire un certain bruit dans les milieux antimaçonniques ; un rappel de l'*Élue du Dragon*, à ce propos, n'est guère fait pour inspirer confiance… Signalons aussi, à titre de curiosité, une « prophétie » de 1553 qu'on interprète comme annonçant « l'avènement et l'anéantissement de la Maçonnerie ». - Le numéro de décembre de la même revue est occupé en grande partie par un *Tableau de la Sociologie chrétienne* où il y a certaines idées assez curieuses, mais bien mélangées ; pourquoi cette préoccupation de trouver des points d'appui dans la science moderne, alors que celle-ci change incessamment ? Viennent ensuite quelques articles extraits de publications maçonniques qu'on dit avoir été « trouvées dans un taxi-auto » ; comment se fait-il qu'il y ait toujours dans les organes antimaçonniques des histoires de ce genre, dignes des plus vulgaires romans policiers ?

— L'Albigéisme semble être actuellement « à la mode » : on en fait un sujet de romans, on entreprend des fouilles pour en retrouver les vestiges ; aussi la

Revue Internationale des Sociétés Secrètes (n° de janvier, « partie occultiste ») publie-t-elle des *Notes sur l'Albigéisme*, qui n'apportent d'ailleurs rien de nouveau, et où l'énigme des origines, notamment, n'est aucunement éclaircie. Comme il y a encore, à la fin de cet article, une allusion au « Roi du Monde », nous poserons nettement une question à ce sujet : ces gens qui se disent catholiques considèrent-ils Melchissédec comme l'Antéchrist et l'*Epître aux Hébreux* comme d'inspiration diabolique, ou bien, tout simplement, ne savent-ils pas de quoi ils parlent ?

— Dans le même numéro, le « Dr G. Mariani », lance encore contre nous des attaques qui veulent être méchantes, mais qui sont surtout grossières ; il nous est impossible de répondre à d'aussi basses plaisanteries... Et il ose prétendre qu'il « n'attaque jamais les personnes » ; que fait-il d'autre ? Comme il serait évidemment fort commode de pouvoir nous prendre à parti impunément et sans risquer aucune réponse plus ou moins gênante, il nous invite à « planer (*sic*) dans le pur domaine des idées » et à n'en pas sortir ; rien ne saurait nous être plus agréable, à nous qui entendons bien n'être ni d'un coté ni de l'autre d'aucune « barricade », si seulement nous avions affaire à des contradicteurs capables de se placer eux-mêmes sur ce terrain ; mais tel n'est malheureusement pas le cas. Pour le surplus, nous dirons au « Dr G. Mariani » : 1° Qu'il fait confusion entre des... entités diverses, dont les activités plus ou moins extérieures n'eurent jamais aucun rapport entre elles, et dont certaines ont d'ailleurs cessé d'exister depuis fort longtemps ; 2° Que l'infaillibilité, qui n'appartient du reste jamais aux individus comme tels, mais seulement en tant qu'ils représentent la doctrine traditionnelle, est loin d'être une chose extraordinaire et exorbitante, si bien que, comme nous l'avons écrit dans quelqu'un de nos ouvrages, ce qui est étonnant n'est pas que le Pape soit infaillible, mais qu'il soit seul à l'être dans tout le monde occidental ; 3 Que tel « distingué philatlante » n'est nullement notre « condisciple », et que nous n'avons absolument rien à voir avec les pseudo-ésotéristes occidentaux, à quelque espèce qu'ils appartiennent ; cela, nous l'avons déjà dit maintes et maintes fois, et prétendre ou insinuer le contraire relève de la diffamation pure et simple ; le « Dr G. Mariani » doit savoir à quelles conséquences celle-ci expose son auteur... D'un autre côté, de nouvelles amabilités, pour ne pas dire plus, à l'adresse de M. G. Huan et du F∴ Oswald Wirth confirment ce que nous notions il y a deux mois : décidément, c'est bien « l'union sacrée pour la défense de l'Occident », et les prétendus antimaçons ne sont en réalité que des « anti-orientaux » ; nous nous en doutions depuis fort longtemps, mais nous ne pouvons que leur savoir gré de nous le montrer avec une telle évidence !

— Dans le *Rayonnement Intellectuel* (n° de septembre-octobre), M. L. Charbonneau-Lassay termine son importante étude sur le symbolisme du Coq et du Basilic.

Mai 1932

— Dans *Psyché* (n° de février), M. A. Savoret (qui soit dit en passant, ignore totalement le sens du mot « récipiendaire ») intitule *Délivrance ou salvation ?* un article où il poursuit la tâche précédemment entreprise par son collègue M. G. Huan, et qui consiste à chercher de prétendues oppositions entre le Christianisme et les doctrines orientales ; et, naturellement, c'est encore à nous qu'il en a plus particulièrement. Ce qui ressort surtout de cet article, c'est que ses « yeux d'Occidental » comme il dit lui-même, sont tout à fait incapables de discerner les choses dont il veut parler, à tel point qu'il ne s'est même pas aperçu que la « salvation » (qui en français s'appelle le « salut ») a aussi sa place dans les doctrines orientales, comme correspondant à un état encore « humain », qui n'a absolument rien à voir avec la « Délivrance ». Ce serait donc perdre notre temps que de nous y arrêter davantage ; mais nous noterons, dans les comptes rendus figurant à la fin du même numéro, les éloges significatifs décernés à certain livre… regrettable, et qui nous fournissent une nouvelle indication intéressante sur les ramifications plus ou moins souterraines de l'actuelle campagne « anti-orientale ».

— Nous n'avons jamais relevé jusqu'ici les attaques, d'un ton parfois assez inconvenant, lancées contre nous par le P. E.-B. Allo, d'abord dans divers articles de la *Revue des Jeunes*, puis plus récemment dans un livre intitulé *Plaies d'Europe et baumes du Gange* ; mais voici que le même polémiste vient de faire paraître, dans la *Vie Spirituelle* (n° du 1ᵉʳ février), un factum de 35 pages intitulé *Le sens de la Croix chez les ésotéristes*, qui a la prétention d'être une réponse à notre *Symbolisme de la Croix*. Nous n'avons ni le temps ni le goût de répondre à notre tour à de vaines discutailleries philosophiques ; le terrain sur lequel nous nous plaçons est tout autre, et nous n'avons pas de concessions à faire aux points de vue « profanes ». Du reste, à quoi bon chercher à faire entendre raison à quelqu'un qui s'obstine à parler de « panthéisme » et de « quiétisme » après tout ce que nous avons dit contre les doctrines que ces vocables désignent légitimement, qui prend l'*adwaita-vâda* pour du « monisme », et qui se montre incapable de comprendre la distinction fondamentale du « Soi » et du « moi » ? Et n'avoue-t-il pas lui-même cette incompréhension, de façon tout à fait explicite, en déclarant que certaines conceptions sont « insaisissables pour son intelligence profane » ? Il semble d'ailleurs croire que nous écrivons en nous ne savons quel jargon, puisque, quand nous disons « forme », il traduit par « âme », ce qui n'a pas le moindre rapport ; il nous attribue à la fois une *Weltanschauung* (qu'est-ce que cela veut dire ?), des vues « mystiques » qui nous sont totalement étrangères (il est vrai qu'il parle de « mystique d'initié », ce qui est une contradiction dans les termes), une « négation du surnaturel » alors que, au contraire, rien d'autre ne compte pour nous en réalité (et n'avons-nous pas suffisamment expliqué ce que veut dire étymologiquement le mot « métaphysique » ?) ; il qualifie de « magiques » les extensions de l'être humain dont nous avons parlé alors que nous avons répété tant de fois combien la magie était pour nous chose négligeable (et le plus curieux est qu'il ne paraît pas se douter que lesdites extensions comprennent notamment l'« immortalité » entendue au sens religieux) ; il affecte de nous appliquer à plusieurs reprises l'étiquette de « spiritualiste », après que nous avons pris la peine d'expliquer que spiritualisme et matérialisme étaient à nos yeux choses parfaitement équivalentes... et également nulles ; comment s'y reconnaître au milieu de tout ce gâchis ? Quoi qu'il en soit, il lui arrive, quant à lui, de raisonner comme le plus épais matérialiste, par exemple à propos des idées mathématiques, auxquelles il attribue une origine purement empirique (il semble confondre les mathématiques pures avec leur application physique et les figures géométriques avec des dessins) ; et qu'il regarde comme une simple « création de l'esprit humain » (quels pouvoirs extraordinaires attribuent parfois à celui-ci ces prêcheurs d'« humilité » !) ; et il nous reproche de n'avoir pas employé de préférence des « symboles biologiques » ! D'abord, le symbolisme mathématique existe traditionnellement, et nous n'avons pas à inventer ni à innover, mais à exposer ce qui est ; ensuite, ce symbolisme se réfère, quoi qu'on en dise, à un ordre de réalité plus élevé que celui qui constitue le monde sensible, et tout aussi indépendant de notre fantaisie ; enfin, quand des symboles sont empruntés à l'ordre sensible, ce qui arrive aussi, ils n'ont en tout cas rien à voir avec les théories de la science moderne et profane, dont nous n'avons pas à nous préoccuper. Ce qui est curieux aussi, à propos de « symboles biologiques », c'est de voir présenter comme une objection contre nous le fait que « jamais un être développé ne rentre dans son germe » ; or il se trouve que nous avons nous-même indiqué dans *L'Erreur spirite*, ce fait comme une analogie pouvant aider à faire comprendre l'impossibilité de la réincarnation ; mais notre contradicteur ne va-t-il pas jusqu'à confondre « transmigration » avec « métempsychose » ? On devrait bien s'abstenir de parler de ce qu'on ignore ; on s'éviterait ainsi, par exemple, le ridicule de prendre le *nirukta* pour de l'étymologie (et que nous importent les « lois de la sémantique » et autres inventions des philologues profanes, qui n'eurent jamais le moindre soupçon de ce que peut être une « langue sacrée » ?), ou de voir une fantaisie gratuite dans la formation de la croix par la réunion des deux lettres arabes *alif* et *be*, chose si élémentaire et si généralement connue qu'elle s'enseigne couramment aux petits enfants dans les *katâtîb*… Mais notre polémiste parle ici de « rapports fortuits », ce qui prouve, hélas ! qu'il croit au hasard ; et n'est-ce pas là encore une autre façon de manifester inconsciemment son ignorance ? Il est, par ailleurs, fortement imbu des préjugés du scientisme évolutionniste, dont il ressasse, en bon « historien des religions », les habituels lieux communs sur les « peuples-enfants », les « croyances primitives », les « systèmes naïfs sortis d'imaginations puériles », les « mythes explicatifs enfantins qui personnifiaient les agents naturels » (c'est ainsi qu'Auguste Comte interprétait la théologie), et autres sornettes de même qualité ; et, en ce qui concerne la « Tradition primordiale », il va jusqu'à l'appeler « cette espèce de révélation que l'humanité aurait reçue je ne sais d'où aux origines », ce qui, de la part d'un religieux catholique, est vraiment un peu fort : n'aurait-il jamais entendu parler du Paradis terrestre ? Et puisqu'il semble, avec son épouvantail du « panthéisme », vouloir jeter la suspicion sur le caractère de cette « Tradition primordiale », nous lui dirons, nous, qu'elle constitue en réalité le « monothéisme » le plus transcendant et le plus absolu ! Quant à ce qu'il dit au sujet des sens supérieurs contenus dans la Bible et dans l'Évangile (ils y sont et nous n'y pouvons rien), mais que son parti pris d'« exotérisme » exclusif se refuse à voir, le fait qu'ils ne sont point en opposition avec le sens littéral et historique paraît le gêner tout particulièrement ; au surplus, toute son argumentation sur ce point pourrait assez exactement se résumer en ces termes : ce qui distingue essentiellement le Christianisme de toute autre doctrine, c'est qu'il ne signifie rien et ne doit rien signifier ; c'est là une assertion que nous lui laisserons pour compte, car nous en avons, pour notre part, une meilleure opinion... Mais en voilà assez là-dessus ; nous ajouterons seulement, pour que nul ne s'y méprenne, que nous n'avons jamais entendu « donner une conviction » à qui que ce soit, étant résolument opposé à tout prosélytisme, et que, d'autre part, n'ayant rien à voir avec un enseignement occidental quelconque, nous n'avons nullement été « éduqué » dans des « cercles » de pseudo-ésotéristes que nous avons toujours jugés avec la plus implacable sévérité, et qui ne sont à nos yeux que de vulgaires « profanes » ; mais nos adversaires auront-ils jamais assez de bonne foi pour tenir compte de ces observations ? – Au début de ce long article, si parfaitement nul à notre point de vue, il est pourtant une phrase qui, à elle seule, a pour nous beaucoup plus d'intérêt que tout le reste, car elle nous a permis d'établir un rapprochement vraiment extraordinaire. Le P. Allo écrit textuellement ceci : « Le lecteur le moins averti doit se douter, en voyant la vignette de la couverture qui représente Ganeça, le dieu hindou à tête d'éléphant, et en s'apercevant que l'ouvrage est dédié à la mémoire d'un savant musulman et daté des années de l'hégire, qu'il y trouvera bien autre chose que de la spiritualité chrétienne. » Et M. Paul le Cour, dans l'article cité plus haut : « En fait, il est singulier qu'un ouvrage sur la croix porte sur sa couverture l'image du dieu Ganeça à tête d'éléphant..., puis de lire une dédicace à un cheik (*sic*) arabe disciple du croissant (?!), de le voir daté d'une année de l'Egire (*resic*) et de lire qu'il fait suite à un ouvrage sur le Vêdânta ; il n'y a rien de chrétien dans tout cela ». Comme ces gens se rencontrent ! La concordance va même un peu trop loin, et nous serions tenté de demander tout simplement : lequel des deux a copié l'autre ? À moins pourtant, étant donné la simultanéité de leurs articles, que quelque « autre » ne leur ait dicté à tous deux cette même phrase... sensationnelle !

— Dans le *Symbolisme* (n° de février), article d'Oswald Wirth sur *Le Rosicrucisme* (on dit habituellement « Rosicrucianisme ») : explications enfantines sur le symbolisme de la rose, de la croix et des nombres ; à vrai dire, ce n'est même plus du symbolisme, c'est tout au plus de l'allégorie ; et l'auteur donne de l'« initiation chrétienne » une idée… qui n'a rien d'initiatique. – Dans un autre article intitulé *L'Église maçonnique anglaise* et signé Diogène Gondeau, nous trouvons une étrange méprise : les *Old Charges* sont confondues avec les Constitutions de 1723, dont les auteurs s'appliquèrent précisément, tant qu'ils le purent, à faire disparaître les dites *Old Charges*, c'est-à-dire les documents de l'ancienne « Maçonnerie opérative ». Il est vrai que, dans un récent ouvrage antimaçonnique, dont l'auteur est pourtant un ex-Maçon, les mêmes Constitutions sont non moins curieusement identifiées aux *landmarks*, lesquels ont au contraire pour caractère essentiel d'être des règles qui ne furent jamais écrites et auxquelles on ne peut assigner aucune origine historique définie. – Dans le numéro de mars, Oswald Wirth parle de *La conception initiatique de Goethe*, à l'occasion du centenaire de la mort de celui-ci : de certaines citations de Wilhelm Meister, il semble résulter que Goethe a quelque peu méconnu la valeur du rituel ; mais nous voulons croire qu'il est tout de même allé plus loin qu'un « rationalisme humanitaire ». – Armand Bédarride traite de *L'étude de la morale* ; il y aurait beaucoup à dire sur ce sujet, notamment en ce qui concerne la connexion de la dégénérescence « moraliste » avec les influences protestantes qui se sont exercées à l'origine de la Maçonnerie moderne ; si vraiment il ne devait s'agir que de morale, à quoi bon le symbolisme ? Nous nous bornerons à remarquer une fois de plus combien il est regrettable qu'une notion insuffisamment nette de la « régularité » initiatique conduise à un « éclectisme » qui met tout sur le même plan, et qui fait aux conceptions profanes une place tout à fait illégitime.

— Dans le *Grand Lodge Bulletin* d'Iowa (n° de janvier), suite de l'étude sur la construction du Temple de Salomon. – Dans le numéro de février, étude sur « la pierre angulaire et la clef de voûte », qui font partie du symbolisme de la Maçonnerie de Royale Arche.

— *La Flèche* a reparu après une éclipse de quelques mois ; nous y retrouvons, sans aucun changement, les tendances plus que suspectes que nous avons déjà signalées précédemment. Le numéro du 15 février contient une réponse au « Dr G. Mariani » (qualifié d'ailleurs de « distingué critique » !) ;

on y lit, au sujet du « chef spirituel » qui aurait inspiré l'« action magique » dont cette publication se déclare l'organe, une histoire fort étrange, mais à laquelle nous sommes peu tenté d'ajouter foi jusqu'à plus ample informé. – À propos de *La Flèche*, nous avons constaté que l'article déjà reproduit par les *Cahiers de l'Ordre* (n° d'octobre) l'avait été également dans l'ouvrage antimaçonnique auquel nous faisions allusion tout à l'heure ; mais cette fois, au lieu d'en indiquer clairement la provenance, on le déclare seulement « extrait d'une revue à petit tirage d'un groupe luciférien très fermé, d'origine caucasienne ». Il faut sans doute grossir l'importance de l'adversaire et l'envelopper de mystère pour se donner à soi-même une raison d'être ; mais, franchement, les antimaçons qui emploient de tels procédés sont-ils bien qualifiés pour blâmer le charlatanisme de certains pseudo-ésotéristes ?

— Dans la *Revue Internationale des Sociétés Secrètes* (n° du 1er février, « partie occultiste »), le premier article s'intitule gracieusement *Les poisons de l'Orient* ; il est signé cette fois des seules initiales G.M. , que précède cette mention quelque peu énigmatique : « Rédigé, ce 28 mai (*sic*) 1923, en la Saint Charlemagne, d'après les notes de notre regretté collaborateur » (s'agit-il de M. de Guillebert ?). Après avoir présenté comme un « parfait Français » le pangermaniste Gobineau, ce qui n'est pas une idée des plus heureuses, l'auteur y expose une caricature des doctrines orientales où le grotesque le dispute à l'odieux ; il y a là à peu près autant d'erreurs que de mots, sans oublier la rengaine du « panthéisme » qui est décidément la grande ressource de tous ces gens-là ; n'insistons pas davantage... Mais tout cela se termine par un aveu des plus précieux : « Devant les poisons de l'Orient, je me sens solidaire du Huguenot » ; et, après avoir cité notre allusion à l'« unité de front » (nous avions écrit « union sacrée ») pour la « défense de l'Occident », on ajoute :

« Nous souhaiterions qu'il fût effectivement bon prophète ». Le « Dr G. Mariani » (car, ici tout au moins, c'est bien certainement lui qui parle, et, par un « synchronisme » bon à noter, il se réfère dans le même paragraphe au livre du P. Allo) n'est décidément pas de force à jouer son rôle : c'est là, très exactement, ce que nous avions voulu lui faire dire ! Et, quant à nous, nous lui répondrons nettement et sans la moindre *ketmah*, en lui retournant sa phrase : devant les poisons de l'Occident moderne, nous nous sentons solidaire de l'Orient tout entier ! – Après cet article viennent quelques « diableries » sans importance puis un autre article intitulé *Les « Grands Serviteurs intellectuels » occultes ou une esquisse des positions de M. René Guénon*, reproduit d'après certaines *Nouvelles critiques d'Ordre* que nous ne connaissons pas, mais qui sont, paraît-il, une annexe des *Cahiers de l'Ordre*. Cet écrit, dont l'ignominie dépasse tout ce qu'on peut imaginer, a toutes les allures d'une note policière de la plus basse catégorie ; son rédacteur anonyme est d'ailleurs assez mal informé, et, sur certains points, il fait preuve d'une imagination si délirante que nous nous demandons s'il n'aurait pas été inspiré par quelque « voyante »… très peu lucide ! Ainsi, chacun sait que notre œuvre n'est nullement « philosophique », et encore moins « historico-sociale » ; mais, pour la présenter comme telle sans que l'invraisemblance éclate aux yeux des moins avertis, on a bien soin de ne citer que les titres de quelques-uns de nos ouvrages en passant les autres sous silence, et, pour l'un d'eux, on va jusqu'à faire état d'une étiquette qui lui avait été imposée contre notre gré par son premier éditeur, soucieux, pour des raisons purement commerciales, de le faire rentrer tant bien que mal dans une « collection » avec laquelle il n'avait aucun rapport. D'autre part, on croit nous gêner en évoquant de vieilles histoires, dont on voudrait bien donner l'impression qu'elles se rapportent au présent (nous avons déjà eu l'occasion de noter ce procédé frauduleux), et qui nous sont aussi parfaitement indifférentes que si elles ne nous concernaient en rien ; nous n'en aurions pas fini si nous devions attacher une importance quelconque à tous les grades ou titres dont nous gratifièrent jadis de multiples organisations, parmi lesquelles il en est qui n'existèrent probablement jamais que sur le papier ; et, pour celle qui est nommément désignée en la circonstance, nous l'avons nous-même caractérisée dans un de nos livres en les termes les moins flatteurs (*Le Théosophisme*, p. 244) ; c'est donc nous qui avons le droit de dire : « Alors qui trompe-t-on ? ». Si nous avons dû, à une certaine époque, pénétrer dans tels ou tels milieux, c'est pour des raisons qui ne regardent que nous seul ; et de plus, actuellement, pour d'autres raisons dont nous n'avons pas davantage à rendre compte, nous ne sommes membres d'aucune organisation occidentale, de quelque nature qu'elle soit, et nous mettons quiconque au défi d'apporter à l'assertion contraire la moindre justification. Si nous avons répondu favorablement à certaines demandes de collaboration (demandes expresses à nous adressées, et non pas « infiltrations » de notre part, ce qui serait absolument incompatible avec notre caractère), de quelque côté qu'elles soient venues, cela est encore exclusivement notre affaire ; et, quelles que soient les publications où aient paru des articles de nous, que ce soit « en même temps » ou non, nous y avons toujours exposé exactement les mêmes idées, sur lesquelles nous n'avons jamais varié. Nous ne saurions tolérer qu'on dise que nous avons « combattu en apparence » le spiritisme et le théosophisme, dont les partisans semblent bien, en réalité, ne redouter nul autre que nous ; et nous mettons le policier anonyme au défi de citer les « écrits catholiques orthodoxes » dont nous aurions rendu compte dans le *Voile d'Isis* (revue non pas « occultiste », mais entièrement indépendante) avec des « sarcasmes d'idées et de principes » (*sic*), car nous ne supposons tout de même pas qu'il puisse s'agir des élucubrations de ses confrères de la *R.I.S.S.* ! Au surplus, nous ne sommes le « serviteur » de personne ni de rien, si ce n'est de la Vérité ; nous ne demandons rien à qui que ce soit, nous ne travaillons « pour le compte » de personne, et nous nous passons de tout « appui » ; nous avons donc le droit absolu de vivre comme bon nous semble et de résider où il nous convient, sans que nul ait rien à y voir, et nous ne sommes aucunement disposé à admettre la moindre ingérence dans ce domaine. Notre œuvre est d'ailleurs rigoureusement indépendante de toute considération individuelle, et n'a par conséquent rien à faire avec ces choses qui ne peuvent véritablement intéresser personne ; et nous ajoutons même que nous ne voyons pas du tout pourquoi nous serions obligé de vivre toujours dans la peau d'un même personnage, qu'il s'appelle « René Guénon » ou autrement... Quant aux autres assertions contenues dans le rapport de police en question, nous ignorons totalement si telle librairie « abrite un groupement philosophique et métaphysique à tendances ésotériques et théosophiques » ; la seule chose que nous sachions, c'est que, si ce groupement existe vraiment, il ne peut que nous être des plus hostiles ; mais cette insinuation, fondée ou non, aura tout au moins l'utilité de prouver à certains que le mensonge et la trahison ne profitent pas toujours à leurs auteurs... Enfin, nous avons eu la stupéfaction d'apprendre que nous avions « de nombreux amis », en Allemagne ; nous étions loin de nous en douter, car ils ont toujours négligé de se faire connaître à nous, et il se trouve justement que c'est un des rares pays où nous n'ayons aucune relation ; notre policier ne pouvait plus mal tomber ! D'ailleurs, même si cela était, ce ne serait nullement là une raison pour « nous orienter vers l'Allemagne », (ce qui serait plutôt nous

« occidenter », comme dit l'autre), car elle ne nous intéresse pas plus que toute autre nation européenne ; d'abord la politique n'est point notre fait, et puis, vus de l'Orient, les peuples occidentaux se ressemblent tous terriblement... Maintenant, pour parler nettement, il n'y a que deux mots qui conviennent pour qualifier de si monstrueuses infamies, ce sont ceux de calomnie et de diffamation ; normalement, de telles histoires doivent mener leurs auteurs devant les tribunaux ; il nous a toujours répugné de recourir à ces moyens, mais, en présence de ce flot montant de boue et d'insanités, nous finirons bien, si grande que soit notre patience, par en avoir assez et par prendre toutes les mesures nécessaires pour que, par la force s'il le faut, on nous laisse enfin la paix à laquelle nous avons le droit le plus incontestable ; qu'on se le tienne pour dit !

— Dans la *Nouvelle Revue Française* (n° du 1er février), sous le titre : *La mise en scène et la métaphysique*, M. Antonin Artaud expose des vues un peu confuses parfois, mais intéressantes, qui pourraient être regardées en quelque sorte comme une illustration de ce que nous disions récemment ici même sur la dégénérescence qui a fait du théâtre occidental quelque chose de purement « profane », tandis que le théâtre oriental a toujours conservé sa valeur spirituelle. Il est étonnant que le mot de « symbolisme » ne soit jamais prononcé au cours de cette étude qu'il aurait grandement éclairée, car c'est bien de l'application du symbolisme à l'art théâtral qu'il s'agit : la mise en œuvre de multiples moyens autres que la parole n'est pas autre chose en réalité. Nous ne savons pourquoi, d'autre part, on nous a attribué (et en la mettant entre guillemets) une phrase que nous n'avons jamais écrite ; ce n'est pas que nous ne puissions en approuver l'idée, pour autant que nous la comprenons, mais les termes en lesquels elle est exprimée sont totalement étrangers à notre vocabulaire, et, de plus, nous n'aurions jamais pu dire « nous », en parlant des Occidentaux.

— C'est aussi une phrase apocryphe, mais beaucoup moins inoffensive, et d'ailleurs toujours la même, que nous prête, pour la vingtième fois peut-être, M. Paul le Cour dans *Atlantis* (n° de janvier-février) ; il est vrai que, de sa part, rien de ce genre ne peut nous étonner, après avoir vu comment deux noms propres écrits à plusieurs reprises sur un mur pouvaient, à ses yeux, se métamorphoser en une phrase... approximativement latine. Du reste, il n'est même pas besoin d'une imagination aussi fertile pour faire dire à quelqu'un ce qu'il n'a jamais dit, et parfois même tout le contraire de ce qu'il a voulu dire ; il suffit pour cela de détacher un lambeau de phrase de son contexte, et il en est des exemples fameux (*Qâla Allahu taâla : Fawaylun lil-muçallîn...*). Quoi qu'il en soit, M. Paul le Cour, dans ce numéro, ne consacre pas moins de deux articles à nous attaquer, d'abord à propos du *Symbolisme de la Croix*, dont il prétend à son tour traiter à sa façon (ou plutôt à celle du Hiéron de Paray-le-Monial : *Aor-Agni* et autres fantaisies déjà connues), puis à propos de l'hermétisme et de quelques-uns de nos articles du *Voile d'Isis*. Il évoque même le témoignage de tous les gens qui n'ont rien compris à ce que nous écrivons ; s'il savait à quel point nous est indifférente cette « critique », profane, incompétente par définition en matière initiatique ! Nous écrivons pour instruire ceux qui sont aptes à comprendre, non pour solliciter l'approbation des ignorants ; et ce que nous faisons n'a rien à voir avec la littérature, n'en déplaise à M. Paul le Cour qui confond l'hermétisme avec l'esthétique et qui s'amuse à compter les mots de nos phrases (ce qui l'a sans doute empêché de voir que nous parlions, dans *Le Symbolisme de la Croix*, d'une représentation géométrique à trois dimensions et d'un sphéroïde indéfini, puisqu'il nous reproche de n'en avoir rien fait !). Il reproduit aussi, contre nous, une lettre d'un certain M. Alvart, en lequel nous croyons bien reconnaître un ancien « adorateur » de Mme Blavatsky (voir *Le Théosophisme*, chapitre IV, dernier §) ; comme nous y avons déjà implicitement répondu dans notre article du mois dernier, nous n'y reviendrons pas. Mais nous nous en voudrions de ne pas signaler la nouvelle trouvaille linguistique de M. Paul le Cour : il énonce gravement que « le mot chrétien est un développement du mot croix » ; mais que dire à quelqu'un qui pense apparemment que le latin est dérivé de l'espagnol, puisqu'il écrit que « *hermoso* en espagnol est devenu *formosus* en latin » ? Quant à notre article sur *La langue des oiseaux* (et non pas *Le langage des oiseaux*), nous maintenons intégralement ce que nous y avons dit de l'origine et du sens premier du mot latin *carmen*, en dépit de la bizarre et fort peu « normale » étymologie qui a été « signalée » à M. Paul le Cour, et qui, peut-être, « peut en imposer à certains esprits manquant de sens critique » ; et, franchement, de quel poids s'imagine-t-on que puissent être pour nous des assertions d'orientalistes ? D'autre part si nous avons parlé des oiseaux en question comme symbolisant les anges, c'est que la tradition islamique est formelle sur ce point ; nous n'exprimons pas d'opinions individuelles, et nous n'avons à connaître que la tradition. C'est d'ailleurs bien de la « langue des oiseaux » qu'il s'agissait (le *Qorân* dit expressément : *mantiqat-tayri*), et nullement du « chant des oiseaux », qui pourrait avoir une autre signification, mais qui en tout cas n'était pas en cause ; vraiment, notre contradicteur « ne nous paraît pas qualifié pour parler de ces choses ».

Souhaitons pourtant que les variations plus ou moins brillantes auxquelles il se livre à ce sujet ne soient pas pour lui le... « champ du signe » ! En effet, s'il est possible que nous « fassions sourire » quelques ignorants qui se croient très forts, M. Paul le Cour, lui, nous fait franchement rire aux éclats, et les occasions en sont trop rares, en cette maussade fin de *Kali-Yuga*, pour que nous ne lui en sachions pas quelque gré. *Rabbuna ikhallîk, yâ bafuna* !

— Le *Mercure de France* (n° du 15 janvier) publie, sous le titre : *Un dispensateur de l'Absolu*, une étude bio-bibliographique très documentée sur Wronski, par M. Z.-L. Zaleski.

— Dans le *Rayonnement Intellectuel* (n° de novembre-décembre), étude symbolique de M. L. Charbonneau-Lassay sur *La Poule et le poussin*.

— Le *Lotus Bleu* (n° de janvier) publie une conférence de Mme A. David-Neel sur *La Vie surhumaine de Guésar de Ling*, envisagée plus particulièrement dans son sens symbolique ; mais les indications données à cet égard, si intéressantes qu'elles soient, demeurent malheureusement un peu trop fragmentaires. – Dans le n° de février, une note fort tendancieuse prétend nous viser à travers l'article de M. Clavelle dans le *Voile d'Isis* de janvier ; si le rédacteur de ladite note veut bien prendre la peine de se référer aux diverses attaques dont il est question ci-après, il comprendra peut-être à quel point il fait fausse route ![9]

Juin 1932

---

[9] [Cf. les comptes rendus correspondants, concernant le P. E.-B. Allo, la *R.I.S.S.*, et Paul le Cour.]

— Dans le *Symbolisme* (n° d'avril), Oswald Wirth, sous le titre *Babel et Maçonnerie*, déplore la diversité chaotique des rituels, dans laquelle il voit, non sans quelque raison, une marque d'ignorance de la vraie tradition : il se demande « comment en sortir », mais ne trouve finalement aucun remède bien défini à proposer, et nous ne saurions nous en étonner, car le « travail d'approfondissement » dont il parle en termes plutôt vagues n'est guère à la portée des « rationalistes », dont les aptitudes à « sonder le mystère » nous semblent plus que douteuses. – Armand Bédarride parle de *La Religion et la Maçonnerie* ; il faudrait tout d'abord s'entendre sur le sens précis à donner au mot « religion », et ce ne sont pas les définitions des philosophes profanes, dont la plupart confondent plus ou moins « religion », avec « religiosité », qui peuvent beaucoup contribuer à éclaircir la question. Il y aurait bien à dire aussi sur ce mystérieux « noachisme », qui vient assurément de fort loin, et dont les Maçons actuels ne semblent guère connaître la signification ; mais déjà ceux du XVIIIe siècle, lorsqu'ils se servirent de ce mot, en savaient-ils beaucoup plus long là-dessus ?

— Dans la *Revue Internationale des Sociétés Secrètes*, le numéro du 1er mars (« partie occultiste ») est occupé presque en entier par la traduction d'extraits de l'ouvrage du « Maître Therion », alias Aleister Crowley, sur *La Magie en théorie et en pratique*, et des Constitutions de l'O.T.O. Vient ensuite une courte note intitulée *Précisions*, qui a la prétention d'être une mise au point de l'infâme article des *Nouvelles critiques d'Ordre* reproduit dans le numéro précédent ; pourquoi n'a-t-elle pas été placée immédiatement à la suite dudit article, si ce n'est qu'il fallait tout d'abord laisser à la calomnie le temps de faire son chemin, sans risquer de l'affaiblir si peu que ce soit ? D'ailleurs, à vrai dire, on ne rectifie pas grand'chose, en ce qui nous concerne du moins, car, par contre, la direction de certaine librairie reçoit toute satisfaction, ce qui ne nous surprend point ; on veut bien cependant reconnaître que nous ne « voyageons » pas… Quant aux « appuis » qu'on nous prête, nous ne nous arrêterons pas à relever des insinuations auxquelles nous nous reconnaissons incapable de comprendre quoi que ce soit ; nous admirerons seulement que ces gens puissent nous croire assez… naïf pour avoir été leur fournir une « clef », en toutes lettres, dans la dédicace d'un de nos livres ; c'est le comble du grotesque ! – Dans le numéro du 1er avril (« partie occultiste » également), suite des extraits d'Aleister

Crowley, dont l'intérêt n'apparaît pas très clairement, et article sur *L'Efficience morale nouvelle*, sorte d'entreprise « mystico-commerciale » comme il en naît tous les jours en Amérique. La revue et la bibliographie fournissent encore l'occasion de quelques attaques contre nous, mais d'une si lamentable pauvreté que nous n'y perdrons pas notre temps : faut-il être à court d'arguments pour borner le compte rendu des *États multiples de l'être* à la reproduction d'une phrase par laquelle un universitaire manifestait sa parfaite incompréhension du *Symbolisme de la Croix* ! Pour ce qui est du reste, nous n'avons pas l'habitude de répondre à des grossièretés ; ajoutons seulement qu'il est bien imprudent d'évoquer le souvenir de l'*Élue du Dragon* : s'il y a lieu de revenir un jour sur ces « diableries », ce ne sont pas certaines disparitions qui nous en empêcheront... – Est-il vrai que le « Dr G. Mariani » ait trouvé une mort tragique, vers la fin de décembre dernier, dans un accident d'aviation ? S'il en est bien ainsi, ce serait donc à lui-même, et non pas à M. de Guillebert comme nous l'avions pensé, que se rapporterait la mention placée à la fin de son article publié dans le numéro du 1er février ; mais alors comment se fait-il que la *R.I.S.S.* n'ait pas annoncé clairement cette nouvelle, ni consacré la moindre note nécrologique à ce « regretté collaborateur » ? Craindrait-elle que la sombre atmosphère de drame dont elle est entourée n'impressionne fâcheusement ses lecteurs ! Quel est encore ce nouveau mystère ?

Il y a bien, dans le numéro du 1er avril, une phrase où il est parlé de « Mariani » au passé, mais cela ne saurait suffire ; nous ne voulons pourtant pas supposer qu'il ne s'agisse que d'une mort simulée... à la manière du pseudo-suicide d'Aleister Crowley ! Nous attendons des explications sur cette étrange affaire ; et, si elles tardent trop à venir, nous pourrions bien apporter nous-même des précisions en citant nos sources, ce qui ne serait sans doute pas du goût de tout le monde. Quoi qu'il en soit cette « disparition » a suivi de bien près celle de M. de Guillebert ; mais, au fait, pourquoi celui-ci, devenu subitement silencieux à la suite de nos allusions à l'affaire Le Chartier, n'a-t-il attendu que notre article sur *Sheth* pour mourir ?... Comprendra-t-on enfin, à la rédaction de la *R.I.S.S.* et ailleurs, qu'il est des choses auxquelles on ne touche pas impunément ?

— La *Revue Spirite* (n° d'avril) publie un article de M. Gaston Luce intitulé

Orient contre Occident (l'inverse dans les circonstances présentes, eût mieux répondu à la réalité) ; l'auteur invoque, comme de juste, l'autorité de Gobineau et celle de M. Henri Massis... Voici donc que les spirites se joignent en quelque sorte « officiellement » à la campagne « anti-orientale » ; cette constatation n'est pas pour nous déplaire !

— La *Vie Intellectuelle* (n° du 10 mars) contient un très intéressant article du P. Sertillanges, intitulé *L'Apport philosophique du Christianisme d'après M. Étienne Gilson* : il reproche à celui-ci de diminuer outre mesure la part de l'antiquité ; il défend contre lui Aristote de l'accusation de « polythéisme », et expose des vues remarquablement justes sur la différence qui existe entre l'« éternité du monde » au sens aristotélicien et l'éternité attribuable à Dieu. Cet article forme un étrange et heureux contraste avec celui du P. Allo paru dans la *Vie Spirituelle* (revue dont la direction est cependant la même que celle de la *Vie Intellectuelle*) et dont nous avons eu à nous occuper le mois dernier ; félicitons-nous d'avoir une si prompte occasion de constater qu'il est des Dominicains, et non des moindres, qui ne partagent point l'étroit sectarisme de leur confrère de Fribourg !

— *Atlantis* (n° de mars-avril) publie un ensemble de conférences et d'allocutions auquel on a donné pour titre général *La Tradition, salut du monde* ; rien ne serait plus juste... si ceux qui prétendent parler de la Tradition savaient ce qu'elle est véritablement. M. Paul le Cour, pour sa part, n'a pas manqué l'occasion de rééditer encore une fois de plus la fameuse citation apocryphe que nous relevions dans notre dernière chronique, et même avec une aggravation, car le mot « assimilé » y est devenu « asservi » ; mais il a eu cette fois la bonne idée de n'en point nommer l'auteur, et même il le désigne de façon si peu adéquate que, si nous n'avions connu d'avance la « citation » en question, nous aurions certainement cru qu'il s'agissait de quelqu'un d'autre. Par ailleurs, il donne la mesure de sa pénétration en présentant comme un « aveu dénué d'artifice », de notre part, une phrase que nous avons écrite précisément pour provoquer un « aveu » chez certains adversaires, ce qui du reste, comme on a pu le voir également le mois dernier, a parfaitement réussi. Au surplus, nous n'avons rien à « avouer » : nous revendiquons très hautement le droit d'être oriental ; comme nous ne contestons nullement à M. Paul le

Cour celui d'être occidental (voire même « français », quoique nous ne voyions pas trop bien ce qu'une question de nationalité peut avoir à faire ici), nous ne lui demandons que la réciproque, tout simplement...

— La revue *Hain der Isis* (n° de novembre et décembre) a donné une traduction allemande de l'étude de notre collaborateur Avitus sur le *Yi-King* ; mais cette traduction est demeurée incomplète, la revue ayant suspendu temporairement sa publication.

— *Die Säule* (n° 1 de 1932) a commencé également la publication d'un article sur le *Yi-King*, d'après le livre du sinologue Richard WilhelM. – Le n° 2 de la même revue est entièrement consacré à *L'Art enfantin*, avec des reproductions de curieux dessins ; mais les rapprochements avec des figurations de l'antiquité égyptienne nous paraissent bien superficiels.

Juillet 1932

-*Les Études carmélitaines* (numéro d'avril) publient la traduction d'une longue étude de M. Miguel Asin Palacios sur Ibn Abbad de Ronda, sous le titre : *Un précurseur hispano-musulman de saint Jean de la Croix*. Cette étude est intéressante surtout par les nombreux textes qui y sont cités, et d'ailleurs écrite avec une sympathie dont la direction de la revue a cru devoir s'excuser par une note assez étrange : on « prie le lecteur de prendre garde de donner au mot « précurseur » un sens trop étendu » ; et il paraît que, si certaines choses doivent être dites, ce n'est pas tant parce qu'elles sont vraies que parce qu'on pourrait faire grief à l'Église de ne pas les reconnaître et s'en servir contre elle ! Malheureusement, tout l'exposé de l'auteur est affecté, d'un bout à l'autre, d'un défaut capital : c'est la confusion trop fréquente de l'ésotérisme avec le mysticisme ; il ne parle même pas du tout d'ésotérisme, il le prend pour du mysticisme, purement et simplement ; et cette erreur est encore aggravée par l'emploi d'un langage spécifiquement « ecclésiastique », qui est tout ce qu'il y a de plus étranger à l'Islam en général et au Çûfisme en particulier, et qui cause une certaine impression de malaise. L'école *shâdhiliyah*, à laquelle appartenait Ibn Abbad, est essentiellement initiatique, et, s'il y a avec des mystiques comme saint Jean de la Croix certaines similitudes extérieures, dans le vocabulaire par exemple, elles n'empêchent pas la différence profonde des points de vue : ainsi, le symbolisme de la « nuit » n'a certainement pas la même signification de part et d'autre, et le rejet des « pouvoirs » extérieurs ne suppose pas les mêmes intentions ; au point de vue initiatique, la « nuit » correspond à un état de non-manifestation (donc supérieur aux états manifestés, représentés par le « jour » : c'est en somme le même symbolisme que dans la doctrine hindoue), et, si les « pouvoirs » doivent effectivement être écartés, au moins en règle générale, c'est parce qu'ils constituent un obstacle à la pure connaissance ; nous ne pensons pas qu'il en soit tout à fait de même au point de vue des mystiques. – Ceci appelle une remarque d'ordre général, pour laquelle, d'ailleurs, il est bien entendu que M Asin Palacios doit être mis tout à fait hors de cause, car on ne saurait le rendre responsable d'une certaine utilisation de ses travaux. La publication régulière depuis quelque temps, dans les *Études carmélitaines*, d'articles consacrés aux doctrines orientales et dont le caractère le plus frappant est qu'on s'efforce d'y présenter celles-ci comme « mystiques », semble bien procéder des mêmes intentions que la traduction du livre du P. Dandoy dont nous parlons par ailleurs ; et un simple coup d'œil sur la liste des collaborateurs de cette revue justifie entièrement cette impression. Si l'on rapproche ces faits de la campagne anti-

orientale que connaissent nos lecteurs, et dans laquelle des milieux catholiques jouent également un rôle, on ne peut, au premier abord, se défendre d'un certain étonnement, car il semble qu'il y ait là quelque incohérence ; mais, à la réflexion, on en arrive à se demander si une interprétation tendancieuse comme celle dont il s'agit ne constituerait pas, elle aussi, quoique d'une façon détournée, un moyen de combat contre l'Orient. Il est bien à craindre, en tout cas, qu'une apparente sympathie ne recouvre quelque arrière-pensée de prosélytisme et, si l'on peut dire, d'« annexionnisme » ; nous connaissons trop l'esprit occidental pour n'avoir aucune inquiétude à cet égard : *Timeo Danaos et dona ferentes* !

— Le *Grand Lodge Bulletin* d'Iowa (n° de mai) contient des articles sur la « Parole du Maître » (c'est-à-dire la « Parole perdue »), la légende du forgeron et du roi Salomon, et la dédicace du Temple de Salomon.

— Dans le *Symbolisme* (n° de mai), Oswald Wirth, dans un article intitulé *Évolution maçonnique*, déclare que « l'ignorance est profonde en Maçonnerie », et que « le remède ne saurait s'offrir que dans l'instruction » ; il estime cependant qu'« une rénovation de la Maçonnerie se prépare », ce qui nous semble bien optimiste, car, à en juger par sa propre revue, nous y voyons moins de traces d'esprit initiatique que jamais. – Armand Bédarride parle de *La croyance en Dieu* et, dans le numéro de juin, du *Grand Architecte de l'Univers* ; ces articles appellent les mêmes réserves que les précédents quant à la place excessive qui y est faite aux considérations profanes ; par ailleurs, la question de l'influence de la Kabbale nous paraît un peu trop simplifiée. – Dans le numéro de juin, une note sur *Le Niveau*, par Robert Tatin, est d'un symbolisme plus que vague ; une autre sur le nom de *Thubal-Kaïn*, par Marius Lepage, est ingénieuse, mais malheureusement repose pour une bonne part sur une donnée tout à fait inexacte : *Thubal* et *Habel* se rattachent en réalité à deux racines toutes différentes et ne peuvent aucunement être assimilés. – Dans ce même numéro de juin, l'article d'Oswald Wirth, intitulé *La Métaphysique et le Rêve*, nous a causé quelque étonnement : en effet, il commence par parler de nos derniers ouvrages, puis les laisse brusquement de côté pour partir en guerre contre les « raisonneurs », les « discuteurs », les « abstractions » de la philosophie, en quoi il n'a certes pas tort, car nous en pensons encore beaucoup plus de mal que lui ; mais c'est assez curieux de la part de quelqu'un qui affiche volontiers un esprit plutôt « rationaliste ». Quoi qu'il en soit, la métaphysique, en réalité, n'a rien à voir avec tout cela, pas plus que le symbolisme, science éminemment « exacte », avec le rêve ou la rêverie, qui n'ont absolument rien d'initiatique ; et, quand on reconnaît explicitement qu'on ne comprend rien à la métaphysique, on devrait bien s'abstenir d'en parler : *Ne, sutor, ultra crepidam* !

— La *Revue Internationale des Sociétés Secrètes* (n° du 1er mai, « partie occultiste ») continue à publier des extraits d'Aleister Crowley, et reproduit un article d'un journal canadien, intitulé *Querelles françaises à propos du mouvement féministe des Adorateurs du Démon*, qui a tout l'air d'une fumisterie un peu forte : cela nous rappelle une photographie de soi-disant *Devil-worshippers* parisiens publiée il y a quelques années dans une revue anglaise, et qui était tout simplement celle d'une réunion de joueurs de cor de chasse dans une cave ! – La « revue des revues », signée maintenant Raymond Dulac, contient encore, à notre adresse, quelques-unes des aménités habituelles ; faut-il répéter une fois de plus que le *Voile d'Isis* n'est nullement une « revue occultiste », et préciser aussi que nous n'avons pas la moindre sympathie pour les modernes tentatives de constitution d'une « religion universelle » ? Ce que nous affirmons, au contraire, c'est que la Tradition une existe depuis l'origine du monde, et c'est là ce que tendent à montrer les rapprochements que nous établissons ; mais il paraît que « les lois du langage s'opposent » à ces rapprochements quand ils gênent certains, alors qu'elles ne s'y opposent pas dans le cas contraire… Quant aux « critères » et aux « garants » de la Tradition, ce sont là des choses dont nous n'éprouvons nullement le besoin d'instruire ces Messieurs ; ce n'est pas à eux que s'adresse notre enseignement ! Pour le surplus, nous ne nous abaisserons pas à relever leurs misérables calembours ; nous leur dirons seulement qu'il n'y a aucun intérêt à s'occuper d'un nom qui ne représente pour nous rien de plus qu'une… signature, et auquel nous donnons tout juste autant d'importance qu'au vêtement que nous portons ou à la plume avec laquelle nous écrivons ; c'est exactement du même ordre, et cela ne nous touche pas davantage. Enfin, ajoutons une dernière observation : les Occidentaux ont un diable qui est bien à eux et que personne ne leur envie ; qu'ils s'arrangent avec lui comme ils veulent ou comme ils peuvent, mais qu'ils s'abstiennent de nous mêler à des histoires qui ne nous concernent en rien : *Lakum dinukum wa liya dîni* !

— Dans l'*Araldo Letterario* de Milan (n° d'avril), M. Gaetano Scarlata parle des discussions suscitées par la question du symbolisme de la poésie des « Fidèles d'Amour », et répond à certaines objections qui ont été soulevées contre son livre, auquel nous consacrons un article[10] d'autre part, aussi bien que contre ceux de M. Luigi Valli ; ces objections continuent à prouver le parti-pris et la parfaite incompréhension des « critiques littéraires ».

— Dans le *Rayonnement Intellectuel*, études symboliques de M. L. Charbonneau-Lassay sur *Les Rapaces nocturnes* (n° de janvier-février),

---

[10] [*Nouveaux aperçus sur le langage secret de Dante*, recueilli en appendice de *L'ésotérisme de Dante.*]

L'Hirondelle (n° de mars-avril) et *Le Passereau* (n° de mai-juin).

— *Die Säule* (n° 3 de 1932) publie la fin de l'étude sur le *Yi-King* d'après Richard Wilhelm, ainsi qu'un article sur l'éducation dans la Chine ancienne, d'après le même auteur.

En présence des racontars stupides ou extravagants dont l'écho nous parvient continuellement, nous estimons nécessaire d'avertir qu'on ne devra ajouter foi, en ce qui nous concerne, à rien d'autre qu'à ce que nous avons écrit nous-même.

Octobre 1932 ?

— Dans le *Symbolisme* (n° de juillet), article d'Oswald Wirth intitulé *La Propagande initiatique*, deux mots qui hurlent de se trouver ainsi accouplés : il paraît que « nous n'en sommes plus aux ères de persécution où le silence s'imposait aux Initiés » ; nous pensons au contraire que ce silence, qui a des raisons bien autrement importantes que la simple prudence, ne s'est jamais imposé aussi fortement que dans les conditions actuelles ; et du reste, pour ce qui est de l'affirmation que « nous avons conquis la liberté de parler », nous avons, quant à nous, d'excellents motifs de la considérer comme une amère plaisanterie... Nous ne voyons d'ailleurs pas à quoi peut conduire la diffusion d'une pseudo-initiation qui ne se rattacherait plus effectivement à rien ; il y a là, au surplus, une incroyable méconnaissance de l'efficacité des rites, et nous citerons seulement cette phrase bien significative : « Les Francs-Maçons ne poussent pas la superstition au point d'attacher une vertu sacramentelle à l'accomplissement de leurs rites ». Précisément, nous les trouvons bien « superstitieux », au sens le plus strictement étymologique, de conserver des rites dont ils ignorent totalement la vertu ; nous nous proposons d'ailleurs de revenir sur cette question dans un prochain article. – Signalons aussi l'analyse d'un article hollandais sur *Les deux Colonnes*, et une note sur *Les anciens Landmarks* qui ne témoignent pas d'un grand effort de compréhension.

— *The Speculative Freemason* (n° de juillet) contient plusieurs articles intéressants ; l'un d'eux est consacré à un livre intitulé *Classical Mythology and*

Arthurian Romance, par le professeur C. B. Lewis, qui prétend assigner des « sources classiques » à la légende du Saint-Graal, dont les origines devraient être cherchées notamment à Dodone et en Crète (ce qui, à vrai dire, serait plutôt « préclassique ») ; nous pensons, comme l'auteur de l'article, qu'il ne s'agit nullement là d'emprunts, mais que les similitudes très réelles qui sont signalées dans ce livre doivent être interprétées tout autrement, comme des marques de l'origine commune des traditions.

— Un autre article, sur les changements apportés au rituel par la Maçonnerie moderne, contient, à l'égard de l'ancienne Maçonnerie opérative et de ses rapports avec la Maçonnerie spéculative, des vues dont certaines sont contestables, mais qui peuvent fournir matière à d'utiles réflexions.

— Sous le titre *Biblioteca* « *Las Sectas* », une nouvelle publication antimaçonnique a commencé à paraître à Barcelone sous la forme de volumes trimestriels ; comme ce titre le donne tout de suite à penser, on y retrouve, quant à l'emploi du mot « sectes », les habituelles confusions que nous signalions ici dans un récent article ; mais, cette réserve faite, nous devons reconnaître que le premier volume est, dans son ensemble, d'une tenue bien supérieure à celle des publications françaises du même ordre. Ce qui est curieux, c'est l'étonnante et naïve confiance dont la plupart des rédacteurs font preuve à l'égard des théories de la science moderne, et spécialement de la psychologie ; le premier article, très significatif sous ce rapport, invoque la « psychologie des peuples primitifs » (il est vraiment étrange qu'un écrivain catholique n'aperçoive pas ce qui se cache sous cette façon de désigner les sauvages) et la « psychologie infantile » pour ramener la lutte des « sectes » et du Christianisme à une lutte entre le « mythe » et la « science », ce qui est peut-être ingénieux, mais n'est sûrement rien de plus. Vient ensuite le début d'une longue étude sur le spiritisme ; cette première partie se rapporte d'ailleurs surtout à la « métapsychique », et contient, en ce qui concerne les rapports réels, quoique dissimulés, de celle-ci avec le spiritisme, quelques réflexions qui ne sont pas dépourvues de justesse. Nous noterons encore une étude « psychiatrique » sur Luther, dont on veut prouver « scientifiquement » la folie ; ce n'est certes pas nous qui serons tentés de prendre la défense de ce peu intéressant personnage, mais nous ne pouvons nous empêcher de faire une simple remarque : parmi les arguments invoqués figurent les manifestations diaboliques, naturellement qualifiées à cette fin d'« hallucinations auditives » ; interpréterait-on de la même façon les faits tout semblables qui se rencontrent dans la vie de certains saints ? Sinon, comme c'est probable (et en cela on aurait raison en dépit de la « science »), ne faut-il pas voir là une certaine partialité qui, par une bizarre ironie des mots, se trouve être une des caractéristiques de ce qu'on appelle l'esprit « sectaire » ?

Octobre 1932

— *Atlantis* (n° de mai-juin) porte comme titre général *L'Occultisme, fléau du monde* ; comme cela est assez notre avis, nous nous attendions, pour une fois, à pouvoir donner notre approbation. Hélas ! il n'est nullement question d'occultisme là-dedans, mais seulement de sorcellerie et d'arts divinatoires, ce qui est autre chose ; il est curieux de voir à quel point les mots prennent, pour certains, un sens différent de celui qui leur appartient en propre... M. Paul le Cour a d'ailleurs une étonnante façon décrire l'histoire : c'est ainsi que, par exemple, il parle de « Schœpperfer », qui avait été connu jusqu'ici sous le nom de Schrœpfer, et du « spirite Lavater », qui « mourut en 1801 », donc près d'un demi-siècle avant l'invention du spiritisme, sans oublier Lacuria, qui, quoique « décédé en 1890 » (p. 113), « a donné deux éditions de son livre, l'une en 1847, l'autre en 1899 » (p. 114), ce qui constitue apparemment une manifestation posthume d'un genre assez exceptionnel ! Par ailleurs, il invoque contre l'Inde... l'opinion de M. Bergson, qui possède évidemment à ce sujet une compétence toute spéciale ; et, sérieusement, quel poids s'imagine-t-il donc que puisse avoir à nos yeux l'avis d'un « grand penseur » profane ? Tout juste autant que celui d'un vulgaire orientaliste, et ce n'est pas beaucoup dire...

— La *Revue Internationale des Sociétés Secrètes* (n° du 1er juin, « partie occultiste ») ne contient guère autre chose que la suite des extraits de la *Magie* d'Aleister Crowley. Le n° ordinaire du 1er juillet annonce la mort du directeur-fondateur, Mgr Jouin ; celui-là du moins était incontestablement sincère, mais il avait une idée fixe que des gens plus ou moins recommandables surent exploiter constamment pour vivre à ses dépens, et aussi pour se servir de lui comme d'un « pavillon » ; sans doute ignora-t-il toujours ce qui se tramait dans cet étrange milieu ; et que de prétendus chefs ne sont ainsi, en réalité, que de simples victimes ! – Dans ce même n°, nous relèverons, pour servir à l'histoire anecdotique de la « défense de l'Occident », quelques amabilités à l'adresse des disciples de Sédir, et de nouveaux éloges, plus pompeux que jamais, décernés à M. Gabriel Huan.

— Précisément, dans le n° d'avril de *Psyché*, qui ne nous est parvenu que très tardivement, ce même M. Gabriel Huan a consacré à l'*Ontologie du Védânta* du P. Dandoy un article fort élogieux, cela va de soi, mais qui donne lieu à une remarque bien curieuse : le nom de l'auteur n'y figure qu'en caractères ordinaires, tandis que celui du traducteur est imprimé en capitales ; n'avions-nous pas raison de dire que la « présentation » avait, dans ce cas spécial, plus d'importance que le livre lui-même ? Ce n° contient en outre, vers la fin, un compte rendu du même livre (*bis repetita placent*), où on a inséré en caractères gras un fragment de la soi-disant approbation du *pandit*, dont on prétend faire la « reconnaissance explicite » des « différences essentielles qui séparent les deux traditions » orientale et occidentale, ce qui est proprement stupéfiant ; ce que nous avons écrit au sujet de cette manœuvre assez peu loyale n'était, on le voit, que trop justifié !

Novembre 1932

— *Die Säule* (n°4 de 1932) publie un nouvel article sur le *Yi-King*, envisagé comme « livre d'oracles », c'est-à-dire au point de vue divinatoire.

— Dans le *Symbolisme* (n° d'août-septembre), deux articles d'Oswald Wirth, dont le premier, intitulé *Notre unité spirituelle*, vise à faire comprendre que ce n'est pas l'unité administrative qui importe à la Maçonnerie, et que d'ailleurs « uniformiser ne veut pas dire unifier », ce qui est tout à fait exact. Le second, consacré à *Cagliostro* (à l'occasion du livre récent de M. Constantin Photiadès), résume sa biographie d'une façon quelque peu tendancieuse, prétendant réduire son rôle à celui d'une sorte de charlatan doublé d'un « intuitif » (au sens vulgaire du mot), ce qui nous paraît insuffisant à tout expliquer. – Dans le n° d'octobre, l'article du même auteur porte un titre quelque peu inattendu : *Montaigne et l'Art royal* ; que vient faire là ce

« penseur » qui n'exprima jamais qu'une « sagesse » à courte vue et exclusivement « humaine », c'est-à-dire profane ? On nous dit, il est vrai, qu'« il s'est arrêté en route au point de vue initiatique », et que « même son apprentissage n'a pas été poussé jusqu'au bout » ; mais de quelle initiation s'agit-il ? À quelle organisation traditionnelle Montaigne a-t-il bien pu être rattaché ? Nous doutons fort qu'il l'ait jamais été à aucune ; et d'ailleurs nous trouvons là, sur la nature des « épreuves » initiatiques, une confusion due à l'oubli de leur caractère essentiellement rituélique, confusion dont nous avons rencontré d'autres exemples, et sur laquelle nous aurons sans doute l'occasion de nous expliquer prochainement. – Sous le titre : *Un complément rituélique*, Armand Bédarride exprime le vœu qu'on fasse entrer dans les hauts grades maçonniques, sous une forme symbolique, des enseignements tirés des doctrines orientales ; ce n'est certes pas à nous qu'il convient de contester l'excellence de l'intention, mais nous devons pourtant déclarer franchement qu'elle repose sur une conception tout à fait erronée. La Maçonnerie, qu'on le veuille ou non, représente une forme initiatique occidentale, et il faut la prendre telle qu'elle est ; elle n'a pas et n'aura jamais, quoi qu'on fasse, qualité pour conférer l'initiation à des traditions orientales ; même en admettant, chose bien improbable, une réelle compétence chez ceux qui seraient chargés de rédiger les nouveaux rituels (il faut espérer tout au moins qu'ils ne parleraient pas de *Christna* !), tout cela n'en serait pas moins, au point de vue initiatique, rigoureusement nul et non avenu (et c'est déjà trop, dans cet ordre d'idées, que certain « historien des religions » ait eu la fantaisie de transformer, dans l'obédience qu'il présidait, un grade hermétique en un prétendu grade « bouddhique ») ; d'ailleurs, l'article que nous consacrons d'autre part à la « régularité initiatique »[11] en donne plus explicitement les raisons, ce qui nous dispense d'y insister davantage.

— *Atlantis* consacre la plus grande partie de son numéro de juillet-août à l'Humanisme ; rien de bien sensationnel mais nous constatons là une fois de plus combien les sens qu'on attribue à ce mot s'écartent souvent de celui qui lui appartient en propre, et que sa dérivation même fait pourtant apparaître avec une parfaite évidence. – M. Paul le Cour s'avise d'écrire, à propos de notre

---

[11] [Novembre 1932. Est devenu le chapitre V des *Aperçus sur l'Initiation*.]

article sur *Hermès*[12], que nous ne nous étions « jamais occupé jusqu'ici de rapprochements verbaux », alors qu'il s'en rencontre en abondance dans presque tous nos livres ! Il ne nous est d'ailleurs jamais venu à l'idée de revendiquer la propriété de ceux que nous indiquons, pour la simple raison que nous les savons vrais, et que seules l'erreur ou la fantaisie peuvent appartenir en propre aux individus. Que M. Paul le Cour prenne un brevet pour un rapprochement comme celui de *Sibylle* et de *Cybèle* (comme si les lettres *s* et *k* avaient jamais pu être équivalentes !), ou pour son *Iberborée* et autres « berbérismes », rien de mieux ; mais une réelle communauté de racine entre deux mots peut être constatée par quiconque veut en prendre la peine ; et, sérieusement, se croit-il donc l'inventeur du nom de *Quetzalcohuatl*, que nous ne voyons vraiment pas moyen, avec la meilleure volonté du monde, de traduire autrement que par « oiseau-serpent » ? Quant à la question de l'hermétisme, sur laquelle il revient encore, il croit pouvoir nous objecter (en confondant d'ailleurs « trinité » avec « ternaire ») qu'« une idée métaphysique est à sa base » ; nous supposons qu'il a voulu dire « à son principe » ; or nous avons dit et redit en toute occasion que tel était précisément le caractère essentiel de toute science traditionnelle, de quelque ordre qu'elle soit, cosmologique ou autre. Ainsi, nous avons là, en quelques lignes, deux preuves d'une chose que nous soupçonnions déjà depuis longtemps : c'est que M. Paul le Cour, qui se mêle si volontiers de parler de nos travaux, ne les a jamais lus ; qu'il veuille donc bien commencer par réparer cette regrettable négligence, mais, surtout, en lisant « comme tout le monde », et non pas à la façon, vraiment trop « personnelle », dont il déchiffre certaines inscriptions !

— Les *Études* (n° du 20 juillet) contiennent un article du P. Lucien Roure intitulé : *Le secret de l'Orient et René Guénon* ; cet article est du même ordre que celui du P. Allo dont nous avons eu à parler il y a quelques mois, en ce sens que son but principal paraît être de nier l'existence de tout ésotérisme. La négation, ici, est seulement un peu moins « massive » ; ainsi, le P. Roure veut bien admettre qu'il y ait un certain symbolisme, mais à la condition qu'on n'y voie qu'un sens fort plat et terre à terre ; pourquoi faut-il que, ayant « lu l'Évangile », comme il dit, et même fait plus que de le lire, aussi bien que les

---

[12] [Avril 1932.]

autres Livres sacrés, nous y ayons trouvé tout autre chose que les banalités morales et sociales qu'on est convenu d'y voir communément, et qui seraient bien loin de nécessiter une inspiration divine ? Et que devons-nous penser de la singulière attitude de ceux qui, voulant se poser en défenseurs du Christianisme, ne savent que faire pour le rapetisser et pour le réduire à des proportions qui n'ont rien de transcendant ni de surhumain ? Notons encore une autre inconséquence non moins bizarre : on prétend nous opposer les assertions des « critiques » orientalistes : « les Écritures védiques forment une collection tardivement compilée, les morceaux dénotent une évolution certaine des croyances et des pratiques », et ainsi de suite ; oublie-t-on donc ce que les confrères de ces « critiques », usant exactement des mêmes méthodes soi-disant « scientifiques », ont fait de la Bible et de l'Évangile ? Quant à nous, nous n'admettons pas plus dans un cas que dans l'autre les conclusions de cette pseudo-science, où nous ne voyons que pures sornettes, et c'est là la seule attitude qui soit logique ; ce n'est pas en aidant à démolir la tradition chez les autres qu'on peut espérer la maintenir chez soi ! Au surplus, le procédé du P. Roure est d'une rare simplicité : il n'a jamais entendu parler du symbolisme de Janus, donc celui-ci n'est que « fantaisie pure » ; le sens profond de certains rapprochements de mots lui échappe, donc ils ne sont que « prestidigitation verbale » ; il ne comprend rien à ce que nous avons écrit sur le symbolisme de l'Arche, et il s'empresse de se déclarer « déçu » ; les égyptologues n'attribuent à la « croix ansée » aucune « valeur mystérieuse », donc elle ne doit pas en avoir ; l'histoire officielle ne reconnaît aux législateurs primordiaux qu'un rôle « public », donc « leur rôle n'a rien de secret » ; il ne connaît que peu de représentations antiques de la croix, donc elle « occupe une place peu importante » et n'apparaît sans doute qu'« à titre d'ornement secondaire » ; dès lors que le mot « croix » ne figure pas expressément dans certains textes, ce dont il est question n'est pas le symbolisme de la croix, etc. Nous prenons des exemples au hasard, et nous nous en voudrions d'insister sur ces enfantillages ; pourtant, il nous faut encore citer une phrase, vraiment admirable de « modernisme », à propos des Rois-Mages : « de nos jours, on s'accorde à y voir plus simplement des sages ou des personnages appliqués à l'étude des sciences » ; sans doute quelque chose comme des professeurs de la Sorbonne ou des membres de l'Institut ! D'autre part, si nous n'avons pas indiqué telles ou telles choses dans nos ouvrages, c'est que cela n'avait rien à voir avec le but que nous nous proposons, et qui n'est pas de satisfaire des curiosités d'archéologues ; nous avons mieux à faire, et nous n'avons pas trop de consacrer tout notre temps à des « réalités » autrement sérieuses et importantes ; mais, malheureusement, nous doutons que le P. Roure puisse le comprendre, en voyant la façon dont il parle à notre propos d'« érudition », qui est bien la chose du monde dont nous nous moquons le plus ; et voudra-t-il même nous croire si nous lui disons que nous n'avons de notre vie pénétré dans une bibliothèque publique et que nous n'en avons jamais éprouvé la moindre envie ? Nous espérons pourtant qu'il nous fera l'honneur d'admettre qu'aucune tradition n'est « venue à notre connaissance » par des « écrivains », surtout occidentaux et modernes, ce qui serait plutôt dérisoire ; leurs ouvrages ont pu seulement nous fournir une occasion commode de l'exposer, ce qui est tout différent, et cela parce que nous n'avons point à informer le public de nos véritables « sources », et que d'ailleurs celles-ci ne comportent point de « références » ; mais, encore une fois, notre contradicteur est-il bien capable de comprendre que, en tout cela, il s'agit essentiellement pour nous de connaissances qui ne se trouvent point dans les livres[13] ? Nous avons le regret de le lui dire en toute franchise : il nous paraît aussi peu apte que possible à ouvrir jamais le moindre arcane, fût-ce parmi ceux que sa propre religion présente en vain aux « exotéristes » exclusifs qui, comme lui, ont « des yeux et ne voient point, des oreilles et n'entendent point »... Nous ajouterons encore une dernière remarque : parce que les occultistes, ces contrefacteurs de l'ésotérisme, se sont emparés de certaines choses qui nous appartiennent légitimement, en les déformant d'ailleurs presque toujours, devons-nous les leur abandonner et nous abstenir d'en parler, sous peine de nous voir qualifier nous-même d'« occultiste » ? C'est exactement comme si l'on traitait de voleur celui qui reprend possession du bien qui lui a été dérobé, ce qui est vraiment un comble ; et, s'il arrive au P. Roure d'exposer un point de dogme catholique que le protestantisme se trouve avoir conservé, serons-nous fondé pour cela à le qualifier de « protestant » ? L'insistance déplaisante, pour ne pas dire plus, avec laquelle il répète ce mot d'« occultiste », contre lequel notre œuvre tout

---

[13] Puisque le P. Roure paraît avoir le souci de la « documentation » exacte, nous lui signalons deux erreurs que nous avons relevées dans son article : les ouvrages de Saint-Yves d'Alveydre (né en 1842, mort en 1909) datent du XIXe siècle et non du XXe, notre étude sur *Le Roi du Monde* a paru en 1927 et non en 1930.

entière proteste hautement, sans même parler de nos déclarations explicites et réitérées, nous donne fort à craindre qu'il n'y ait là, comme dans tant d'autres attaques dirigées contre nous, une application de la maxime trop fameuse : « Calomniez, calomniez, il en restera toujours quelque chose ! »

— Nous avons posé, dans le numéro de juin, une question au sujet de la mort mystérieuse du « Dr G. Mariani » ; aucune réponse n'étant encore venue, nous pensons qu'il est temps de commencer à donner quelques précisions. Cette mort, à laquelle la *R.I.S.S.* ne fit qu'une allusion plutôt équivoque, fut annoncée publiquement dans une feuilleton de la *Liberté*, sorte d'enquête « romancée », suivant la mode du jour, sur les « dessous de l'occultisme contemporain », due à deux auteurs dont l'un au moins, ami intime de « Mariani », connaît parfaitement tous nos ouvrages (on va voir l'intérêt de cette remarque). Dans le numéro du 25 mars, au cours d'un dialogue supposé entre les deux collaborateurs, il est question du « Roi du Monde », qui, dit-on, « rappelle singulièrement le *Prince du monde* des Évangiles » ; et il nous faut admirer en passant ce tour de prestidigitation : les Évangiles n'ont jamais parlé du « Prince *du* monde », mais bien du « Prince de *ce* monde », ce qui est si différent que, dans certaines langues, il y faudrait deux mots entièrement distincts (ainsi, en arabe, « le monde » est *el-âlam*, et « ce monde » est *ed-dunyâ*). Vient ensuite cette phrase : « La mort récente d'un garçon qui se consacre à tâcher de découvrir la vérité sur ce point-là précisément, – je parle d'un vieil ami à moi, de Gaëtan Mariani, – prouve que la question est dangereuse ; il devait en savoir trop long ! » L'affirmation est donc bien nette, malgré le lapsus qui fait dire que ce mort « se consacre… », au présent ; par surcroît, pour ceux qui ne sauraient pas qui est « Mariani », une note ajoute qu'il est l'auteur… de notre propre étude sur *Le Roi du Monde*, dont on a bien soin de préciser que c'est « un livre très rare », et qui en effet est entièrement épuisé ! Il est vrai que, dans le numéro du 18 février, notre *Erreur spirite* est non moins curieusement attribuée à un personnage imaginaire dénommé « Guerinon » ! Puisqu'il se trouve que nos livres sont signés « René Guénon », la plus élémentaire correction exige que, quand on en parle, on reproduise ce nom tel quel, ne serait-ce que pour éviter toute confusion ; et, bien entendu, s'ils étaient signés… *Abul-Hawl* (dût le « F∴ Fomalhaut » en frémir d'épouvante dans sa tombe), ce serait exactement la même chose. – Ce n'est pas tout : nous fûmes informé que ceux qui répandaient le bruit de la mort de « Mariani » l'attribuaient à un accident d'hydravion survenu en mer à la fin de décembre dernier, à proximité du port ou il avait sa résidence ; mais... nous avions bien quelques raisons pour évoquer à ce propos le souvenir du pseudo-suicide d'Aleister Crowley, que la mer avait, lui aussi, soi-disant englouti dans ses flots... En effet, d'autres informations de source très sûre nous faisaient connaître que la victime (ou plus exactement l'une des deux victimes) de l'accident en question avait effectivement beaucoup de points de ressemblance avec « Mariani » ; même nom à une lettre près, différence d'âge de moins d'un an, équivalence de grade, même résidence ; mais enfin ce n'était point « Mariani » en personne. Il faut donc croire qu'on a utilisé cet étonnant ensemble de coïncidences pour une fin qui demeure obscure ; et nous ne devons pas oublier d'ajouter que, pour achever d'embrouiller les choses à souhait, le corps de la victime ne put être retrouvé ! Ainsi, il ne s'agirait là que d'une sinistre comédie ; s'il en est bien ainsi, fut-elle montée par « Mariani » lui-même ou par... d'autres, et pour quels étranges motifs ? Et la *R.I.S.S.* fut-elle dupe ou complice dans cette fantasmagorique « disparition » de son collaborateur ? Ce n'est point, qu'on veuille bien le croire, pour la vaine satisfaction de démêler les fils d'une sorte de « roman policier » que nous posons ces questions ; faudra-t-il, pour obtenir une réponse, que nous nous décidions finalement à mettre en toutes lettres les noms des héros de cette invraisemblable histoire ?

P.-S. – Nous prions nos lecteurs de noter : 1° que, n'ayant jamais eu de « disciples » et nous étant toujours absolument refusé à en avoir, nous n'autorisons personne à prendre cette qualité ou à l'attribuer à d'autres, et que nous opposons le plus formel démenti à toute assertion contraire, passée ou future ; 2° que, comme conséquence logique de cette attitude, nous nous refusons également à donner à qui que ce soit des conseils particuliers, estimant que ce ne saurait être là notre rôle, pour de multiples raisons, et que, par suite, nous demandons instamment à nos correspondants de s'abstenir de toute question de cet ordre, ne fût-ce que pour nous épargner le désagrément d'avoir à y répondre par une fin de non-recevoir ; 3° qu'il est pareillement inutile de nous demander des renseignements « biographiques » sur nous-mêmes, attendu que rien de ce qui nous concerne personnellement n'appartient au public, et que d'ailleurs ces choses ne peuvent avoir pour personne le moindre intérêt véritable : la doctrine seule compte, et, devant elle, les individualités n'existent pas.

Novembre 1932 ?

— *Le Lotus bleu* (numéro d'août-septembre) publie, sous le titre : *Révélations sur le Bouddhisme japonais*, une conférence de M. Steinilber-Oberlin sur les méthodes de développement spirituel en usage dans la secte *Zen* (nom dérivé du sanscrit *dhyâna*, « contemplation », et non pas *dziena*, que nous voulons croire une simple faute d'impression) ; ces méthodes ne paraissent d'ailleurs point « extraordinaires » à qui connaît celles du Taoïsme, dont elles ont très visiblement subi l'influence dans une large mesure. Quoi qu'il en soit, cela est assurément intéressant ; mais pourquoi ce gros mot de « révélations » qui ferait volontiers croire à une trahison de quelque secret ?

Décembre 1932

— Dans *The Speculative Mason* (n° d'octobre), un article est consacré au symbolisme des « pierres blanches » dans le *Pasteur* et la *Vision* d'Hermas. – Un autre article envisage les rapports de la Maçonnerie opérative et de la Maçonnerie spéculative d'une façon en quelque sorte inverse de l'opinion courante : non seulement l'une et l'autre auraient coexisté depuis les temps les plus reculés, mais la Maçonnerie opérative n'aurait été pour ainsi dire qu'une dépendance de la Maçonnerie spéculative. Il y a du vrai dans cette thèse, bien que les termes en lesquels elle est exprimée ne soient pas à l'abri de toute objection : si par « spéculative » on entend une Maçonnerie « doctrinale », dirigeant ou inspirant le travail des artisans, cela s'accorde exactement avec ce que nous avons souvent indiqué nous-même quant à l'origine proprement initiatique des arts et des métiers ; et sans doute est-ce là au fond ce qu'a voulu dire l'auteur, qui reconnaît d'ailleurs que cette Maçonnerie soi-disant « spéculative » était en réalité « opérative en un sens supérieur ». Seulement, pour cette raison précisément, il est impropre d'employer le mot « spéculative », que nous ne croyons pas avoir été anciennement en usage, ce qui indique plutôt une sorte de dégénérescence : une Maçonnerie devenue uniquement « théorique », donc ne travaillant plus effectivement à aucune « réalisation », pas plus spirituelle que matérielle. Certaines des affirmations contenues dans l'article en question sont d'ailleurs contestables ; pourquoi, notamment, prendre au sérieux les fantaisies « égyptologiques » du Dr Churchward ? En tout cas, il y a là bien des points qui mériteraient d'être examinés de plus près, comme l'orientation des Loges et la place des officiers, l'emploi du nom d'*El Shaddai* dans la Maçonnerie opérative, et aussi le rôle qu'y joue le symbolisme « polaire », qui est en réalité d'un ordre plus élevé que le symbolisme « solaire », en même temps que plus proche des origines, comme le comprendront sans peine tous ceux qui ont quelque notion vraie du « Centre du Monde »[14].

— Le *Grand Lodge Bulletin* d'Iowa (n° de septembre) donne une étude sur le symbolisme de la lettre G, qu'il faudrait rapporter originairement, non au *iod* hébraïque, mais au *gamma* grec, qui, à cause de sa forme d'équerre, aurait déjà été employé par les Pythagoriciens. La chose n'a rien d'impossible en soi ; pourtant, à part le fait que le *iod* est parfois tracé kabbalistiquement sous cette même forme (correspondant à l'ensemble des trois *middoth* suprêmes), l'assimilation phonétique de *iod* à *God* est certainement moins fantaisiste que la transcription du même mot *God* en caractères grecs pour y trouver l'équerre, le cercle et le triangle. Mais la vérité est que la lettre G peut avoir plus d'une origine, de même qu'elle a incontestablement plus d'un sens ; et la Maçonnerie elle-même a-t-elle une origine unique, ou n'a-t-elle pas plutôt recueilli, dès le moyen âge, l'héritage de multiples organisations antérieures ?

— La *Revue Internationale des Sociétés Secrètes* (« partie occultiste », n° de juillet-août-septembre) donne toujours des extraits du « Maître Therion » (Aleister Crowley) ; cela est vraiment peu intéressant au fond, et semble d'ailleurs assez mal traduit : ainsi, nous trouvons l'expression de « Grand

---

[14] Signalons incidemment à notre confrère une erreur commise dans le compte rendu de notre article sur la chirologie islamique [mai 1932], et qui a quelque importance : la période au bout de laquelle la main droite doit être examinée de nouveau est de quatre mois, et non de quatre semaines ; elle n'a donc pas de rapport avec la « révolution de la lune », et d'ailleurs il n'y a pas d'autre explication astrologique à envisager que celle que nous avons indiquée, et qui est fondée sur la correspondance des signes zodiacaux avec les éléments.

Travail », puis celle de « Grand Ouvrage », évidemment pour rendre *Great Work* ; le traducteur ne sait-il pas qu'il y a quelque chose qui, en français, s'appelle le « Grand Œuvre » ? – Vient ensuite un article consacré à une entreprise américaine, ou simili-américaine (car son siège connu est à Bruxelles), qui s'intitule *The Theiron School of Life* ; et, à cause de la similitude des noms *Theiron* et *Therion*, on se demande si cela n'aurait pas quelque rapport avec l'O.T.O. Cette hypothèse nous paraît peu plausible, car Crowley est un charlatan beaucoup plus habile que celui qui a élaboré les niaiseries dont on nous présente ici quelques échantillons ; aussi croirions-nous plus volontiers qu'il s'agit d'une simple contrefaçon de pseudonyme, destinée à provoquer une confusion estimée avantageuse ; n'y eut-il pas jadis un prestidigitateur qui donnait des séances sous le nom de *Pappus* ? – Un certain M. Raymond Dulac (?), qui semble décidément avoir recueilli la succession de « feu Mariani », continue à s'en prendre à nous : il paraît que nous aurions fait une attribution inexacte de citation ; cela peut arriver, quand on n'est pas un « érudit » et qu'on n'a pas sous la main le moyen de tout vérifier, et d'ailleurs, dans le cas présent, cela ne changerait rien au fond, qui seul, nous importe ; quoi qu'il en soit, il faut être véritablement démoniaque, et en un sens qui n'a rien de figuré, pour qualifier de « fraude » un pareil lapsus. Nous en trouvons un bien autrement grave dans son compte rendu : où a-t-il vu que nous ayons jamais parlé de « groupes ésotériques » ? En outre, nous ne sommes nullement un « philosophe », et nous nous moquons bien de la philosophie, autant que de tout autre genre de connaissance profane ; et qu'est-ce que cette phrase ambiguë où il est fait allusion aux « Juifs de l'école sociologique », comme s'il n'était pas assez notoire que nous n'avons que mépris pour les théories universitaires, et que nous sommes aussi absolument « anti-évolutionniste » qu'il est possible de l'être ? Qui veut-on tromper avec d'aussi grossiers coq-à-l'âne ? Enfin, que penser des prétentions de ce personnage qui non seulement « demande des preuves », (autant vaudrait entreprendre de prouver l'existence de la lumière à un aveugle), mais « attend qu'on lui désigne le contenu et les dépositaires de la Tradition » ? Pour qui nous prend-il donc ? Nous ne sommes ni un espion ni un traître, et nous n'entendons en aucune façon nous faire l'auxiliaire des vilaines besognes de ces Messieurs ; au surplus, ce n'est point pour les profanes de cette sorte que nous écrivons !

Janvier 1933

— Dans *Atlantis* (n° de septembre-octobre), le premier article est intitulé *D'Atlas à saint Christophe* ; le sujet est intéressant, mais il est traité bien incomplètement. – Dans un autre article, nous avons la stupéfaction de voir le Taoïsme associé au Stoïcisme et au « Marc-Aurélisme » (sic), et défini comme ayant pour but une « maîtrise de soi », qui « n'a aucun rapport avec la Connaissance » ; n'est-ce pas incroyable ? – Ailleurs encore, M. Paul le Cour, qui, soit dit sans l'offenser, parle de la Maçonnerie à peu près comme un aveugle des couleurs, prétend qu'elle « s'appuie sur les équinoxes » tandis que « l'Église catholique s'appuie sur les solstices » ; n'a-t-il donc jamais entendu parler des « fêtes solsticiales », maçonniques, autrement dit des deux Saint-Jean d'été et d'hiver ? Et, pour comble de malchance, il signale comme une « importante revue maçonnique »... l'*Equinox* d'Aleister Crowley !

— Dans le *Symbolisme* (n° de novembre), un article intitulé *Orient et Occident* (ce titre sert beaucoup maintenant), par Diogène Gondeau, repousse l'idée d'un « complément rituélique » emprunté aux doctrines orientales pour des raisons qui, comme on peut le penser, n'ont rien à voir avec celles que nous avons indiquées ici ; le Bouddhisme, cette déviation, n'est-il pas pris pour le type même de la sagesse orientale, qualifiée par ailleurs de « sagesse de neurasthéniques », comme si la neurasthénie n'était pas au contraire un mal exclusivement occidental ? Quel singulier besoin ont donc tant de gens de parler de ce qu'ils ne connaissent pas ? Ailleurs, nous voyons l'œuvre de Charles Henry qualifiée de « rosicrucienne » ; c'est à se demander si les mots ont encore un sens ?

— Dans le *Grand Lodge Bulletin* d'Iowa (n° d'octobre), étude sur *Jah-Bel-On*, où Mackey a voulu voir la réunion des principaux noms divins dans les trois langues syriaque, chaldéenne et égyptienne, ce qui est d'une linguistique quelque peu fantaisiste ; on propose d'y voir plutôt une expression symbolique des trois attributs d'omniprésence, omnipotence et omniscience, ce qui est en effet plus acceptable.

— La *Revue Internationale des Sociétés Secrètes* consacre un numéro spécial à la réponse à une récente campagne de presse où elle a été visée ; il est effectivement regrettable que Mgr Jouin ait été ainsi mis en cause au lendemain de sa mort, et d'ailleurs nous persistons à penser qu'il n'eut jamais conscience du rôle qu'on lui fit jouer ; mais il y a bien du vrai dans ce qui a été dit sur certains autres personnages, en dépit de confusions bizarres (qu'on n'a pas toutes relevées) et de lacunes plus inexplicables encore... Bornons-nous à noter que, au cours de cette réponse, on dénonce comme « maçonnique » le procédé qui consiste à qualifier d'« occultiste » quelqu'un qui s'occupe de l'occultisme, fût-ce pour le combattre ; or il se trouve que ce procédé est précisément un de ceux qui sont constamment employés contre nous par diverses publications, au premier rang desquelles figure... la *R.I.S.S.* elle-même !

— La « partie occultiste » (n° d'octobre) contient un article sur *Les inquiétants progrès du spiritisme* ; là-dessus nous sommes tout à fait d'accord. – Dans les extraits de la *Magie* de Crowley, nous relevons un détail curieux : le *Rameau d'Or* de Frazer y est « vivement recommandé » ; c'est bien compromettant pour cet ethnologue, mais cela ne nous étonne pas outre mesure... – Les chroniques de M. Raymond Dulac appellent, cette fois encore, quelques observations : 1° Nous ignorions totalement l'existence d'une certaine revue qui aurait, paraît-il, mêlé des citations de nos ouvrages à des « publicités pharmaceutiques » et à des « histoires obscènes » ; nous ne sommes aucunement responsable de ces procédés ni solidaire de ceux qui les emploient, et, si la chose est vraie nous ne saurions protester assez hautement contre l'abus qui est ainsi fait de notre nom et de nos écrits. 2° L'expression de « Maître du Monde », que nous rencontrons pour la seconde fois sous sa plume, ne nous avait été connue jusqu'ici que comme le titre d'un roman d'« anticipation » ultra-fantaisiste de Mgr Benson, jadis dénoncé par la *R.I.S.S.* comme un agent secret du « Kabbalisme » juif ! 3° Le pseudo-ésotérisme n'est nullement du « pseudo-occultisme » ; il est au contraire, de l'occultisme le plus authentique, celui-ci n'ayant jamais été autre chose qu'une contrefaçon ou une caricature plus ou moins grossière de l'ésotérisme. -D'un autre côté, tout en sachant gré à M. Raymond Dulac de protester avec un « dégoût » bien justifié contre certaines ignominies dont il ne nous convient pas de parler, nous lui ferons remarquer que nous entendons bien n'être d'aucun « camp », et aussi que des gens à qui nous ne nous présentons point n'ont pas d'« accueil » à nous faire.

Nous exprimons en outre le souhait que les abominations en question lui ouvrent les yeux sur les dessous réels de l'infernale campagne à laquelle il se trouve lui-même mêlé depuis quelque temps (nous voulons croire que, comme divers autres, il n'est en cela qu'un instrument inconscient), et sur ceux de la publication même à laquelle il collabore. Du « F∴ Fomalhaut » (qui se croyait peut-être *Œdipe*, mais qui en cela se trompait bien) et du sire de Guillebert, pour ne citer de ce coté que ceux qui sont vraiment morts, à la directrice de *La Flèche* (qui, notons-le en passant, vient de faire paraître un « rituel d'initiation satanique », ce qui a du moins le mérite d'être net) et à tel individu trop immonde pour que nous le nommions (il nous répugnerait de le toucher même du bout d'une cravache), il n'y a peut-être pas si loin qu'on le croit ; et, pour surveiller le chemin qui mène des uns aux autres, le « point géométrique » où nous nous trouvons (mettons que ce soit, si l'on veut, le sommet d'une Pyramide) est particulièrement bien situé ! Faut-il préciser que, sur ce chemin, nous avons relevé les traces d'un « âne rouge » et celles… du *Dragon de l'Élue* ?

Le 25 novembre.

Monsieur le Gérant,

On me communique une note que M. Guénon a fait paraître dans votre Revue et je me fais un devoir d'y répondre, ayant été jusqu'à l'an passé le suppôt de Feu G. Mariani :

Voici l'exposé chronologique des faits ; je vous l'adresse pour qu'une si médiocre question ne détourne plus l'activité intellectuelle de votre collaborateur – que je suis le premier à admirer – car il m'eût été loisible de répondre « au temps et lieu de mon choix », ou même d'écarter toute question relative à mon « individualité », suivant son propre exemple. J'ajoute, incidemment, que je suis surpris, mais non alarmé, de voir M. Guénon menacer de publier mon nom : je me suis moi-même toujours interdit de révéler les « individualités » qui se dérobaient – ou s'étaient dérobées – sous tels pseudonymes, alors que je ne devais cette connaissance qu'à mes recherches : or, en l'espèce, M. Guénon doit celle-ci à une lettre spontanée de ma part.

— Je disposais de moins en moins de temps pour... prêter mon individualité à Mariani, quand, très précisément le 23 septembre 1931, il me devint impossible de le faire. Je remis alors à Mgr Jouin. avec lequel je continuai d'ailleurs à entretenir les plus respectueuses relations, mes dernières notes, en le priant, s'il les utilisait, de les faire rédiger et signer d'un de ses collaborateurs ; ce qui ne fut qu'imparfaitement fait, d'où l'article signé *G. M.*, qui devait contribuer à accroître une confusion qu'il me plut de transformer en mystification.

— Fin décembre, en effet, survint le triste accident où mon homonyme disparut. En raison des similitudes que souligna M. Guénon, plusieurs méprises eurent lieu : l'une fut l'origine du faux renseignement qui lui parvint. Quand j'en fus informé, j'en ris, et profitant de ce que l'informateur abusé ne savait comment sortir de son impasse, je fis parvenir à M. Guénon des journaux où l'accident était relaté. Je ne fis d'ailleurs mystère à personne de cette machination, et je ne pense pas qu'il faille chercher une autre origine aux *informations de source très sûre* qui détrompèrent enfin M. Guénon, comme je m'y étais d'ailleurs toujours attendu.

— Que m'importait d'ailleurs, puisque la double *fin* que je poursuivais était atteinte – et si peu obscure que je ne l'avais non plus dissimulée. C'était d'une part signifier la cessation de ma collaboration à la *R.I.S.S.* (j'ai si peu le temps de poursuivre la critique des « hautes sciences » que je ne lis même plus votre Revue, ce qui est le meilleur critérium). D'autre part, c'était une petite expérience sur l'étendue des « pouvoirs » que, selon votre propre expression, détenait M. Guénon. Je suis renseigné : cet « homme véritable », ce familier des séides du Roi du monde, son chargé d'affaires pour le pauvre Occident, a été dupe d'une mystification assez grosse. Bien plus : habitué, faute d'autre *pouvoir*, à menacer ses contradicteurs d'un très vulgaire *papier bleu*, il a cru que ce souverain avait enfin personnellement pris sa défense, et, par un formidable choc en retour, pulvérisé l'insolent. Si choc en retour il y eut, celui-ci s'est traduit par une amélioration de ma situation matérielle, la guérison d'une grave maladie, et un embonpoint de 15 kilos. Ce point réservé – qui a nui à ma ligne – je vous prie donc de dire à M. Guénon combien je lui en suis reconnaissant. Mais dites-lui aussi que cette petite plaisanterie, dont je suis seul responsable et à laquelle la *R.I.S.S.* notamment est demeuré parfaitement étrangère, si elle a fait naître en moi quelque scepticisme à l'égard de ses pouvoirs, et de ses hautes relations, n'a point touché la profonde admiration que je conserve au savant philosophe qu'il sait si souvent être.

Quant à mon malheureux homonyme auquel, mort, je me substituai – c'était de son vivant, un trop joyeux compagnon, pour qu'il m'en tienne rigueur.

ex-G. Mariani.

Paris, ce 6 décembre 1932.

Monsieur le Gérant,

M. René Guénon, dans le *Voile d'Isis* de novembre 1932 publie une critique de notre enquête parue en février-mars de cette année, sur les dessous de l'occultisme contemporain. Nous sommes heureux de répondre aux diverses questions que M. René Guénon nous pose si aimablement, et nous vous prions donc, en vertu du droit de réponse défini par la loi du 29 juillet 1881, de publier intégralement cette lettre, dans votre numéro de janvier 1933.

1° De nous deux, c'est Pierre Mariel, l'ami de G. Mariani.

2° Prince *de ce* monde ? Prince *du* Monde ? Notre enquête ne se donnait pas pour objet de résoudre des points aussi délicats d'exégèse. Elle espérait seulement montrer au grand public les dangers et les ridicules de l'occultisme contemporain.

3° Mais si, Mariani a publié, aux Éditions de la *R.I.S.S.*, une plaquette intitulée : « Le roi du Monde et le Christ-Roi ». Dans un journal neutre, même d'une neutralité bienveillante, il était impossible de faire une allusion au Christ-Roi.

4° « L'Erreur Spirite » de Guérinon ? Simple coquille. Les typos sont souvent distraits, surtout dans un quotidien, où l'auteur n'a pas la possibilité de corriger lui-même ses épreuves ! L'erreur, toute matérielle, sera réparée bientôt, quand l'enquête paraîtra en librairie.

5° Mariani est-il mort ou vivant ? Cette curiosité nous étonne de la part de M. Guénon qui a écrit dans le *Voile* n° 143, p. 700 : « Au reste, si on continue à nous empoisonner avec la personnalité de René Guénon, nous finirons bien par la supprimer quelque jour, tout à fait » et dans le numéro même où il critique notre enquête « la doctrine seule compte, et devant elle, les individualités n'existent pas ».

Ces point établis, qu'on nous permette d'être triplement surpris. D'abord, au mépris de tous les usages confraternels, M. Guénon cite notre enquête sans en citer les auteurs.

Ensuite un des buts que nous poursuivions était de combattre, comme le fait M. Guénon dans toute son œuvre, la mentalité occultiste. Mal nous en a pris de lui prêter l'appui de nos faibles moyens. Nous nous apercevons enfin, et en faisant notre profit que la sérénité et la mansuétude ne sont pas parmi les attributs de l'Adepte.

Veuillez croire, Monsieur le Gérant, à l'expression de notre considération distinguée.

Jean d'Agraives.

7, rue des Eaux (16ème)

Pierre Mariel.

1, square Charles-Laurent (15ème)

La lettre de M. B. (ex-Mariani) est exactement ce que nous voulions obtenir : l'aveu d'une « mystification » et d'une « machination » qu'on ne saurait juger trop sévèrement ; il est possible que leur auteur n'y voie lui-même qu'une macabre farce d'étudiant, mais quant à nous, nous y voyons tout autre chose, la marque d'une inspiration *satanique* qui, pour être inconsciente, n'en est pas moins nette ; et cela confirme que M. B. (ex-Mariani) a, comme bien d'autres, servi d'« instrument » à *quelque chose* qu'il ignore sans doute totalement.

Ce point étant acquis, il nous faut rectifier un certain nombre d'erreurs ; et, tout d'abord, il est faux que le nom de M. B. nous ait été connu par une lettre qu'il nous a adressée, pour la simple raison qu'il nous a été absolument impossible de déchiffrer la signature de ladite lettre ; en fait, c'est par un de nos collaborateurs du *Voile d'Isis* que nous avons eu connaissance de l'identité du personnage. Il est également faux que la prétendue mort de celui-ci nous ait été annoncée par un « informateur abusé » ; elle l'a été par son ami M. Pierre Mariel, qui savait évidemment à quoi s'en tenir et que nous devons donc considérer comme complice de sa « machination ». Une lettre dans laquelle nous demandions à M. Pierre Mariel des explications complémentaires se croisa avec l'envoi de journaux de M. B., envoi qui, par conséquent, avait été fait par celui-ci avant qu'il eût pu savoir ce que nous penserions de cette nouvelle ; plus précisément, tout ceci date d'avril, et la note dans laquelle nous posions une question au sujet de l'« accident » ne parut qu'en juin. Enfin, il est faux que les « informations de source très sûre » qui nous parvinrent par la suite, et sur l'origine desquelles nous n'avons pas à renseigner M. B., aient le moindre rapport avec ses propres bavardages au sujet de sa « mystification » ; elles ne firent d'ailleurs que transformer en certitude, avec preuves à l'appui, le doute que nous exprimions très clairement en écrivant dans notre note de juin : « Nous ne voulons pourtant pas supposer qu'il ne s'agisse que d'une mort simulée... à la manière du pseudo-suicide d'Aleister Crowley ! » Si M. B. savait quelque peu lire entre les lignes, il n'aurait certes pas pu croire à la réussite de sa sinistre plaisanterie !

Quant à la fin de la lettre, nous pourrions la dédaigner si elle n'était très instructive en ce qui concerne la mentalité de M. B. : les qualités qu'il nous attribue, il les a prises dans son imagination, à moins qu'il ne se soit fait simplement l'écho de quelques-uns de ces racontars stupides contre lesquels nous avons dû mettre nos lecteurs en garde en juillet dernier. Ce n'est certes pas nous qui nous sommes jamais qualifié d'« homme véritable », ou targué de « relations personnelles » (!) avec le « Roi du Monde » ou avec ses « séides »

(?) ; nous mettons quiconque au défi de citer le moindre mot de nous suggérant, si peu que ce soit, des choses de ce genre (aussi bien que nous défions, dans un autre ordre, qu'on nous dise où nous avons jamais menacé quelqu'un d'un « papier bleu » ou d'autre couleur) ; et d'ailleurs le caractère grotesque de telles affirmations en trahit suffisamment la véritable source... Ce n'est pas nous non plus qui avons jamais revendiqué la possession de « pouvoirs » quelconques et, même s'il était vrai que nous en fussions affligé, nous ne songerions nullement à nous en vanter, n'ayant jamais dissimulé notre parfait mépris pour ces jouets d'enfants (nous nous proposons même de traiter spécialement cette question dans un assez prochain article, pour en finir une bonne fois avec ces inepties) ; nous ne nous soucions pas plus des « pouvoirs » que de la « philosophie », nous occupant uniquement de choses sérieuses. Tout cela montre que nous n'avions que trop raison d'avertir « qu'on ne devra ajouter foi, en ce qui nous concerne, à rien d'autre qu'à ce que nous avons écrit nous-même ».

Pour ce qui est de la lettre de M. Pierre Mariel (son collaborateur nous est inconnu et ne nous intéresse en aucune façon), nous devons faire remarquer d'abord que nous n'avons nullement entendu faire une « critique » de son enquête ; nous y avons simplement fait allusion en tant qu'elle avait un rapport avec l'« affaire Mariani », ce qui est tout différent. Ensuite, si M. B. (ex-Mariani) a effectivement publié, dans la *R.I.S.S.*, un article dirigé contre nous et intitulé *Le Christ-Roi et le Roi du Monde* (et non pas l'inverse), et si c'est même par cet article que nous avons appris avec un certain étonnement que le « Roi du Monde » nous avait chargé de nous ne savons trop quelle mission dont nous ne nous étions jamais douté jusque-là, aucune « plaquette » portant ce titre ne figure dans la liste des ouvrages édités par la même *R.I.S.S.* ; d'ailleurs, un article, même tiré à part, ne constitue pas un « livre » ; et en outre, quand on cite un ouvrage ou un article, fût-ce dans un journal « neutre » ou même hostile, rien ne saurait justifier la mutilation du titre, surtout quand on sait pertinemment qu'elle est de nature à provoquer une confusion ; la défaite est vraiment piteuse... Quant à « Guérinon », ce nom saugrenu étant répété, deux fois, il est un peu difficile de croire à une « simple coquille » ; il est beaucoup plus vraisemblable de supposer que cette déformation avait pour but d'éviter certains inconvénients possibles (les gens ont l'habitude de juger des autres d'après eux-mêmes, mais on aurait pu s'éviter cette peine en constatant que nous n'avons jamais envoyé la moindre lettre rectificative à aucune des publications qui nous calomnient et nous insultent grossièrement, et le Diable sait s'il y en a !) ; et, si « l'erreur est réparée », nous n'aurons pas à en être surpris, car, dans un volume, une telle précaution n'aurait plus aucune raison d'être ; ajoutons, sans y insister davantage, que d'autres « coquilles » non moins bizarres tendent à confirmer cette interprétation. D'autre part, si nous n'avons point mentionné le nom de M. Pierre Mariel, c'était uniquement par égard pour les bonnes relations que nous avions eues précédemment avec lui ; tant pis s'il ne l'a pas compris ; mais quelle est donc la « confraternité » à laquelle il prétend faire appel ? Nous ne sommes, que nous sachions, ni journaliste ni même « homme de lettres » ; et, si nous ne pouvons assurément qu'approuver l'intention de « combattre la mentalité occultiste », c'est à la condition que ce soit par des moyens sérieux, non par des bouffonneries et des inventions de roman-feuilleton : et puis, au fait, pourquoi le même M. Pierre Mariel se laisse-t-il aller parfois à écrire dans des feuilles qui tendent précisément à propager la mentalité en question ? Enfin, constatons qu'il n'a pas résisté plus que son ami à l'étrange besoin de nous affubler de qualités imaginaires : nous n'avons point la prétention d'être un « adepte », et même la preuve péremptoire que nous ne le sommes point, c'est que nous écrivons encore ; nous savons nous tenir à notre rang, si modeste soit-il ; mais, puisqu'il est question d'« adeptes », disons que, s'ils ont une inaltérable sérénité, il est du moins exact qu'ils n'ont aucune « mansuétude » et qu'ils n'ont pas à en avoir, car ils ne font point de sentiment, et ils sont toutes les fois qu'il le faut, d'implacables justiciers !

Maintenant, nous laisserons M. B. (ex-Mariani) à ses bateaux et M. Pierre Mariel à ses romans, en les priant de vouloir bien, de leur côté, ne plus s'occuper de nous ; en voilà assez sur ces insignifiants comparses, et nous ne pensons pas que personne, à part M. Pierre Mariel, ait pu se méprendre au point de nous attribuer une « curiosité » concernant la « personnalité » du soi-disant « Mariani ». Nos raisons étaient tout autres, et il en est au moins une que nous pouvons faire connaître tout de suite : c'est que, à l'égard de la *R.I.S.S.*, une conclusion s'impose ; mais cette conclusion, ce n'est pas nous qui la tirerons ; nous l'emprunterons tout simplement à la *Semaine Religieuse* de Paris, dont la rédaction, dans son numéro du 24 septembre dernier, faisait suivre un article nécrologique consacré à Mgr Jouin d'une note où il était dit que « Mgr Jouin n'a pas toujours été, dans le choix de ses collaborateurs, aussi prudent qu'on eût pu le souhaiter ». Sans parler d'autres collaborateurs sur lesquels il y aurait tant à dire... et à redire, les aveux de M. B. (ex-Mariani) suffiraient à eux seuls à justifier cette appréciation ; et, en même temps, ils contribuent précieusement à « éclairer » la note que nous consacrions nous-même à Mgr Jouin dans le numéro d'octobre du *Voile d'Isis*.

Nous considérons donc cette vilaine affaire comme définitivement réglée, mais nous ne nous faisons pas d'illusions : il y aura sans doute encore d'autres marionnettes à démonter, d'autres mystifications à démasquer, avant de pouvoir faire apparaître enfin au grand jour ce qui se cache derrière tout cela. Si déplaisante que soit une telle besogne, elle n'en est pas moins nécessaire ; et nous la continuerons autant qu'il le faudra, et sous telles formes qu'il conviendra... *jusqu'à ce que nous ayons écrasé le nid de vipères* !

Février 1933

— Dans le *Grand Lodge Bulletin* d'Iowa (n° de novembre), fin de l'étude sur *Jah-Bel-On* ; articles et notes sur le symbolisme des lignes parallèles, sur la « Parole perdue », sur les relations du Mormonisme avec la Maçonnerie.

— Dans le *Symbolisme* (n° de décembre), Oswald Wirth, dans un article intitulé « Nos Mystères », reconnaît que « la morale n'est pas tout en Maçonnerie », et que « la Maçonnerie moderne manque à son programme, parce qu'elle néglige l'Art proprement dit, c'est-à-dire le travail constructif auquel doit se livrer l'individu ». Armand Bédarride parle *De l'universalité du symbolisme*, mais en se renfermant dans un point de vue trop exclusivement « psychologique ». La même remarque s'applique aussi à son article suivant (n° de janvier), où, sous le titre un peu inattendu de *La Lance d'Achille*, il traite de « la puissance de la psychologie collective dans la Loge » ; il y a dans les rites bien autre chose qu'un « mécanisme » destiné à produire une sorte de suggestion.

— Le numéro de novembre de la *Revue Internationale des Sociétés Secrètes*

(« partie occultiste ») est un « numéro spécial sur la Mort et les Défunts » ; aussi contient-il toute une série d'articles d'un caractère plutôt macabre, dont le plus important est intitulé *Les raisons occultes de la crémation des cadavres*. – Dans le numéro de décembre, à côté d'une étude sur *Les Sybilles et la Nativité*, dont les intentions ne se dégagent pas bien clairement, et d'une autre, fort incomplète, sur l'*Alphabet secret des F∴ M∴*, nous trouvons un article fantaisiste qu'on a cru spirituel d'intituler *Entretiens d'Œdipe* ; si on savait combien cela nous est égal, et comme certaines allusions qui veulent être perfides sont loin de nous toucher... d'autant plus loin que *ceux de nous* qu'elles prétendent viser sont morts depuis bien longtemps ! Mais venons-en à des choses un peu plus sérieuses : dans le numéro de novembre, M. Raymond Dulac fait, à propos de notre article d'octobre sur les « conditions de l'initiation »[15], quelques réflexions qui sont complètement à côté de la question ; où a-t-il vu que nous ayons parlé de saint François d'Assise ? Nous pouvons l'assurer que nous n'y avons même pas pensé le moins du monde ; et, d'autre part, qu'est-ce que « l'initiation *visible* (?) du baptême, de l'ordre sacré et de la profession religieuse » ? N'avons-nous pas déclaré assez explicitement, à maintes reprises, que les rites religieux ne sont point des rites initiatiques ? Il revient sur le même sujet en décembre, dans une sorte d'article-programme intitulé *Occultisme et Mysticisme* ; à ce qu'il s'imagine nous objecter, nous pouvons répondre en deux mots : les mystiques ne sont nullement des initiés, et leur « voie » ne nous concerne en aucune façon... pas plus d'ailleurs que celle des occultistes, si tant est que ces derniers en aient une. – Enfin, dans le numéro de novembre, le même M. Raymond Dulac se montre peu satisfait de quelques lignes que nous avons écrites à propos de la mort de Mgr Jouin, en quoi il est vraiment bien difficile ; il va jusqu'à dire que « cela ne lui suffit pas » ; aurait-il donc l'outrecuidance de prétendre nous dicter ce que nous devons écrire ? Cette prétention, nous ne l'admettrons ni de lui ni d'aucun autre ; ces Messieurs sont encore bien trop petits ! Au surplus, nous ne « fouillons dans la hotte » de personne ; ce métier n'est pas le nôtre, et nos informations personnelles nous suffisent amplement... Il faut d'ailleurs que M. Raymond Dulac ait eu l'esprit singulièrement troublé par une récente campagne visant la *R.I.S.S.*, pour ne pas s'être rendu compte que, étant donné notre éloignement

---

[15] [Octobre 1932. Est devenu le chapitre IV des *Aperçus sur l'Initiation*.]

et le temps nécessaire à la composition, il y avait impossibilité matérielle à ce que notre note n'ait pas été rédigée *avant* que nous ayons eu la moindre connaissance de ladite campagne. Il déclare en outre « attendre qu'on prouve » que Mgr Jouin a été victime d'étranges collaborateurs ; il n'aura pas attendu longtemps : la lettre de l'« ex-Mariani », publiée ici le mois dernier, est venue admirablement à propos ! – Et maintenant, puisque, en répondant à la campagne dont il vient d'être question, on a jugé bon de passer sous silence un article et un seul,... si on parlait un peu de l'*Élue du Dragon* ?

— Dans *Nouvelle Équipe* (n° d'avril-septembre 1932) a paru un intéressant article de M. Marcel Lallemand, intitulé *La crise du monde moderne à la lumière des traditions antiques* : les enseignements de la tradition hindoue et ceux des Livres hermétiques y sont rapprochés des prophéties de l'Évangile et de l'Apocalypse ; la conclusion est qu'« il y a accord parfait entre les traditions de tous les peuples sur un grand événement qui doit marquer la fin d'une période de la vie de l'humanité, et cet événement semble approcher, l'état du monde entier étant celui qui est décrit dans les prophéties ». L'auteur fait remarquer que, « il y a un siècle, l'identité des dogmes catholiques et des traditions des peuples appelés païens était chose parfaitement connue et exposée dans de savants ouvrages, approuvés par l'autorité ecclésiastique », mais que « la science comparée des traditions semble totalement inconnue de la plupart des auteurs catholiques actuels » ; cela n'est malheureusement que trop vrai.

— Dans *Die Säule* (n° 6 de 1932), étude sur le *Hassidisme* et ses enseignements.

Mars 1933

— *The Speculative Mason* (n° de janvier) contient des études sur l'*Âne d'Or* d'Apulée et sur le Nom divin et la lumière d'après les manuscrits bardiques ainsi que de nombreuses notes intéressantes sur des questions variées.

— Dans le *Grand Lodge Bulletin* d'Iowa (n° de décembre), une étude sur le Symbolisme du Nom divin dans la Bible et les Apocryphes (continuée dans le n° de janvier), et plusieurs articles sur la « Parole perdue » ; un de ceux-ci, à propos des allusions à la « queste » chez les poètes, signale l'importance du symbolisme du voyage et de la navigation. Il est fâcheux que, par ailleurs, on ait eu l'idée de reproduire un vieil article qui présente sérieusement la funambulesque découverte du nom de *Jehovah* dans le *Tao-te-King* !

— Dans la *Revue Internationale des Sociétés Secrètes* (n° de janvier, « partie occultiste »), le premier article est intitulé : *Pour la « Défense de l'Occident »* : on se plaint amèrement que le « beau livre » (!) de M. Henri Massis n'ait pas rencontré dans tous les milieux catholiques une admiration sans mélange. Il est vraiment difficile de garder son sérieux en voyant affirmer que « l'Occident est, en fait, profondément chrétien », alors qu'aujourd'hui, il est exactement le contraire, et que « ce n'est pas en Occident que la xénophobie anime les foules » ; où donc le « nationalisme » a-t-il été inventé ? – Dans les *Entretiens d'Œdipe*, les vipères continuent à distiller leur venin ; fort heureusement, nous sommes à l'épreuve de la morsure des serpents et de la piqûre des scorpions... Comme d'ailleurs il n'est pas toujours possible d'imaginer du nouveau, nous retrouvons là quelques histoires qu'il nous souvient d'avoir déjà vues (ne serait-ce pas dans les articles de « feu Mariani » ?), et aussi l'infâme calomnie qui consiste à nous présenter comme un « occultiste », nous qui sommes, et pour cause, *le seul* que redoutent les occultistes !

Ajoutons que, s'il y a (ou s'il y a eu) une « affaire Mariani », il ne saurait y avoir d'« affaire Guénon-Mariani », car nous ne nous abaissons pas à ce niveau-là ; au surplus, en admettant qu'il nous convienne parfois de feindre d'être « dupe » des histoires de certains pour les amener où nous voulons, c'est notre affaire ; mais les véritables dupes, ce sont les malheureux qui servent inconsciemment de jouet à certaines « puissances »... dont la suprême habileté est de leur faire croire qu'elles n'existent pas. – Dans les chroniques de M Raymond Dulac, nous nous bornerons à relever sommairement ce qui nous concerne de la façon la plus directe ; et, tout d'abord, nous pouvons l'assurer que le « subjectivisme oriental » n'existe que dans l'imagination des Occidentaux, que nous sommes bien autrement « réalistes » que ceux-ci, et que ce n'est certes pas nous qui nous satisferions des billevesées « psychologiques » et autres « jeux de pensée » ; la rêverie n'est point de notre goût, et le symbolisme, aussi bien que le rituel, est pour nous une science exacte. Quant aux objections qu'il soulève à propos de nos articles sur l'initiation, il nous suffira de lui demander : 1° S'il considère les sacrements catholiques comme « physico-chimiques » parce qu'ils ont un support matériel ; 2° S'il assimile purement et simplement aux forces physiques, en raison de ses effets d'ordre sensible, l'« influence » qui foudroyait ceux qui touchaient imprudemment à l'Arche d'Alliance, ou encore, pour ne pas remonter si loin, celle qui produit les guérisons de Lourdes. 3° Enfin, si, sous prétexte que « l'esprit souffle où il veut », l'Église catholique admet à l'ordination des individus affligés de n'importe quelle infirmité corporelle. Encore une fois, il ne s'agit pas là de morale ni de sentiment, mais de science et de technique ; nous ne savons d'ailleurs pas au juste ce qu'il veut dire par ses « deux formalismes », mais ce qui est sûr, c'est qu'il parle bien légèrement de ce qu'il ne connaît pas : alors que l'Église a des registres pour les baptêmes, ce qui du reste est parfaitement normal pour une organisation exotérique, l'« immatriculation », sous quelque forme que ce soit, est chose totalement inconnue des organisations initiatiques orientales. Nous sommes d'autant plus à l'aise pour parler de ces choses que nous les envisageons d'une façon entièrement désintéressée, n'ayant point mission de conférer la moindre initiation à qui que ce soit. Enfin, en ce qui concerne les rapports de la... boutique ou il s'est fourvoyé avec certaine organisation d'espionnage « tentaculaire », M. Raymond Dulac ne nous apprend certes rien ; mais nous ne sommes pas fâché d'en trouver sous sa plume l'aveu à peine déguisé !

— Dans le *Rayonnement intellectuel* (n° de juillet-août 1932), intéressant article de M. L. Charbonneau-Lassay sur le symbolisme des œufs des oiseaux.

— *Atlantis* (n° de novembre-décembre) publie plusieurs discours sur *L'Immortalité* : des choses vagues, beaucoup de littérature... M. Paul le Cour revient sur la question des figurations de saint Christophe avec une tête animale : tête de chien, ou tête d'âne ? Nous avons lu jadis, dans nous ne savons plus quel vieux livre, que ce saint était parfois représenté avec une tête de chien pour indiquer qu'il était du pays des Cynocéphales, qui ne serait autre que l'Éthiopie ; encore faudrait-il savoir de quelle Éthiopie il s'agit... D'autre part, la figure reproduite dans le numéro précédent paraît bien être une tête d'âne, ce qui est vraiment bizarre (d'autant plus que l'âne fut effectivement *christophoros* lors de l'entrée du Christ à Jérusalem) ; il se peut d'ailleurs qu'il y ait quelque rapport entre les deux représentations. Anubis, après tout, n'était-il pas fils de Set ? Quoi qu'il en soit, M. Paul le Cour veut que l'âne en question soit l'*onagre*, parce qu'il s'imagine trouver dans ce mot des choses merveilleuses (l'*Aor-Agni* de Paray-le-Monial !) ; et, là-dessus, il évoque le fameux « graffite du mont Palatin », où il croit voir un sens sublime... Hélas ! avertissons-le charitablement que, sans s'en douter, il touche là, au contraire, à un des plus hideux mystères du monde infernal !

Avril 1933

— Dans le *Symbolisme* (n° de février), Oswald Wirth se plaint d'un travail paru dans les publications de la Loge anglaise *Quatuor Coronati*, et qui, dépréciant les *Constitutions* d'Anderson, « sonne le glas de la Maçonnerie telle que nous la comprenons » ; nous souhaitons, quant à nous, qu'il marque le retour à une conception plus traditionnelle ! Mais nous ne pensons pas que lesdites *Constitutions* ne soient que le produit de la fantaisie d'une individualité sans mandat ; il n'est pas douteux, au contraire, que l'œuvre d'Anderson fut une « protestantisation » voulue et consciente de la Maçonnerie. – Un article de Marius Lepage, intitulé *Le Cœur et l'Esprit*, contient bien des confusions : nous ne voyons pas comment « esprit » peut être synonyme de « raison », et le « cœur », au sens traditionnel, n'a rien à voir avec le sentiment ; combien il y aurait besoin, de nos jours, de remettre un peu d'ordre dans les notions les plus simples !

— Dans le *Grand Lodge Bulletin* d'Iowa (n° de février), exposé des multiples interprétations qui ont été proposées pour le « mot sacré » du grade de Maître : il s'agit incontestablement d'une phrase hébraïque, mais déformée de telle sorte qu'on ne peut être sûr de sa véritable signification.

— Dans *Die Säule* (n° de 1933), étude sur la peinture chinoise de paysages, et articles nécrologiques sur Gustav Meyrink.

— Dans la *Revue Internationale des Sociétés Secrètes* (n° du 15 février), M. Raymond Dulac, dans un article intitulé *L'Unité des Sociétés Secrètes*, utilise largement nos livres et nos articles ; inutile de dire qu'il le fait d'une façon tendancieuse qui n'a rien de commun avec les intentions que nous avons eues en les écrivant. Faisons-lui observer encore une fois, sans nous illusionner sur le résultat, que les véritables organisations initiatiques ne sont ni des « sectes », ni des « groupe », ni même des « sociétés », toutes choses avec lesquelles nous n'avons rien à voir et vis-à-vis desquelles nous n'admettons pas la moindre compromission ; nous sommes, à cet égard, d'une intransigeance absolue. – Dans la « partie occultiste » (n° de février), nous trouvons la suite de l'étude déjà signalée sur *Les Sibylles et la Nativité*, dont nous ne distinguons toujours pas le but précis, puis les *Entretiens d'Œdipe*, dont l'auteur a sans doute cru faire encore un trait d'esprit en se vantant, cette fois, d'« avoir collaboré au *Voile d'Isis* » (où ceux qui « cherchent de l'occultisme », comme il dit, seraient d'ailleurs bien déçus, tandis que, avec la *R.I.S.S.*, ils sont servis à souhait, car nous ne croyons pas qu'il soit possible de faire mieux pour satisfaire le goût des amateurs de diableries !). Avec la finesse dont il fait preuve, cet Œdipe de « Café du Commerce » pourrait bien finir, « très vulgairement », par être dévoré, non pas même par le Sphinx (ce serait trop honorable pour lui), mais par... la « Cocadrille » ! – Dans le même numéro, un article de M. Raymond Dulac, intitulé *Les superstitions de janvier* (on est bien qualifié pour parler de « superstitions » à la *R.I.S.S.* !), n'est qu'un prétexte à épiloguer sur ce que nous avons dit en diverses occasions au sujet de Janus et des rapprochements qu'il y a lieu de faire entre ses attributs et ceux de saint Pierre[16]. Il n'y a rien de « mystique » dans ce que nous écrivons ; nous laissons cela à d'autres... Et, si nous abandonnons bien volontiers le « syncrétisme » à notre contradicteur, nous devons lui déclarer que la « synthèse » n'est nullement un « jeu » ; mais ce qui en est un, et du plus mauvais goût, ce sont les plaisanteries auxquelles il se livre sur la Bible, notamment à propos de l'Arche de Noé : « Jahweh (*sic*) faisant passer la clef sous la porte », pendant que le patriarche « était occupé à caser les animaux » ! Le plus triste dans son cas, c'est que, paraît-il, il est prêtre ; prendrait-il à tâche de prouver par son exemple que, entre « clergé » et « sacerdoce », il y a plus qu'une nuance ? En tout cas, nous tenons à l'avertir charitablement qu'il a touché à un sujet défendu : celui du « pouvoir des clefs »,

---

[16] Le Janus à quatre faces qui semble le dérouter est bien facilement explicable : deux faces solsticiales et deux faces équinoxiales, correspondant aux quatre clefs qui forment le *swastika* dit « clavigère », particulièrement répandu chez les Étrusques.

que, dans son ignorance, il déclare « absolument propre au Christianisme » ; ne sait-il donc pas qu'il a été décidé naguère, en très haut lieu, qu'il fallait faire le plus complet silence sur cette question essentiellement « hermétique » et... plus que dangereuse ?

— On vient de rééditer *L'Élue du Dragon*, avec une nouvelle préface de « Roger Duguet », dans laquelle il est dit qu'« il se peut que certaines descriptions de scènes magiques, bien invraisemblables, soient à interpréter dans un sens plus allégorique que littéral », et aussi que certains noms propres « ne doivent pas être pris à la lettre » ; il y a là un recul des plus sensibles par rapport à la position ultra-affirmative prise lors de la première présentation ! Nous y lisons aussi cette phrase : « Il existe au Hiéron de Paray-le-Monial, – qui fut longtemps un centre occultiste à peine dissimulé, – un double manuscrit authentique de ces *Mémoires*, datés de 1885. » L'intention de la parenthèse n'est pas parfaitement claire ; mais ce qui l'est bien davantage, c'est que cela est en contradiction formelle avec la première version, d'après laquelle les manuscrits en question se trouvaient « dans une bibliothèque de couvent » ; qu'y a-t-il encore sous cette histoire ? Par une coïncidence plutôt singulière, M. Paul le Cour, dans le dernier numéro d'*Atlantis*, annonçait l'ouverture d'une souscription pour essayer de publier, sous le titre : *Lettres du Hiéron du Val d'Or*, sa correspondance avec la dernière secrétaire dudit Hiéron... Et, juste en même temps, comme nous l'avons signalé, il tombait en extase devant le « dieu à tête d'âne », parce que dans *onagre* il voyait *Aor-Agni* ! Où de pareilles imprudences pourront-elles bien finir par nous mener ?

P.S. – Nous prions nos correspondants de s'abstenir de nous poser des questions touchant de près ou de loin au domaine de la politique, que nous ignorons totalement et auquel nous entendons demeurer absolument étranger.

Juin 1933

— Dans le *Grand Lodge Bulletin* d'Iowa (n° de mars), étude sur la signification de l'expression *oblong square*, qu'on traduit en français par « carré long », mais qui, en anglais, peut désigner à la fois un outil et une figure géométrique, le mot *square* ayant le double sens d'« équerre » et de « carré » ;

il semble cependant que ce soit à la forme rectangulaire de la Loge que s'applique principalement cette expression.

— Dans le *Symbolisme* (n° de mars), article d'Oswald Wirth sur *Le Point au centre du Cercle*, symbole auquel la Maçonnerie anglo-saxonne attache une importance particulière ; la figure est complétée par deux tangentes parallèles, rapportées aux deux Saint Jean, qui correspondent aux deux solstices délimitant le cycle annuel. L'idée du centre demanderait mieux que quelques considérations aussi vagues qu'élémentaires, et nous avons d'ailleurs traité nous-même ce sujet jadis dans la revue *Regnabit*[17] ; quant aux deux Saint Jean, qualifiés ici purement et simplement de « patrons chrétiens de la Maçonnerie », c'est à croire que l'auteur de l'article n'a jamais entendu parler des deux visages de Janus… – Armand Bédarride parle de *L'Algèbre symbolique*, mais se confine dans une regrettable imprécision ; voilà pourtant encore un sujet qui pourrait être plein d'intérêt. – *Après l'algèbre, les beaux-arts* : tel est le titre de l'article du même auteur dans le numéro d'avril ; il y semble plus à son aise, sans doute parce que cela se prête davantage à des développements littéraires et « psychologiques ». – Dans le même numéro, commencement d'une étude sur *L'Initiation chez les Primitifs de l'Oubanghi-Chari* ; ce mot de « primitifs » est bien fâcheux, ainsi que certaines réflexions « ethnologiques », qui sont propres à donner les idées les plus fausses au sujet de l'initiation ; combien mieux vaudrait, en pareil cas, s'en tenir à un exposé purement « documentaire » !

— La lecture de la *Revue Internationale des Sociétés Secrètes* laisse généralement une impression plutôt sinistre ; pourtant, il arrive aussi parfois qu'on y trouve de quoi s'amuser… Ainsi, dans le numéro du 1er mars, dès la première page, il est question de « la nature de l'homme fait par Dieu à son image d'un corps et d'une âme », d'où il paraît résulter assez manifestement que Dieu doit avoir, lui aussi, « un corps et une âme » ; la *R.I.S.S.* confierait-elle la rédaction de son « éditorial », à un Mormon ? Un peu plus loin, dans un second article, nous lisons cette phrase étonnante : « Augustin Cochin avait déjà noté la parfaite identité des Sociétés de pensées (*sic*) dans les cinq hémisphères. » Dans quel étrange « hyperespace » cela peut-il bien se situer ?

---

[17] [Mai 1926.]

— Dans la « partie occultiste » (n° de mars), un article sur *L'Occultisme mondain*, à propos du livre déjà ancien de M. Fernand Divoire, n'appelle de notre part qu'une seule remarque : c'est que, s'il est parfaitement exact que nous n'avons rien à voir avec les « mondains » et les « salons », nous ne nous adressons pas davantage aux « professeurs » ; quant à parler de notre « occultisme », combien de fois devrons-nous encore protester contre cette infâme calomnie ? – Le pseudo-Œdipe veut parler cette fois des « pouvoirs magiques », mais, en fait, il parle surtout de ceux des guérisseurs, qui précisément n'ont rien de magique. – M. Raymond Dulac a inventé quelque chose qu'il appelle l'« initiatisme » ; nous lui conseillons de prendre un brevet sans tarder... Quant aux réflexions dans lesquelles il met en quelque sorte en parallèle certains articles du *Symbolisme* avec les nôtres, elles témoignent chez lui d'un fâcheux manque du sens des proportions ; mais peut-être sont-elles surtout destinées à amener une insinuation qui ne peut qu'apparaître comme parfaitement grotesque aux yeux de tous ceux qui savent à quel point nous sommes peu « conciliant ». Nous répétons qu'il n'est pas dans notre rôle d'agir pour ou contre une organisation quelconque ; cela veut dire très exactement, que nous ne faisons de propagande pour quoi que ce soit et que nous n'entendons point nous mêler à des querelles qui ne nous regardent pas, et c'est tout ! Passons sur le dernier paragraphe, où sont rapprochés artificiellement des lambeaux de phrases pris dans plusieurs de nos ouvrages ; nous ne pouvons que mépriser ce procédé malhonnête, que nous retrouvons encore dans un « post-scriptum » appliqué cette fois à nos réponses aux attaques dudit M. Raymond Dulac. Sur ce point, nous lui redirons simplement ceci : il suffit de savoir lire pour constater que nous n'avons jamais parlé nulle part de saint François d'Assise (qu'il appelle comiquement « notre saint François », alors que, par contre, certains de ses pareils le dénoncent avec fureur comme un « gnostique déguisé » !) ; d'autre part, il ne peut y avoir d'« initiation du baptême », etc., pour la bonne raison qu'un rite religieux et un rite initiatique sont deux choses totalement différentes ; et enfin, si quelqu'un est qualifié pour faire appel au « lecteur de bonne foi », ce n'est certainement pas lui !

— Dans le *Rayonnement Intellectuel*, études symboliques de M. L. Charbonneau-Lassay sur *les ailes des oiseaux* (numéro de septembre-octobre 1932) et sur *le ver et la chenille* (numéro de novembre-décembre) ; la première, particulièrement intéressante, contient des documents tout à fait inédits, tirés des archives secrètes de l'*Estoile Internelle*.

— Le numéro de janvier-février 1933 d'*Atlantis* est consacré en grande partie à *La Lémurie* ; on sait que cette question, qui semble donner lieu à presque autant de confusions que celle de l'Atlantide, est devenue d'actualité à la suite de la curieuse similitude constatée entre les hiéroglyphes de l'île de Pâques et ceux qui ont été récemment découverts dans la vallée de l'Indus. – Relevons par ailleurs l'étonnante prétention de rattacher à l'Occident les pays musulmans… et la Chine ; nous ne soupçonnions pas encore que l'« annexionnisme » occidental pouvait aller aussi loin ! Ce qui est aussi digne de remarque, c'est une tendance de plus en plus accentuée, chez M. Paul le Cour, à se poser en héritier du Hiéron de Paray-le-Monial, « centre d'ésotérisme chrétien fondé par un Jésuite, le P. Drevon, en celte le P. Druide ! » (*sic*) ; et la possession de « la bague léguée par le fondateur à la dernière survivante » établirait, paraît-il, la légitimité de cet héritage !

— Pendant que nous en sommes au Hiéron, notons encore, comme suite à ce que nous disions dans notre dernière chronique[18], que « Roger Duguet », dans un des *Cahiers anti-judéo-maçonniques* qu'il publie actuellement, et où il essaie de donner sur *L'Élue du Dragon* des explications… qui n'expliquent rien, déclare que « le manuscrit original (?) qu'il croyait encore au Hiéron de Paray-le-Monial est aujourd'hui, paraît-il, aux mains de la *R.I.S.S.* » ; que signifie tout ce gâchis ? En tout cas, la *R.I.S.S.*, après cela, ne peut plus laisser croire que toute la responsabilité de cette affaire incombe à son ancien collaborateur, et le silence qu'elle a jugé bon de garder jusqu'ici à cet égard n'a plus même l'apparence d'une excuse valable ; attendons donc la suite…

— Dans *Die Säule* (n° 2 de 1933), fin de l'étude déjà signalée sur la peinture chinoise de paysages.

Août-septembre 1933 ?

---

[18] [Avril 1933.]

— Le numéro de mars-avril d'*Atlantis* a pour titre général *Le XVIIIe siècle et le Monde primitif* ; il s'agit des « chercheurs d'Atlantide » de cette époque, et leur histoire est tracée d'une façon où il ne serait pas difficile de relever, comme à l'ordinaire, quelques fantaisies : ainsi, les Illuminés de Bavière ne furent point une « secte maçonnique », mais une organisation qui, de l'extérieur, chercha à s'emparer de la Maçonnerie, ce qui est tout différent ; est-il bien sûr que Louis-Claude de Saint-Martin fut appelé le *Philosophe Inconnu* « parce qu'il ne signait pas ses ouvrages » ? N'oublions pas de signaler une nouvelle trouvaille linguistique de M. Paul le Cour : « le rapprochement que l'on peut faire entre les mots Révolution et Révélation » !

— Dans le *Symbolisme* (n° de mai), Oswald Wirth intitule *Les Faux Initiés* un article dans lequel il critique justement, mais superficiellement, les prétentions de certains occultistes ; cela porterait bien davantage s'il avait lui-même une notion plus précise de ce qu'est réellement l'initiation. – Signalons aussi la fin de l'étude sur *L'Initiation chez les primitifs de l'Oubanghi-Chari*, et une note où, sous le titre *L'Outil méconnu*, on prétend réduire la « houppe dentelée » à n'être qu'une figuration (ou une défiguration) du « cordeau », ce qui est vraiment un peu simpliste.

— Il y a un rapport assez étroit entre cette dernière question et celle qui est traitée dans le *Grand Lodge Bulletin* d'Iowa (n° de mai) : le symbolisme de la corde appelée, dans la Maçonnerie anglo-saxonne, *cable tow*, expression dont l'origine n'est d'ailleurs pas moins incertaine que celle de beaucoup d'autres termes spécifiquement maçonniques. Le rapprochement indiqué avec le *pavitra* ou cordon brâhmanique est intéressant, mais il nous semble qu'une relation avec le *pâsha* apparaîtrait peut-être d'une façon plus immédiate ; et il y aurait, à cet égard, bien des choses à dire sur le symbolisme du « nœud vital ».

— *La Revue Internationale des Sociétés Secrètes* (n° du 15 mai) consacre un article à *La Croix gammée* ; c'est le *swastika* qu'on s'obstine à appeler ainsi, quoique la véritable « croix gammée » soit quelque chose de tout différent ; il n'y a d'ailleurs là qu'une énumération confuse et mal ordonnée d'un certain nombre d'opinions disparates émises sur la signification de ce symbole. – Mais ce qui, sur le même sujet, dépasse véritablement toute imagination, c'est une note parue dans l'*Écho de Paris* (n° du 22 mai), et où il est dit que « la *swatiska* (sic) symbolise la puissance de Satan, ou celle des divinités malfaisantes qui s'accrochent à la destinée humaine » ! Le malheureux public qui s'en rapporte aveuglement aux dires des journaux est vraiment bien informé !

Octobre 1933

— La *Revue Internationale des Sociétés Secrètes*, dans son numéro du 1er juin, annonce la suppression de sa « partie occultiste », faute d'abonnés… et de rédacteurs ; elle évoque à cette occasion le souvenir « des deux collaborateurs de grand talent et particulièrement compétents en occultisme, M. H. de Guillebert et le Dr Mariani, qui assuraient à eux seuls la composition de ce supplément, et qui malheureusement disparurent en 1932 ». Franchement, il faut un certain… courage, après ce que savent nos lecteurs au sujet de cette histoire, pour oser rappeler ainsi la « disparition » de l'« ex-Mariani » ! D'autre part, le « supplément » avait bien continué à paraître pendant plus d'un an sans les deux collaborateurs susdits ; et ceci nous amène à constater qu'il est encore une autre disparition plus récente, mais dont on ne souffle mot… Aussi nous risquerons-nous à poser une question, peut-être fort indiscrète dans sa simplicité : qu'est donc devenu M. Raymond Dulac ?

— *Les Nouvelles littéraires* (numéro du 27 mai) ont publié une interview au cours de laquelle M. Elian J. Finbert a jugé bon de se livrer sur notre compte à des racontars aussi fantaisistes que déplaisants. Nous avons déjà dit bien souvent ce que nous pensons de ces histoires « personnelles » : cela n'a pas le moindre intérêt en soi, et, au regard de la doctrine, les individualités ne comptent pas et ne doivent jamais paraître ; en outre de cette question de principe, nous estimons que quiconque n'est pas un malfaiteur a le droit le plus absolu à ce que le secret de son existence privée soit respecté et à ce que rien de ce qui s'y rapporte ne soit étalé devant le public sans son consentement. Au surplus, si M. Finbert se complaît à ce genre d'anecdotes, il peut facilement trouver parmi les « hommes de lettres », ses confrères bien assez de gens dont la vanité ne demande qu'à se satisfaire de ces sottises, pour laisser en paix ceux à qui cela ne saurait convenir et qui n'entendent point servir à « amuser » qui que ce soit. Quelque répugnance que nous éprouvions à parler de ces choses, il nous faut, pour l'édification de ceux de nos lecteurs qui auraient eu connaissance de l'interview en question, rectifier tout au moins quelques-unes des inexactitudes (pour employer un euphémisme) dont fourmille ce récit saugrenu. Tout d'abord, nous devons dire que M. Finbert, lorsque nous le rencontrâmes au Caire, ne commit point la grossière impolitesse dont il se vante : il ne nous demanda pas « ce que nous venions faire en Égypte », et il fit bien, car nous l'eussions promptement remis à sa place ! Ensuite, comme il nous « adressait la parole en français », nous lui répondîmes de même, et non point « en arabe » (et, par surcroît, tous ceux qui nous connaissent tant soit peu savent comme nous sommes capable de parler « avec componction » !) ; mais ce qui est vrai, nous le reconnaissons volontiers, c'est que notre réponse dut être « hésitante »… tout simplement parce que, connaissant la réputation dont jouit notre interlocuteur (à tort ou à raison, ceci n'est pas notre affaire), nous étions plutôt gêné à la pensée d'être vu en sa compagnie ; et c'est précisément pour éviter le risque d'une nouvelle rencontre au-dehors que nous acceptâmes d'aller le voir à la pension où il logeait. Là, il nous arriva peut-être, dans la conversation, de prononcer incidemment quelques mots arabes, ce qui n'avait rien de bien extraordinaire ; mais ce dont nous sommes parfaitement certain, c'est qu'il ne fut aucunement question de « confréries » (« fermées » ou non, mais en tout cas nullement « mystiques »), car c'est là un sujet que, pour de multiples raisons, nous n'avions pas à aborder avec M. Finbert. Nous parlâmes seulement, en termes très vagues, de personnes qui possédaient certaines connaissances traditionnelles, sur quoi il nous déclara que nous lui faisions entrevoir là des choses dont il ignorait totalement l'existence (et il nous l'écrivit même encore après son retour en France). Il ne nous demanda d'ailleurs pas de le présenter à qui que ce soit, et encore bien moins de « le conduire dans les confréries », de sorte que nous n'eûmes pas à le lui refuser ; il ne nous donna pas davantage « l'assurance qu'il était initié (*sic*) depuis fort longtemps à leurs pratiques et qu'il y était considéré comme un Musulman » (!), et c'est fort heureux pour nous, car nous n'aurions pu, en dépit de toutes les convenances, nous empêcher d'éclater de rire ! À travers la suite, où il est question de « mystique populaire » (M. Finbert paraît affectionner tout spécialement ce qualificatif), de « concerts spirituels » et autres choses exprimées de façon aussi confuse qu'occidentale, nous avons démêlé sans trop de peine où il avait pu pénétrer : cela est tellement sérieux… qu'on y conduit même les touristes ! Nous ajouterons seulement que, dans son dernier roman intitulé *Le Fou de Dieu* (qui a servi de prétexte à l'interview), M. Finbert a donné la juste mesure de la connaissance qu'il peut avoir de l'esprit de l'Islam : il n'est pas un seul Musulman au monde, si *magzûb* et si ignorant qu'on veuille le supposer, qui puisse s'imaginer reconnaître le *Mahdî* (lequel ne doit nullement être « un nouveau Prophète ») dans la personne d'un Juif... Mais on pense évidemment (et non sans quelque raison, hélas !) que le public sera assez... *mughaffal* pour accepter n'importe quoi, dès lors que cela est affirmé par « un homme qui vint de l'Orient »... mais qui n'en connut jamais que le « décor » extérieur. Si nous avions un conseil à donner à M. Finbert, ce serait de se consacrer à écrire des romans exclusivement juifs, où il serait certes beaucoup plus à l'aise, et de ne plus s'occuper de l'Islam ni de l'Orient,... non plus que de nous-même. *Shuf shughlek, yâ khawaga* !

— Autre histoire de tout aussi bon goût : M. Pierre Mariel, l'intime ami de « feu Mariani », a fait paraître récemment dans *Le Temps* une sorte de roman-feuilleton auquel il a donné un titre beaucoup trop beau pour ce dont il s'agit : *L'esprit souffle où il veut*, et dont le but principal semble être d'exciter certaines haines occidentales ; nous ne le féliciterons pas de se prêter à cette jolie besogne... Nous n'aurions pas parlé de cette chose méprisable s'il n'avait profité de l'occasion pour se permettre à notre égard une insolence toute gratuite, qui nous oblige à lui répondre ceci : 1° nous n'avons pas à lui dire ce que nous avons pu « franchir » ou non, d'autant plus qu'il n'y comprendrait certainement rien, mais nous pouvons l'assurer que nous ne faisons nulle part figure de « postulant » ; 2° sans vouloir médire le moins du monde des Senoussis, il est permis de dire que ce n'est certes pas à eux que doivent s'adresser ceux qui veulent « recevoir des initiations supérieures » ; 3° ce qu'il appelle, avec un pléonasme assez comique « les derniers degrés de l'échelle initiatique soufi » (*sic*) et même des degrés qui sont encore loin d'être les derniers, ne s'obtiennent point par les moyens extérieurs et « humains » qu'il paraît supposer, mais uniquement comme résultat d'un travail tout intérieur, et, dès lors que quelqu'un a été rattaché à la *silsilah*, il n'est plus au pouvoir de personne de l'empêcher d'accéder à tous les degrés s'il en est capable ; 4° enfin, s'il est une tradition où les questions de race et d'origine n'interviennent en aucune façon, c'est certainement l'Islam, qui, en fait, compte parmi ses adhérents des hommes appartenant aux races les plus diverses. Par ailleurs, on retrouve dans ce roman tous les clichés plus ou moins ineptes qui ont cours dans le public européen, y compris le « Croissant » et l'« étendard vert du Prophète » ; mais quelle connaissance des choses de l'Islam pourrait-on bien attendre de quelqu'un qui, tout en prétendant évidemment se rattacher au Catholicisme, connaît assez mal celui-ci pour parler d'un « conclave » pour la nomination de nouveaux cardinaux ? C'est même sur cette « perle » (*margaritas ante porcos*..., soit dit sans irrévérence pour ses lecteurs) que se termine son histoire, comme s'il fallait voir là... la « marque du diable » !

— Le numéro de mai-juin d'*Atlantis* a pour sujet principal *Les Touareg et l'écriture berbère* ; il ne renferme rien de bien « sensationnel », et le premier article, signé Maurice Benhazéra, est même d'esprit fort profane. Reconnaissons d'ailleurs qu'il serait assez difficile de dire des choses bien précises sur cette question plutôt obscure ; ce n'est pourtant pas une raison pour vouloir, comme le fait M. Paul le Cour, trouver l'ennéade dans le nom d'*Athéna* ! – Le numéro de juillet-août est consacré, pour la plus grande partie, à une étude sur *Les poèmes homériques et l'Atlantide* ; pour parler plus exactement, il s'agit de la localisation d'une partie des voyages d'Ulysse hors de la Méditerranée : ce serait un beau sujet pour qui serait capable de le traiter autrement qu'avec son imagination ; mais nous devons, pour cette fois, renoncer à relever les fantaisies linguistiques et historiques de M. Paul le Cour, car il y en a vraiment trop ! Signalons seulement que, le nom d'Ulysse étant en grec *Odusseus* et non *Ulysseus*, il est plutôt difficile de le rattacher à ceux d'*Élysée* et d'*Éleusis*, ainsi qu'à *Hélios* et « à la racine nordique *Hel* signifiant saint, sacré » (mais, en anglais, *hell* signifie aussi « enfer »...) ; mais le comble, c'est qu'il paraît que « ces noms ont d'évidents rapports (!) avec le mot *élu* »,... lequel dérive tout simplement d'*e-ligere*. Il y a aussi, dans le même genre de « philologie amusante », un rapprochement entre le mot *Okeanos* et le nom d'*Hénoch*, que, dit naïvement l'auteur, « personne ne semble encore avoir remarqué »,... et pour cause ! N'oublions pas de noter, d'autre part, que le directeur d'*Atlantis*, en célébrant *Phé Bus* au dernier solstice d'été, a trouvé moyen de parler encore beaucoup du Hiéron de Paray-le-Monial...

— Une nouvelle revue trimestrielle intitulée *Hermès* paraît à Bruxelles ; en dépit de son titre, elle n'a rien d'hermétique, étant presque exclusivement consacrée à la mystique et à la poésie. Le premier numéro (juin) contient cependant une *Note sur le Yoga*, signée Jacques Masui, et qui est d'un caractère plutôt « mêlé », ce dont on ne saurait s'étonner si l'on se reporte aux références qui y sont indiquées. – M. Georges Méautis intitule *Les Mystères d'Éleusis et la science moderne* un petit article dans lequel il se borne à donner un aperçu des idées que quelques auteurs des XVIIIe et XIXe siècles se sont faites au sujet des Mystères ; ce n'est pas d'un intérêt bien considérable…

— *La Nouvelle Revue Française* (numéro du 1ᵉʳ août) publie un court article de M. P. Masson-Oursel intitulé *Le Symbolisme eurasiatique de la porte*, et inspiré des travaux d'un orientaliste allemand nommé Hertel. Il est question là-dedans des « portes du ciel » ; on devrait donc s'attendre à ce qu'il y soit parlé surtout du symbolisme des portes solsticiales, mais il n'en est pas même fait la moindre mention ! Au surplus, si habitués que nous soyons aux manifestations d'une certaine incompréhension, nous devons dire que les interprétations que nous trouvons là dépassent toutes les bornes permises, et nous ne concevons même pas comment on ose appeler cela du « symbolisme » ; il est vrai que Freud lui-même se prétend aussi « symboliste » à sa façon… À tous ceux qui seraient tentés de croire qu'il y a quelque exagération dans les appréciations que nous avons formulées maintes fois sur le compte des orientalistes, nous recommandons vivement la lecture de ces quelques pages ; ils seront pleinement édifiés !

— Dans le *Grand Lodge Bulletin* d'Iowa (n° de juin), fin de l'étude déjà signalée sur le *cable-tow*.

— Dans le numéro de juin du *Symbolisme*, Oswald Wirth intitule son article *L'Erreur occultiste* ; ce titre est excellent, et nous l'avions nous-même envisagé depuis longtemps pour un livre qui eût été en quelque sorte parallèle à *L'Erreur spirite*, mais que les circonstances ne nous laissèrent jamais le loisir d'écrire. Malheureusement, le contenu de l'article vaut beaucoup moins que le titre ; il se réduit à de vagues généralités qui ne prouvent pas grand'chose, si ce n'est que l'auteur se fait de l'initiation une idée qui, pour être différente de celle des occultistes, n'est pas beaucoup plus exacte ; il va même jusqu'à écrire qu'« il a bien fallu que le premier initié s'initie lui-même », ce qui indique une totale méconnaissance de l'origine et de la nature « non-humaines » de l'initiation. – Il aggrave d'ailleurs singulièrement son cas dans l'article suivant (n° de juillet), qui a pour titre *La Vertu des Rites*, et où il déclare tout net que « l'initiation est humaine et ne se donne pas comme d'institution divine » ; et, pour mieux montrer qu'il n'y entend rien, il dit encore que « les rites initiatiques sont laïques » (!), ce qui ne l'empêche d'ailleurs pas d'ajouter, quelques lignes plus loin, et sans souci de la contradiction, que « les initiations sacerdotales ont joué un grand rôle dans le passé ». Il s'imagine, au surplus, que les « Grands Mystères » de l'antiquité étaient « ceux de l'au-delà », ce qui ressemble un peu trop au spiritisme, et que, à Éleusis, il s'agissait du « salut de l'âme après la mort », ce qui, sans même parler de l'anachronisme de l'expression, est uniquement l'affaire de la religion exotérique. Il confond encore magie et religion, deux choses qui n'ont aucun rapport entre elles ; et il paraît aussi confondre « sacerdoce » avec « clergé », ce qui, après tout, est peut-être sa meilleure excuse... Nous nous en voudrions d'insister davantage : ce qui est dit de la transmission initiatique et de l'« influence spirituelle » témoigne d'une incompréhension qu'il serait difficile de pousser plus loin ; il y a là des négations qui sont vraiment terribles... mais seulement pour leur auteur ; et, en lisant certaines phrases sur les « rites laïquement accomplis » (nous traduirons volontiers : « accomplis par des ignorants », ce qui, hélas ! serait aussi conforme à la vérité qu'au sens originel du mot), nous ne pouvons nous empêcher de penser que M. Homais n'est pas mort ! – Dans le numéro d'août-septembre, un autre article intitulé *Le Signal de la Tour*, par W. Nagrodski, fait encore écho aux précédents, mais sur un ton quelque peu équivoque ; il est assez difficile, en effet, de savoir exactement ce que veut dire quelqu'un qui, se croyant capable de juger de ce qu'il ignore d'après ce qu'il connaît, met sur le même plan des choses fort différentes ; en tout cas, la façon haineuse dont il est parlé de la « tradition », et l'insistance toute « primaire » avec laquelle le mot « cerveau » revient à tout propos, indiquent suffisamment de quel esprit procèdent ces réflexions... Mais nous nous demandons si c'est sans malice et par simple inadvertance que l'auteur, en terminant, met « Maître Oswald Wirth » en contradiction avec lui-même, en rappelant assez inopportunément qu'il a recommandé dans ses propres livres, à titre de « choix de lectures », nombre d'ouvrages de ces mêmes occultistes qu'il dénonce aujourd'hui avec tant de véhémence dans le *Symbolisme* ! – Notons encore, dans ce dernier numéro, sous le titre de *Mysticisme et Philosophie* et la signature de « Diogène Gondeau », un dialogue... qui n'a certes rien de platonicien : comparaisons de caserne, éloge non déguisé du « terre-à-terre », platitudes et pauvretés sur toute la ligne...

— Une nouvelle revue également en Italie : *Il Mistero*, « revue mensuelle de psychophanie (?) et de vulgarisation des études psychiques et spirites », paraissant à Milan. Le sous-titre nous dispense de tout commentaire ; notons seulement la reproduction, commencée dans le premier numéro (juillet), de la fameuse « prophétie des Papes » attribuée à saint Malachie.

— Dans *Die Säule* (n° 4 de 1933), une étude sur le Confucianisme, insistant particulièrement sur le rôle qui y est attribué à la musique, et un article sur « Gœthe et les pierres précieuses ».

Décembre 1933

— Dans le *Speculative Mason* (n° de juillet), un article est consacré au récent livre d'A. E. Waite, *The Holy Grail*, dont nous nous proposons de parler ici prochainement[19] ; un autre article expose l'histoire de la cité d'York, considérée comme le plus ancien centre de la Maçonnerie en Angleterre.

— Dans le *Grand Lodge Bulletin* d'Iowa (n° de septembre), étude sur les différentes significations du mot *Shiboleth*.

— Dans le *Symbolisme* (n° d'octobre) article d'Oswald Wirth sur *L'Individualisme religieux*, où nous retrouvons toute l'incompréhension que nous avons déjà tant de fois signalée ; il y a là une conception de l'« alchimie spirituelle » qui est véritablement enfantine. – « Diogène Gondeau » intitule *L'Intempérance mystique* un article qui montre qu'il n'a rien compris à Omar ibn El-Fârid, mais aussi qu'il est bien fâcheux de présenter comme « mystiques » des choses qui ne le sont pas : s'il était dit nettement et sans

---

[19] [*Le Saint Graal* (février-mars 1934).]

équivoque que le « vin » symbolise la « doctrine secrète », réservée aux initiés, il serait difficile, même à « Diogène Gondeau », de se livrer à de pareils commentaires et à d'aussi lamentables calembours. – Un Maçon américain, en déclarant que l'exclusion de la femme de la Maçonnerie « est un anachronisme depuis que la construction matérielle est abandonnée », montre qu'il ignore totalement la question des « qualifications » requises par certaines formes initiatiques. – Marius Lepage essaie de prendre la défense des occultistes contre W. Nagrodski dont le précédent article semble avoir produit quelque désarroi... Et le même W. Nagrodski consacre une petite note à opposer l'attitude de la Maçonnerie anglo-saxonne, qui « aime à tirer tout le symbolisme maçonnique de la Bible », et celle de la Maçonnerie latine, qui a « situé ses origines dans les milieux constructeurs » ; comme les constructeurs eux-mêmes faisaient incontestablement usage d'un symbolisme biblique, nous ne nous serions certes jamais douté qu'il y eût là même l'ombre d'une incompatibilité !

— La *Revue Internationale des Sociétés Secrètes* (n° du 15 août) publie un article signé « Anbowa » (*sic*) et intitulé *La Kabbale juive, premier exemple de l'infiltration des Sectes* (*resic*) ; on retrouve là toutes les habituelles calomnies des ignorants contre la Kabbale, et l'auteur va jusqu'à confondre les Kabbalistes avec les Pharisiens ; ces gens feraient tout de même bien de commencer par se donner la peine d'étudier un peu ce dont ils prétendent parler !

— *Le Mercure de France* (n° du 15 août) publie un article de M. Philippe Pagnat intitulé *Entre l'Allemagne et nous : La Métaphysique*. L'auteur montre que Français et Allemands ne se comprennent pas, ce qui nous amène à faire cette réflexion : s'il en est ainsi entre deux peuples européens, somme toute assez proches l'un de l'autre, que faut-il penser de leurs prétentions à comprendre l'Orient ? Il indique assez nettement les « déficiences » des uns et des autres à l'égard de la métaphysique (que malheureusement il semble réduire à l'ontologie, et aussi considérer un peu trop comme une simple « spéculation ») ; nous pensons, pour notre part, qu'une véritable compréhension de la métaphysique demanderait, d'un côté aussi bien que de l'autre, un changement complet de mentalité, ce qui serait en somme la fin du monde moderne ; mais nous sommes entièrement de l'avis de l'auteur lorsqu'il estime que le retour aux principes serait la seule issue possible au chaos actuel.

— Dans le *Rayonnement Intellectuel*, études symboliques de M. L. Charbonneau-Lassay sur *Le Papillon* (n° de janvier-février), *L'Abeille et la Mouche* (nos de mars-avril et mai-juin), *La Reine Abeille et sa Ruche* (n° de mai-juin), et *Le Miel* (n° de juillet-août).

Année 1933 (mois inconnu, > février)

— Dans *Psyché* (numéro de février), M. A. Savoret consacre au dernier livre de D. G. Mukerji, *Le Visage du Silence*, un article qui témoigne d'un incroyable parti pris : au fond, il reproche surtout aux doctrines hindoues de n'être pas du « mysticisme » (qui donc a dit qu'elles en étaient, sinon les Occidentaux qui n'y comprennent rien ?), et à l'initiation d'avoir des méthodes définies ; évidemment, il préfère les rêveries en l'air ! Cette diatribe n'a même pas le mérite de la cohérence, car, après s'être moqué tant qu'il peut de Râmakrishna, l'auteur écrit à la fin : « Qui ne se sentirait maladroit devant un tel géant ? » Comprenne qui pourra...

Janvier 1934

— Le numéro de septembre-octobre d'*Atlantis* porte le titre général de *Racisme* ; cette question est actuellement « à la mode ». Il y a là des articles somme toute raisonnables, bien que certaines des idées qu'ils contiennent puissent prêter à discussion ; mais il y a aussi hélas ! M. Paul le Cour, qui se livre comme toujours à une débauche de linguistique à sa façon, prend l'*upsilon* pour un *gamma*, croit trouver une similitude entre *âryen* et *Aryane* (qui, malheureusement pour lui, ne s'est jamais écrit autrement qu'*Ariane* ou *Ariadne*), réédite son mauvais calembour sur le *labyr-inthe* ou « labeur intérieur », s'imagine découvrir son fameux *Aor-Agni* dans les noms les plus variés (y compris celui du cap Gris-Nez), et, pour comble, confond l'orientaliste Adolphe Pictet, inventeur de la « race âryenne », avec... le chimiste Raoul Pictet ! Il consacre en outre une note au *swastika*, dans lequel il s'entête à voir le « symbole de la force », et qu'il identifie bizarrement au marteau de *Thor* (alors que celui-ci, en réalité, n'est autre que le *vajra*) ; et il ne manque pas de parler à ce propos de *Shiva*, « le destructeur », suivant l'habituel cliché occidental, tout en assurant que « l'Inde ne connut que tardivement » le *swastika* comme s'il pouvait bien en savoir quelque chose !

— L'*Illustration* (numéro du 4 novembre) publie aussi un article sur « *la svastika* » (*sic*), sous ce titre : *D'où vient la croix gammée* ? On y retrouve donc la confusion habituelle, et il semble décidément que personne ne sache ce qu'est en réalité la « croix gammée » (appelée *gammadion* en grec, et non pas en français) ; cette confusion n'est d'ailleurs pas la seule, car, dans une énumération de prétendus synonymes, nous voyons ici notamment la « croix pattée », qui, en héraldique, est encore tout autre chose. Le principal intérêt de l'article est dans les figures qui l'accompagnent ; quant à la thèse qui y est soutenue, elle consiste essentiellement à prétendre que le *swastika* est venu d'Asie Mineure et s'est répandu de là, par des « migrations » successives, jusque dans les contrées les plus éloignées ; ceci est appuyé par une « chronologie » qui ne peut, cela va de soi, être qu'ultra-fantaisiste, et l'appel à l'autorité de Goblet d'Alviella n'est certes guère fait pour nous rassurer sur sa valeur. Nous pensions que la manie de tout faire sortir de l'Asie Mineure avait enfin disparu ; il faut croire qu'il n'en est rien, puisque, ici, on va jusqu'à affirmer qu'elle fut la patrie d'origine des Ibères eux-mêmes ! Il est vrai qu'il s'agit surtout, en réalité, de nier à tout prix l'origine nordique du *swastika*, uniquement par opposition aux conceptions hitlériennes ; quand la politique s'en mêle, le souci de la vérité risque fort de passer au dernier plan !

— Le numéro d'avril du *Speculative Mason* (qui ne nous était pas parvenu en son temps) contient un intéressant article sur *Les sept arts libéraux*, où il y a des vues très justes sur la véritable signification des sciences chez les anciens, si différente de la conception toute profane des modernes, ainsi que de curieuses considérations sur la valeur numérique de certains mots grecs. Signalons aussi un article sur le *T∴ B∴* (*tracing board* ou tableau de la Loge) du troisième degré, où nous regrettons seulement de trouver un rapprochement fantaisiste entre *acacia* et *âkâsha*. – Dans le numéro d'octobre, un article est consacré au symbolisme de la cérémonie d'initiation au second degré ; un autre, intitulé *Étrangers et Pèlerins*, montre l'analogie assez frappante qui existe entre le *Pilgrim's Progress* de John Bunyan et les différentes phases de l'initiation maçonnique.

— Dans le *Grand Lodge Bulletin* d'Iowa (n° d'octobre), étude sur le tablier maçonnique.

— Dans le *Symbolisme* (n° de novembre), Oswald Wirth parle du *Travail maçonnique*... sans sortir d'un point de vue psychologique et moral qui, quoi qu'il en dise, n'est guère « du ressort de l'Initiation » ; ce pourrait être là, tout au plus, le commencement d'un travail préparatoire, ne conduisant même pas encore jusqu'au seuil des « petits Mystères ». – Sous le titre : *Éclaircissons un problème*, Armand Bédarride pose la question de la méthode du travail maçonnique ; il s'élève très justement contre l'empirisme qui prétend que toute connaissance vient de l'extérieur, et il montre que le travail initiatique a au contraire son point de départ à l'intérieur même de l'être humain ; il est seulement fâcheux qu'il se croie obligé d'emprunter si souvent des citations à des philosophes profanes, incompétents par définition même, et dont l'avis, par conséquent, ne saurait avoir ici aucune importance. – W. Nagrodski, pour calmer l'inquiétude que son précédent article avait causée aux lecteurs du *Symbolisme*, s'efforce de justifier sa position... par des citations d'Éliphas Lévi.

— La *Revue Internationale des Sociétés Secrètes* (n° du 15 novembre) commence la publication, à l'occasion de la mort de Mme Annie Besant, d'un long article qui est, pour la plus grande partie, un résumé de notre *Théosophisme*, d'ailleurs assez bien fait et généralement exact (il y a seulement une erreur de quelque importance : ce n'est pas Mme Besant qui convoqua le « Parlement des Religions » à Chicago en 1893 ; elle ne fit qu'en profiter largement pour la propagande des idées théosophistes) ; mais pourquoi faut-il que nous soyons obligé de redire encore une fois que le *Voile d'Isis* n'est pas une revue « occultiste » ?

— La *Revue Universelle* (numéro du 1er octobre) publie une étude de M. Ernst-Robert Curtius sur *Balzac et le « Magisme »* ; le mot n'est peut-être pas très heureux, bien que Balzac l'ait employé lui-même, car il peut prêter à équivoque ; en fait, il s'agit de l'ésotérisme en général. L'exposé manque un peu de netteté sur certains points : le point de vue de l'ésotérisme et celui de la philosophie profane n'y sont pas aussi entièrement séparés qu'ils devraient l'être, et la notion du symbolisme y semble quelque peu nébuleuse ; néanmoins, dans l'ensemble, cela ne manque pas d'intérêt. – Dans le même numéro, un article de M. Louis Bertrand, intitulé *La Terreur barbare*, contient incidemment quelques attaques contre l'Orient, ce qui n'est pas pour nous étonner de la part de son auteur. Celui-ci, parlant des idées traditionnelles orientales, écrit cette phrase où éclate toute la fatuité occidentale : « Ces idées, ils (les Orientaux) les avaient complètement oubliées depuis des millénaires, ils ont dû les rapprendre de nous, de nos sinologues ou de nos sanscritisants, elles leur sont revenues transformées et sans doute développées et augmentées par l'esprit européen qui les a repensées. » Non, les Orientaux n'avaient rien oublié de leurs idées ; ceux d'entre eux qui aujourd'hui les ont oubliées, ce sont ceux qui ont subi une éducation occidentale, ceux-là mêmes, car il y en a malheureusement quelques-uns, qui se sont mis à l'école de vos orientalistes, et qui sont, à cet égard, les pires des ignorants ; et comment les orientalistes pourraient-ils leur apprendre ce dont eux-mêmes n'ont jamais compris le premier mot ? Ce qui est bien vrai, c'est que l'« esprit européen » a en effet « repensé » ces idées, mais de la plus malencontreuse façon : loin de les avoir « développées et augmentées », il les a tout au contraire, non seulement rapetissées à sa mesure, mais atrocement dénaturées, au point que ce qu'il en présente (qu'il s'agisse d'ailleurs des orientalistes ou des théosophistes) n'est en réalité qu'une odieuse caricature... Mais nous nous souvenons que M. Louis Bertrand, qui aujourd'hui ne perd pas une occasion d'injurier et de calomnier l'Orient en général et l'Islam en particulier, a eu jadis une tout autre attitude ; il est vrai que c'était pendant la guerre ; dans l'un et l'autre cas, pour le compte de qui travaille-t-il donc ?

— *Les Études Carmélitaines* (numéro d'octobre) ne sont pas contentes que nous ayons démasqué les intentions qui ont présidé à la publication de certains articles tendant à travestir les doctrines orientales en « mysticisme » (voir le *Voile d'Isis* de juillet 1932) ; elles tentent de s'en venger par un compte rendu hargneux (et un peu tardif) du *Symbolisme de la Croix*. À voir la façon dont il est question là-dedans de « syncrétisme » et de « panthéisme », on pourrait se demander à quoi servent nos rectifications et nos mises au point ; mais la vérité est que nous les faisons pour les lecteurs de bonne foi, non pour les contradicteurs de parti pris. Le reste est négligeable : nous ne voyons pas ce que nous pourrions bien avoir à faire avec l'« esprit latin », qui nous est totalement étranger pour plus d'une raison ; et il faut vraiment que l'auteur de l'article ait été bien à court d'arguments pour en arriver finalement à reproduire les… niaiseries du P. Allo ! N'oublions pas cependant de noter qu'il tient pour « explication bizarre » toute interprétation de l'Évangile dans un sens supérieur ; évidemment, il est encore de ceux qui n'admettent pas qu'on y puisse trouver autre chose que les platitudes de la morale ; belle façon de défendre le Christianisme ! Les gens de cette sorte ne peuvent s'empêcher d'essayer de salir tout ce qui les dépasse ; mais ils auront beau faire, ils ne sauraient y réussir : la Vérité est trop haute pour eux !

Mars 1934

— Dans *Atlantis* (n° de novembre-décembre), il est question surtout cette fois de l'« Atlantisme », par quoi il faut entendre la tentative de reconstitution de la tradition, atlantéenne, que M. Paul le Cour s'obstine à confondre avec la Tradition primordiale unique, mais qu'il définit en même temps comme la « religion de la beauté », ce qui est bien spécial, et même doublement. Comme à l'ordinaire, il y a là bien des rêveries, linguistiques et autres ; notons seulement au passage cette curieuse affirmation : « La plus ancienne de toutes les religions eut son point de départ en Atlantis ; cette religion, c'est le Christianisme. » C'est le faire commencer trop tôt ou trop tard, suivant le sens où on l'entend… Naturellement, il est encore question d'*Aor-Agni* : il paraît qu'*Aor* est représenté par l'Église et *Agni* par la Maçonnerie ; mais il est difficile de voir comment l'interprétation proposée peut se concilier avec le fait que la Maçonnerie a les *deux* colonnes dans son symbolisme (l'Église aussi, d'ailleurs, avec saint Pierre et saintPaul). Quant à une soi-disant « Maçonnerie chrétienne » qui aurait pour signe les « trois points d'*Agni* » et les « trois points d'*Aor* » réunis de façon à former le « sceau de Salomon », nous avons connu cela jadis… dans une organisation qui n'était pas maçonnique. Mais le plus amusant, c'est assurément l'idée de réveiller le « Grand-Occident », de funambulesque mémoire ; à quand un nouveau « fort Chabrol » ? Il est vrai que nous savons déjà depuis longtemps que M. Paul le Cour ne craint pas le ridicule !

— Dans le *Speculative Mason* (n° de janvier), un article est consacré au symbolisme de la formation de la Loge et du rituel d'ouverture. Une autre étude plus importante concerne la signification du titre « Maçon Libre et Accepté » (*Free and Accepted Mason*) ; nous y notons l'assertion, à laquelle nous ne pouvons que souscrire entièrement, que, si le symbolisme maçonnique ne représentait que des idées morales, « la Maçonnerie ne contiendrait rien qui ne soit bien connu de tout non-maçon », que « la simple association de ces idées avec les outils de la construction ne serait rien de plus qu'un jeu d'enfant », et qu'il s'agit en réalité d'« un genre de connaissance qui se rapporte aux choses éternelles et qui ne peut être obtenu dans les collèges et les Universités ». Il y a dans cet article l'indication de rapprochements numériques qui demanderaient à être examinés de près ; certains sont assez remarquables, d'autres sont plus contestables ; la principale difficulté, à notre avis est de transporter les valeurs numériques des lettres hébraïques dans l'alphabet latin, ce qui peut facilement donner lieu à quelques méprises ; mais, si l'on ne prend ceci que comme un essai (l'auteur ne prétend pas davantage), ce n'en est pas moins digne d'intérêt.

— Dans le *Grand Lodge Bulletin* d'Iowa (n° de décembre), étude sur le symbolisme des grades capitulaires (Royal Arch), mais qui, malheureusement, s'en tient à peu près exclusivement à la recherche d'une signification morale ; nous revenons ici au « jeu d'enfant », et, quand il s'agit de hauts grades, c'est encore plus fâcheux si possible...

— Dans le *Symbolisme* (n° de décembre), Oswald Wirth parle de *L'Initié, homme-modèle* ; mais, hélas ! l'idée qu'il s'en fait est tout simplement celle de ce que le vulgaire appelle fort abusivement un « sage », au sens extérieur et « mondain » du mot ; cela n'a assurément rien à voir avec la véritable sagesse, qui est « supra-humaine » (et cela est encore plus que « supra-terrestre »), ni, ce qui revient au même, avec l'initiation. D'ailleurs, ni la *barakah*, c'est-à-dire l'« influence spirituelle », ni la vertu propre des rites ne sont choses d'ordre « magique », comme il l'affirme avec toute l'assurance que donne à certains l'ignorance de ce dont ils parlent ; la magie non plus n'a rien de commun avec l'initiation, qui ne se soucie ni de phénomènes bizarres ni de « pouvoirs » enfantins ; et nous ne consentirions pas, pour notre part, à parler d'« initiation magique », même en la distinguant de l'« initiation pure ». Mais admirons comme les mots peuvent être détournés de leur sens : « homme parfait », « homme-modèle », lisons-nous ici ; nous connaissons justement des expressions initiatiques qui pourraient se traduire à peu près ainsi : *El-Insânul-Kamil, El-Mathalul-âlâ*, et cela, pour nous, veut dire tout à fait autre chose !

— Armand Bédarride termine l'étude commencée dans le numéro précédent ; notons-y ce passage : « Après cette métamorphose spirituelle (de l'initiation), l'homme, placé en face de la même "chose" qu'un profane ordinaire, ne la verra plus sous les mêmes traits et les mêmes couleurs, n'en recevra plus les mêmes impressions et ne réagira plus de la même manière… ; l'objet n'a pas varié, c'est le sujet qui est devenu autre. » Cela est tout à fait juste ; seulement, nous craignons fort que l'auteur lui-même n'attribue à cette « transmutation » une portée simplement « psychologique » ; en tout cas, il s'arrête à la distinction du « subjectif » et de l'« objectif », qui ne va pas très loin ; et, à propos de la méthode initiatique, il parle volontiers d'« idéalisme », ce qui est fort inadéquat et sent terriblement la philosophie profane ; nous comprendrait-il si nous lui disions qu'il s'agit essentiellement d'aller « au-delà de la pensée » ? – Dans le numéro de janvier, un exposé élémentaire des origines de la Maçonnerie, par Eugène-Bernard Leroy, ne contient rien de plus ni d'autre que ce qu'on dit le plus couramment sur cette question très complexe et passablement obscure. Dans un court article intitulé *Initiés et Initiateurs*, Fernand Varache essaie, tâche difficile, de concilier l'existence et le rôle d'« initiateurs » avec l'assertion comiquement fausse d'après laquelle « on s'initie soi-même ». Enfin, sous le titre de *Notions initiatiques* et la signature d'Elie Benveniste, nous trouvons quelques idées qui nous rappellent une vieille connaissance : la fameuse « tradition cosmique » de feu Max Théon…

— Dans la *Revue Internationale des Sociétés Secrètes* (n° du 1ᵉʳ janvier), suite de l'article sur le Théosophisme que nous avons déjà signalé ; il s'agit plus particulièrement cette fois de la « Co-Maçonnerie ». Signalons seulement, par souci de la vérité (*suum cuique…*), que Mme Annie Besant, contrairement à ce qu'on indique ici, semble bien n'avoir été pour rien dans l'établissement de relations entre la Maçonnerie mixte du « Droit Humain » et le Grand-Orient de France, relations qui d'ailleurs, pour des raisons bien connues, ne pouvaient être que plutôt gênantes au point de vue anglo-saxon.

Mai 1934

— Dans le *Grand Lodge Bulletin* d'Iowa (n° de janvier) résumé historique des origines de la Maçonnerie de *Royal Arch*. Dans le même numéro et dans le suivant (février), un assez curieux essai de reconstitution des colonnes du Temple de Salomon.

— Dans le *Symbolisme* (n° de février), Oswald Wirth parle de *La Dignité humaine,* sujet plutôt banal ; il paraît que « nous assistons à un réveil de la conscience humaine éclairée » ; nous ne nous en doutions certes pas... Eugène-Bernard Leroy expose *Ce que la Maçonnerie n'est pas* ; et « Diogène Gondeau » consacre à Albert Pike une notice peu bienveillante. Dans le numéro de mars, Oswald Wirth consacre son article à *L'Erreur humaine* ; ce qu'il dit pourrait être juste... s'il n'y avait aucune faculté de connaissance supérieure à la raison ; mais cela revient à nier la connaissance initiatique, tout simplement ! Eugène-Bernard Leroy, parlant de *L'Esprit de la Maçonnerie*, l'enferme dans un point de vue « philosophique » assez profane. « Diogène Gondeau », dans un article sur *Les Grades symboliques* d'après Albert Pike, reproche à celui-ci d'en avoir méconnu l'ésotérisme ; peut-être n'est-ce pas entièrement à tort, mais lui-même le connaît-il mieux ?

— Le numéro d'*Atlantis* de janvier-février est consacré à *L'Atlantide et la Grèce* ; on y trouve, comme toujours, beaucoup de linguistique fantaisiste... et l'inévitable *Aor-Agni*, identifié cette fois aux Cabires, ce qui est une hypothèse pour le moins aventureuse ; et il serait bon, par surcroît, de ne pas confondre les Mystères avec la religion.

— *La Revue Internationale des Sociétés Secrètes* (numéro du 15 février) termine son étude sur le Théosophisme ; dans cette dernière partie, il est plus particulièrement question du rôle politique de Mme Annie Besant.

Juin 1934

— Dans le *Speculative Mason* (n° d'avril), suite de l'étude sur la signification du titre *Free and Accepted Mason*, que nous avons déjà signalée. Une autre étude, sérieusement faite, est consacrée aux *Mystères* ; la première partie s'en tient d'ailleurs aux généralités, et nous ne ferons pour le moment qu'une seule réserve : c'est que le mot de « culte », appliqué aux Mystères, nous paraît tout à fait impropre ; à notre avis, tout ce qui risque de produire une confusion entre le domaine initiatique et le domaine religieux ne saurait être trop soigneusement évité.

— Dans le *Grand Lodge Bulletin* d'Iowa (n° de mars), étude sur *Les Neuf Muses* et sur l'histoire des Loges qui en ont reçu le noM.

— Dans le *Symbolisme* (n° d'avril), Oswald Wirth commence à exposer des *Notions élémentaires de Maçonnisme*, vraiment bien élémentaires en effet ; à l'en croire, la seule qualification requise pour être Maçon serait « l'adhésion à un certain optimisme », ce qui, assurément, est se contenter de peu ; et n'oublions pas d'admirer, en passant, « le bien anthropomorphisé par les religions » ! - Armand Bédarride, parlant des trois lettres *S.S.S.* qui figurent dans le symbolisme du grade de « Chevalier du Soleil » (pourquoi ne le nomme-t-il pas ?), oublie de signaler, ce qui est pourtant l'essentiel, qu'elles ne sont très probablement que trois *iod* déformés. - « Diogène Gondeau » continue à critiquer Albert Pike, cette fois au sujet de son interprétation des quatre premiers hauts grades de l'Écossisme ; nous n'y trouverions certes rien à redire... si lui-même se montrait capable de faire mieux ! « La critique est aisée, mais l'Art (Royal) est difficile... »

— *La Revue internationale des Sociétés Secrètes* (n° du 15 avril) publie un article sur le symbolisme de l'*Étoile Flamboyante*, vu sous un jour très... spécial ; depuis la disparition de certains collaborateurs de cette revue, nous avions pu croire qu'on n'y trouverait plus de semblables... malpropretés ; il paraît, malheureusement, qu'en cela nous nous étions trompé... Et que dire de « la doctrine matérialiste dérivant de l'ancienne Kabbale » ? C'est tout simplement inouï !

— Dans la *Rose-croix* de M. Jollivet-Castelot (n° de janvier-février-mars), un anonyme nous prend à partie sans raison plausible, et d'une façon d'autant plus bizarre que, dans le début de son article, il utilise visiblement ce que nous avons dit nous-même du Rosicrucianisme en diverses circonstances ; mais qu'est-ce qu'« un idéal moral supérieur » peut bien avoir à faire avec des questions d'ordre initiatique ? Quant à l'« historique » qui suit, c'est de la pure fantasmagorie ; nous voyons d'ailleurs parfaitement d'où tout cela émane, et nous ne pouvons que rappeler une fois de plus, à cette occasion, ce que nous avons dit des organisations pseudo-rosicruciennes de notre époque, américaines ou autres ; toutes ces choses n'ont absolument rien de sérieux. Au surplus, si certains sont vraiment persuadés que de mystérieuses « archives » sont cachées dans une tour en ruines aux environs de Toulouse, qu'attendent-ils pour y entreprendre des recherches ? Peut-être auraient-elles meilleur succès que les trop fameuses fouilles de Montségur !

Juillet 1934

— Le n° d'*Atlantis* de mars-avril est intitulé *L'Alchimie et l'Atlantide* ; mais, en fait d'Atlantide, M. Paul le Cour y parle surtout de Bourges... Notre *archimiste* s'obstine d'ailleurs à confondre métaphysique et cosmologie ; ne parle-t-il pas de « connaissances d'ordre métaphysique basées sur l'unité de la matière, sur les rapports de la lumière et de la vie » ? – D'autre part, il éprouve le besoin de se livrer contre nous à une nouvelle attaque, à laquelle nous répondrons ceci : nous sommes, quant à nous, purement oriental, et nous l'avons toujours affirmé aussi nettement que possible ; mais cela ne nous enlève nullement le droit de comprendre les traditions occidentales et d'en signaler les rapports avec les autres formes traditionnelles ; au surplus, en fait d'« hybridisme monstrueux » (*sic*), nous ne pensons pas qu'on puisse trouver quelque chose de mieux qu'*Aor-Agni* ! Quant à ce à quoi nous sommes ou ne sommes pas « parvenu », ce n'est certes pas M. Paul le Cour qui a la compétence voulue pour l'apprécier, et d'ailleurs cela ne le regarde pas ; mais nous espérons bien ne jamais « parvenir » à ce qui ne peut être, à nos yeux, qu'extravagance et folle imagination ; et nous n'avons point d'« opinions », mais seulement quelques connaissances que nous exprimons de notre mieux à l'intention de ceux qui sont capables d'en profiter, ce qui n'est sans doute pas son cas. Il s'amuse aussi à relever des fautes d'impression dans nos articles ; se figure-t-il donc que, à la distance où nous sommes, il nous est possible d'en corriger les épreuves ? Pour ce qui est de « l'existence de l'ésotérisme chrétien au moyen âge », nous maintenons notre phrase, qui dit exactement ce que nous avons voulu dire : quand nous disons qu'une forme traditionnelle existe, cela signifie qu'elle existe effectivement, avec une organisation susceptible d'en assurer la transmission régulière ; en l'absence d'une telle transmission, tout le reste n'est que rêverie ou curiosité archéologique... Enfin, nous prions M. Paul le Cour de ne pas renverser les rapports : c'est à nous de lui demander de « vouloir bien ne pas plus s'occuper de nous que nous ne nous occupons de lui » ; s'il pense autrement, c'est qu'il a vraiment la mémoire courte ! Nous ne nous serions d'ailleurs jamais soucié de remettre à sa place un personnage de si mince importance si nous ne savions trop bien ce qui le meut, probablement sans qu'il s'en rende compte lui-même ; nous l'avertissons charitablement que, dans son propre intérêt, il est préférable de ne pas insister.

— Le *Grand Lodge Bulletin* d'Iowa (n° d'avril) donne un historique des Grandes Loges rivales qui existèrent en Angleterre depuis 1717 jusqu'à l'« union » de 1813.

— Dans le *Symbolisme* (n° de mai), Oswald Wirth, continuant à exposer des *Notions élémentaires de Maçonnisme*, parle de *La Construction universelle* ; nous nous demandons quel sens peut avoir pour lui l'« universalité », car tout ce qu'il envisage en fait se borne à « réaliser un idéal humain se prêtant à une reconstruction humanitaire assurant de mieux en mieux le bonheur de tous » !
– D'autres articles ont pour occasion certaines attaques dirigées actuellement contre la Maçonnerie ; Albert Lantoine déclare avec raison qu'« une société secrète, ou qui se prétend telle, n'a pas à se préoccuper des ragots qui circulent sur son compte », et qu'elle ne doit y opposer que le silence ; et Marius Lepage relève quelques-unes des histoires fantasmagoriques auxquelles ont recours certains antimaçons, et qui prouvent que la descendance de Léo Taxil n'est pas près de s'éteindre...

— Une nouvelle publication, intitulée *Documents du temps présent*, consacre son premier numéro à *La Franc-Maçonnerie* ; le texte, par André Lebey, comprend un résumé de l'histoire de la Maçonnerie, puis un examen de son état actuel ; il est accompagné de nombreuses et intéressantes illustrations.

— Le *Lotus Bleu* (numéro d'avril) publie une conférence de S. A. Dayang Muda de Sarawak, intitulée *L'Ésotérisme islamique, artisan d'union entre l'Orient et l'Occident* ; il y a visiblement une erreur dans ce titre, car tout ce qui est dit se rapporte en réalité à l'Islamisme en général, et de son ésotérisme il n'est nullement question. Cette réserve faite, l'intention de cette conférence est excellente et ne saurait qu'être approuvée ; il est seulement à regretter que, sur certains points, on ait à constater une connaissance insuffisamment approfondie des doctrines traditionnelles, y compris la doctrine islamique elle-même, et aussi quelque teinte de « modernisme ». Ajoutons qu'il faudrait en finir avec la légende du *Yi-Hi-Wei* chinois assimilé au nom de *Jéhovah* !

Octobre 1934

— Le numéro de mai-juin d'*Atlantis* porte comme titre général *Le Verbe* ; c'est là, comme on peut s'en douter, un prétexte à de multiples fantaisies linguistiques ; nous en avons déjà tant relevé en ce genre qu'il serait vraiment inutile d'y insister. Une note sur les noms du chat est franchement amusante : il paraît, entre autres choses merveilleuses, que « le nom égyptien du chat, *Maou*, se retrouve dans la syllabe mystique hindoue *Aoum* », (sic), et aussi que « le mont *Mérou* serait le mont du chat » !

— Dans le *Speculative Mason* (n° de juillet), études sur l'initiation au premier degré, sur les *Landmarks* (sujet particulièrement difficile à élucider, car les listes données par divers auteurs maçonniques varient considérablement et contiennent des articles assez discutables), et sur les nombres en Maçonnerie et en musique.

— Dans le *Grand Lodge Bulletin* d'Iowa (nos de mai et juin), étude historique sur les organisations rivales de la Maçonnerie en Angleterre au XVIIIe siècle : le *Noble Order of Bucks*, les *Gregorians* et les *Gormogons* ; ces organisations semblent surtout avoir voulu combattre la Maçonnerie en la parodiant ; mais il se peut cependant qu'il y ait eu quelque chose de plus sérieux dans la dernière, en ce sens qu'elle aurait servi de masque à d'anciens Maçons opératifs, adversaires de la « réforme » d'Anderson et de Desaguliers.

— Dans le *Symbolisme*, Oswald Wirth parle de *L'Architecture morale* (n° de juin) et de *La Religion du Travail* (n° de juillet) ; il s'y tient toujours dans le même ordre de considérations « élémentaires »... et assez peu initiatiques, même quand le sujet s'y prêterait plus particulièrement ; ceux qui auront lu le dernier de ces articles et qui se reporteront ensuite à notre récente étude sur *L'Initiation et les Métiers*[20] comprendront ce que nous voulons dire. – Dans ces deux mêmes numéros, étude de W. Nagrodski sur *Le Secret de la lettre G*, inspirée des travaux de M. Matila Ghyka ; si les considérations géométriques sur l'« Étoile flamboyante » sont assurément justes, ce qui se rapporte à la « lettre G » elle-même, qui serait la représentation d'un nœud, est beaucoup plus contestable ; cela n'empêche qu'il y aurait d'ailleurs beaucoup à dire sur le symbolisme du « nœud vital », et spécialement dans ses rapports avec la Maçonnerie opérative, mais l'auteur est passé complètement à côté de cette question sans paraître s'en douter. – Notons enfin, dans le numéro de juillet, un article de « Diogène Gondeau » sur *La Religion spirite* ; nous nous associons volontiers à ses critiques, mais non à l'optimisme dont il fait preuve en envisageant la possibilité d'une « épuration » du spiritisme, lequel, du reste, ne pourra jamais être qu'une « pseudo-religion ».

— La *Revue Internationale des Sociétés Secrètes* (n° du 1er juillet) publie, sous le titre *Guerre occulte*, un article consacré à deux livres : *La Clé des songes*, dont nous avons rendu compte ici même il y a quelques mois[21], et *Les sept têtes du Dragon vert*, histoire d'espionnage dont nous n'avons pas eu à parler, mais où nous avons relevé, quand nous l'avons lue, bien des détails suspects ; sur l'un et sur l'autre, tout en partant naturellement d'un point de vue différent, nous nous trouvons, pour une fois, assez d'accord avec les appréciations de la *R.I.S.S.* – Le numéro du 15 juillet contient une conférence de M. J. de Boistel sur *La Théosophie*, faite pour une bonne part d'après notre livre, comme l'auteur l'indique d'ailleurs très loyalement, mais avec l'adjonction de certaines informations provenant d'autres sources et qui ne sont pas toutes également sûres ; il en résulte même quelques contradictions dont nous nous étonnons qu'on ne se soit pas aperçu. Nous devons, en ce qui nous concerne, faire une

---

[20] [Avril 1934.]
[21] [Octobre 1933.]

rectification : nous ne dirons rien des titres fantaisistes dont on a éprouvé encore une fois le besoin de nous affubler, car cela nous est fort indifférent ; mais nous ne pouvons laisser dire que nous dirigeons « *Le Voile d'Isis* », ce qui, à la distance où nous sommes, serait d'ailleurs vraiment un peu difficile ; la vérité est que nous en sommes simplement un des collaborateurs réguliers, et rien de plus. D'autre part, quand, dans un passage cité du *Théosophisme*, nous avons parlé de certains « groupements mystérieux », il est complètement inexact que nous ayons voulu, comme on l'affirme avec une curieuse assurance, faire allusion par là à la Maçonnerie ; il s'agissait de choses d'un caractère beaucoup plus caché, et ayant des rapports assez étroits avec ce que nous avons appelé la « contre-initiation » ; oserons-nous ajouter que nous avons eu à constater des « influences » du même genre d'un certain côté qui, il n'y a pas si longtemps encore, touchait de bien près à la R.IS.S. ?... Mais nous devons reconnaître que celle-ci a notablement changé, et à son avantage, depuis certaines « disparitions » ; seulement, pourquoi faut-il que celles-ci soient demeurées en partie inexpliquées, chose un peu fâcheuse quand on se donne pour tâche de dénoncer chez autrui tant de ténébreux mystères ?

Novembre 1934

— Le numéro de juillet-août d'*Atlantis* a pour titre *Hélios et Hellade*, rapprochement de mots qui correspond encore à une des habituelles fantaisies linguistiques de M. Paul le Cour. Celui-ci, dans le récit d'un voyage en Grèce, signale quelques « graffites » anciens et modernes qu'il y a relevés ; parmi les modernes, il y a, dit-il, « un symbole fort peu connu, difficile à tracer, et qui appartient à la religion sumérienne (plusieurs milliers d'années avant notre ère) » ; or il s'agit simplement du « nœud de Salomon », symbole d'usage tout à fait courant dans tous les pays islamiques... Notons une autre méprise vraiment amusante : une monnaie antique de Posidonia porte les trois lettres $\Pi O \Sigma$ (c'est-à-dire, en caractères latins, POS), abréviation du nom de la ville, ou, si l'on veut, de celui du dieu Poséidon ; or notre archéologue a pris le Σ pour un M, et il écrit imperturbablement : « Les trois lettres POM de cette monnaie semblent l'abréviation du mot *pompos*, « celui qui conduit, qui guide », titre qui convient parfaitement à notre dieu. » Il y a déjà longtemps que nous savons que M. Paul le Cour déchiffre les inscriptions, non avec ses yeux, mais avec son imagination,... témoin celles du donjon de Chinon ! – Plus intéressante est une conférence de l'émir Kamuran Bedir-Khan sur *Le culte du soleil chez les Kurdes* ; en fait, il s'agit des *Yézidis*, et l'auteur rectifie l'opinion vulgaire qui veut en faire des « adorateurs du diable » ; mais c'est certainement une autre erreur que de les présenter, ainsi qu'il le fait, comme de purs « Zoroastriens » ; il se peut sans doute qu'il y ait chez eux quelques influences mazdéennes, mais ils n'en sont pas moins proprement une secte hétérodoxe de l'Islam, et d'ailleurs, dans les citations qui sont données de la « Bible Noire », leur livre sacré, l'inspiration islamique est manifestement prédominante ; il est vrai que le trop fameux comte de Gobineau a bien voulu retrouver le Mazdéismes... jusque dans le Bâbisme !

— Dans *Gringoire*, un obscur littérateur a publié, sous le titre *Le Mystère à Paris*, une sorte d'« enquête romancée », où il est surtout question de sorcellerie et d'autres choses connexes, passablement répugnantes pour la plupart. Dans le numéro du 24 août, il a cru utile de mettre en cause notre personne, qui doit cependant intéresser fort peu les lecteurs de son ténébreux roman-feuilleton. Ce qu'il écrit sur nous témoigne d'une manifeste hostilité, dont nous ne nous attarderons pas à rechercher la cause ; mais il nous plaît de constater que cette hostilité ne trouve rien de mieux à nous opposer que des racontars d'une pareille pauvreté. Nous traiter d'« esprit destructif », prétendre que nous avons « attaqué certaines doctrines hindoues », ceux qui connaissent tant soit peu notre œuvre ne peuvent que hausser les épaules devant de semblables assertions ; passons... Mais ce qui est véritablement inquiétant, c'est la publicité donnée à toutes ces histoires de sorcellerie, d'espionnage et de basse police, qui vont sans cesse en se multipliant, soit dans les journaux, soit en volumes, et qui se ressemblent toutes étrangement par la « présentation », et même par le style ; qui donc inspire et dirige cette campagne de détraquement de la mentalité publique par l'exploitation des plus malsaines curiosités ?

Janvier 1935

— Dans le *Grand Lodge Bulletin* d'Iowa (n° d'octobre), suite de l'étude sur les organisations rivales de la Maçonnerie en Angleterre au XVIIIe siècle ; sur celles dont il est question cette fois : *Antediluvian Masons, Honorary Masons, Apollonian Masons, Real Masons, Modern Masons*, on a si peu de données qu'on ne peut pas même savoir de façon certaine s'il s'agit de formations maçonniques dissidentes et irrégulières ou de simples imitations « pseudo-maçonniques ». – Dans le numéro de novembre, article faisant ressortir la signification maçonnique de quelques passages de la Bible.

— Dans le *Symbolisme* (n° d'août-septembre), Oswald Wirth, sous le titre *Constructivisme et Franc-Maçonnerie*, parle de ce qu'il appelle le « Maçonnisme », qui est pour lui « l'esprit de la Maçonnerie », et qu'il affirme être « devenu viable après deux siècles de gestation » ; nous nous demanderions plutôt, hélas ! ce qu'il en reste au bout de deux siècles de dégénérescence... Quelques notes sur *L'Initiation des Maoris* sont reproduites d'une étude parue dans une revue maçonnique néo-zélandaise. Un dialogue intitulé *Pratique occulte* et signé « Diogène Gondeau » recommande le *Pater* comme la « grande formule magique » contre la sorcellerie ; c'est très bien, mais tout de même un peu « simpliste »... W. Nagrodski applique à *La Rose et la Croix* des constructions basées sur la « proportion harmonique » ; à vrai dire, il faut un peu de bonne volonté pour identifier le schéma ainsi obtenu au « signe de la Rose-Croix ». – Dans le numéro d'octobre, Oswald Wirth explique comment il conçoit *L'Enseignement des Maîtres*, selon les vues d'une « sagesse » bien étroitement profane ; nous sommes pourtant d'accord avec lui sur l'emploi du symbolisme là où le langage ordinaire serait insuffisant, et aussi sur le pouvoir de la pensée indépendamment de toute expression ; mais, précisément, tout cela va beaucoup plus loin qu'il ne peut le supposer. Armand Bédarride veut « laïciser les vertus théologales », en commençant naturellement par *La Foi* ; a-t-il réfléchi qu'alors, ramenées à n'être que purement « humaines », elles ne peuvent plus être « théologales » par définition même, mais tout simplement « morales », et qu'ainsi, si l'on garde les mots, ce ne sont plus les mêmes choses qu'ils désigneront en réalité ?

« Diogène Gondeau » effleure *Le Problème spirite* d'une façon qui laisse, comme il dit, « la porte ouverte aux suppositions », et même un peu trop ouverte, car tout peut y passer... – Dans le numéro de novembre, Armand Bédarride essaie de « laïciser », cette fois *L'Espérance*. « Diogène Gondeau » revient encore sur *Les Esprits* ou soi-disant tels, et il y trouve prétexte pour professer un invincible attachement à l'humanité terrestre ! Dans une note intitulée *Les Croix symboliques*, W. Nagrodski indique l'application de la « section dorée » au tracé de la croix de Malte, de la croix teutonique et de la croix de la Légion d'Honneur. Enfin, Oswald Wirth conclut ses *Notions élémentaires de Maçonnisme* en affirmant que « la conception constructive s'adresse à tous les esprits ouverts », ce qui, à ce qu'il nous semble, revient à peu près à nier la nécessité de toute « qualification » initiatique.

— La *Revue Internationale des Sociétés Secrètes* (n° du 15 novembre) publie un article de M. J. de Boistel intitulé *Les Satellites de la F∴-M∴* ; on ne se douterait peut-être pas qu'il s'agit là des multiples variétés d'organisations « néo-spiritualistes » où « la Maçonnerie » n'est assurément pour rien, même s'il leur arrive souvent d'avoir des Maçons parmi leurs membres, sans compter qu'il ne faudrait pas prendre au sérieux les titres « pseudo-maçonniques » dont aiment à se parer certains personnages. Il y a là des notions invraisemblables sur la Kabbale et sur la Gnose (c'est-à-dire le Gnosticisme), puis une énumération de toutes sortes de choses qui, si elles présentent bien quelques caractères communs (et encore ne sont-il pas exactement ceux qu'on indique), ne peuvent pourtant pas être mises sur le même rang comme si elles étaient à peu près d'égale importance ; le sens des proportions fait ici complètement défaut… Enfin, l'auteur a éprouvé le besoin de nous consacrer un passage dans lequel il s'est contenté de copier mot à mot, sans d'ailleurs l'indiquer, une bonne partie de l'ignoble note anonyme d'allure policière publiée originairement dans un supplément des *Cahiers de l'Ordre* et déjà reproduite jadis par la *R.I.S.S.* dans sa défunte « partie occultiste » ; après la réponse que nous y avons faite en son temps, nous pouvons laisser à chacun le soin de juger un tel procédé, que nous préférons nous abstenir de qualifier !

— La revue *Art et Médecine* a consacré la plus grande partie de son numéro de février 1934 à des études sur le « nombre d'or », question qui est, comme l'on sait, d'une grande importance au point de vue de l'esthétique traditionnelle. Les principaux articles sont celui de M. Matila C. Ghyka sur *Le nombre d'or et la mystique pythagoricienne des nombres* (nous devons faire toutes réserves sur cet emploi du mot « mystique », ainsi que sur l'idée d'une origine pythagoricienne de la Kabbale numérique), et celui du Dr Funck-Hellet sur *L'optique du Peintre et le nombre d'Or*, où se trouvent de curieux schémas géométriques de quelques tableaux célèbres de la Renaissance italienne.

— Le *Mercure de France* (n° du 15 novembre) publie le résumé d'une enquête internationale de M. Léon de Poncins sur *Machinisme et Civilisation*, sur laquelle nous reviendrons lorsqu'elle paraîtra intégralement en volume ; en attendant, nous noterons seulement que, d'après l'ensemble des réponses, l'enthousiasme pour le machinisme semble avoir considérablement baissé un peu partout...

Février 1935

— Nous sommes heureux de signaler l'apparition d'une nouvelle revue roumaine, *Memra*, « études de tradition ésotérique », dont les tendances concordent entièrement avec les nôtres, ainsi que l'indique très nettement la déclaration dont voici la traduction : « Au-delà de toutes les contrefaçons modernes de la Tradition initiatique, au-delà de tous les courants "néo-spiritualistes" et de tous les pseudo-ésotérismes, cette revue veut être la vivante expression d'une authentique connaissance métaphysique. Aux produits de qualité intellectuelle plus que médiocre de tous les dilettantismes à prétention de spiritualité, et à toutes les improvisations modernistes de nuance mystico-occultiste, elle entend opposer une ferme attitude de traditionalité doctrinale. Au-dessus de toutes les conceptions profanes et profanatrices du scientisme et du philosophisme occidental, et au-dessus de toutes les pseudo-valeurs courantes, elle affirme la priorité de la Tradition ésotérique, ainsi que l'unicité, au-dessus de la diversité des formes, et la permanence, au-dessus de toutes les contingences, de la Doctrine traditionnelle primordiale, dont la vérité centrale est la source tant des principes et des méthodes des Sciences traditionnelles que des dogmes, des rites et des symboles de toutes les Religions orthodoxes et de ceux de tous les Mystères initiatiques d'Orient ou d'Occident ». À une revue qui se présente avec un tel programme et de telles intentions, nous ne pouvons que souhaiter la plus entière réussite et le plus vif succès ! – Le n° 1 (décembre 1934) contient un excellent article sur *La Tradition hermétique*, la traduction de la première *Vallî* de la *Katha-Upanishad*, et aussi la traduction de deux articles parus ici même : celui de notre collaborateur J.H. Probst-Biraben sur *Le Cœur Intelligent (Qalb Aqel) dans le Soufisme*, et le nôtre sur *L'Enseignement initiatique*[22].

— Le n° de septembre-octobre d'*Atlantis* est consacré à un sujet plutôt inattendu : *Scoutisme et Atlantisme* ; à la vérité, il s'agit tout simplement d'une conception spéciale du Scoutisme, celle de M. Paul le Cour et de quelques-uns de ses collaborateurs, que peut-être les « néo-atlantes » mettent déjà en pratique sur les bords du bassin d'« Archa-Chéion »…

— Dans le *Speculative Mason* (n° d'octobre), signalons la fin de l'étude sur la question des *Landmarks*, dont les conclusions demanderaient une longue discussion que nous ne pouvons entreprendre ici, et un article sur le « dépouillement des métaux », qui en affirme expressément le caractère hermétique, mais n'en présente qu'une signification un peu trop superficielle.

— Dans le *Symbolisme* (n° de décembre), Oswald Wirth essaie de formuler ce qu'il appelle *Le Devoir humain*, et Armand Bédarride termine sa « laïcisation des vertus théologales » par *La Charité*.

— Les *Cahiers de l'Ordre* reprennent leur publication interrompue depuis un certain temps ; dans le n° de novembre, rien de particulier à signaler, si ce n'est l'annonce d'une « partie occultiste » dans le programme de cette nouvelle série, et aussi, dans l'appel placé en tête, un « dilemme » (*sic*) assez peu orthodoxe entre « Dieu et le Diable » : que de gens sont ainsi « manichéens » sans s'en douter !

P.S. – En réponse à quelques lignes doublement erronées publiées par un organe occultiste, nous tenons à déclarer expressément : 1° que nous n'avons aucun « Groupe » (*sic*) ; 2° que les collaborateurs du *Voile d'Isis* ne « laissent de côté » aucune tradition orthodoxe, qu'elle soit d'Orient ou d'Occident, ainsi que tous les lecteurs de bonne foi peuvent d'ailleurs facilement en juger par eux-mêmes.

---

[22] [Décembre 1933.]

Mars 1935

— Dans le *Rayonnement Intellectuel* signalons les intéressantes études de symbolisme de M. L. Charbonneau-Lassay sur *La Cire* et sur *Le Sphex ou guêpe ichneumon* (n° de septembre-octobre 1933), sur *La Grenouille* (nos de novembre-décembre 1933 et de janvier-février 1934), sur *L'Araignée et sa toile* (n° de mars-avril), où est rappelé ce que nous en avons dit ici même à propos du symbolisme du tissage, sur *La soif symbolique* (n° de mai-juin) ; une note sur *Le Saint Suaire de Turin* (n° de septembre-octobre), résumant très exactement l'état actuel de cette question qui a donné lieu à tant de controverses ; enfin, une étude, surtout numismatique, sur *La reconnaissance de la Royauté sociale du Christ dans l'ancienne société chrétienne* (n° de novembre-décembre).

— Dans le *Speculative Mason* (n° de janvier), article sur *L'Esprit de la Maçonnerie* ; début d'une étude historique sur *Les Culdées* ; article du C∴ A. Bonvous sur *La Trinité symbolique*, accompagné de la reproduction de figures tirées de nos spéciaux du *Voile d'Isis* sur le Compagnonnage.

— Dans le *Grand Lodge Bulletin* d'Iowa, études sur le symbolisme des pierres précieuses (n° de décembre) et sur celui du sel (n° de janvier).

— Dans le *Symbolisme* (n° de janvier), fantaisie « tarotique » d'Oswald Wirth sur *Les perspectives de 1935* ; un article intitulé *Vers l'Initiation féminine*, par Gertrud Gzeffgen, où, en fait d'initiation, il est uniquement question d'une sorte d'éducation se rapportant tout entière à la vie ordinaire et profane ; enfin, de « Diogène Gondeau », des *Sondages métaphysiques...* d'où toute métaphysique est naturellement absente.

— Une revue anglaise mentionnait dernièrement dans ses comptes rendus l'article de notre collaborateur Jean Reyor sur *Jacob Bœhme mystique* : or il s'agissait en fait de *Jacob Bœhme initié*, ce qui est tout juste le contraire ! Précédemment l'article du même sur *John Dee et les sciences traditionnelles* y était devenu un article sur *John Dee et les sciences occultes*, ce qui n'était guère moins extraordinaire ; et nous pourrions en relever encore bien d'autres du même genre, mais il serait cruel d'insister. Exprimons simplement le vœu que cette revue confie ses comptes rendus à un rédacteur qui soit capable de comprendre ce dont il parle... ou qui se donne la peine de le lire !

P.S. – Nous rappellerons encore une fois que tout ce qui touche de près ou de loin à la politique nous est absolument étranger ; et nous désavouons par avance toute conséquence de cet ordre que quiconque prétendrait tirer de nos écrits, dans quelque sens que ce soit. D'autre part, nous devons prier nos correspondants de nous excuser si nous ne pouvons leur répondre régulièrement et dans des délais normaux, l'abondance toujours croissante de notre courrier et la nécessité de consacrer une partie de notre temps à d'autre travaux nous rendant décidément cette tâche tout à fait impossible.

Mai 1935

— Dans le *Symbolisme* (n° de février), Oswald Wirth parle de *La Genèse du « Serpent Vert »*, de Goethe ; les énigmes qui se posent au sujet de ce conte semblent encore bien loin d'être éclaircies. Sous le titre *Un rapprochement intéressant*, Armand Bédarride compare les enseignements de Confucius à ceux de la Maçonnerie. Notons encore un article de Marius Lepage sur *La Chaîne d'Union*. – Dans le numéro de mars, Oswald Wirth intitule son article *La Sagesse parlée* ; en fait, ce sont quelques remarques sur l'insuffisance des mots et sur le rôle des symboles pour y suppléer. Nouvel article sur le *Féminisme initiatique*, par Gertrud Gäffgen, qui donnerait lieu à la même observation que celui qui l'a précédé. Sous le titre *La Matière et les Sens*, Armand Bédarride se sert d'une fiction sur les habitants de la planète Jupiter, supposés doués de sens tout différents des nôtres, ce qui n'a d'ailleurs rien d'invraisemblable en soi, pour montrer que la notion même de « matière » est fort sujette à caution.

— La *Revue Internationale des Sociétés Secrètes* publie depuis quelque temps un supplément mensuel intitulé *L'Action Antimaçonnique* ; dans le numéro de février de cette feuille se trouve un article intitulé *Chez les Grands Initiés*, titre trompeur, car en fait, il y est uniquement question de « pseudo-initiés ». Ce qui est curieux, c'est qu'on éprouve le besoin de reparler d'Aleister Crowley ; et ce qui l'est plus encore, c'est qu'on ait l'air de croire à son prétendu suicide de

1930. Il n'est vraiment pas possible que les rédacteurs de la *R.I.S.S.* soient si mal informés : le personnage est si bien vivant que, il y a quelques mois, il a perdu à Londres un procès en diffamation qu'il avait eu l'audace d'intenter à quelqu'un qui l'avait traité de « magicien noir », et de nombreux journaux en ont parlé à cette occasion ; alors, nous nous demandons ce que cela peut bien vouloir dire... Mais, dans ce même article, il y a encore autre chose de remarquable : la dernière phrase, imprimée en italiques, mais sans que rien indique qu'il s'agit d'une citation, nous est empruntée textuellement, à un mot près ; véritablement, ce serait à croire que, lorsque certains nous attaquent, un de leurs buts est d'empêcher leur « clientèle » de lire nos écrits pour pouvoir les « piller » plus à leur aise !

— *Atlantis* consacre son numéro de novembre-décembre 1934 à *L'Arbre sacré* ; il s'y trouve quelques reproductions de documents intéressants au point de vue symbolique, mais, malheureusement, les interprétations sont pour la plupart du genre de celles que nous ne connaissons que trop... Parlant d'une tradition grecque, donc purement occidentale, où il est question du chêne, « arbre de nos contrées du nord-ouest de l'Europe », M. Paul le Cour ajoute naïvement : « On s'étonne vraiment que certains esprits croient encore à l'origine orientale des traditions ! » C'est exactement comme si, pour le dissuader de leur attribuer une origine occidentale, nous invoquions de notre côté une tradition hindoue ou chinoise ! – Dans le numéro de janvier-février 1935, il s'agit de *La Science et l'Atlantide* : questions de géologie et de préhistoire qui n'appellent aucune remarque spéciale, si ce n'est que, là comme pour bien d'autres choses, les « savants » semblent être fort peu d'accord entre eux.

— Dans le *Grand Lodge Bulletin* d'Iowa (n° de février), un article sur *Maçonnerie et Musique*, et un autre sur les objectifs de la Maçonnerie de *Royal Arch*.

Juillet 1935

— Après un retard dû à de multiples difficultés qui ne sont point pour nous surprendre, car c'est là, à notre époque, ce qui arrive presque toujours dès qu'il s'agit d'études traditionnelles, la revue roumaine *Memra* a fait paraître un n° 2-5 (janvier-avril). Signalons-y un article fort opportun sur *Quelques aspects du pseudo-spiritualisme moderne*, une étude de notre collaborateur J.H. Probst-Biraben sur le *Dhikr*, une notice sur *Sri Aurobindo-Ghose*, des traductions de *Lie-Tseu* d'après le n° spécial du *Voile d'Isis* sur *La Chine*, d'un fragment du récent livre de notre collaborateur F. Schuon, *Leitgedanken zur Urbesinnung*, et de notre article sur *Les conditions de l'initiation*[23]. Espérons que cette revue, si proche de la nôtre par son esprit, pourra désormais poursuivre sa publication régulièrement et sans obstacles.

— Le n° de mars-avril d'*Atlantis* s'intitule *L'Atlantide et la Paix* ; en fait, ce n'est point de l'Atlantide qu'il s'agit, mais seulement de ce qu'il plait à M. Paul le Cour d'appeler « l'Atlantisme », et qu'il veut opposer assez curieusement à l'« hitlérisme », Nous avons souvent remarqué, d'autre part, la fascination qu'exercent sur certains esprits les inventions modernes ; ici, nous constatons en ce genre une nouvelle hantise bien singulière : celle des « forces hydroélectriques », mises en rapport avec la fameuse « ère du Verseau » ! – Beaucoup plus intéressante que tout cela est une note de M. L. Charbonneau-Lassay sur *Les graffites symboliques de l'ancien monastère des Carmes à Loudun* ; mais les réserves sur « les interprétations de certains symboles d'après des enseignements asiatiques », dont M. Paul le Cour a cru devoir la faire suivre, sont franchement amusantes...

— Dans le *Speculative Mason* (n° d'avril), articles sur *Les Mystères d'Éleusis*, principalement au point de vue de ce qu'on peut connaître de leur rituel, et sur *Le Plan de l'Œuvre*, en relation avec l'installation des officiers d'une Loge ; suite de l'étude sur les *Culdées* que nous avons signalée précédemment.

Octobre 1935

— Sous le titre *Mediaeval Æsthetic* a paru, dans *The Art Bulletin* publié par la *College Art Association of America* (vol. XVII, 1935), la première partie d'une étude de M. Ananda K. Coomaraswamy, consacrée aux enseignements qu'on

---

[23] [Octobre 1932. Est devenu le chapitre IV des *Aperçus sur l'Initiation*.]

trouve, sur le sujet du beau et de l'art, dans Denys l'Aréopagite (Traité *De Divinis Nominibus*) et son commentateur Ulrich Engelberti de Strasbourg (la seconde partie doit contenir les commentaires d'Albert le Grand et de saint Thomas d'Aquin). La traduction des textes est accompagnée d'abondantes notes, où sont exposées des idées qui répondent à peu près entièrement à ce que nous pensons nous-même ; l'auteur fait ressortir la similitude des théories esthétiques de l'Occident médiéval avec celles de l'Inde, et montre combien elles sont éloignées du point de vue purement profane où s'enferment les conceptions modernes de l'art.

— Signalons aussi, du même auteur, dans le *Bulletin of the Museum of Fine Arts* de Boston (n° de juin 1935), un article sur *Un manuscrit jaina illustré*, qui contient d'intéressantes considérations sur le symbolisme de certaines figures, notamment de celles où l'incompréhension de quelques auteurs occidentaux n'a voulu voir que de simples « paysages », et qui présentent en réalité un sens cosmogonique des plus nets.

— Dans le *Rayonnement Intellectuel* (n° de mars-avril), M. L. Charbonneau-Lassay étudie *Les représentations des cinq plaies du Christ dans l'art chrétien primitif*, et aussi, en rapport avec le même sujet, le symbolisme des *Cinq grains d'encens du Cierge pascal*.

— Dans *Atlantis* (n° de mai-juin), il est question cette fois de *L'Astronomie et l'Atlantide* ; M. Paul le Cour voudrait en effet que cette science ait une origine atlantéenne ; pour nous, son origine remonte bien plus loin encore, à la Tradition primordiale elle-même... Chose curieuse, M. Paul le Cour assure que, dans le zodiaque du portail de Notre-Dame de Paris, « on ne trouve que huit des douze signes », ce qui lui paraît avoir quelque raison très profonde ; or, dans le dessin qui est reproduit à la même page, les douze signes sont tous nettement visibles, comme ils le sont du reste sur le portail lui-même ; décidément, sa vue est bien souvent troublée par la puissance de son imagination ! – Ce qui est assez remarquable aussi, c'est le rapprochement des articles de deux collaborateurs, dont l'un nie formellement la liberté humaine, tandis que l'autre l'affirme énergiquement ; faut-il voir dans leur publication simultanée la preuve d'une large impartialité... ou celle d'un fâcheux manque de principes doctrinaux ?

Novembre 1935

— Le *Mercure de France* (n° du 1ᵉʳ juillet) a publié une intéressante étude du professeur Jean Fiolle sur *Le machinisme et l'esprit des sciences contemporaines*. Nous devons remercier l'auteur de la façon très sympathique dont il nous y cite ; mais, en même temps, nous nous permettrons de lui faire remarquer qu'il semble se méprendre en partie sur les raisons de notre attitude à l'égard de la science moderne : quels que soient les rapports qui existent entre le développement de celle-ci et la disparition de l'esprit métaphysique en Occident (cette question demanderait à être examinée trop longuement pour que nous puissions l'entreprendre ici), il n'en reste pas moins vrai que ce développement constitue en lui-même une anomalie, moins par les conséquences pratiques auxquelles il aboutit, et qui ne sont en somme que logiques dès lors qu'on a admis le point de départ, que par la conception même de la science qu'il implique essentiellement. Au fond, il ne s'agit pas de se prononcer pour ou contre « la science » en général et sans épithète, ce qui ne présente pas pour nous un sens bien défini, mais de choisir entre sa conception traditionnelle et sa conception profane ; si l'on revenait à la première, il y aurait encore des sciences, qui seraient assurément autres, mais qui ne mériteraient même plus vraiment ce noM. Cette distinction capitale des deux sortes de sciences, que pourrait faire attendre un passage de l'article où il est question du pythagorisme, n'apparaît plus du tout par la suite ; et cela est regrettable, car les conclusions auraient pu en être sensiblement modifiées et, en tout cas, en acquérir une plus grande netteté.

— Dans le *Mercure de France* (numéro du 15 juillet), signalons un article intitulé *L'Infidélité des Francs-Maçons*, et signé du pseudonyme d'« Inturbidus ». Il y a là des considérations intéressantes, mais qui ne sont pas toujours parfaitement claires, notamment sur la distinction des initiations sacerdotale, princière et chevaleresque, et enfin artisanale, qui en somme correspond à la fois à l'organisation traditionnelle de la société occidentale du moyen âge et à celle des castes de l'Inde ; on ne voit pas très bien quelle place exacte est assignée là-dedans à l'hermétisme ; et, d'autre part, il faudrait expliquer pourquoi la Maçonnerie, en dépit de ses formes artisanales porte aussi la dénomination d'« art royal ». Sur la question des initiations artisanales ou corporatives, l'auteur cite longuement le *Nombre d'Or* de M. Matila Ghyka ; malheureusement, la partie de cet ouvrage qui se rapporte à ce sujet est certainement celle qui appelle le plus de réserves, et les informations qui s'y trouvent ne proviennent pas toutes des sources les plus sûres... Quoi qu'il en soit, c'est peut-être beaucoup trop restreindre la question que de prendre l'expression de « Maçonnerie opérative » dans un sens exclusivement corporatif ; l'auteur, qui reconnaît cependant que cette ancienne Maçonnerie a toujours admis des membres qui n'étaient pas ouvriers, (ce que nous ne traduirons pas forcément, quant à nous, par « non-opératifs »), ne paraît pas bien se rendre compte de ce qu'ils pouvaient y faire ; sait-il, par exemple, ce que c'était qu'une L∴ of J∴ ? À la vérité, si la Maçonnerie a bien réellement dégénéré en devenant simplement « spéculative » (on remarquera que nous disons simplement pour bien marquer que ce changement implique une diminution), c'est dans un autre sens et d'une autre façon qu'il ne le pense, ce qui d'ailleurs, n'empêche pas la justesse de certaines réflexions relatives à la constitution de la Grande Loge d'Angleterre. En tout cas, la Maçonnerie, qu'elle soit « opérative » ou « spéculative », comporte essentiellement, par définition même, l'usage de formes symboliques qui sont celles des constructeurs ; « supprimer le rituel d'initiation artisanale », comme le conseille l'auteur, reviendrait donc tout simplement, en fait, à supprimer la Maçonnerie elle-même, qu'il se défend pourtant de « vouloir détruire », tout en reconnaissant qu'on « romprait ainsi la transmission initiatique », ce qui est bien un peu contradictoire. Nous comprenons bien que, dans sa pensée, il s'agirait alors de lui substituer une autre organisation initiatique ; mais d'abord, celle-ci n'ayant plus aucun rapport de filiation réelle avec la Maçonnerie, pourquoi recruterait-elle ses membres parmi les Maçons plutôt que dans tout autre milieu ? Ensuite, comme une telle organisation ne s'invente pas, humainement du moins, et ne peut être le produit de simples initiatives individuelles, même si elles venaient de personnes « se trouvant dans une chaîne initiatique orthodoxe », ce qui ne suffirait évidemment pas pour légitimer la création par celles-ci de formes rituéliques nouvelles, d'où procéderait cette organisation et à quoi se rattacherait-elle effectivement ? On voit quelles difficultés probablement insolubles tout cela soulève des qu'on y réfléchit tant soit peu ; aussi nous permettra-t-on de rester sceptique sur la réalisation d'un tel projet, qui n'est vraiment pas au point… Le véritable remède à la dégénérescence actuelle de la Maçonnerie, et sans doute le seul, serait tout autre : ce serait, à supposer que la chose soit encore possible, de changer la mentalité des Maçons, ou tout au moins de ceux d'entre eux qui sont capables de comprendre leur propre initiation, mais à qui, il faut bien le dire, l'occasion n'en a pas été donnée jusqu'ici ; leur nombre importerait peu d'ailleurs, car, en présence d'un travail sérieux et réellement initiatique, les éléments « non-qualifiés » s'élimineraient bientôt d'eux-mêmes ; et avec eux disparaîtraient aussi, par la force même des choses, ces agents de la « contre-initiation » au rôle desquels nous avons fait allusion dans le passage du *Théosophisme* qui est cité à la fin de l'article, car rien ne pourrait plus donner prise à leur action. Pour opérer « un redressement de la Maçonnerie dans le sens traditionnel », il ne s'agit pas de « viser la lune », quoi qu'en dise « Inturbidus », ni de bâtir dans les nuées ; il s'agirait seulement d'utiliser les possibilités dont on dispose, si réduites qu'elles puissent être pour commencer ; mais, à une époque comme la nôtre, qui osera entreprendre une pareille œuvre ?

— Dans le *Grand Lodge Bulletin* d'Iowa (numéro de juin), un article est consacré à la recherche du sens originel de l'expression *due guard* ; les interprétations diverses qui en ont été proposées sont bien forcées et peu satisfaisantes, et nous en suggérerions volontiers une autre qui nous semble plus plausible : dans la Maçonnerie française, on dit « se mettre à l'ordre », ce qui est évidemment un terme tout différent ; mais, dans le Compagnonnage, on dit, dans un sens équivalent, « se mettre en devoir » ; cette expression *due guard* ou *duguard* (car on n'est même pas d'accord sur l'orthographe), qui n'est pas anglaise d'origine et dont l'introduction paraît relativement récente, ne serait-elle pas, tout simplement, une mauvaise transcription phonétique du mot « devoir » ? On pourrait trouver, dans la Maçonnerie même, des exemples de transformations plus extraordinaires, ne serait-ce que celle de Pythagore en *Peter Gower*, qui intrigua tant jadis le philosophe Locke…

— Dans le *Symbolisme* (numéro d'août-septembre), Oswald Wirth parle du *Travail initiatique*, ou plutôt de l'idée très peu initiatique qu'il s'en fait ; il avoue d'ailleurs lui-même que « cela manque de transcendance, puisqu'un objectif moral est seul en cause » ; ce n'est pas nous qui le lui faisons dire ! Mais il en prend prétexte pour partir de nouveau en guerre contre un fantôme qu'il décore du nom de « métaphysique », et qui, en fait, représente tout ce qu'il ne comprend pas ; nous disons bien un fantôme, car il nous est impossible d'y reconnaître le moindre trait de la véritable métaphysique, qui ne peut pas « raisonner dans le vide » ni dans autre chose, puisqu'elle est essentiellement « supra-rationnelle », et qui n'a assurément rien à voir avec les « nuages » ni avec les « abstractions » qu'elle abandonne aux philosophes, y compris ceux qui se vantent de n'avoir que des « conceptions positives » : se proclamer « disciples de la Vie, qui répare le mal passager, pour assurer le triomphe ultime du Vrai, du Bien et du Beau », voilà de bien belles abstractions, voire même d'authentiques « abstractions personnifiées », et qui, en dépit des majuscules dont elles s'ornent, n'ont certes rien de métaphysique ! – Notons d'autre part un article d'un ton quelque peu énigmatique, intitulé *Les Chateaux de cartes*, par Léo Heil ; il y est dit que « la civilisation contient peut-être en elle le principe de sa perte », car « elle a tué l'idéal » ; il faudrait préciser qu'il s'agit là seulement de la civilisation occidentale moderne, et nous dirions, plus « positivement », qu'elle a détruit l'esprit traditionnel... Pour parer à ce danger, ou pour sauver ce qui peut l'être, on formule le souhait de voir se constituer « une association très fermée », qui, sauf que la question de sa régularité initiatique n'est même pas envisagée, nous fait quelque peu songer, en plus vague encore, à la nouvelle organisation projetée par « Inturbidus » ; mais du moins l'auteur reconnaît-il que « nous sommes en plein rêve », et alors, si ce ne peut pas être bien utile, ce n'est pas bien dangereux non plus !

— Dans le *Symbolisme* (numéro d'avril), Oswald Wirth, parlant de *L'Avenir maçonnique*, dénonce « l'erreur de 1717, qui nous a valu les gouvernements maçonniques, calqués sur les institutions profanes, avec contrefaçon d'un pouvoir exécutif, d'un parlement, d'une administration paperassière et de relations diplomatiques » ; là-dessus tout au moins, nous sommes assez de son avis, comme le prouve d'ailleurs tout ce que nous avons dit ici même de la moderne dégénérescence de certaines organisations initiatiques en « sociétés ». Armand Bédarride intitule son article *Le Gnosticisme maçonnique* ; mais, en réalité, il y est seulement question de « Gnose », ce qui ne veut dire rien d'autre que « Connaissance » et n'a absolument aucun rapport nécessaire avec la forme doctrinale particulière qu'on appelle « Gnosticisme » ; la parenté des deux mots donne souvent lieu ainsi à un confusion assez étrange et regrettable à divers égards. F. Ménard donne un aperçu du symbolisme de quelques *Fêtes celtiques*. Sous le titre *Un Mahâtmâ occidental*, « Diogène Gondeau », à propos d'un livre paru récemment en Amérique, parle du comte de Saint-Germain et des manifestations qui lui sont attribuées, à l'époque contemporaine, par les occultistes et les théosophistes, notamment en tant que soi-disant « chef suprême de la *Co-Masonry* ». – Dans le numéro de mai sous le titre *La double source des actions vitales*, Oswald Wirth s'efforce bien vainement d'établir un rapprochement entre les théories philosophiques de M. Bergson et certaines données de l'hermétisme. Marius Lepage parle élogieusement d'un manuscrit de Sédir récemment édité, *La dispute de Shiva contre Jésus* ; mais, d'après tout ce qu'il en dit, il semble qu'il y ait là surtout hélas ! le témoignage d'une effrayante incompréhension de la doctrine hindoue... « Diogène Gondeau » intitule *Grands et Petits Mystères* ce qui veut être une réponse au *Voile d'Isis*, c'est-à-dire, en réalité, à nos comptes rendus ; ses réflexions portent d'ailleurs entièrement à faux, car ce n'est certes pas nous qui avons jamais recommandé la « contemplation du subjectif » (*sic*), et nous ignorons même tout à fait ce qu'une telle expression peut bien signifier ; pour le surplus, nous le laissons bien volontiers au « fidèle accomplissement de sa mission terrestre » et à son ambition de « faire honneur à l'espèce hominale », mais nous ne pouvons nous empêcher de lui redire que le premier profane venu peut en faire tout autant !

— Dans le *Speculative Mason* (numéro de juillet), un article intitulé *Étrangers et Pèlerins* contient des vues assez intéressantes ; mais la distinction qui est faite entre ces deux termes, comme s'ils se rapportaient en quelque sorte à deux degrés différents et successifs, ne nous paraît pas très fondée : le mot latin *peregrinus* a également les deux sens ; dans le Compagnonnage, il y a des « étrangers » et des « passants » (voyageurs ou pèlerins), mais ces dénominations correspondent à une différence de rite et non pas de degré ; et, dans la Maçonnerie elle-même, l'expression rituélique « voyager en pays étranger » (*To travel in foreign countries*) n'associe-t-elle pas étroitement les deux significations ? – Un autre article expose quelques considérations sur le *Point dans le cercle* ; mais comment peut-on traiter ce sujet sans faire même allusion au symbolisme du centre, qui est ici tout l'essentiel, et qui a une place si importante dans toutes les traditions ? – Notons encore la suite de l'étude historique sur les *Culdees* que nous avons déjà signalée.

— Dans le *Symbolisme* (numéro de juin), Oswald Wirth expose l'idée qu'il se fait du *Traditionalisme* ; ce vocable sert assurément à désigner bien des choses diverses, et qui souvent n'ont que fort peu de rapport avec le véritable esprit traditionnel... – J. Corneloup, sous le titre *La Rose sur la Croix*, étudie les symboles du 18ème degré écossais, lequel est bien « inspiré par l'ésotérisme chrétien », et plus précisément sous sa forme hermétique, mais, par là même qu'il s'agit d'ésotérisme et d'initiation, ne saurait être « d'essence mystique » ; la fréquence de cette confusion a vraiment quelque chose d'étrange. – Dans le numéro de juillet, Oswald Wirth revient sur *Les méfaits du gouvernementalisme maçonnique* ; il n'a certes pas tort de dénoncer tout ce qui, « constitué sur un modèle politique profane », n'a réellement rien à voir avec ce que doit être une organisation initiatique ; mais comment peut-on dire que « les Maçons ne sont pas encore adultes au point de vue initiatique » et qu'« ils ne commencent qu'à se faire une idée de l'initiation », alors que la vérité est que justement ils ont commencé à perdre cette idée (tout en conservant cependant la chose, fût-ce inconsciemment) à partir du jour où furent introduites les formes profanes en question, et que depuis lors cette dégénérescence n'a fait qu'aller généralement en s'accentuant ? – « Diogène Gondeau » se livre à quelques réflexions sur *L'Enfer*, dont il veut faire « une réalité psychologique » ; il paraît que c'est là « faire preuve d'esprit en pénétrant le sens profond des symboles traditionnels » ; s'il n'avait pris soin de nous en avertir, nous ne nous serions certes pas douté de la « profondeur » d'une telle façon de voir ! – Les deux numéros contiennent une étude d'Armand Bédarride sur *Le Problème religieux* ; l'opposition qu'il cherche a établir entre les « mythes » et les « dogmes » nous paraît bien peu justifiée, comme on pourra le comprendre sans peine par les considérations que nous exposons d'autre part dans notre article qui touche précisément à ce sujet. Il y a là bien d'autres points qui demanderaient à être examinés d'assez près, notamment en ce qui concerne le rôle attribué au protestantisme et à l'humanisme ; ne pouvant songer à entrer dans le détail, nous dirons seulement que le « sentiment religieux », sous quelque forme qu'il se présente, est fort loin de suffire à constituer la religion, et que vouloir les identifier est encore une des erreurs dues à ce

« psychologisme » dont sont malheureusement imbus tant de nos contemporains.

Décembre 1935

Dans *Atlantis* (n° de juillet-août), M. Paul le Cour parle d'un voyage qu'il a fait au Portugal et aux Açores, à la recherche des vestiges de l'Atlantide ; les résultats n'en semblent pas bien « sensationnels »... Il a pourtant fait une découverte : c'est que le serpent symbolique qui se retrouve dans de nombreuses traditions doit avoir été primitivement une anguille, « poisson de l'Atlantide » ; et il en prend prétexte pour partir encore en guerre contre l'Inde (curieusement désignée par lui comme l'Extrême-Orient), qui « ignore *Aor* » et « n'a conservé que le symbole d'*Agni* sous la figure répugnante (!) du serpent cobra » ; toute question de goût esthétique à part, on perdrait sans doute son temps à lui expliquer que ledit serpent n'a absolument rien à voir avec *Agni* et aussi qu'il est tout naturel que la tradition hindoue ne s'exprime pas en hébreu... Mais du moins ferait-il bien de relire attentivement les premiers versets de la Genèse : il s'apercevrait peut-être qu'on n'y voit pas « la lumière flotter sur les eaux » ! Notons encore quelques autres trouvailles moins importantes, comme le rapport du nom de la mer des Sargasses avec le grec *sarx*, « chair », qui serait aussi celui du poulpe (nous nous souvenons qu'il avait donné jadis une explication quelque peu différente, suivant laquelle il fallait d'abord traduire « chair » par « pulpe » pour arriver au « poulpe »,... lequel, à la vérité, vient tout simplement du *polupous*), ou celui du mot *corrida*, dont la dérivation latine est bien évidente, avec le nom de la divinité celtique *Corridwen* ! – Dans le n° de septembre-octobre, M. Paul le Cour sacrifie à l'« actualité » en parlant de *L'Éthiopie et l'Atlantide* : il fait d'ailleurs complètement fausse route en cherchant à désigner certains prétendus responsables du présent conflit : mais ce qui est vraiment bien curieux, c'est de voir ce « défenseur de l'Occident » prendre parti pour l'Éthiopie, juste au moment où d'autres, précisément au nom de la « défense de l'Occident », viennent de lancer un manifeste en sens contraire ; que ne se mettent-ils d'accord entre eux ? Encore une petite remarque : il paraît que les Atlantes auraient été appelés parfois Éthiopiens ; en admettant que ce soit exact, faut-il en conclure que « les Atlantes ne pouvaient être qu'une race noire » (ce qui, soit dit en passant, contredirait d'ailleurs formellement leur prétendue identification avec les Hyperboréens) ? Les Chinois aussi se désignent eux-mêmes sous le nom de « têtes noires » ; sont-ils de race noire pour cela ? Il est fâcheux, pour quelqu'un qui se pique d'« hermétisme » de n'avoir pas songé à rapprocher de semblables désignations de l'antique nom de *Kemi*, et, par suite, du nom même de l'« alchimie » !

— Dans le *Speculative Mason* (numéro d'octobre), la suite de l'étude sur les *Culdees* conduit à l'examen de leurs rapports avec le Saint Graal, en tant qu'ils forment un lien entre les deux traditions druidique et chrétienne, et plus spécialement pour avoir conservé le symbolisme du « chaudron » ou vaisseau sacré des Druides, et aussi avec la Maçonnerie, soit comme constructeurs au sens littéral du mot, soit par certaines particularités de leur rituel, et par les allusions qui y sont faites à une cérémonie de « mort et résurrection » comparable à ce qu'on trouve également dans les mystères antiques. Un autre article reproduit, avec quelques commentaires, un document maçonnique publié en 1730, et qui paraît se rapporter à la Maçonnerie opérative telle qu'elle était pratiquée vers le début du XVIIIe siècle.

— Dans le *Grand Lodge Bulletin* d'Iowa (numéro de septembre), une étude est consacrée aux débuts de la Grande Loge d'Angleterre, et montre l'obscurité dont leur histoire est entourée : bien que la Grande Loge ait été organisée en 1717, ses procès-verbaux ne commencent qu'à la réunion du 24 juin 1723 ; dans les Constitutions de cette même année 1723, il n'est rien dit de son organisation, et c'est seulement dans l'édition de 1738 qu'Anderson ajouta une histoire de ses premières années, qui, au surplus, diffère sur beaucoup de points de ce qu'on en connaît par ailleurs ; n'y aurait-il pas eu quelques bonnes raisons pour envelopper ainsi de mystère le passage de la Maçonnerie opérative à la Maçonnerie spéculative ?

— Dans le *Symbolisme* (numéro d'octobre), Armand Bédarride traite de *La Mort du Compagnon* ; il s'agit de la « seconde mort » initiatique, mais envisagée d'une façon plutôt superficielle, comme si elle était simplement une « métamorphose psychologique à opérer dans la pratique de la vie », ce qui est assurément une notion fort insuffisante. Signalons aussi une étude de R.

Salgues sur *L'Étoile Flamboyante, canon de l'esthétique*, qui est inspirée surtout des travaux de M. Matila Ghyka sur le *Nombre d'or*.

— La revue *Visages du Monde* consacre aussi à l'Inde son n° de septembre-octobre, abondamment et fort bien illustré ; mais ici les articles ont un caractère purement descriptif et « pittoresque » ; il n'y a donc rien à redire, sauf pourtant à quelques notes sur les temples où l'on semble avoir voulu faire montre d'un esprit « plaisant », qui est d'assez mauvais goût.

— Dans le *Journal of the Indian Society of Oriental Art* (n° de juin 1935), M. Ananda K. Coomaraswamy a publié un intéressant article sur *L'opération intellectuelle dans l'art indien*, insistant surtout sur le rôle qu'y joue la « vision contemplative » (*yoga-dhyâna*), et non pas l'observation directe des choses naturelles, et montrant combien cette conception, proche de celle du moyen âge occidental, est par contre opposée à celle des modernes, pour qui l'œuvre d'art est uniquement destinée à procurer un plaisir d'ordre sensible.

— Dans le *Journal of the American Oriental Society* (vol. 55, n° 3), le même auteur étudie les différents sens du mot sanscrit *chhâyâ*, qui signifie d'abord « ombre », et ensuite « reflet » et « ressemblance » ; à cette occasion, de remarquables similitudes sont indiquées entre la tradition védique et la tradition chrétienne, et cela, comme le dit très justement l'auteur, « non pas pour démontrer des "influences", mais pour rappeler qu'il n'y a dans la doctrine védique rien d'exceptionnel, et que la voix de la tradition est partout la même ».

Année 1935 (mois inconnus)

— Le *Bulletin of the School of Oriental Studies* de Londres (vol. VII, 3ème partie, 1934) a publié une très intéressante étude de M. Ananda K. Coomaraswamy sur *« Kha » et autres mots signifiant « zéro » dans leur rapport avec la métaphysique de l'espace*. Cette étude montre très clairement, contre toutes les théories « empiristes » modernes, que les termes sanscrits dont il s'agit ont exprimé tout d'abord des conceptions d'ordre métaphysique, et que de là est dérivée ensuite leur application, par analogie, à des notions mathématiques ; et elle a pour conclusion la citation d'un passage d'*Orient et Occident* dans lequel nous avons défini, par opposition à la science moderne et profane, le caractère des sciences traditionnelles et leur dépendance à l'égard de la doctrine métaphysique.

— Du même auteur, dans les *Technical Studies in the field of the fine arts* publiés par l'Université Harvard de Boston (octobre 1934), une étude sur *La technique et la théorie de la peinture indienne*, dans laquelle nous noterons, comme plus particulièrement intéressant à notre point de vue, le fait que le peintre n'exécutait pas son tableau d'après un modèle placé devant lui, mais d'après une image mentale, ce qui apparentait directement son art à une forme de *dhyâna-yoga*, et qu'ainsi il voyait moins les détails sensibles des choses que leurs prototypes intellectuels.

— La revue *Yoga* est l'organe d'un *Yoga Institute* dont l'organisation nous paraît bien « moderne », et qui, bien qu'il ait son siège dans l'Inde, comprend dans son comité une assez forte proportion d'éléments occidentaux. Dans le n° de juin-juillet, nous trouvons un article sur la « réalisation du Soi » d'un caractère plutôt élémentaire, et dont la terminologie n'est pas parfaitement claire, notamment en ce qui concerne l'emploi des mots « métaphysique » et « mysticisme » ; un autre énumère les textes permettant aux femmes l'étude du *Yoga*, ce qui est une question fort controversée ; il y a également l'indication de quelques exercices, avec une visible préoccupation de les adapter aux capacités des *lay students* (*lay* pourrait assez bien se traduire par « profane ») ; et il semble que le point de vue physiologique et thérapeutique joue aussi là-dedans un assez grand rôle.

— Le *Larousse mensuel* (n° d'octobre) publie un assez long article sur *La pensée indienne* : à vrai dire, il s'agit plutôt de la pensée des orientalistes sur les doctrines indiennes, car ce n'est en somme qu'un consciencieux résumé de leurs opinions les plus courantes à ce sujet : on retrouve là leur conception « évolutionniste », leur chronologie plus que contestable, leurs étiquettes philosophiques appliquées à tort et à travers, et de nombreuses interprétations fantaisistes que nous ne pouvons relever dans le détail. Au début, l'auteur déclare que, « pour comprendre les philosophes (*sic*) de l'Inde, il faut renoncer aux habitudes intellectuelles de l'Occident chrétien » ; il eut été beaucoup plus juste de dire qu'il faut renoncer surtout à celles de l'Occident moderne, lequel n'a certes rien de chrétien ! Les illustrations qui accompagnent cet article valent mieux que le texte, dont les lecteurs ne pourront malheureusement tirer que des notions bien peu exactes sur les doctrines hindoues et même bouddhiques.

Janvier 1936

— Dans le *Grand Lodge Bullletin* d'Iowa (numéro d'octobre), la suite de l'étude sur les débuts de la Grande Loge d'Angleterre est consacrée cette fois en grande partie aux attaques dirigées contre la Maçonnerie pendant la première moitié du XVIIIe siècle ; on voit que l'« antimaçonnisme » n'est pas une chose récente, bien que, suivant les époques, il ait revêtu des formes notablement différentes.

— Dans le *Symbolisme* (numéro de novembre), Oswald Wirth parle des *Bases intellectuelles de la Maçonnerie*, c'est-à-dire en somme de la question des *landmarks*, mais d'une façon qui est bien loin de pouvoir y apporter une solution : il croit en effet que la Maçonnerie doit « évoluer et s'instruire pour prendre pleine conscience d'elle-même », alors qu'il s'agirait en réalité, pour avoir cette conscience, de revenir à l'esprit traditionnel des origines ; il doit être bien entendu, d'ailleurs, que ces origines ne datent pas de 1717... – G. Persigout expose, sur ce qu'il appelle la « *Topographie mentale* » du *Cabinet de Réflexion*, des vues assez curieuses, mais qui s'inspirent de données quelque peu mêlées et de valeur fort inégales ; tout cela aurait besoin d'être « clarifié » et pourrait l'être, à la condition de ne faire intervenir ni l'occultisme ni la philosophie dans une question qui est d'ordre strictement initiatique.

— Dans le *Brooklyn Museum Quarterly* (n° d'octobre), M. Herbert J. Spinden, parlant des *Arts primitifs de l'Ancien et du Nouveau Monde*, fait remarquer que la conception soi-disant « primitive » est, en réalité, celle qui a été commune à presque tous les peuples et à presque toutes les époques, et qu'il semble qu'il n'y ait eu en somme « que deux écoles fondamentales d'art dans le monde entier » : celle-là, qui repose essentiellement sur des idées d'ordre « intuitif », et celle qui procède des analyses logiques des philosophes grecs, passées plus tard dans le domaine de la pensée commune ; cette dernière est, naturellement celle qui répond à la conception moderne, et elle apparaît en quelque sorte comme en dehors de ce qu'on peut appeler l'art « normal ». Toutes ces vues sont fort justes, et nous n'avons qu'une réserve à faire : n'est-ce pas une regrettable concession aux idées modernes que de considérer comme des « illusions », même en les qualifiant de « grandes et nobles », les conceptions qui furent celles de toutes les civilisations normales, indemnes de la déviation « humaniste » qui est caractéristique de notre temps ?

— Le *Compagnon du Tour de France* (n° de novembre) reproduit l'article de notre collaborateur J. H. Probst-Biraben sur *Maître Jacques et Jacques de Molay*.

Mars 1936

— Le n° de décembre d'*Atlantis* a pour sujet principal *L'Allemagne et l'Atlantide* ; on y trouve un aperçu des principaux ouvrages publiés récemment en Allemagne et dont les auteurs veulent rattacher la civilisation de leur pays à des origines tantôt nordiques, tantôt atlantéennes, car tout cela est plein de confusions, qui montrent bien que les partisans les plus déterminés de la prétendue « race âryenne » ne savent pas trop eux-mêmes ce qu'ils doivent entendre par là. Bien entendu, M. Paul le Cour ne manque pas d'agrémenter son exposé de quelques fantaisies sur *Aor-Agni* et sur le *swastika* « symbole de la force » : signalons-lui, à ce propos, que ce n'est pas un *swastika* que le dieu Thor tient à la main, mais un marteau, ce qui n'a aucun rapport, quoi qu'en puissent dire certains ; nous ne voyons pas du tout en quoi le *swastika* peut ressembler à un marteau, non plus d'ailleurs qu'à un instrument pour produire le feu...

— Dans le *Speculative Mason* (numéro de janvier), signalons spécialement un intéressant article sur les découvertes archéologiques faites à *Ras Shamra*, et qui semblent destinées à renverser les assertions de l'« hypercritique » moderne contre l'antiquité des textes bibliques. Les rapprochements linguistiques de l'auteur appellent parfois des réserves, et certains d'entre eux paraissent dus uniquement à une transcription fautive ou insuffisante ; la confusion des lettres *aleph* et *aïn*, entre autres, y joue un certain rôle. Nous ne voyons pas non plus comment le nom d'*El-Khidr* (qui n'est certes pas « adoré par les Musulmans », mais simplement vénéré comme un prophète) pourrait être dérivé de celui du *Xisuthros* chaldéen, sans compter qu'*El* n'y est point le nom divin hébraïque, mais tout simplement l'article arabe ; mais tout cela, bien entendu, n'affecte pas l'essentiel, c'est-à-dire la comparaison des tablettes de *Ras Shamra* avec l'Ancien Testament. – Notons aussi la reproduction d'un curieux manuscrit maçonnique portant la date de 1696.

— Dans le *Grand Lodge Bulletin* d'Iowa (numéros de novembre et décembre), étude historique sur la « Grande Loge d'York », dont l'existence est connue de façon certaine de 1725 à 1792, mais qui paraît remonter plus haut, et qui prétendait même rattacher son origine à l'assemblée tenue pour la première fois à York en 926 ; les documents établissant une filiation aussi lointaine font naturellement défaut, mais ce n'est sans doute pas là une raison suffisante pour la rejeter comme purement légendaire, quoi qu'aient pu en dire des historiens imbus de la superstition du document écrit.

— Dans le *Symbolisme* (numéro de décembre), article de G. Persigout sur *Le Savoir et la Vie*, qui sont en somme pour lui la spéculation et l'action, et qu'il voudrait « réconcilier en les "intériorisant", selon les règles de l'ésotérisme traditionnel ». Il examine la question du recrutement et de la sélection, sur laquelle il exprime des vues assez justes, bien que l'idée de la « qualification » initiatique n'y soit pas nettement dégagée ; mais il est douteux que la préparation des candidats puisse être réalisée de façon bien efficace par de simples conférences, fussent-elles de « propagande initiatique », deux mots dont l'assemblage constitue d'ailleurs une véritable contradiction.

Avril 1936

— *Atlantis* (n° de février) consacre cette fois son principal article à *L'Atlantide et les Mégalithes* ; M. Georges Poisson y recherche ce que peut être le « peuple des dolmens », et il pense qu'il devait être « de complexion nordique », ce qui ne s'accorde guère avec l'hypothèse d'une origine atlantéenne ; ce peuple aurait porté le nom de *Vanes*, qui se retrouve dans plusieurs régions sous des formes plus ou moins modifiées ; nous pouvons ajouter que ce nom est le même que celui des « Phéniciens » primitifs auxquels nous faisions allusion récemment à propos de la « Terre du Soleil », ce qui achève de montrer qu'il s'agit bien, non pas d'Atlantes, mais d'Hyperboréens. Vient ensuite un autre article intitulé *L'énigme dolménique*, dont l'auteur cherche à prouver, par des considérations inspirées du plus bel esprit « scientiste », que cette énigme n'existe pas : les dolmens auraient été tout simplement des sépultures, dont la « superstition » qu'on est convenu d'attribuer aux « primitifs » aurait d'ailleurs fait tout naturellement des temples et même des « officines de magie » ; et il paraît que, probablement pour éviter de ressembler aux dits « primitifs », nous avons « le devoir de chasser de notre esprit la hantise du mystère » ! – D'autre part, revenant à la question *Italie et Éthiopie*, M. Paul le Cour, au milieu de fantaisies diverses, éprouve le besoin de nous nommer, d'une façon qui paraît vouloir sous-entendre nous ne savons trop quelles insinuations ; pour y couper court en tout état de cause, nous redirons encore une fois : 1° que « nos doctrines » n'existent pas, pour la bonne raison que nous n'avons jamais fait autre chose que d'exposer de notre mieux les doctrines traditionnelles, qui ne sauraient être la propriété de personne ; 2° que chacun est naturellement libre de citer nos écrits, à la condition de le faire « honnêtement » c'est-à-dire sans les déformer, et que cela n'implique de notre part ni approbation ni désapprobation des conceptions particulières de celui qui les cite ; 3° que le domaine de la politique nous étant absolument étranger, nous refusons formellement de nous associer à toute conséquence de cet ordre qu'on prétendrait tirer de nos écrits, dans quelque sens que ce soit, et que par conséquent, à supposer que la chose se produise, nous n'en serons assurément pas plus responsable, aux yeux de toute personne de bonne foi et de jugement sain, que nous ne le sommes de certaines phrases que nous a parfois attribuées gratuitement la trop fertile imagination de M. Paul le Cour lui-même !

— Dans le *Rayonnement Intellectuel*, M. L. Charbonneau-Lassay étudie les figurations du *Signaculum Domini* sur les objets et vêtements liturgiques et sur les monnaies (n° de mai-juin 1935), sur les harnais de guerre et sur les productions de l'ancienne céramique chrétienne (n° de juillet-août), dans l'ancien art sculptural et sur les anciens bijoux chrétiens (n° de septembre-octobre), dans l'art du livre pendant le premier millénaire chrétien (n° de novembre-décembre). Ce *Signaculum Domini* ou « Sceau du Seigneur », qui est considéré comme représentant les cinq plaies du Christ, est constitué le plus souvent par une croix centrale accompagnée de quatre croix plus petites placées entre ses branches, comme dans la forme dite « croix de Jérusalem » ; mais il en existe de nombreuses variantes, et, notamment, les petites croix peuvent être remplacées par de simples points. Sous cette dernière forme, ce symbole se rencontre d'ailleurs à des époques fort antérieures au Christianisme, et certains lui ont donné, nous ne savons trop pourquoi, la dénomination bizarre de « croix swasticale » ; on le trouve en particulier assez fréquemment sur les vases archaïques d'Asie Mineure, concurremment avec diverses variétés du *swastika*. Ajoutons que cette même croix avec quatre points est également un symbole rosicrucien connu, de même que la croix aux cinq roses qui figure aussi parmi les formes du *Signaculum Domini*, ainsi que nous le signalons d'autre part à propos des fleurs symboliques.

— Dans le *Grand Lodge Bulletin* d'Iowa (n° de janvier), étude sur le « Rite d'York », les raisons de cette dénomination et le sens qu'il convient de lui attribuer exactement.

— Dans le *Symbolisme* (n° de janvier), G. Persigout parle de *La Connaissance*, qu'il a parfaitement raison de distinguer du « savoir », mais qui, cependant, n'a rien à voir non plus avec l'« imagination créatrice ». – Dans le n° de février, le même auteur traite *De la permanence du Symbole à travers l'évolution des Mythes* ; outre que nous ne voyons pas très bien ce que peut être l'« hypothèse panpsychique » à laquelle il fait des allusions quelque peu énigmatiques, la différence qu'il veut établir entre « symboles » et « mythes » n'est peut-être pas très justifiée, pour les raisons indiquées dans l'article que nous avons, il y a quelque temps, consacré précisément à cette question.

Mai 1936

— *Le Larousse mensuel* (numéro de mars) contient un article sur *La Religion et la Pensée chinoises* ; ce titre même est bien caractéristique des ordinaires confusions occidentales. Cet article paraît inspiré pour une bonne part des travaux de M. Granet, mais non pas dans ce qu'ils ont de meilleur, car, dans un semblable « raccourci », la documentation est forcément bien réduite, et il reste surtout les interprétations contestables. Il est plutôt amusant de voir traiter de « croyances » les connaissances traditionnelles de la plus scientifique précision, ou encore affirmer que « la sagesse chinoise reste étrangère aux préoccupations métaphysiques »… parce qu'elle n'envisage pas le dualisme cartésien de la matière et de l'esprit et ne prétend pas opposer l'homme à la nature ! Il est à peine besoin de dire, après cela, que le Taoïsme est particulièrement mal compris : on s'imagine y trouver toute sorte de choses, excepté la doctrine purement métaphysique qu'il est essentiellement en réalité…

— Dans le *Grand Lodge Bulletin* d'Iowa (numéro de février), étude sur la Grande Loge d'Athol, dite des « Anciens », qui fut organisée en 1751, probablement par des Maçons irlandais résidant à Londres, et à laquelle se joignirent des membres des Loges anglaises demeurées indépendantes après la fondation de la Grande Loge d'Angleterre et opposées aux innovations introduites par celle-ci, qui fut dite des « Modernes » pour cette raison ; l'union des deux Grandes Loges rivales ne se fit qu'en 1813.

— Dans le *Symbolisme* (numéro de mars), Albert Lantoine écrit une assez curieuse *Apologie pour les Jésuites*, faisant remarquer que les accusations que certains lancent contre ceux-ci sont tout à fait semblables à celles que d'autres dirigent contre la Maçonnerie. – Sous le titre *La Flamme ne meurt pas*, Marius Lepage fait quelques réflexions sur l'état présent de la Maçonnerie ; il y cite notamment un passage de ce que nous avons écrit à propos d'un article publié dans le *Mercure de France*, mais il ne semble pas qu'il en ait entièrement saisi le sens : pourquoi penser que la question que nous posions à la fin fasse nécessairement appel à « un homme » ? – G. Persigout étudie *La Caverne, image et porte souterraine du Monde* ; il signale très justement le caractère de sanctuaires des cavernes préhistoriques, et il y voit un rapport avec l'origine du culte des pierres sacrées ; mais il y aurait encore bien d'autres choses à dire sur ces questions, et peut-être aurons-nous à y revenir quelque jour.

— Dans les *Acta Orientalia* (vol. XIV), M. A. M. Hocart publie un article intitulé *The Basis Of Caste*, où il déclare nettement que, pour comprendre une institution comme celle dont il s'agit, il est nécessaire, au lieu de s'en rapporter à certaines idées préconçues, de se placer au point de vue même du peuple auquel elle appartient ; cela nous change fort heureusement de l'attitude habituelle des orientalistes ! S'appuyant sur les observations qu'il a faites à Ceylan, il montre que la caste, quelle qu'elle soit, est surtout liée à des éléments d'ordre rituel ; mais peut-être, quand il parle à ce propos de « sacerdoce », y a-t-il dans cette explication quelque chose d'un peu inexact. La vérité est qu'il s'agit là du caractère « sacré » que revêt toute fonction et même tout métier dans une organisation sociale traditionnelle, ainsi que nous l'avons souvent expliqué ; et cela confirme bien encore que le « profane » n'est rien d'autre que le produit d'une simple dégénérescence.

Juin 1936

— Dans le *Speculative Mason* (numéro d'avril), un article intitulé *The preparation for death of a Master Mason* contient des vues intéressantes sur le véritable sens de l'« immortalité » ; ce qui y est dit paraît d'ailleurs, d'une façon générale, pouvoir s'appliquer surtout à la « mort initiatique ». – Signalons aussi une étude comparative de plusieurs anciens manuscrits maçonniques qui ont été reproduits précédemment ; il en résulte de curieuses constatations quant aux déformations qu'ont subies avec le temps certains termes qui étaient jadis en usage dans la Maçonnerie opérative.

— Dans le *Grand Lodge Bulletin* d'Iowa (numéro de mars), suite de l'étude sur la Grande Loge d'Athol ou des « Anciens » ; il est intéressant de noter que parmi les innovations que ceux-ci reprochaient aux « Modernes », figure, à côté de certains changements dans le rituel et les moyens de reconnaissance, le fait de ne pas observer régulièrement les fêtes des deux saints Jean.

— Dans le *Symbolisme* (numéro d'avril), Oswald Wirth écrit sur *Les vrais Landmarks* un article remarquablement vague, et qui n'apporte guère de clarté sur cette question si controversée ; nous ferons seulement remarquer que ce n'est certes pas en s'écartant de plus en plus de la tradition opérative que la Maçonnerie peut demeurer réellement initiatique. – Albert Lantoine intitule *Les Indésirables* un article vraiment dur pour les politiciens et surtout pour les parlementaires. – G. Persigout, comme suite à son précédent article, parle de *L'Antre, lieu d'évocations et d'oracles* ; il y envisage les choses à un point de vue un peu trop exclusivement « physique », mais certaines remarques qu'il ne fait guère qu'esquisser pourraient, si on les approfondissait, conduire à des considérations d'une certaine importance relativement à la « géographie sacrée ».

— Depuis longtemps, nous n'avions pas eu à nous occuper de la *Revue Internationale des Sociétés Secrètes*, celle-ci paraissant vouloir se cantonner sur un terrain politique qui ne nous regarde en rien ; mais voici qu'elle publie, dans son numéro du 1er avril, un article sur *L'Occultisme contemporain*, signé J. Ravens, qui rappelle étrangement la « manière » de quelques-uns de ses défunts collaborateurs. On y entretient une savante confusion entre des choses qui relèvent respectivement de l'initiation, de la pseudo-initiation et de la contre-initiation ; en même temps, on parle de l'astrologie avec de curieux ménagements, ce qui, à vrai dire, est de rigueur dans une revue fondée par l'astrologue Fomalhaut ! En tête d'une énumération des publications « occultistes », on éprouve le besoin de placer le *Voile d'Isis* ; combien de fois nous faudra-t-il donc protester contre cette calomnie ? En ce qui nous concerne plus particulièrement, on affirme que nous avons fait partie du Rite « judéo-égyptien » (?) de Misraïm, ce qui est non seulement faux, mais matériellement impossible : étant donné le temps depuis lequel ce Rite a cessé toute activité, il faudrait pour cela que nous ayons un âge que nous sommes loin d'avoir atteint ! Encore est-il bien honnête, de la part de ces Messieurs, de reconnaître que, entre nous et certaines organisations d'un caractère plus que suspect, « les ponts sont coupés » ; nous regrettons d'être moins sûr, après avoir lu cet article, qu'ils le soient aussi entre la *R.I.S.S.* elle-même et... certaines autres choses auxquelles nous avons été obligé jadis de faire quelques allusions qu'on a paru trouver plutôt embarrassantes...

— *Synthesis*, nouvelle publication dirigée par M. Félix Valyi, déclare « s'inspirer résolument d'un principe métaphysique », et se propose pour but un rapprochement intellectuel et spirituel entre les différentes civilisations ; ces intentions méritent assurément une entière approbation. Nous craignons seulement qu'il n'y ait quelques illusions sur le rôle que les orientalistes peuvent jouer à cet égard, et aussi que l'« éclectisme » ne soit poussé un peu trop loin. Parmi les articles d'un caractère très varié, en français et en anglais, que contient le premier volume, il en est dont la juxtaposition est quelque peu contradictoire : ainsi, à côté d'un article protestant très justement contre l'imitation de l'Occident dans le monde islamique, n'est-il pas regrettable d'en rencontrer un autre qui préconise la « sécularisation » de la législation de l'Inde, c'est-à-dire la suppression radicale de tout ce qui lui confère un caractère traditionnel ? – Signalons, comme plus particulièrement intéressant à notre point de vue, un article intitulé *Comment interpréter les termes philosophiques hindous*, par Mme Betty Heimann, qui représente un réel effort de compréhension ; malheureusement, les résultats en sont de valeur assez inégale, étant parfois affectés par l'idée même qu'il s'agit de « philosophie », et aussi par une notion de « dynamisme » qui n'est pas des plus claires ; mais cela n'empêche qu'il y a là des vues très dignes de remarque sur certains points, notamment sur le rôle essentiel de la racine verbale, ainsi que sur la valeur propre du rythme et du son. – Sous le titre *Fundamentals in Buddhist thought*, M. Bruno Petzold donne une importante étude dans laquelle il s'efforce d'élucider les principales notions du Bouddhisme, suivant le point de vue du *Mahâyâna*, en prenant comme plan la division du *Triratna* (*Buddha, Dharma, Sangha*), et en s'inspirant principalement des sources japonaises. – Notons encore, dans un autre ordre d'idées, les dernières pages d'un article sur *La Politique mondiale du Vatican*, où M. F. W. Foerster exprime, en vue d'une entente entre l'Orient et l'Occident, le vœu que l'Église catholique s'intéresse, « officiellement » en quelque sorte, à la compréhension des traditions métaphysiques de l'Asie. Nous craignons malheureusement que cette idée ne soit pas inspirée que par des motifs entièrement désintéressés et vraiment « universalistes » : « reconnaître toute la grandeur de la sagesse orientale », cela est parfait ; mais, quand on ajoute : « comme l'Église a reconnu dans le passé la sagesse grecque en tant que force spirituelle », c'est d'abord vouloir assimiler des choses qui ne sont pas réellement du même ordre, car tradition n'est pas philosophie, et cela nous rappelle aussi certaines arrière-pensées d'« annexion » que, sous des formules assez semblables, nous avons déjà rencontrées ailleurs ; nous n'avons, hélas ! que trop de raisons de nous méfier…

— Dans le *Rayonnement Intellectuel* (n° de janvier-février) M. L.

Charbonneau-Lassay étudie *Le Signaculum Domini dans l'héraldique médiévale* ; à cette occasion, il expose quelques considérations générales sur l'héraldique, qui est beaucoup plus ancienne qu'on ne le dit communément, et qui, en un certains sens, est même véritablement de tous les temps, car on en rencontre l'équivalent dans toutes les civilisations antiques ; ce n'est d'ailleurs, en fait, qu'un usage particulier du symbolisme.

— Le *Compagnon du Tour de France* (n° d'avril) reproduit le début de l'article de notre collaborateur Élie Lebasquais sur *L'Architecture sacrée des Cathédrales*.

— Dans *Atlantis* (n° de mars), M. Paul le Cour se livre à de bien étranges commentaires sur *L'Apocalypse et les temps actuels* ; nous ne voulons pas y insister, mais ceux qui aiment les lectures « distrayantes » pourront passer là quelques bons moments... Remarquons que, dans son langage, le mot *Apocalypse* est masculin ; y aurait-il quelque raison « cabalistique » à cette particularité ? – Un de ses collaborateurs veut rendre Pline responsable de l'apparent oubli de l'Atlantide au moyen âge, ce qui nous semble un peu excessif ; il est vrai que ce n'est guère là que le prétexte à un grand étalage d'érudition.

Juillet 1936

— *Atlantis* (n° de mai) publie une conférence sur *Inspiration et Prophétisme*, dont l'auteur, M. Gaston Luce, semble croire que la « clairvoyance » et autres facultés psychiques du même ordre « nous mettent en relation avec le monde de l'esprit », et même qu'elles sont assimilables à « l'intuition envisagée sous sa forme spirituelle et métaphysique » ; ne confondrait-il pas fâcheusement la « métaphysique » avec la « métapsychique »... et « l'esprit » avec « les esprits » ou soi-disant tels ? – Dans diverses notes, M. Paul le Cour reparle encore à plusieurs reprises du Hiéron du Val d'Or, dont le directeur, paraît-il, « était doué du pouvoir prophétique » (!), et dont il déclare vouloir « continuer l'œuvre » ; enregistrons ces affirmations sans les affaiblir par le moindre commentaire... et attendons sans trop d'impatience la venue de l'« ère du Verseau » !

— Dans le *Grand Lodge Bulletin* d'Iowa (numéro d'avril), suite de l'examen des principales divergences entre les « Anciens » et les « Modernes » ; en dehors des différences d'ordre plutôt « administratif », notons l'emploi par les « Anciens » d'un alphabet maçonnique d'origine « opérative », et aussi la controverse concernant la place du grade de *Royal Arch* dans la Maçonnerie. – Dans le numéro de mai, il est encore question de quelques autres Grandes Loges dissidentes, peu importantes d'ailleurs et dont la durée ne fut qu'éphémère. Un point assez curieux, c'est l'existence en Angleterre, au XVIIIe siècle, d'une *Scotts Masonry*, qui semble avoir constitué une sorte de degré spécial, mais sur laquelle on ne possède aucun renseignement précis ; s'agirait-il de quelque chose de similaire au grade de « Maître Écossais » qui était pratiqué en France à la même époque ?

— Les *Archives de Trans-en-Provence* publient, depuis 1931 (mais nous n'en avons eu connaissance que tout récemment), de très intéressantes études sur les origines de la Maçonnerie moderne, dues à leur directeur, M. J. Barles ; celui-ci a entrepris ces recherches d'une façon entièrement indépendante et sans aucun parti pris, et c'est sans doute pour cela que, sur bien des points, il approche de la vérité beaucoup plus que tous les historiens plus ou moins « officiels ». Pour lui, la véritable Maçonnerie n'est certes pas, comme le disent certains, « l'institution née en 1717 » ; il voit bien plutôt cette dernière comme le schisme qu'elle fut en réalité. Quant aux raisons de ce schisme, nous trouvons qu'il a une tendance (d'ailleurs explicable par le fait que ce fut là le point de départ de ses recherches) à s'exagérer le rôle qu'ont pu y jouer les protestants français réfugiés en Angleterre à la suite de la révocation de l'Edit de Nantes ; en fait, à la seule exception de Desaguliers, on ne voit pas qu'ils aient pris une part active à l'organisation de la Grande Loge. Cela ne change d'ailleurs peut-être rien au fond des choses : les fondateurs de la Grande Loge, quelle qu'ait été leur origine, étaient en tout cas incontestablement des « Orangistes » ; et il y avait là une intrusion de la politique à laquelle les Maçons fidèles à l'ancien esprit initiatique de leur Ordre n'étaient pas moins opposés qu'aux diverses innovations qui s'ensuivirent. M. Barles fait remarquer très justement que les Loges qui s'unirent en 1717 étaient toutes de formation très récente, et aussi que, d'autre part, il y avait encore à cette époque beaucoup plus de Loges opératives en activité qu'on ne le dit d'ordinaire. Un point sur lequel nous nous permettrons de n'être pas de son avis, cependant, c'est celui qui concerne l'incendie des archives de la Loge de Saint-Paul : selon toute vraisemblance, les responsables n'en furent point des Maçons traditionnels craignant qu'on ne publiât les *Old Charges*, ce dont personne n'eut jamais sérieusement l'intention, mais, bien au contraire, les novateurs eux-mêmes, qui précisément n'avaient rassemblés ces anciens documents que pour les faire disparaître après en avoir utilisé ce qui leur convenait, afin qu'on ne pût faire la preuve des changements qu'ils y avaient introduits. Il est fâcheux aussi que l'auteur ait cru que « spéculatif », voulait dire simplement « non professionnel » ; là-dessus, nous renverrons à l'article qu'on pourra lire d'autre part, et dans lequel nous expliquons le véritable sens des mots « opératif », et « spéculatif ». Dans ce même article, nous donnons aussi l'explication des termes « Maçons libres et acceptés » sur lesquels il s'est mépris également, faute d'en connaître l'interprétation traditionnelle, qui, du reste, n'a jamais donné lieu à aucune divergence. Il ne semble pas connaître non plus les relations symboliques par lesquelles s'explique le rôle des deux saints Jean dans la Maçonnerie, ni l'origine antique des « fêtes solsticiales » ; mais, après tout, ces diverses lacunes sont bien excusables chez quelqu'un qui, visiblement, n'a jamais fait de ces questions une étude spéciale. Signalons d'autre part que M. Barles a retrouvé par lui-même quelque chose qui se rapporte à un secret « opératif » bien oublié aujourd'hui : il s'agit de la correspondance « psychique », des signes et attouchements, c'est-à-dire, en somme, de leur correspondance avec la « localisation » des centres subtils de l'être humain, à laquelle il nous est arrivé de faire nous-même quelques allusions ; et il en conclut, avec beaucoup de raison, qu'il y a là l'indication d'un lien direct avec les grandes initiations de l'antiquité. Nous aurons certainement, par la suite, et à mesure de leur publication, à revenir sur ces travaux, dont nous tenons à redire encore tout le mérite et l'intérêt.

— Dans le *Symbolisme* (n° de mai), G. Persigout continue sa série d'études par *Les Déesses-Mères et les Sanctuaires métroaques* ; il y a là encore, entre les vestiges de diverses traditions archaïques, des rapprochements intéressants, mais qui ne sont pas tous également incontestables. L'ensemble des « trois mondes » ne peut pas être qualifié de « Trimourti cosmique » ; le « régime originel du matriarcat » n'est qu'une hypothèse bien sujette à caution ; et la question des « Dieux noirs » n'est pas résolue d'une façon entièrement satisfaisante. – Un discours intitulé *La Tradition sacrée d'Israël*, publié en supplément, est d'un ton qui veut probablement être plaisant, mais qui ne réussit qu'à être bien « profanement » désagréable.

— Le « Club du Faubourg » a consacré une séance, le 9 juin, à *L'Occultisme à Paris* ; c'est là une chose qui ne devrait assurément nous concerner en aucune façon, mais il paraît pourtant que nous y fûmes « convoqué » (?) et en quelle compagnie ! Comme nous n'apprécions guère les mauvaises plaisanteries, on doit se douter sans peine que, même si une « convocation » avait matériellement pu nous toucher, nous ne nous y serions certes pas rendus. Mais le côté réellement intéressant et instructif de cette histoire consiste en ceci : le programme comportait une liste de la « presse occultiste » ; or cette liste avait été copiée textuellement, et en suivant scrupuleusement l'ordre d'énumération, dans… l'article de la *R.I.S.S.*, du 1er avril dont nous avons parlé le mois dernier ! Nous n'y avons relevé que deux modifications : la suppression d'une revue qui, apparemment, a cessé de paraître, et l'addition d'une autre… qui n'a jamais existé : un mot imprimé en capitales au début d'un alinéa, et qui se rapportait simplement à un article cité, a été pris pour le titre d'un périodique et est venu à son rang comme tel ; et cette erreur même ne peut laisser subsister le moindre doute sur la « source » de la liste en question. Nous ne pouvions vraiment passer cette « curiosité » sous silence, car voilà qui jette encore une lueur bien singulière sur certaines « ramifications » !

Octobre 1936

— Le n° de juillet d'*Atlantis* a pour titre général *Les Argonautes et la Toison d'Or* ; M. Paul le Cour y envisage surtout le voyage des Argonautes comme remontant en quelque sorte les étages suivis par la tradition à partir de son centre nordique originel ; ce pourrait être là un beau sujet de « géographie sacrée »… à la condition de n'y pas introduire trop de fantaisie. – M. Eugène Canseliet étudie l'interprétation hermétique de la Toison d'Or, suivant les conceptions spéciales d'une certaine école où, à ce qu'il nous semble, on donne à l'*argot* une importance quelque peu excessive. Peut-être est-ce pour cela qu'on pourrait relever dans son article tant d'explications linguistiques sujettes à caution ; mais nous nous contenterons d'en relever une qui dépasse par trop les bornes permises : le mot *élixir* ne dérive pas du grec, mais est purement arabe ; le simple article *al* qui entre dans sa composition n'a rien à voir avec le soleil, et, pour le reste, la racine *Ksr* est bien loin d'*ixis* ! Il est vrai que, après tout, cela vaut bien l'*Iberborée* de M. Paul le Cour, et que, de l'argot... nautique, il n'est que trop facile de passer au *bara-gwin*...

— Le *Speculative Mason* (numéro de juillet) contient deux notes sur le symbolisme de la *Mark Masonry*, ainsi que le début d'une étude sur les rapports particuliers de celle-ci avec le grade symbolique de Compagnon : sur ce point comme sur bien d'autres, le passage de l'« opératif » au « spéculatif », semble n'avoir pas été sans introduire d'assez singulières confusions. – La suite de l'étude que nous avons déjà signalée, *Preparation for death of a Master Mason*, traite des différentes sources de connaissance dont l'homme dispose dans sa recherche de la vérité, et, avant tout, de la source interne à laquelle se rapporte le précepte « Connais-toi toi-même », des Mystères antiques. – Notons encore la première partie de « réflexions sur les *Landmarks* », qui, malheureusement, sont d'un caractère plutôt « mêlé », s'inspirant des conceptions de l'occultisme combinées avec celles de la science moderne beaucoup plus que de celles de la Maçonnerie traditionnelle.

— Dans le *Symbolisme* (numéros de juin et de juillet), une *Allocution de bienvenue à un nouvel initié*, par Luc Bonnet, contient des aperçus sur la façon dont l'étude des symboles peut conduire aux « sciences traditionnelles » ; mais il est à regretter que celles-ci n'y soient présentées que sous un aspect bien « modernisé » : il n'y a que d'assez lointains rapports, par exemple, entre la conception ancienne des tempéraments et celle que peuvent s'en faire les « psychanalystes », ou entre ce qu'on est convenu d'appeler aujourd'hui « astrologie scientifique » et la véritable astrologie traditionnelle. – Dans le numéro de juin, Oswald Wirth s'efforce de donner de la « chute » et de la « rédemption » une interprétation « rationalisante », si l'on peut dire, qui n'a certes rien d'ésotérique ; et, dans le numéro de juillet, il fait sur l'« art de vivre » des réflexions qui lui sont une nouvelle occasion de montrer à quel point il ignore la métaphysique en général et les doctrines orientales en particulier. – Dans le même numéro de juillet, Albert Lantoine justifie l'existence du « gouvernement maçonnique », c'est-à-dire de l'organisation administrative des Obédiences, par des considérations d'ordre historique. – Enfin, G. Persigout continue sa série d'études par *Le Royaume des Ombres et les Rites sacrificatoires*, qu'il met en rapport avec l'« épreuve de la terre » ; il s'agit bien ici, en effet, de la « descente aux Enfers » entendue dans sa signification initiatique ; mais, dans le sacrifice en général et même dans les « mystères du sang », il y a bien autre chose que ce que peuvent y voir les modernes « historiens des religions » ou les sociologues inventeurs de la prétendue « mentalité primitive ».

— La *Revue Internationale des Sociétés Secrètes* (numéro du 1er juin) revient encore une fois sur l'affaire Taxil : elle s'en prend à un hebdomadaire catholique, que, sans le nommer, elle désigne assez clairement, et qui a publié, sur ce sujet, un article qui n'a pas eu l'heur de lui plaire ; son auteur, en effet, ne s'est-il pas permis de dire que la Maçonnerie n'avait été pour rien dans cette imposture ? Conclusion trop évidente : pour ces Messieurs de la *R.I.S.S.*, dès lors qu'on est catholique, on n'a pas le droit de dire ce qu'on estime être la vérité, s'il arrive que cette vérité ne s'accorde pas avec les exigences d'une certaine polémique ! – À la fin de cet article, il est assez longuement question de l'ex-rabbin Paul Rosen, *alias* Moïse Lid-Nazareth ; et, puisqu'on trouve qu'« il serait intéressant de mieux connaître cette personnalité originale en son genre », nous pouvons donner là-dessus au moins deux indications, d'importance fort inégale d'ailleurs. D'abord, il vendit un bon prix, aux antimaçons et à d'autres (car Papus, notamment, fut aussi un de ses « clients »), non pas une seule bibliothèque, mais plusieurs, qu'il avait formées successivement et qui, grâce à certaine houppelande truquée, ne lui avaient certes pas coûté bien cher… C'est là, en quelque sorte, le côté pittoresque du personnage, mais il y a aussi le côté sinistre : il y a, en effet, tout lieu de le considérer comme ayant été, dans l'affaire Taxil, un des agents les plus directs de la « contre-initiation » (ce qui explique d'ailleurs son double rôle apparent) ; mais il n'était pas le seul, et il y en eut d'autres… qu'on ne doit pas tenir tant que cela à connaître à la *R.I.S.S.* !

— Une publication dactylographiée intitulée *L'Appel Spirituel*, organe d'un certain « Centre Bodha d'Europe » (*sic*), a reproduit, dans son n° d'avril-mai, le compte rendu que nous avons donné ici du livre du Dr Alexandre Cannon,

L'Influence invisible[24], en le faisant suivre de notre signature, mais sans la moindre indication d'origine. Nous sommes obligé de protester formellement contre un tel procédé, qui risque de nous faire passer, auprès des lecteurs de ladite publication, pour un de ses collaborateurs, ce qui, pour de multiples raisons, ne saurait aucunement nous convenir ; et, à cette occasion, nous tenons à bien préciser que, si nous croyons devoir dénoncer le charlatanisme ou les mystifications de certains personnages, ce n'est certes pas pour servir les intérêts de « concurrents » qui, un jour ou l'autre, pourraient bien avoir aussi leur tour si les circonstances viennent à l'exiger...

P.S. – À notre grand regret, il nous devient matériellement impossible de répondre à toutes les lettres que nous recevons, car tout notre temps, même s'il y était exclusivement consacré, n'y pourrait plus suffire. Nous prions donc nos correspondants de vouloir bien nous excuser ; tout ce qu'il nous est possible de faire dans ces conditions, c'est de prendre note de celles de leurs questions qui ont un réel intérêt d'ordre général, afin de les traiter lorsque l'occasion s'en présentera au cours de nos articles.

Novembre 1936

— Dans le *Symbolisme* (n° d'août-septembre), Oswald Wirth parle d'un *Pouvoir créateur* qu'il attribue à l'homme, et dont il conseille d'ailleurs de se méfier ; nous supposons qu'il doit s'agir de l'imagination que les psychologues appellent « créatrice », fort improprement du reste ; mais, en tout cas, il a le plus grand tort de croire que le « domaine subjectif » et les « conceptions abstraites » puissent intéresser si peu que ce soit les « purs métaphysiciens ». Nous le croyons bien volontiers quand il déclare « ne parler au nom d'aucune révélation surnaturelle », ce qui ne se voit que trop en effet ; mais, alors, pour être conséquent avec lui-même, qu'il ne parle pas d'initiation, fût-elle-même limitée au seul domaine des « petits mystères », puisque, qu'on le veuille ou non, toute initiation implique essentiellement l'intervention d'un élément « supra-humain ». – G. Persigout est amené par le symbolisme de la caverne et du monde souterrain à étudier *L'Enfer et les religions de salut* ; ce titre rappelle

---

[24] [Comptes-rendus de livres, juin 1935.]

malencontreusement le jargon spécial des profanes « historiens des religions », et, en fait, l'auteur semble avoir dans quelques-unes des théories tendancieuses de ceux-ci une confiance qu'elles ne méritent guère. En voulant toujours chercher des « sources » et des « développements » historiques, là où il ne s'agit proprement que d'expressions diverses d'une même connaissance, on risque de s'égarer encore plus facilement que dans les « dédales des épreuves souterraines », où l'on se retrouverait certes beaucoup mieux en les envisageant au seul point de vue strictement initiatique, sans se préoccuper de toutes les fantaisies accumulées par l'imagination des profanes à qui il a plu de parler de ce qu'ils ignorent.

Décembre 1936

— Le n° de septembre d'*Atlantis* est intitulé *Traditions celtiques et américaines* ; en fait, c'est surtout un recueil de notes, d'extraits et de comptes rendus divers se rapportant plus ou moins directement à ces deux sujets. À propos d'un des extraits qui y sont reproduits, nous avons constaté, en ce qui concerne les monuments mégalithiques, une curieuse illusion que nous avions déjà remarquée d'autre part chez quelques-uns des « mesureurs » de la Grande Pyramide : on effectue les mesures en mètres, et, des nombres ainsi obtenus, on pense pouvoir déduire certaines conséquences, comme si l'on s'imaginait que le système métrique a dû être en usage de toute antiquité !

— Dans les *Archives de Trans* (numéro d'août-septembre), M. J. Barles, continuant les études sur *Le schisme maçonnique anglais de 1717* dont nous avons déjà parlé, complète les indications qu'il avait données précédemment sur la biographie de Desaguliers. D'autre part, il publie un document qui, pense-t-il, est de nature à permettre de résoudre affirmativement la question controversée de l'initiation maçonnique de Napoléon 1er : c'est le procès-verbal d'une cérémonie qui eut lieu à la Loge d'Alexandrie (Italie) en 1805, et, effectivement, Napoléon y est qualifié de Maçon à plusieurs reprises ; mais nous connaissions déjà divers autres documents du même genre, et nous savons qu'ils ne suffisent point à convaincre certains historiens… – Dans le numéro d'octobre, M. Barles, reproduisant notre précédent compte-rendu[25], soulève sur deux points des objections auxquelles nous devons apporter une réponse. D'abord, il est bien exact que de nombreux protestants français étaient réfugiés à Londres au début du XVIIIe siècle, mais, à l'exception de Desaguliers, rien n'indique qu'ils aient jamais été Maçons, et on ne voit pas en quoi la présence de milliers de profanes, quelle que soit d'ailleurs leur situation sociale, pourrait influer directement sur des événements qui relèvent proprement du domaine initiatique. Ensuite, en ce qui concerne l'incendie des archives de la Loge de Saint-Paul, il est vraisemblable que la responsabilité n'en doive pas être attribuée à Payne, ni peut-être même à Desaguliers ; mais est-il bien sûr qu'on puisse en dire autant d'Anderson, personnage beaucoup plus sujet à caution à bien des points de vue ?

— Dans le *Speculative Mason* (numéro d'octobre), la suite de l'étude intitulée *Preparation for death of a Master Mason* indique comme seconde source de connaissance le « Livre de la Nature », considéré comme symbolisant les réalités de l'ordre spirituel, avec des exemples empruntés au rituel. – Une notice historique est consacrée aux *Hammermen* d'Écosse, corporation qui comprenait tous les métiers ayant le marteau pour outil principal. – Notons également la fin de l'article déjà signalé sur la *Mark Masonry* montrant que celle-ci n'est pas, comme on l'a souvent prétendu, un simple développement du grade de Compagnon ; et celle des « réflexions sur les *Landmarks* », dont l'auteur semble ne pas se rendre compte que ce qui est susceptible de modification ne saurait par là même être compté comme *Landmark*, ni que l'admission des femmes est interdite par le caractère même de l'initiation maçonnique, ou encore que l'existence des hauts grades n'a pas à être autorisée par des *Landmarks* qui concernent exclusivement la Maçonnerie symbolique, et qui par conséquent ne peuvent que les ignorer.

— Dans le *Symbolisme* (numéro d'octobre), Oswald Wirth intitule son article *Soyons humains*, ce qui, dans sa pensée, veut dire qu'il ne faut être que cela ; mais, de ce qu'il y a des « problèmes insolubles » pour lui, a-t-il le droit de conclure qu'ils le soient également pour tous ? Quant à son « adaptation »

---

[25] [Juillet 1936.]

de la Trinité chrétienne au « Dieu-humanité », comment ne voit-il pas que des choses de ce genre ne se prêtent que trop facilement à être exploitées par certains adversaires ? – « Diogène Gondeau » essaie de parler de *La Râja-Yoga*, qu'il ne connaît, hélas ! qu'à travers certaines élucubrations théosophistes, ainsi que le titre même suffirait d'ailleurs à le montrer. – Sur *Les Mystères et les épreuves souterraines*, G. Persigout expose des considérations qui ne sont pas sans intérêt, mais qui, par leur caractère trop « mêlé », pourraient donner lieu de nouveau aux mêmes critiques que nous avons déjà formulées à propos de ses précédentes études.

Année 1936 (mois inconnus)

— Le *Harvard Journal of Asiatic Studies* (n° d'avril) publie une importante étude de M. Ananda K. Coomaraswamy intitulée *Vedic Exemplarism* : il s'agit de la relation entre *nâma* et *rûpa*, considérés comme correspondant respectivement aux idées ou raisons éternelles des choses et aux choses elles-mêmes sous leurs aspects accidentels et contingents ; et « l'exemplarisme, en dernière analyse, est la doctrine traditionnelle de la relation, cognitive et causale, entre l'un et le multiple ». Ceci est remarquablement illustré par une application du symbolisme de la roue : « tous les rayons sont représentés *in principio* à leur centre commun », qui est « un point unique, et cependant, pour chaque rayon, son propre point de départ ». Les textes védiques qui se rapportent à cette question donnent lieu à de nombreux et très suggestifs rapprochements avec les doctrines de la scolastique médiévale, ainsi que du néo-platonisme ; nous les recommandons tout particulièrement à l'attention de ceux qui s'obstinent à ne pas vouloir comprendre que les idées vraiment traditionnelles sont partout les mêmes au fond.

— Du même auteur, dans le *Bulletin of the Museum of Fine Arts* de Boston (n° d'avril), une note sur le symbolisme du *makara*, où nous signalerons notamment d'intéressantes considérations sur l'étroit rapport des symboles de l'Amour et de la Mort, auquel nous avons eu nous-même l'occasion de faire quelques allusions à propos des « Fidèles d'Amour ».

— Le *Journal of the Indian Society of Oriental Art* (n° de décembre 1935) a publié une importante étude de M. Ananda K. Coomaraswamy sur la peinture jaïna, qui, conçue dans le même esprit que ses *Elements of Buddhist Iconography* dont nous parlons d'autre part, complète d'heureuse façon les vues exposées dans ceux-ci ; et le sous-titre : « *Explicitur reductio hoec artis ad theologiam* », inspiré d'un opuscule de saint Bonaventure, en précise nettement les intentions. Comme le Bouddhisme, le Jaïnisme, bien qu'hétérodoxe et rejetant même formellement la tradition védique, n'a pourtant, en fait, rien changé d'essentiel à la conception primordiale d'un *Avatâra* éternel, si bien qu'on peut faire, au sujet des représentations de la « vie du Conquérant » (*Jina-charitra*), des observations parallèles à celles auxquelles donnent lieu la vie du Bouddha. L'auteur fait aussi remarquer que la révolte du pouvoir temporel (*kshatra*) contre l'autorité spirituelle (*brahma*), que reflète le Jaïnisme aussi bien que le Bouddhisme, est en quelque sorte préfigurée, comme possibilité, par un certain aspect « lucifèrien » de l'Indra védique ; les doctrines hétérodoxes qui présentent un tel caractère pourraient donc être considérées comme la réalisation même de cette possibilité au cours d'un cycle historique. L'étude se termine par d'intéressantes considérations sur la méthode de « narration continue » employée dans les peintures dont il s'agit, et par laquelle « une succession d'événements est représentée en simultanéité spatiale », ce qui restitue en quelque façon, analogiquement, le caractère intemporel de leur archétype métaphysique. Tout ceci, bien entendu, peut s'appliquer également à ce qu'on trouve de similaire dans l'art chrétien ou dans tout autre art traditionnel, qui procède toujours, par une dérivation continue, de la « tradition universelle et unanime » (*sanâtana dharma*), dont la source ultime est une « révélation » (*shruti*) « reçue au commencement de la Lumière des Lumières ».

— Dans le *D. S. Krishnaswami Aiyangar Commemoration Volume* (Madras 1936), M. Ananda Coomaraswamy a donné une étude intitulée *Vedic Monotheism*, dans laquelle il montre que, dès l'origine, et non pas plus ou moins tardivement comme le prétendent d'ordinaire les modernes, les multiples noms divins n'ont jamais désigné réellement autre chose que des aspects ou des attributs divers du Principe premier et unique. C'est d'ailleurs pourquoi il a pu être dit justement que les *Dêvas* sont « participants » (*bhakta*) de l'essence divine ; et que le sens originel du mot *bhakti* est effectivement celui de « participation », quels que soient les autres sens plus ou moins dérivés qu'il ait pu prendre par la suite.

— Dans *Indian Culture* (vol. III, n° I), un article de M. Ananda K. Coomaraswamy, intitulé *Rebirth and Omniscience in Pâli Buddhism*, contient une critique des conceptions de Mrs Rhys Davids qui s'accorde entièrement avec celle que nous avons formulée ici même[26], il y a peu de temps, en rendant compte d'un de ses ouvrages. L'auteur proteste très justement contre une certaine façon de dénaturer les textes en écartant leurs parties métaphysiques, d'où ne peut résulter qu'une déformation complète de leur signification. D'autre part, il signale que, ayant étudié la doctrine de la mort et de la renaissance dans le *Rig-Vêda*, les *Brâhmanas*, les *Upanishads*, la *Bhagavad-Gîtâ* et le Bouddhisme pâli, il n'a trouvé aucun « développement » de cette doctrine à travers toute cette série, ni aucun enseignement du retour de l'être au même monde qu'il a quitté à la mort ; il est partout question de « transmigration », mais non point de « réincarnation ».

— Dans le *Journal of the Greater India Society* de Calcutta (vol. III, n° I), le même auteur signale une « source » du passage de saint Denys l'Aréopagite sur le Beau (*De Divinis Nominibus*, IV, 5) dans le *Phèdre* de Platon (210-11), et un « parallèle » dans le *Chhândogya Upanishad* (IV, 15) qui offre une frappante similitude jusque dans l'expression même.

— Du même auteur également, dans *Speculum* (n° de juillet), revue d'études médiévales publiée par la *Mediaeval Academy of America* (Cambridge, Massachusetts), une étude sur deux passages du *Paradis* de Dante (XXVII, 136-138, et XXVIII, 110-111), dont le sens s'éclaire et se précise remarquablement par une comparaison avec les modes d'expression de la tradition hindoue. Cette constance de certains termes symboliques et de leur signification « technique », dans des formes traditionnelles aussi éloignées les unes des autres dans le temps et l'espace, ne peut s'expliquer que si l'on considère ces « formulations diverses d'une doctrine commune » (*dharma-paryâya*) comme autant de « dialectes d'un seul et même langage de l'esprit », ou de branches d'une seule et même

---

[26] [Comptes-rendus de livres, avril 1936, *The Birth of Indian Psychology and its development in BuddhisM.*]

« tradition universelle et unanime » (*sanâtana dharma*).

— Dans *Archiv Orientalni* de Prague (vol. VII), M. Ananda K. Coomaraswamy a publié une note sur l'*Ashwamêdha* dans laquelle il fait admirablement ressortir l'erreur de ceux qui introduisent des idées et des sentiments tout modernes dans l'interprétation des textes vêdiques, attribuant ainsi, par exemple, leurs propres façons de penser « naturalistes » aux anciens à qui elles étaient étrangères, ce qui les amène à méconnaître complètement le vrai sens de symboles tels que les symboles sexuels qui se rencontrent dans certains rites sacrificiels. Ce qu'il faut bien comprendre, c'est que, « dans un ordre social traditionnel, ce qui est correct ou non n'est pas déterminé par le sentiment, comme il l'est dans notre milieu antitraditionnel, mais par la connaissance », et que « la règle y est établie métaphysiquement par ce qui fut fait par les Dieux au commencement » et dont les rites sont une image analogique. Le symbolisme de l'*Ashwamêdha*, contrairement à ce qu'ont prétendu divers orientalistes, se rattache très directement à la doctrine du *Rig-Vêda* et à celle des *Upanishads*, qui sont d'ailleurs en parfait accord avec toutes les autres traditions orthodoxes sur l'union *ab intra* des principes complémentaires dans l'« Identité Suprême », aussi bien que sur tout autre point essentiel.

Février 1937

— Dans *Atlantis* (numéro de novembre), M. Paul le Cour publie un long article intitulé *Église, Maçonnerie, Tradition*, dont les intentions « conciliatrices » sont apparemment excellentes, mais qui contient bien des confusions et même des erreurs de fait. L'auteur veut retrouver la dualité fantaisiste *Aor-Agni* dans le symbolisme des deux colonnes, ce qui l'amène à attribuer une de celles-ci à l'Église et l'autre à la Maçonnerie, alors que, en réalité, elles figurent toutes deux dans la Maçonnerie, et qu'on pourrait peut-être retrouver aussi dans l'Église quelque équivalent du symbole complet (certaines figurations de saintPaul, notamment, paraissent pouvoir se prêter à une telle interprétation). D'autre part, les rapports de ce que représentent ces deux colonnes ne sont certainement pas ceux de l'exotérisme et de l'ésotérisme ; et ajoutons que, si l'ésotérisme, dans la tradition chrétienne, est souvent rapporté à l'« Église de Saint Jean », l'exotérisme ne l'est jamais à l'« Église de Jésus » (?), mais bien à l'« Église de saint Pierre ». Passons sur une curieuse sortie contre saint Thomas d'Aquin, en qui M. Paul le Cour veut, bien à tort, voir un « rationaliste », et qu'il rend responsable de « la conception de la nécessité de la force pour appuyer le droit », dont « nous voyons aujourd'hui des applications redoutables »… Les considérations sur l'origine de la Maçonnerie sont bien vagues, et pour cause, et ses relations avec l'Académie platonicienne de Florence sont fort loin d'apparaître clairement ; mais que dire d'une confusion comme celle de l'Écossisme avec la Maçonnerie anglo-saxonne, alors que la première raison d'être de l'Écossisme fut précisément de s'opposer aux tendances protestantes et « orangistes » représentées par cette dernière depuis la fondation de la Grande Loge d'Angleterre ?

— Dans le *Symbolisme* (numéro de novembre), Oswald Wirth intitule *Spéculatif et opératif* ce qui veut être une sorte de réponse à notre article *Opératif et spéculatif* ; le renversement des termes est sans doute voulu, mais, en dépit de quelques paroles assez aigres à notre adresse, nous n'avons pu arriver à distinguer ce qu'il nous reproche au juste, puisqu'il finit par déclarer qu'« il suffit de s'entendre avec nous sur la portée des termes dont nous usons » ; encore faudrait-il ne pas la rabaisser ou la restreindre d'une façon inacceptable… Quand nous disons que l'initiation comporte essentiellement un élément « surhumain », ou encore qu'il ne peut y avoir aucune initiation sans rites, cela ne saurait laisser place à la moindre équivoque ; il s'agit là de questions « techniques » précises, et non point de vagues considérations plus ou moins « métaphoriques » ou imaginatives. D'autre part, nous n'avons jamais dit que « la Maçonnerie doit redevenir opérative, après s'être intitulée spéculative à titre transitoire » ; nous avons dit, ce qui est bien différent, que la Maçonnerie Spéculative représente un amoindrissement et même une dégénérescence par rapport à la Maçonnerie opérative ; nous souhaitons assurément que cette dégénérescence puisse n'être que transitoire, mais, malheureusement, nous ne voyons actuellement rien qui indique qu'elle doive l'être effectivement. – G. Persigout étudie le *Cadre initiatique du Cabinet de réflexion* ; il parle à ce propos de la *catharsis*, dont le processus a en effet un rapport évident avec la « descente aux Enfers », et aussi du symbolisme de la « pétrification », dont la connexion avec le sujet apparaît beaucoup moins nettement, malgré la caverne où réside Méduse... – Dans le numéro de décembre, Oswald Wirth veut marquer une distinction entre *La Théosophie et l'Art royal* ; mais il a vraiment bien tort de sembler admettre que le théosophisme peut malgré tout représenter quelque chose de réel au point de vue initiatique ! – Albert Lantoine montre que *Le Péché originel* de la Maçonnerie française a consisté à accepter la démocratie de sa propre Constitution ; il remarque fort justement que « la démocratie a le souci d'écarter l'élite », et que « la démocratisation ne peut être qu'un facteur dissolvant pour un groupement sélectionné » ; nous ajouterions seulement qu'elle est même en contradiction directe avec le principe de la sélection et avec toute organisation constituée hiérarchiquement. – Un court article sur *l'Initiation et l'Évangile*, signé « Bardanin », nous paraît impliquer une certaine confusion entre le point de vue initiatique et le point de vue religieux : celui-ci ne peut pas remplacer celui-là ou lui être équivalent, car ni le domaine ni le but ne sont les mêmes ; la « Délivrance » est tout à fait autre chose que le « salut », et ce n'est certainement pas l'obtention de ce dernier qui, dans l'antiquité, était mis en rapport avec la connaissance initiatique.

Mars 1937

— Dans le *Rayonnement Intellectuel*, M. L. Charbonneau-Lassay continue ses études sur le *Signaculum Domini* dans l'héraldique médiévale, examinant spécialement la « croix recroisetée » (n° de mars-avril 1936) et la « croix de Jérusalem » (n° de mai-juin), puis dans la sigillographie (n° de juillet-août), avec reproduction de seings manuels de souverains espagnols dont certains présentent des combinaisons géométriques fort curieuses et qui seraient peut-être à rapprocher de « marques » de divers autres genres. – Dans le n° de septembre-octobre, article sur *Les Armoiries du Rédempteur*, « composées d'un groupement des instruments de la Passion réunis en trophée ou disposés dans le champ d'un écusson » ; l'auteur y rattache quelques-uns des dessins gravés dans le donjon du château de Chinon et attribués aux Templiers. – Dans le n° de novembre-décembre, *L'écrin pourpré du Rédempteur*, c'est-à-dire les pierres précieuses de couleur rouge employées pour représenter les blessures et le sang du Christ, et parmi lesquelles l'escarboucle et le rubis-balais tiennent la place la plus importante ; il y a là, sur le symbolisme des gemmes, des considérations particulièrement intéressantes.

— Dans le *Grand Lodge Bulletin* d'Iowa (nos de novembre et décembre), étude sur les origines de la Maçonnerie suédoise, question historique fort compliquée et, comme tant d'autres du même genre, pleine d'obscurités, que des recherches récentes sont cependant parvenues à dissiper en partie.

— Dans le *Symbolisme* (n° de janvier), article d'Albert Lantoine sur *Les Légendes du Rituel maçonnique*, d'une sévérité bien excessive à l'égard des rituels de certains hauts grades, où il y a tout de même autre chose que ce qu'il veut y voir. Il est regrettable aussi que l'auteur partage tous les préjugés des historiens les plus profanes contre les Templiers, au point de décerner des éloges bien inattendus à Philippe le Bel ; Dante aurait-il donc été si mal informé que d'imputer à celui-ci une « cupidité » dont il paraît qu'il aurait dû au contraire accuser ses victimes ? Sans entrer ici dans de plus longues discussions à ce sujet, faisons encore remarquer tout au moins que le fait de ne savoir ni lire ni écrire n'a, dans tous les cas, absolument rien à voir avec la question de la connaissance initiatique. – W. Nagrodzki expose une construction géométrique permettant de passer *Du carré long à l'Étoile flamboyante*, et reliant ainsi entre eux deux symboles maçonniques importants.

P.S. – Nous avertissons les gens de bonne foi qu'il nous est tout à fait impossible d'accepter l'étiquette « spiritualiste », d'abord parce qu'elle n'a jamais été en usage dans aucune doctrine ou organisation de caractère traditionnel, et ensuite parce que, des deux sens que nous lui connaissons, aucun ne saurait nous convenir. Il y a en effet, d'une part, le « spiritualisme classique », qui, étant d'ordre simplement philosophique, ne nous intéresse en aucune façon ; et, d'autre part, le « néo-spiritualisme » avec ses multiples variétés, auquel comme on le sait, nous sommes aussi résolument opposé qu'il est possible ; il convient donc de laisser ladite étiquette aux philosophes et aux « pseudo-initiés » !

Avril 1937

— Nous avons récemment fait allusion au sceau des États-Unis[27], relevant à la fois l'étrangeté de son symbolisme et le parti que veulent en tirer certaines organisations ; ce que nous disions alors se trouve encore confirmé, bien involontairement sans doute, sous ce double rapport, par un article sur ce sujet publié dans le *Rosicrucian Magazine* (numéro de février) ; laissant de côté certains calculs plus ou moins fantaisistes, nous noterons seulement à ce propos, en ce qui concerne le sceau lui-même, que, outre les treize assises de la pyramide tronquée dont nous avons parlé, le nombre 13 y reparaît dans une multitude d'autres détails avec une insistance véritablement extraordinaire...

— Dans le *Speculative Mason* (numéro de janvier), un article est consacré à la signification de la fonction du 2ème Surveillant, mais s'en tient malheureusement à des considérations surtout esthétiques et morales, d'un caractère assez superficiel. – Dans un autre article, nous trouvons un bon exemple de la confusion que nous signalions dernièrement entre les rites et les cérémonies ; l'intention de l'auteur est d'ailleurs nettement favorable aux rites, contrairement à ce qui arrive le plus souvent en pareil cas ; mais les cérémonies, y compris celles qui sont le plus purement profanes, bénéficient bien injustement de la confusion !

— Dans le *Symbolisme* (numéro de février), Oswald Wirth parle de la *Loi de Création* de Wronski, à propos du volume dont nous avons rendu compte il y a quelque temps ; mais, ne lui en déplaise, les « concepts » des anciens constructeurs, qui d'ailleurs n'« imaginèrent » rien, étaient réellement beaucoup plus « transcendants » que toutes les « abstractions » des philosophes, qui ne sont que spéculations dans le vide, et qui nous paraissent peut-être encore plus rebutantes qu'à lui. – Albert Lantoine signale très justement les inconvénients de l'organisation d'une *Justice Maçonnique* calquée sur le modèle des codes profanes ; seulement, pourquoi dire à ce propos que « les petites institutions tendent à imiter la grande institution », alors que c'est au contraire l'organisation de la société profane qui devrait normalement apparaître comme une bien petite chose vis-à-vis de ce qui appartient à l'ordre initiatique ? – G. Persigout étudie *Le Problème alchimique de la Transmutation*

---

[27] [*Le tombeau d'Hermès*, note 12 (décembre 1936).]

morale ; il y a là une équivoque, car, comme nous l'avons dit souvent, si vraiment il ne s'agissait que de « morale », il serait bien inutile de recourir à un symbolisme quelconque, alchimique ou autre ; d'autre part, en acceptant les vues des historiens profanes, on est parfois entraîné, ne serait-ce que sur le sens d'expressions comme celle d'« art sacerdotal » par exemple, à de bien curieuses méprises...

— Dans l'*American Review* (n° de janvier), M. Ananda K. Coomaraswamy publie un article sur *The Use of Art*, dans lequel il s'élève contre les théories « esthétiques » modernes, et spécialement contre la conception de l'« art pour l'art » ; il y oppose la vue normale suivant laquelle l'art est « la façon juste de faire les choses », quelles qu'elles soient, de telle sorte qu'elles soient adaptées aussi parfaitement que possible à l'usage auquel elles sont destinées. La distinction toute moderne entre l'« artiste » et l'« artisan » n'a, selon cette vue normale, aucune raison d'être ; et l'industrie séparée de l'art, comme elle l'est de nos jours, apparaît comme une activité illégitime et ne méritant même pas d'être considérée comme véritablement « humaine ».

— Sur ce même sujet de l'art, nous trouvons dans le *Lotus Bleu* (n° de janvier), un article intitulé *L'Art comme ascèse*, par Mme Simonne May, dans lequel sont citées quelques-unes des vues qui ont été exposées ici même à diverses reprises, mais aussi des conceptions modernes de tendance tout opposée, ce qui donne une impression d'ensemble extrêmement confuse ; entre les unes et les autres, il n'y a en réalité aucune conciliation possible ; et on ne peut prétendre mettre sur un pied d'égalité l'art traditionnel et l'art profane sous prétexte que « le spirituel n'est pas localisé » et que « le divin est partout », car on en arriverait trop facilement ainsi à justifier n'importe quoi, même les pires déviations !

— Dans *Atlantis* (n° de janvier), M. Paul le Cour consacre une longue étude à *La fleur de lys* ; il s'y trouve une documentation iconographique assez intéressante, mais aussi quelques-unes de ces interprétations plus que risquées dont l'auteur est coutumier, comme, par exemple, le rapprochement de *lis* et *hélios* et l'attribution toute gratuite de ce dernier mot à la « langue primitive », ou encore l'idée de faire dériver le mot *blason* de *bleiz*, nom celtique du loup ;

il resterait d'ailleurs encore beaucoup à dire, après tout cela, sur la signification de la fleur de lys et des nombreux autres symboles qui, par leur forme générale, lui sont plus ou moins étroitement apparentés.

Mai 1937

— Dans *Atlantis* (numéro de mars), M. Paul le Cour consacre une longue étude à Claude de Saint-Martin ; l'idée de se placer en quelque sorte sous le patronage de celui-ci est, comme il le reconnaît lui-même, assez inattendu ; il en explique l'origine par le récit d'anciennes expériences spirites, qu'il décore d'ailleurs du nom plus respectable de « recherches métapsychiques » ; et nous devons constater qu'il lui est bien resté quelque chose de ses idées d'alors, puisque, tout en déclarant ces choses « décevantes, sinon dangereuses », il croit pourtant encore qu'il est possible que les morts se manifestent réellement et personnellement par de pareils moyens... Il se fait, d'autre part, quelques illusions sur la valeur même de Saint-Martin, qui, en fait, ne comprit jamais grand chose à l'initiation, comme il ne le montra que trop clairement en se tournant vers le mysticisme. L'histoire de ses rapports avec Martinès de Pasqually (déclaré « juif portugais » sans l'ombre d'une hésitation) est étonnamment simplifiée ; mais ceci n'est rien à côté de l'affirmation qu'il abandonna la Maçonnerie « quand elle devint athée et matérialiste » : il faut croire qu'il fut, parmi tous les Maçons de son temps, le seul à s'apercevoir d'un pareil changement ! Ce qui, par contre, est tout à fait conforme à la vérité, c'est qu'il ne fonda jamais aucune organisation, d'où cette conséquence qu'« on peut se dire martiniste, mais seulement à titre individuel » ; évidemment, il est toujours permis d'adopter les idées que quelqu'un a exposées, si on les trouve à sa convenance, et il n'y a même pas besoin pour cela d'être « favorisé par ses manifestations *post-mortem* »...

— Dans le *Grand Lodge Bulletin* d'Iowa (numéro de février), étude sur la signification du mot *cowan*, terme d'origine apparemment écossaise, mais de dérivation incertaine, venu de la Maçonnerie opérative, où il désignait celui qui construit des murs en pierre sèche, c'est-à-dire sans mortier ; ce n'était donc pas un profane cherchant à s'emparer indûment des secrets de la Maçonnerie, comme on le pense d'ordinaire, mais seulement un ouvrier qui n'était pas qualifié pour participer au travail des Maçons réguliers, et qui avait au point de vue corporatif un rang inférieur, mais néanmoins reconnu et bien défini.

— Dans le *Symbolisme* (numéro de mars), Oswald Wirth parle de *La Mission éducative de la Franc-Maçonnerie*, ce qui ne va pas bien loin, car « éducation » n'est certes pas « initiation » et dire que « le pouvoir spirituel effectif appartient à qui s'applique à penser juste et à vouloir le bien avec abnégation », c'est tout simplement s'imaginer que de bonnes intentions peuvent suffire à tenir lieu de toute connaissance et de toute « réalisation » d'ordre supérieur. – G. Persigout étudie *Les Rites agraires et les abords de l'Antre* ; la plus large part y est faite aux interprétations « naturalistes » des modernes, avec leurs « fêtes saisonnières » leurs « coutumes populaires », et autres choses qui n'ont assurément aucun rapport avec les données traditionnelles sur le véritable sens des rites et des symboles.

— Nous avons reçu les premiers numéros d'une nouvelle revue intitulée *La Juste Parole*, qui présente ce caractère quelque peu exceptionnel d'être à la fois « philosémite » et antimaçonnique. Nous y trouvons, entre autres choses, une mise au point concernant l'Ordre juif *B'nai B'rith* (Fils de l'Alliance), qui n'a rien de maçonnique, contrairement à l'opinion répandue dans certains milieux ; peut-être faudrait-il seulement ajouter qu'il vise quelque peu à imiter la Maçonnerie (l'emploi du mot « Loges », notamment, en est un indice), comme toutes les organisations « fraternelles » d'origine américaine. Un autre article est consacré à montrer qu'il n'y a pas de « Judéo-Maçonnerie » ; cela est parfaitement exact, mais pourquoi retrouvons-nous là, à l'égard de la Maçonnerie, tous les lieux communs de ceux qui soutiennent la thèse contraire ? – Signalons encore un article sur l'« abattage rituel », qui donne lieu à une remarque curieuse : dans toutes les discussions à ce sujet, partisans et adversaires n'invoquent que des arguments « hygiénistes » et « humanitaires », qui n'ont rien à voir avec la question ; on rappelle pourtant le texte biblique qui affirme la connexion du sang avec l'âme (au sens strict de principe vital), mais on ne paraît pas se douter que c'est là le seul point qui importe réellement ; la mentalité moderne est décidément quelque chose de bien étrange !

P.S. – On nous signale l'abus qui est fait de notre nom, dans une intention de « contrefaçon » évidente, par des gens dont les idées sur la « tradition » et l'« initiation » n'ont certainement rien de commun avec celles qui sont exposées ici. Nous ne pouvons que protester énergiquement contre de semblables procédés, et redire une fois de plus, à cette occasion, que nous n'avons absolument aucun rapport avec quelque groupement que ce soit, et qu'il n'en est aucun que nous autorisions à se recommander de nous à un titre quelconque.

Juin 1937

— L'*Astrosophie* (n° d'avril) consacre à la *Voie Métaphysique* une note vraiment étrange ; nous ne nous serions certes jamais douté que ce fût un « petit livre », ni qu'on pût le juger « rempli d'illogisme » et seulement « utile pour permettre une rapide compréhension de la pensée métaphysique chinoise ». On l'a peut-être lu rapidement, mais on n'a pas dû y comprendre grand-chose, car autrement on ne dirait pas que l'auteur « donne un caractère éthique à un système destitué de toute divinité » (*sic*) ; cela dépend de ce qu'on veut entendre par « divinité », mais, pour ce qui est du « caractère éthique », il n'y en a pas la moindre trace dans le livre. Quant aux deux « grosses erreurs » qu'on prétend relever, la première, à savoir « que Confucius fut un communiste » n'en est une que par le fait d'un bel anachronisme : à l'époque où le livre fut écrit, « communisme » ne voulait pas dire « bolchévisme », pour la bonne raison que ce dernier n'était pas encore né. Pour la seconde, c'est mieux encore : elle consiste, paraît-il, à dire « que le Taoïsme est non-dualiste, bien que le Yin-Yang soit un symbole double, et que les Trigrammes de Fo-Hi soient exclusivement basés sur le double symbole de la ligne droite et de la ligne brisée » ; ici, évidemment, le rédacteur du compte rendu confond « dualité » avec « dualisme », ce qui lui fait voir une contradiction là où il n'y en a pas ; la connaissance… approximative du français dont témoigne son style est-elle une excuse suffisante à d'aussi « grosses » méprises ?

— Dans la *Vita Italiana* (numéro d'avril), M. J. Evola publie un article intitulé *Dall « esoterismo » al sovversivismo massonico*, dans lequel il critique sur certains points l'attitude de l'antimaçonnisme vulgaire : il reconnaît en effet l'existence dans la Maçonnerie d'une tradition symbolique et rituelle en rapport avec « des doctrines ou des courants préexistants à sa forme actuelle et d'un caractère spirituel incontestable » ; il proteste en outre contre l'interprétation qui voudrait voir là une sorte de tradition « antichrétienne », ce qui a d'autant moins de sens que, si l'on examine ces antécédents de la Maçonnerie, « on se trouve conduit à des traditions effectivement antérieures au Christianisme », et il signale aussi le caractère hiérarchique et aristocratique que ces traditions eurent toujours à leurs origines. Seulement, comme il y a là quelque chose qui semble inconciliable avec les tendances que l'on constate dans la Maçonnerie actuelle, il se demande s'il y a bien eu une filiation continue, ou s'il n'y a pas eu plutôt une sorte de « subversion » ; il inclinerait même à penser que les éléments traditionnels ont pu être simplement « empruntés » à des sources diverses, sans qu'il y ait eu transmission régulière, ce qui expliquerait, suivant lui, une déviation qui aurait été impossible « si l'organisation maçonnique avait été conduite par des chefs qualifiés ». Nous ne pouvons le suivre sur ce point, et nous regrettons qu'il se soit abstenu d'étudier de plus près la question des origines, car il aurait pu se rendre compte qu'il s'agit bien d'une organisation initiatique authentique, qui a seulement subi une dégénérescence ; le début de cette dégénérescence, c'est, comme nous l'avons dit souvent, la transformation de la Maçonnerie opérative en Maçonnerie spéculative, mais on ne peut parler ici de discontinuité : même s'il y eut « schisme », la filiation n'est pas interrompue pour cela et demeure légitime malgré tout ; la Maçonnerie n'est pas une organisation fondée au début du XVIIIe siècle, et, au surplus, l'incompréhension de ses adhérents et même de ses dirigeants n'altère en rien la valeur propre des rites et des symboles dont elle demeure la dépositaire.

— Dans les *Archives de Trans* (numéro de mars), M. J. Barles aborde la question des rapports de la Maçonnerie avec les Rose-Croix, mais malheureusement avec des informations bien insuffisantes et même de qualité douteuse ; il se réfère en effet à l'*Histoire des Rose-Croix* théosophiste de F. Wittemans, et il fait même état d'une assertion fantaisiste de l'*Imperator* de l'A.M.O.R.C. Il ne faut d'ailleurs pas confondre Rose-Croix et Rosicruciens, et, parmi ces derniers, il y aurait encore bien des distinctions à faire ; mais ce qui est certain en tout cas, c'est que, s'il y eut dans la Maçonnerie anglaise des Rosicruciens authentiques et non dégénérés, ce n'est pas du côté « spéculatif » qu'ils purent se trouver. Signalons aussi qu'il convient de se méfier de la légende, qu'on cherche à accréditer actuellement pour des raisons peu claires, d'après laquelle Newton aurait joué un rôle dans la Maçonnerie, uniquement sous prétexte qu'il fut en relations personnelles avec Desaguliers ; c'est là une supposition toute gratuite, et d'ailleurs nous ne voyons vraiment pas en quoi un « grand homme » au point de vue profane devrait forcément avoir une importance quelconque dans l'ordre initiatique.

— Le *Speculative Mason* (numéro d'avril) donne une description détaillée des rites du couronnement des rois d'Angleterre et des objets qui y sont employés. – Un article consacré aux « trois colonnes », en rapport avec les trois ordres d'architecture, contient des rapprochements intéressants avec l'« arbre séphirothique » et avec certaines données qui se rencontrent dans diverses autres traditions. – Une étude sur le symbolisme des mains et des « signes manuels », considérés comme des restes d'un véritable langage (ce sont en somme les *mudrâs* de la tradition hindoue), ne nous paraît pas aller tout à fait assez au fond des choses, bien que remontant jusqu'à la préhistoire ; la question de la variation des rapports de la droite et de la gauche, en particulier, demanderait à être examinée de très près. Notons aussi, à propos d'une allusion à certaines pratiques de « magie noire » qu'il y a là tout un côté réellement « sinistre » auquel il y aurait probablement lieu de rattacher le rôle important joué par les apparitions des mains dans les phénomènes de hantise et les manifestations spirites ; nous ne pensons pas que cette remarque ait jamais été faite, et pourtant elle est loin d'être sans intérêt. – Signalons enfin la signification de la *Mark Masonry* et les caractères qui la distinguent de la *Craft Masonry*.

— Nous recevons une nouvelle publication intitulée *La Clé*, mensuelle, éditée par le « Groupe du Prieuré de Bazainville » comme le livre *La Clé* dont nous avons rendu compte en son temps. Comme M. G. Barbarin est manifestement un des principaux membres du groupe en question, nous ne sommes pas surpris de retrouver là les histoires de la « Grande Pyramide » et des « tribus d'Israël » ; il y a aussi une autre histoire de « tablettes préhistoriques » supposées provenir du continent disparu de *Mu* (autrement dit la Lémurie), qui est également d'origine anglaise et qui ne paraît guère moins sujette à caution... Parmi les autres articles, nous en noterons un où le *Hatha-Yoga* est défini comme « la science de la santé du corps », ainsi qu'il est de mode aujourd'hui en Occident, et dans lequel on trouve même la recette d'un « bain Yoga » (*sic*).

— Dans le *Grand Lodge Bulletin* d'Iowa (n° de mars), étude sur le bijou de *Past Master* et ses différentes formes, et sur la 47ème proposition d'Euclide (théorème du carré de l'hypoténuse), représentée dans la forme anglaise, dans ses rapports avec le problème de la construction d'un angle droit.

— Dans le *Symbolisme* (n° d'avril), Albert Lantoine étudie la question des *Loges d Adoption* ; il voudrait qu'on en revienne à la conception du XVIIIe siècle, seule d'accord avec leur symbolisme, « en limitant les travaux d'adoption à l'examen et à l'administration des œuvres philanthropiques de l'Ordre ». – G. Persigout envisage *L'Œuf philosophique* dans ses rapports avec l'« Œuf du Monde » et la devise écossaise *Ordo ab Chao*, et, selon divers rituels, « l'assimilation de l'œuf et de l'embryon à l'Initiation et à la Résurrection ».

Juillet 1937 ?

— Le n° de mai d'*Atlantis* est consacré en grande partie aux *Monnaies antiques* ; M. P. Noël de la Houssaye y expose une hypothèse d'après laquelle les voyages d'Énée ne représenteraient rien d'autre que la diffusion du bronze dans le bassin de la Méditerranée, diffusion qui aurait été liée à celle de traditions venues de l'Atlantide ; cette théorie expliquerait, selon lui, la persistance de l'usage exclusif des monnaies de bronze en Italie, à cause de la valeur traditionnelle qui s'y attachait, à une époque ou d'autres peuples se servaient de monnaies d'or et d'argent ; cette étude doit d'ailleurs avoir une suite qu'il convient d'attendre pour se rendre compte si les arguments invoqués sont pleinement convaincants. – Dans un article sur *Les unités de mesure préhistoriques*, M. Xavier Guichard montre qu'elles témoignent de connaissances géodésiques et astronomiques exactes, qu'on a coutume de regarder comme très récentes ; nous sommes bien d'avis aussi que ces connaissances ont réellement existé de tout temps, mais nous pensons que leur origine n'est pas plus occidentale qu'elle n'est orientale ; et nous demandons comment on peut croire que la précession des équinoxes était inconnue des peuples de l'Orient, alors qu'elle est précisément la base de toutes les périodes cycliques qui jouent en particulier un si grand rôle dans la tradition hindoue.

Juillet 1937

— Dans le *Symbolisme* (numéro de mai), Oswald Wirth parle du rituel du couronnement des rois d'Angleterre, d'après l'article du *Speculative Mason* que nous avons signalé précédemment ; mais le titre qu'il a choisi, l'*Initiation royale*, est tout à fait inexact, car, en réalité, il n'y a là rien d'initiatique ; que le sacre des rois ait été originairement la phase finale de leur initiation propre, c'est là une autre question, mais, présentement et sans doute depuis bien longtemps déjà, il se réduit à un rite purement exotérique, qui n'a pas plus de rapport avec l'initiation royale que l'actuelle ordination des prêtres n'en a avec l'initiation sacerdotale. – Sous le titre *Le Secret mal gardé*, Albert Lantoine fait ressortir les inconvénients de l'étrange « modernisation », par laquelle, dans la Maçonnerie française, les moyens de reconnaissance traditionnels ont été peu à peu remplacés presque entièrement par des « preuves d'identité » semblables à celles qui sont en usage dans des associations profanes quelconques. – François Ménard, dans une note assez brève, parle *Du Geste* au point de vue rituel ; il s'agit ici surtout de la correspondance des signes initiatiques avec les centres subtils de l'être humain, sujet auquel il nous est arrivé de faire incidemment quelques allusions, et qui mériterait certainement une étude plus approfondie.

— Nous avons reçu le premier numéro d'une revue paraissant à Lyon et intitulée assez étrangement *Le Poids du Monde* ; il contient la reproduction d'un texte publié dans le *Journal Asiatique* en 1852, « *Tableau du Kali Yug ou de l'Âge de fer*, par Wishnou-Das, traduit de l'Hindoui par M. Garcin de Tassy » ; et, à ce propos, la rédaction recommande la lecture de ce que nous avons écrit dans nos ouvrages sur cette question de l'« âge sombre », ce dont nous la remercions d'autant plus qu'aucun des collaborateurs n'est connu de nous. Seulement, nous avons le regret de constater que tout le reste, articles et dessins, est d'un « modernisme » extrême et, pour nous tout au moins, à peu près inintelligible ; il y a là une sorte de contradiction que nous ne nous expliquons pas très bien. Il est fort louable de reconnaître que « notre civilisation occidentale contemporaine, comparée aux civilisations occidentales du moyen âge et aux civilisations orientales de toujours, est lamentablement médiocre », et de déclarer qu'on veut « reprendre le fil des grands courants spirituels » ; mais ne faudrait-il pas que ce qu'on présente corresponde dans quelque mesure à ces excellentes intentions ?

Septembre 1937

— Dans la *Vita Italiana* (numéro de juin), un article de M. Gherardo Maffei, sur les rapports du Judaïsme et de la Maçonnerie, témoigne d'une attitude comparable à celle qui s'affirmait déjà dans l'article de M. J. Evola dont nous avons parlé précédemment. L'auteur fait remarquer très justement que, en ce qui concerne l'origine de la Maçonnerie, la présence de nombreux éléments hébraïques dans son symbolisme ne prouve rien, d'autant plus que, à côté de ceux-là, il s'en trouve aussi beaucoup d'autres qui se rattachent à des traditions toutes différentes ; en outre, ces éléments hébraïques se rapportent à un côté ésotérique qui n'a assurément rien à voir avec les aspects politiques ou autres que visent ceux qui combattent le Judaïsme actuel, et dont beaucoup prétendent lui associer étroitement la Maçonnerie. Naturellement, tout cela est sans rapport avec la question des influences qui, en fait, peuvent s'exercer à notre époque dans la Maçonnerie aussi bien qu'ailleurs, mais c'est précisément cette distinction que, par ignorance ou par parti pris, on oublie trop souvent ; et nous ajouterons plus nettement encore, quant à nous, que l'action des Maçons et même des organisations maçonniques, dans toute la mesure où elle est en désaccord avec les principes initiatiques, ne saurait en aucune façon être attribuée a la Maçonnerie comme telle.

— Dans le *Mercure de France* (numéro du 1er juin), M. Gabriel Louis-Jaray examine, d'après quelques ouvrages récents sur la Maçonnerie française au XVIIIe siècle, le rôle que celle-ci a pu jouer dans les rapports de la France avec l'Angleterre et les États-Unis. Tout cela se limite à un point de vue beaucoup trop exclusivement politique pour aller jusqu'au fond des choses, et n'est d'ailleurs pas exempt de certaines erreurs, parmi lesquelles il en est une que nous avons déjà rencontré ailleurs, mais qui n'en est pas moins véritablement étonnante : c'est la confusion de la Maçonnerie exclusivement « symbolique » issue de la Grande Loge d'Angleterre avec la Maçonnerie « écossaise », c'est-à-dire des hauts grades, laquelle, par surcroît, était alors résolument opposée aux tendances « orangistes » dont la première était pénétrée. Malgré cela, il y a un point qui nous paraît présenter un certain intérêt : c'est ce qui concerne le rôle étrange de Franklin, qui, tout en étant Maçon (quoique la qualification de « grand patriarche », qui lui est ici attribuée ne réponde d'ailleurs à rien de réel), était fort probablement aussi tout autre chose, et qui semble bien avoir été surtout, dans la Maçonnerie et en dehors d'elle, l'agent de certaines influences extrêmement suspectes. La Loge *Les Neuf Sœurs*, dont il fut membre et même Vénérable, constitue, par la mentalité spéciale qui y régnait, un cas tout à fait exceptionnel dans la Maçonnerie de cette époque ; elle y fut sans doute l'unique centre où les influences dont il s'agit trouvèrent alors la possibilité d'exercer effectivement leur action destructrice et antitraditionnelle, et, suivant ce que nous disions plus haut, ce n'est certes pas à la Maçonnerie elle-même qu'on doit imputer l'initiative et la responsabilité d'une telle action.

— Dans les *Archives de Trans* (numéros de mai, juin et juillet), M. J. Barles, poursuivant ses recherches sur les origines de la Grande Loge d'Angleterre, examine plus particulièrement certains détails de la biographie de Desaguliers : ses ouvrages scientifiques et autres aspects de son activité profane, la réception qui lui fut faite à la Loge d'Edimbourg en 1721 (signalons en passant que *deacon* est « diacre », et non pas « doyen » qui se dit en anglais *dean*), et sa visite à la Loge de Bussy, à Paris, en 1735. Peut-être ne faut-il pas chercher à tirer de tout cela des conséquences excessives ; surtout, le savoir profane et les associations destinées à le développer ou à le répandre relèvent d'un domaine entièrement différent de celui où se situent les questions d'ordre proprement maçonnique, et, à part le fait que les mêmes individualités peuvent parfois se retrouver de part et d'autre, ce qui n'engage évidemment qu'elles, nous ne voyons pas bien quel rapport plus ou moins direct il peut y avoir entre ces deux choses. Quant au sens réel des termes « opératif » et « spéculatif », sur lequel M. Barles semble encore perplexe, nous ne pouvons mieux faire, pour l'aider à élucider cette importante question, que de le prier de vouloir bien se reporter aux explications précises que nous avons données ici sur ce sujet, auquel nous avons même consacré un article spécial[28].

— Dans le *Speculative Mason* (numéro de juillet), un article est consacré au symbolisme du rituel de *Royal Arch* ; un autre apporte, sur les origines antiques des outils employés par les constructeurs, des renseignements intéressants au point de vue documentaire, mais est malheureusement quelque peu affecté du préjugé « progressiste » habituel à nos contemporains.

— Dans le *Grand Lodge Bulletin* d'Iowa (numéro de mai), signalons une brève étude sur les « chiffres » ou alphabets cryptographiques qui furent en usage dans la Maçonnerie, et qui présentent une ressemblance frappante avec certains alphabets kabbalistiques ; il en existe plusieurs variantes, mais la « clef » en est toujours la même, et il y aurait sans doute bien davantage à dire sur celle-ci et sur les rapprochements auxquels elle peut donner lieu.

— Dans le *Symbolisme* (numéro de juin), Oswald Wirth, tout en affirmant l'unité de *La Tradition des Sages* sous ses diverses expressions symboliques, s'efforce une fois de plus d'en restreindre la portée, de la façon que nous ne connaissons déjà que trop bien ; ajoutons seulement que, contrairement à sa tentative d'interprétation « évolutionniste », l'« état d'innocence édénal » n'a certes rien à voir avec l'instinct ni avec l'animalité ! – Dans le numéro de juillet, au sujet de la question du *Rituel féminin*, tout en déclarant que le symbolisme des Loges d'Adoption « n'est pas précisément d'une très haute valeur initiatique », il estime qu'il peut cependant servir tout au moins de préparation et de point de départ ; mais la véritable question n'est pas là : ce rituel ayant été inventé artificiellement de toutes pièces et ne contenant pas trace d'une « transmission » authentique, il ne pourra jamais, en réalité, représenter rien de plus qu'un simple simulacre d'initiation. – Albert Lantoine intitule *Paroles pour les Égarés* un rappel à la règle suivant laquelle « la Maçonnerie doit écarter de ses travaux toute discussion politique ou religieuse », qui en effet ne peut s'y introduire que par une déplorable confusion des domaines les plus différents. – Dans les deux numéros, suite des études de G. Persigout, cette fois sur *La « Pierre brute » et la « Pierre cachée des Sages »* ; l'auteur continue à faire preuve d'un « éclectisme » vraiment excessif, et les rêveries de feu Leadbeater voisinent

---

[28] [Mai, juin, juillet 1936. Est devenu le chapitre XXIX des *Aperçus sur l'Initiation*.]

ici avec les théories « officielles » sur les époques de la préhistoire ; ne vaudrait-il pas beaucoup mieux s'en tenir uniquement à des « sources » plus autorisées au point de vue traditionnel et initiatique ?

Octobre 1937

— *Atlantis* (n° de juillet) publie la seconde partie de l'étude déjà mentionnée[29] de M. Noël de la Houssaye sur les monnaies antiques, plus précisément sur les monnaies de bronze d'Italie et du bassin méditerranéen ; il y a là quelques planches contenant d'intéressantes reproductions, mais les explications données dans l'article même, quant aux symboles animaux et autres qui figurent sur ces monnaies, ne sont certes pas suffisantes pour qu'il soit possible d'en tirer des conclusions bien nettes.

Novembre 1937

— L'*American Review* (n° d'été 1937) publie un important article de M. Ananda K. Coomaraswamy, intitulé *Is Art a superstition or a way of life* ? L'auteur s'élève contre la conception « esthétique » propre aux modernes, d'après laquelle une œuvre d'art doit être seulement « sentie » (c'est ce qu'indique le sens même du mot « esthétique ») et non pas « comprise », et n'a d'autre but que de procurer un certain plaisir spécial, ce qui en fait un simple objet de luxe, sans signification réelle et sans utilité vitale. De là résulte l'existence d'une industrie entièrement séparée de l'art, réduite à une activité purement mécanique, et dans les produits de laquelle la qualité est sacrifié à la quantité ; de là aussi, d'autre part, l'idée erronée que les choses ont toujours été ainsi, que les artistes ont toujours formé une catégorie spéciale d'hommes, dont le travail n'avait rien à voir avec la fabrication des choses nécessaires à l'existence, alors que la vérité est, au contraire, que la distinction entre « artiste » et « artisan » est toute récente et opposée à la vue « normale » et traditionnelle selon laquelle l'art est inséparable du métier, quel que soit d'ailleurs celui-ci. Là où cette vue « normale » existe et où chacun suit sa « vocation » propre, c'est-à-dire exerce le genre d'activité qui correspond le

---

[29] [Juillet 1937 ?]

mieux à ses aptitudes naturelles, « il n'y a aucune nécessité d'expliquer la nature de l'art en général, mais seulement de communiquer une connaissance, des arts particuliers à ceux qui doivent les pratiquer, connaissance qui est régulièrement transmise de maître à apprenti, sans que le besoin "d'écoles d'art" se fasse aucunement sentir ». En outre, dans une société traditionnelle, il n'y a rien qui puisse être proprement appelé « profane » ; aussi tout ce qui n'est considéré aujourd'hui que comme « ornementation » ou « décoration » a-t-il toujours une signification précise ; l'opération de l'artiste n'en est pas moins libre, non pas certes en tant qu'il invente les idées à exprimer, mais en tant que, les ayant faites siennes par assimilation, il les traduit d'une façon conforme à sa propre nature. L'art traditionnel est essentiellement symbolique, et c'est de là qu'il tire sa valeur spirituelle ; les symboles ne sont point affaire de convention, mais constituent un langage aussi précis que celui des mathématiques, et, « lorsqu'ils sont correctement employés, ils transmettent de génération en génération une connaissance des analogies cosmiques » ; c'est pourquoi « les arts ont été universellement rapportés à une source divine, la pratique d'un art était au moins autant un rite qu'une occupation commerciale, l'artisan devait toujours être initié aux "petits mystères" de son métier, et son œuvre avait toujours une double valeur, celle d'un outil d'une part et celle d'un symbole de l'autre ». Dans les conditions actuelles où il ne subsiste plus rien de tout cela, l'art, ayant perdu sa raison d'être tant au point de vue de l'utilité pratique qu'à celui de la connaissance et de la spiritualité, et ne servant donc plus réellement ni à la vie active ni à la vie contemplative, n'est proprement qu'une « superstition » au sens étymologique de ce mot.

Décembre 1937

— Dans le *Symbolisme* (numéro d'août-septembre), sous le titre *De l'Équerre au Compas*, qui serait d'ailleurs susceptible d'un bien autre sens symbolique que celui qu'il lui donne (qu'on se rappelle ici notamment la signification du carré et du cercle dans la tradition extrême-orientale), Oswald Wirth dénonce justement, une fois de plus, l'erreur consistant à introduire dans une organisation initiatique des institutions administratives calquées sur le modèle profane ; mais, en même temps, il réédite encore la méprise courante sur le vrai sens des mots « opératif » et « spéculatif », qui pour lui ne sont guère que les synonymes respectifs d'« ouvrier » et de « bourgeois » ! Contrairement à ce qu'il semble croire, d'ailleurs, c'est déjà beaucoup que de conserver scrupuleusement et intégralement le rituel, même sans le comprendre, et cela n'a certes rien d'un « jeu », car il ne s'agit point en ce cas d'une parodie ; mais, si l'initiation, dans ces conditions, demeure simplement virtuelle au lieu d'être effective, c'est précisément en cela que la Maçonnerie moderne n'est plus que « spéculative », c'est-à-dire privée des « réalisations » que permettait l'ancienne Maçonnerie « opérative », en partie sans doute parce que celle-ci avait pour base la pratique réelle du métier de constructeur, ce qui va bien plus loin qu'on ne le pense, mais en partie aussi pour d'autres raisons relevant de la « technique » initiatique en général, et évidemment tout à fait inaccessibles aux « esprits distingués » qui organisèrent la Grande Loge d'Angleterre ; encore est-il fort heureux pour celle-ci qu'il se soit trouvé des Maçons « opératifs » qui voulurent bien, un peu plus tard, corriger, au point de vue rituélique tout au moins, les fâcheux effets de l'ignorance de ses fondateurs... – Dans un article intitulé *Les Dieux reviennent*, Albert Lantoine proteste contre l'influence de l'esprit « démagogique » de l'époque actuelle, qui se traduit en particulier, quant au recrutement maçonnique, par l'importance attribuée à la quantité au détriment de la qualité ; il croit d'ailleurs apercevoir quelques indices d'un commencement de réaction contre cette tendance, et nous souhaitons qu'en cela il ne se trompe pas... – G. Persigout étudie cette fois la devise hermétique *Visita Interiora Terrae*... (il oublie de signaler la variante *Inferiora*, qui pourtant offre peut-être une signification encore plus complète), le rapport des « rectifications » alchimiques et des « purifications » initiatiques, et la correspondance des uns et des autres avec les éléments.

— Dans les *Archives de Trans* (numéro d'août-septembre), M. J. Barles étudie la préparation du Livre des Constitutions de la Grande Loge d'Angleterre ; il y aurait beaucoup à dire sur la façon spéciale dont les *Old Charges* y furent utilisées... et déformées tendancieusement. Nous nous bornerons à faire remarquer que, au point de vue initiatique, les novateurs étaient fort loin de constituer une « élite », quelle que fut leur « culture » profane, et que, au lieu d'« élever le niveau intellectuel de l'ancienne Maçonnerie », ils firent surtout preuve d'ignorance et d'incompréhension à l'égard de sa tradition ; ils n'en connaissaient d'ailleurs pas tous les grades, ce qui explique aussi bien des choses ; et ils ne pouvaient certes pas « appartenir à l'Ordre des Rose-Croix », d'autant plus qu'un tel nom n'a jamais été porté authentiquement par aucune organisation.

— Le *Speculative Mason* (numéro d'octobre) contient une étude de la devise « Liberté, Égalité, Fraternité », qui, loin d'être réellement d'origine maçonnique comme on le croit d'ordinaire, apparaît au contraire pour la première fois dans un écrit anti-maçonnique, *Les Francs-Maçons écrasés*, publié en 1747 ; elle n'en fut pas moins adoptée assez tôt par la Maçonnerie française, mais y fut prise d'abord en un sens purement spirituel, d'ailleurs conforme aux enseignements du rituel, et n'ayant rien de commun avec l'interprétation profane qui prévalut malheureusement par la suite. – Un article intitulé *Building in Harmony* donne une curieuse description de la construction d'un violon.

— Dans le *Symbolisme* (numéro d'octobre), Albert Lantoine consacre un long article à la question du Grand Architecte de l'Univers et aux controverses auxquelles elle a donné et donne encore lieu ; certaines interprétations modernes sont assurément bien détournées et fantaisistes, comme il le dit, mais, d'un autre côté, peut-on se contenter de déclarer, sans plus de précision, que « le Grand Architecte est le terme maçonnique de Dieu » ? Il y a lieu de distinguer entre les aspects divins, et traditionnellement on l'a toujours fait : tout nom spécial doit ici correspondre à une fonction ou à un attribut déterminé ; et, si un exotérisme simpliste peut à la rigueur se passer de ces distinctions, il ne saurait en être de même au point de vue initiatique ; seulement, pour comprendre vraiment les choses de cet ordre, il faut remonter à de lointaines origines et ne pas faire commencer le Maçonnerie au XVIIIe siècle…

— Dans *Atlantis* (n° de septembre), M. Paul le Cour étudie les *Symboles linéaires* (c'est-à-dire géométriques) ; il dit à ce sujet certaines choses qui sont justes, bien qu'assez élémentaires d'ailleurs, et d'autres qui le sont beaucoup moins ; il a parfaitement raison de dénoncer bien des erreurs et des oublis dans les interprétations les plus courantes du symbolisme, mais il lui arrive d'en commettre aussi, notamment quand il touche au symbolisme maçonnique, sur lequel il a des idées un peu trop spéciales ! Ajoutons qu'il ne saurait y avoir de

« symbolisme profane » ; qu'on dise « symbolique » ou « symbolisme », il s'agit toujours, non pas forcément d'une « science religieuse », mais en tout cas d'une science sacrée ou traditionnelle.

Année 1937 (mois inconnus)

— Dans *Indian Culture* (vol. III, n° 4), M. Ananda Coomaraswamy étudie « La doctrine védique du silence », qu'il rattache à ce que nous avons exposé ici au sujet du « secret initiatique », ainsi que des « mythes » et des « mystères » entendus dans leur sens originel. Il s'agit donc essentiellement de l'inexprimable, qui est le « suprême » (*para*), tandis que la « parole » exprimée se réfère nécessairement au « non-suprême » (*apara*), les deux aspects apparaissant d'ailleurs comme inséparablement associés dans de nombreux textes, ainsi que dans le rituel, pour constituer ensemble la conception totale du Principe.

— Dans le *Bulletin of the Museum of Fine Arts* de Boston, (n° d'août), le même auteur, à propos de l'explication d'un sceau indien de l'époque « Gupta », insiste sur l'insuffisance de toute « histoire de l'art » qui, s'enfermant dans un point de vue uniquement esthétique, « considère simplement l'usage décoratif d'un motif donné, et ignore la raison d'être des éléments dont il est formé et la relation logique de ses parties » ; cette note constitue une excellente réponse à certains négateurs du symbolisme.

— La revue *Action et Pensée*, de Genève (n° de septembre) inaugure une partie consacrée à la « philosophie hindoue moderne », sous la direction de M. Jean Herbert ; ce dont il s'agit, dans la mesure où il est « moderne », ne peut plus être vraiment « hindou », et représente simplement le produit d'une influence occidentale ; mais il faut dire aussi qu'on retrouve encore ici la confusion que nous signalons d'autre part, à propos des conférences de M. Herbert. Shrî Râmakrishna, dont il est surtout question cette fois n'a, en effet, rien d'un « philosophe », pas plus que les méthodes de « réalisation » spirituelle, qui sont bien ce qu'il y a de plus étranger et même contraire à l'esprit « moderne », ne constituent une « philosophie pratique » ; et que dire de l'avertissement de la rédaction, qui tend à assimiler ces méthodes à celles de la psychologie contemporaine, à laquelle la revue est plus spécialement consacrée, y compris la « psychanalyse », et à identifier avec « l'inconscient » ce qui est en réalité du « superconscient » ? Ce qu'il y a de plus intéressant c'est la traduction d'extraits des paroles de Shrî Râmakrishna ; mais, quel dommage que le centenaire de celui-ci ait pu servir de prétexte aux déclamations humanitaires de M. Romain Rolland ! D'autre part, une petite note de M. Masson-Oursel (qui, remarquons-le en passant, semble éprouver une curieuse répugnance à employer le mot « hindou ») montre surtout qu'il ne comprend pas comment certaines choses peuvent être des voies de « réalisation », notamment l'exercice des arts et des métiers, qu'il s'étonne au surplus de voir ne faire véritablement qu'un ; il est à souhaiter qu'il ait connaissance de l'article de M. Ananda K. Coomaraswamy dont nous venons de parler, et qui pourrait l'éclairer quelque peu sur ce sujet, sur lequel d'ailleurs, sans même qu'il soit besoin de sortir du monde occidental, le plus illettré des Compagnons en sait assurément plus long que lui !

Janvier 1938

— Dans les *Archives de Trans* (numéro d'octobre), M. J. Barles continue son examen de la rédaction du Livre des Constitutions par James Anderson ; celui-ci, dans le récit inséré dans l'édition de 1738, a naturellement présenté comme une révision nécessaire ce qui fut en réalité un travail d'altération voulue des *Old Charges* ; signalons d'ailleurs que, dans ce même récit, tous les faits concernant la fondation et les débuts de la Grande Loge d'Angleterre sont tendancieusement déformés, ainsi qu'il ressort d'une étude historique publiée dans le *Grand Lodge Bulletin* d'Iowa et dont nous avons rendu compte en son temps. Nous nous permettons d'attirer là-dessus l'attention de M. Barles, qui se borne à dire, à la suite de Mgr Jouin, qu'« il est permis de se demander si le choix d'Anderson, que nulle raison majeure ne motivait, fut des plus judicieux » ; est-il bien sûr qu'il n'y avait pas au contraire de sérieuses raisons pour que les choses fussent « arrangées » de cette façon toute spéciale, ce pour quoi Anderson était peut-être réellement plus qualifié que d'autres que certains scrupules auraient pu retenir ?

— La *Revue Internationale des Sociétés Secrètes* (numéro du 15 novembre) publie la reproduction d'un document qui est de nature à éclairer quelque peu la question, fort obscure aussi, des débuts de la Maçonnerie en France : il s'agit d'un manuscrit datant de 1735-1736, et contenant une traduction des Constitutions d'Anderson, avec de légères modifications ou adaptations à l'usage des Loges françaises. Cette version est accompagnée d'une « approbation » qui est la partie vraiment intéressante du manuscrit, car il en résulte les faits suivants : le duc de Wharton fut « Grand-Maître des Loges du royaume de France » à une date indéterminée, mais antérieure à 1735 ; Jacques Hector Macleane exerçait la même fonction en 1735, et il fut remplacé l'année suivante par Charles Radcliffe, comte Derwentwater. Ces faits sont susceptibles d'infirmer les conclusions de la campagne menée jadis par Téder contre l'authenticité des deux premiers Grands-Maîtres de la Maçonnerie française, Lord Derwentwater et Lord Harnouester (qui d'ailleurs ne font sans doute qu'un, le deuxième nom n'étant vraisemblablement qu'une altération du premier), campagne rappelée dans un précédent article de la même revue (numéro des 15 septembre-1er octobre), et à la suite de laquelle ces deux noms furent supprimés, en 1910, de la liste des Grands-Maîtres figurant dans l'Annuaire du Grand-Orient de France. Cependant, certaines questions se posent encore : le duc de Wharton fut Grand-Maître de la Grande Loge d'Angleterre en 1722, et il est possible que ce soit en cette qualité qu'il ait eu sous sa juridiction les Loges françaises avant qu'elles n'aient reçu une organisation particulière ; seulement, on ne fixe d'ordinaire qu'à 1725 la fondation de la première Loge à Paris ; faudrait-il réellement la faire remonter quelques années plus haut ? Mais alors il y aurait encore une autre objection : c'est que les Constitutions d'Anderson ne furent complètement rédigées qu'en 1723, après l'expiration de la Grande-Maîtrise du duc de Wharton... La situation exacte des deux autres personnages n'apparaît pas très clairement non plus : fut-elle celle de « Grands-Maîtres provinciaux », relevant de la Grande Loge d'Angleterre, ou déjà celle de Grands-Maîtres d'une Grande Loge entièrement indépendante ? Enfin, il semble bien, d'après le même document, que le grade de Maître ait été connu et pratiqué par les Maçons « spéculatifs », de France avant de l'être par ceux d'Angleterre ; on peut alors se demander d'où ils l'avaient reçu, et il y a là encore un autre problème qu'il serait assez intéressant d'élucider.

— Dans le *Symbolisme* (numéro de novembre), sous le titre *Ivresse bachique et Sommeils initiatiques*, G. Persigout essaie de marquer une distinction entre ce qu'il désigne comme « les cultes populaires et les religions de mystères » ; dépouillée de cette terminologie plutôt fâcheuse, cette distinction devrait en somme revenir tout simplement à celle de l'exotérisme et de l'ésotérisme ; mais il n'est pas exact d'admettre que le premier ait jamais été comme une sorte de « vulgarisation » et de déviation du second, car chacun à son domaine bien défini et également légitime ; il y a encore dans tout cela bien des confusions.

Février 1938

— Dans les *Archives de Trans* (numéro de novembre), M. J. Barles en arrive cette fois à la Grande-Maîtrise du duc de Wharton, dont nous avons déjà parlé dans nos derniers comptes rendus, à propos d'un article de la *Revue Internationale des Sociétés Secrètes*. Ce sujet est encore un de ceux qui semblent assez difficiles à éclaircir : le duc de Wharton aurait été tout d'abord élu irrégulièrement en 1722, mais ensuite, pour éviter des dissensions, son prédécesseur, le duc de Montagu, se démit en sa faveur le 3 janvier 1723, et l'installation régulière eut lieu le 17 janvier ; Desaguliers fut alors nommé Député Grand-Maître. Les Constitutions d'Anderson furent présentées à la Grande Loge en 1723, approuvées et signées par le duc de Wharton et Desaguliers ; mais ce qui est assez singulier, c'est que cette approbation ne porte pas de date ; la ratification eut-elle lieu à l'assemblée du 17 janvier, comme le pense Mgr Jouin, cité par M. Barles, ou seulement le 25 mars, comme le dit Thory (*Acta Latomorum*, T. I., p. 20), qui, d'autre part, inscrit, par une erreur évidente, ces événements à la date de 1722 ? Quoi qu'il en soit, nous ne nous expliquons pas que M. Barles envisage comme possible une identification de deux personnages tout à fait différents : Philippe, duc de Wharton, et Francis, comte de Dalkeith ; le second succéda tout à fait normalement au premier comme Grand-Maître, le 24 juin 1723 ; là du moins, il n'y a rien d'obscur. Ce qui l'est davantage, c'est la suite de la carrière du duc de Wharton : en 1724, il adhère à une sorte de contrefaçon de la Maçonnerie, connue sous le nom de *Gormogons* ; la même année, il vint sur le continent, se convertit au catholicisme et adhéra ouvertement au parti des Stuarts ; puis, en 1728, il constitua une Loge à Madrid, ce qui indique qu'en réalité il n'avait pas renoncé à la Maçonnerie ; enfin, il mourut à Tarragone en 1731. Les précisions sur ce qu'il fit entre 1724 et 1728 paraissent manquer totalement, et c'est d'autant plus regrettable que ce point pourrait présenter un intérêt particulier en connexion avec la question des origines de la Maçonnerie française : en effet, s'il n'existait pas encore de Loges en France en 1723, et si par conséquent le duc de Wharton ne peut en être le Grand-Maître du fait même qu'il était alors Grand-Maître de la Grande Loge d'Angleterre dont ces Loges dépendirent tout d'abord, il ne put recevoir cette qualité que pendant la période dont il s'agit, et au cours de laquelle il est très possible qu'il ait effectivement séjourné en France ; c'est donc là-dessus que devraient surtout porter les recherches de ceux qui voudraient élucider plus complètement cette question.

— Dans le *Grand Lodge Bulletin* d'Iowa (numéro de décembre), un article est consacré à la comparaison des deux Rites pratiqués principalement en Amérique, le Rite d'York et le Rite Écossais, qui diffèrent non seulement par les degrés auxquels ils travaillent, mais aussi par leur mode d'organisation. L'origine du Rite d'York est en quelque sorte « préhistorique », puisqu'elle remonterait au VIIe siècle ; c'est à ce Rite que se réfèrent les anciens documents maçonniques appelés *Old Charges*, dont une copie était, pour les Loges opératives, l'équivalent de ce qu'est pour les Loges modernes une charte délivrée par une Grande Loge. Le Rite d'York est régi par les Constitutions d'Athelstan de 926 ; le Rite Écossais, par les Constitutions de Frédéric le Grand de 1786 ; ce qui est assez curieux, c'est que l'origine de ces deux documents, d'époques si différentes, a été également contestée par les historiens ; il va de soi, d'ailleurs, que le droit des organisations maçonniques à les adopter valablement comme loi fondamentale est, en tout cas, entièrement indépendant de cette question d'origine.

— Dans le *Symbolisme* (numéro de décembre), sous le titre *Le Plagiat des Religions*, Albert Lantoine envisage les ressemblances qui existent entre le symbolisme des diverses religions, y compris le Christianisme, celui de la Maçonnerie et celui des initiations antiques ; il n'y a pas lieu de s'étonner, dit-il, de ces similitudes qui procèdent, non du plagiat volontaire, mais d'une concordance inévitable ; cela est exact, mais il faudrait aller encore plus loin en ce sens, et il a le tort de méconnaître la filiation réelle, et non pas seulement

« livresque » ou « idéale », qui existe entre les différentes formes traditionnelles, sous leur double aspect exotérique, dont la religion est un cas particulier, et ésotérique ou initiatique ; il ne s'agit point là d'« emprunts », bien entendu, mais des liens qui rattachent toute tradition authentique et légitime à une seule et même tradition primordiale. – G. Persigout termine son étude sur *Ivresse bachique et Sommeils initiatiques*, dont nous avons parlé précédemment. – Dans le numéro de janvier, François Ménard examine les difficultés qu'il y a à faire comprendre la *Notion de Connaissance ésotérique* dans le monde moderne, et surtout aux esprit imbus des préjugés dus à la « culture » universitaire ; il fait remarquer très justement que tous les « progrès » des sciences telles qu'on les conçoit aujourd'hui ne font pas avancer d'un pas dans la voie de la véritable connaissance, et aussi que, contrairement à la prétention de tout exprimer en termes clairs (qu'il impute au « matérialisme scientifique », mais qui est en réalité d'origine cartésienne), il y a toujours lieu de réserver la part de l'inexprimable, dont la connaissance constitue proprement l'ésotérisme au sens le plus strict de ce mot.

— La revue *Action et Pensée* (n° de décembre) contient un article de M. Jean Herbert intitulé *Métaphysique et Psychagogie* ; ce dernier terme est emprunté au programme même de la revue, où se trouve à ce propos un contresens véritablement incroyable : le mot *psyché* y est traduit par « esprit » ; on se demande ce que peut bien signifier « conduire l'esprit », alors que c'est au contraire l'esprit qui nécessairement conduit toutes choses ! En réalité, bien entendu, ce n'est nullement de l'esprit qu'il s'agit ici, et c'est précisément pourquoi cette « psychagogie » n'a aucun rapport, ni quant à son domaine ni quant à son but, avec les méthodes hindoues du *Yoga* ou autres ; nous nous sommes suffisamment expliqué par ailleurs sur cette déplorable confusion, à laquelle vient encore s'ajouter ici celle de la métaphysique avec la philosophie : la véritable métaphysique n'a certes rien à voir avec des « hypothèses » ni avec des « croyances » quelconques... Un autre point sur lequel nous devons nous arrêter est celui qui concerne la nécessité d'un *guru* : M. Herbert n'a pas tort de penser qu'il y a « de longues étapes préparatoires pendant lesquelles on peut dans une très large mesure s'en remettre aux enseignements écrits de maîtres authentiques » (toutes réserves faites sur la possibilité de trouver même de tels enseignements non déformés en Occident, et surtout sur la qualité de « maître authentique » attribué à Vivêkânanda) ; c'est là proprement une phase de préparation théorique, qui peut en effet être accomplie d'une façon indépendante : mais, pour ce qui doit venir ensuite, M. Herbert paraît faire consister uniquement le rôle du *guru* en une adaptation de la « technique » à chaque cas particulier, alors que son rôle vraiment essentiel, celui qui rend son intervention rigoureusement indispensable, est avant tout d'assurer la transmission initiatique régulière, à laquelle il n'est pas fait ici la moindre allusion. Enfin, une note se référant à la *Cabale mystique* de « Dion Fortune », dont nous avons parlé dernièrement, montre que, malheureusement, M. Jean Herbert n'est pas assez renseigné sur ce que valent réellement les « disciplines occidentales » de cette sorte... – Le reste de la partie consacrée à la « philosophie hindoue moderne » comprend surtout, cette fois, des extraits de divers écrits de Shrî Aurobindo, dont les intentions n'ont certainement rien de commun avec la « psychologie » ni avec la thérapeutique des maladies nerveuses ou mentales, ni même avec la « conduite de la vie » entendue dans l'acception toute profane des psychologues occidentaux.

— Le *Mercure de France* (n° du 16 novembre) publie un article intitulé *Philosophie et Science d'Extrême-Orient*, par M. Nyoiti Sakurazawa, qui avait déjà fait paraître, il y a quelques années, un volume traitant du même sujet, et dans lequel il présentait comme « clef » et « principe unique » de cette « philosophie » et de cette « science » (qui d'ailleurs, comme il le reconnaissait lui-même, ne sont précisément ni « philosophie » ni « science » au sens occidental de ces mots) une « loi universelle » qui n'est autre que la doctrine cosmologique des deux principes complémentaires *yin* et *yang*, dont les oscillations et les vicissitudes produisent toutes les choses manifestées, avec l'indéfinie multiplicité de leurs modifications. Cette doctrine trouve en effet son application dans le domaine de toutes les sciences traditionnelles ; l'auteur, dans cet article, se borne à en envisager plus spécialement l'application médicale ; il y a dans son exposé des considérations intéressantes, mais aussi une certaine confusion, qui est due surtout à un mélange des conceptions occidentales modernes avec les données traditionnelles ; et ceci confirme encore ce que nous avons dit bien souvent contre ces rapprochements illusoires entre des choses qui procèdent de points de vue radicalement différents. – Dans le même numéro, nous devons signaler aussi un article de M. Paul Vulliaud sur

Léon Bloy prophète et martyr, qui contient de curieux détails sur les origines de la « mission » dont cet étrange personnage se croyait investi ; le plus intéressant, dans cette histoire, est ce qui est en rapport direct avec l'affaire de la Salette, qui est un de ces événements aux « dessous » suspects, dont l'époque contemporaine n'offre que trop d'exemples, et qui, comme le note l'auteur, présente des relations vraiment singulières avec l'affaire de la « survivance » de Louis XVII, relations qui sont d'autant plus à remarquer qu'il en est constamment de même dans toutes les choses de ce genre qui se produisirent au cours du XIXe siècle ; la recherche des raisons de ce fait pourrait sans doute mener assez loin dans le domaine de ce qu'on peut appeler l'histoire « souterraine » de notre temps... Par ailleurs, le fameux « Secret de la Salette », qui a manifestement inspiré les invectives furieuses de Léon Bloy contre les catholiques et en particulier contre le clergé, contient quelques « marques » assez nettes de la véritable nature des « influences » qui ont agi en tout cela ; aussi, quand on constate que, sous des formes diverses, ces choses ont encore une « suite » actuellement, est-il permis de trouver que cela n'est pas précisément très rassurant ; et l'on comprendra par là pourquoi, notamment, la vogue présente de certaines prétendues « prophéties » doit inspirer quelques inquiétudes à quiconque n'est pas entièrement ignorant de ces sortes de « ramifications ».

— Nous avons reçu les premiers numéros (juillet à décembre) d'une nouvelle revue, *Oriental Literary Digest*, publiée à Poona, et entièrement consacrée aux comptes rendus des ouvrages concernant toutes les branches de l'« indologie » et les sujets connexes dans le domaine des études orientales ; une telle publication sera particulièrement utile à ceux qui veulent se tenir au courant de tout ce qui paraît sur ces questions, et qui y trouveront réunies toutes les informations souhaitables à cet égard.

— Dans *Atlantis* (n° de novembre), M. L. Charbonneau-Lassay donne une étude très intéressante et fort documentée sur le symbolisme du trident ; signalons plus particulièrement ce qui concerne les rapports de celui-ci avec « la foudre » c'est-à-dire avec le *vajra*, car il y a là un point qui pourrait donner lieu à d'importants développements. – M. Paul le Cour expose, sur les symboles de la Trinité (mieux vaudrait dire plus généralement du ternaire, car tous les cas qu'il cite sont loin de coïncider réellement avec la Trinité chrétienne) des considérations assez vagues et d'ailleurs bien incomplètes, car il a tout simplement oublié de parler du triangle, qui est cependant le premier de ces symboles et celui dont dérivent tous les autres ; il s'y trouve par surcroît, sur la disposition des trois points maçonniques, une méprise qui est vraiment tout à fait curieuse : en se rapportant à la figure à propos de laquelle il en est question, il apparaît que M. Paul le Cour place ces trois points à l'envers, à la façon des fantastiques « Palladistes » de Léo Taxil !

Mars 1938

— Dans le *Speculative Mason* (numéro de janvier), deux articles sont consacrés respectivement à la « lumière » et à l'« arc-en-ciel », dans leurs rapports avec le symbolisme de *Royal Arch*. – Dans un autre article est étudié ce qu'on appelle le *Plot Manuscript*, c'est-à-dire un ancien manuscrit maçonnique qui n'a jamais été retrouvé, et qu'on connaît seulement par les citations qu'en fait le Dr Robert Plot dans sa *Natural History of Staffordshire*, publiée en 1686. Nous noterons à ce propos que, si l'on considère d'une part l'attitude de dénigrement prise par ce Dr Plot a l'égard de la Maçonnerie, et d'autre part sa connexion avec Elias Ashmole, il y a là quelque chose qui ne contribue guère à rendre vraisemblable le rôle initiatique que certains attribuent assez gratuitement à ce dernier. D'un autre côté, il est curieux de trouver chez le Dr Plot la « source » d'un des arguments que fait valoir, contre la filiation « opérative » de la Maçonnerie moderne, M. Alfred Dodd dans son livre sur Shakespeare dont nous avons parlé le mois dernier : il s'agit de l'édit abolissant la Maçonnerie sous Henry VI ; ce roi, qui était alors âgé de trois ou quatre ans, est dit cependant l'avoir révoqué lui-même quand il fut arrivé à l'âge d'homme, et avoir au contraire approuvé alors les *Charges* ; mais le Dr Plot déclare ce fait « improbable », sans en donner aucune raison valable, et M. Dodd se contente de le passer sous silence. Les découvertes les plus récentes apportent d'ailleurs parfois des confirmations assez remarquables aux dires de ces anciens manuscrits, en même temps que des démentis aux historiens modernes qui les ont critiqués à tort et à travers : il en est ainsi notamment dans le cas d'Edwin, dont l'existence a été si discutée ; la seule erreur de certains manuscrits est d'en avoir fait le fils du roi Athelstan, alors qu'il était en réalité son frère ; mais, comme on a trouvé une charte où sa signature est suivie d'un titre le désignant comme l'héritier du trône, cette confusion même est parfaitement explicable ; et voilà encore un exemple assez instructif de ce que vaut la « critique » moderne !

— Dans *Atlantis* (n° de janvier), M. Paul le Cour aborde cette fois le *Symbolisme minéral* : la « pierre brute », la « pierre cubique », la « pierre philosophale » ; il y aurait certes fort à dire sur tout cela, mais il y faudrait des connaissances « techniques » précises, auxquelles l'imagination ne saurait suppléer, fût-elle excessive au point de faire trouver les mots *alkè* et *phôs* dans *Képhas*, ou *Christ* dans *cristal*, rattacher le nom d'*Adam* au nom grec du diamant, et tirer des conséquences imprévues d'une simple faute d'orthographe comme celle qui consiste à écrire *omphallos* au lieu d'*Omphalos* ! Nous ferons aussi remarquer à M. Paul le Cour que le symbole du « chrisme » n'est point construit sur le schéma de la croix à trois dimensions, mais sur celui de la roue à six rayons ; entre les deux, il n'y a aucune équivalence possible, ni géométriquement, ni idéographiquement.

Avril 1938

— Dans le *Mercure de France* (numéro du 1er février), un article de M. Albert Shinz sur *Le Songe de Descartes* soulève de nouveau une question qui a déjà donné lieu à bien des discussions plus ou moins confuses, celle d'une prétendue affiliation rosicrucienne de Descartes. La seule chose qui ne semble pas douteuse, c'est que les manifestes rosicruciens, ou soi-disant tels, qui furent publiés dans les premières années du XVIIe siècle, éveillèrent une certaine curiosité chez le philosophe, et que celui-ci, au cours de ses voyages en Allemagne, chercha à entrer en relations avec leurs auteurs, qu'il prenait d'ailleurs simplement pour de « nouveaux savants », ce qui n'était pas de quelqu'un de très « averti » ; mais ces rosicruciens, quels qu'ils fussent (ce n'étaient certainement pas, en tout cas, des « Rose-Croix authentiques », comme le voudrait M. Maritain, qui fit paraître un article sur le même sujet dans la *Revue Universelle* de décembre 1920), ne paraissent pas avoir jugé à propos de satisfaire son désir, et même s'il lui arriva d'en rencontrer quelqu'un, il est fort probable qu'il n'en sut jamais rien. Le dépit que lui inspira cet échec s'exprima assez nettement dans la dédicace d'un ouvrage intitulé *Thesaurus Mathematicus*, qu'il se proposa d'écrire sous le pseudonyme de « Polybius le Cosmopolite », mais qui resta toujours à l'état de projet ; il vaut la peine, pour qu'on puisse en juger en toute connaissance de cause, d'en reproduire intégralement la traduction : « Ouvrage dans lequel on donne les vrais moyens de résoudre toutes les difficultés de cette science, et on démontre que relativement à elle l'esprit humain ne peut aller plus loin ; pour provoquer l'hésitation ou bafouer la témérité de ceux qui promettent de nouvelles merveilles dans toutes les sciences ; et en même temps pour soulager dans leurs fatigues pénibles les Frères de la Rose-Croix, qui, enlacés nuit et jour dans les nœuds gordiens de cette science, y consument inutilement l'huile de leur génie ; dédié de nouveau aux savants du monde entier et spécialement aux très illustres Frères Rose-Croix d'Allemagne. » Ce qui est plutôt stupéfiant, c'est que certains ont voulu précisément voir là un indice de « rosicrucianisme » ; comment peut-on ne pas sentir toute l'ironie méchante et rageuse d'une semblable dédicace, sans parler de l'ignorance manifeste dont témoigne la persistance de son auteur à assimiler les Rose-Croix aux savants et « chercheurs » profanes ? Il est vrai que le parti pris s'en mêle quelquefois, dans un sens ou dans l'autre ; mais, en tout cas, réunir cartésianisme et ésotérisme dans une commune admiration ou dans une commune haine, c'est là faire également preuve, du moins en ce qui concerne l'ésotérisme, d'une assez belle incompréhension ! Descartes est, bien certainement, le type même du philosophe profane, dont la mentalité antitraditionnelle est radicalement incompatible avec toute initiation ; cela ne veut d'ailleurs certes pas dire qu'il n'ait pas été, par contre, accessible à certaines « suggestions » d'un caractère suspect ; et n'est-ce pas même ainsi que pourrait s'interpréter le plus vraisemblablement la prétendue « illumination » qui lui vint sous les apparences d'un songe plutôt incohérent et saugrenu ?

— Dans les *Archives de Trans* (numéro de décembre), M. J. Barles examine l'activité de Desaguliers en 1723-1724 : il continua à exercer les fonctions de Député Grand-Maître pendant cette année, qui fut celle de la Grande-Maîtrise du comte de Dalkeith ; à celui-ci succéda, le 24 juin 1724, le duc de Richmond, qui prit pour Député le chevalier Martin Folkes (que Thory, sans doute par erreur, mentionne avec cette qualité à la date de 1723). Ajoutons que Desaguliers devait reprendre les mêmes fonctions, l'année suivante, sous le comte d'Abercorn ; nous ne voyons donc pas qu'on puisse dire que « sa collaboration avec le duc de Wharton dut lui être défavorable » ; et, d'autre part, il semble bien que M. Barles continue à confondre, comme dans son précédent article, le comte de Dalkeith avec son prédécesseur le duc de Wharton, ce qui altère évidemment l'enchaînement des faits qu'il envisage ici.

— Dans le *Symbolisme* (numéro de février), Oswald Wirth revient encore sur ce qu'il appelle le Maçonnisme, qu'il paraît d'ailleurs associer étroitement à la seule conception « spéculative » ; « ce qui manque à la Maçonnerie moderne, dit-il, c'est l'instruction maçonnique » ; cela n'est que trop vrai, certes, mais les premiers responsables n'en sont-ils pas, précisément, les « penseurs » qui mutilèrent cette instruction en réduisant la Maçonnerie à n'être plus que « spéculative » ? – G. Persigout consacre son article à *La sortie de l'Antre et la « Délivrance »* ; il semble donc qu'il s'agisse du même sujet que celui que nous traitons d'autre part ici même, et pourtant les considérations qu'il expose n'ont qu'assez peu de rapport avec les nôtres ; en fait, il s'agit surtout là d'une tout autre question, celle du « vase sacré » et du « breuvage d'immortalité ». Signalons à l'auteur que, suivant la tradition hindoue, *Dhanvantari* (dont le rôle est comparable à celui d'*Asklêpios* ou Esculape chez les Grecs) n'a point « apporté du ciel » le vase contenant l'*amrita*, mais qu'il a été produit, tenant ce vase à la main, du « barattement de l'Océan » ; cela fait une sensible différence au point de vue symbolique.

— Dans le journal *France-Amérique du Nord* (numéro du 30 janvier), M. Gabriel Louis-Jaray, reproduisant les réflexions que nous avons consacrées il y a quelque temps à un article publié par lui dans le *Mercure de France*, les fait suivre de quelques commentaires qui semblent indiquer qu'il ne les a pas entièrement comprises : nous n'avons pas dit que Franklin « était probablement Maçon », car il est tout à fait certain qu'il l'était, ni que « la Maçonnerie symbolique issue de la Grande Loge d'Angleterre perdit son influence » à l'époque dont il s'agit, car la Loge *Les Neuf Sœurs* elle-même ne relevait assurément de rien d'autre que de cette Maçonnerie symbolique ; seulement, en fait, il y avait alors bien longtemps déjà que la Maçonnerie française était devenue complètement indépendante de la Grande Loge d'Angleterre qui lui avait donné naissance un demi-siècle plus tôt. M. Gabriel

Louis-Jaray demande aussi aux *Études Traditionnelles* (notre compte rendu n'était pourtant pas anonyme !) de « préciser comment elle voit (*sic*) le rôle « étrange » de Franklin » ; la réponse est bien facile : dès lors que nous disions que ce personnage semble bien avoir été surtout « l'agent de certaines influences extrêmement suspectes », il ne pouvait qu'être parfaitement évident, pour tous nos lecteurs, que les influences en question étaient celles de la « contre-initiation ». Il va de soi que c'est là quelque chose qui dépasse de beaucoup le point de vue de « politique extérieure » auquel l'auteur de l'article déclare avoir voulu se borner ; cette expression implique d'ailleurs, en elle-même, une conception « particulariste » dans le cadre de laquelle rien de ce qui fait l'objet de nos études ne saurait rentrer. Du reste, si nous ajoutons que Cromwell nous paraît bien aussi avoir joué antérieurement un rôle tout à fait du même genre que celui de Franklin, M. Gabriel Louis-Jaray comprendra peut-être qu'il ne s'agit pas là simplement de politique « anglaise » ou « anti-anglaise », mais de quelque chose où, en réalité, l'Angleterre, l'Amérique ou d'autres nations peuvent être « utilisées » tour à tour, suivant les circonstances, pour des fins qui n'ont sans doute pas grand'chose à voir avec leurs intérêts particuliers ; se servir de quelqu'un, homme ou peuple, n'est pas du tout la même chose que le servir, même s'il se trouve que les effets extérieurs coïncident accidentellement.

— D'un certain côté où l'on semble, depuis quelque temps, prendre à tâche de rassembler les débris épars de l'ancien « mouvement » occultiste, il se produit une attaque vraiment curieuse contre la nécessité d'une transmission initiatique effective et régulière, évidemment fort gênante pour quiconque ne peut invoquer rien de mieux qu'un rattachement « idéal » aussi vague qu'inefficace ! On y parle, pour déprécier ce qu'on ne peut se vanter de posséder, d'« initiation exotérique », ce qui est une contradiction dans les termes ; tout rite initiatique est, par nature et par définition même, un rite ésotérique ; seulement, pour le comprendre, il faudrait d'abord ne pas confondre la transmission initiatique avec une transmission exotérique telle que celle des ordinations ecclésiastiques ; ce sont là des choses qui ne sont aucunement du même ordre, bien que d'ailleurs, chacune dans son domaine propre, elles soient également indispensables. Pour augmenter encore la confusion, on met sur le même plan les organisations initiatiques authentiques et quelques-uns des pires exemples de « pseudo-initiation » qui se puissent trouver... Mais le plus beau est que cette fureur négatrice va jusqu'à contester l'existence de la Tradition primordiale elle-même, et nous devinons bien pourquoi : c'est la filiation même des traditions orthodoxes qui est gênante au fond, parce que c'est elle qui implique essentiellement, dans l'ordre initiatique, cette « chaîne » dont on prétend se passer. Nous pouvons, sans aucune exagération, appliquer aux gens de cette sorte ce qu'eux-mêmes disent de l'étude des doctrines traditionnelles, préférant sans doute demeurer dans leur ignorance, ce qui est en effet plus commode et moins fatigant pour eux : tout ce qu'ils peuvent faire pour chercher une prétendue initiation dans les nuées de l'« invisible » ou dans... le monde de la Lune, en dehors de toute « lignée » terrestre, « n'est qu'un effort vain, un travail ineffectif, une titubation dans l'obscurité et un enfantillage mental » !

— Dans le *Mercure de France* (n° du 15 janvier), M. Marc Citoleux, dans un article sur *La Philosophie de la vie et le Bergsonisme*, recherche les antécédents de l'« intuition » au sens instinctif où l'entend M. Bergson ; il les trouve « chez une ignorante, Mme Zulma Carraud, chez des impulsifs, Jean-Jacques Rousseau, Michelet », et aussi chez un poète, M. Paul Valery. Ces rapprochements sont assez curieux, mais nous ne voyons pas qu'ils apportent une confirmation au bergsonisme, ni qu'on puisse, comme le pense l'auteur, les considérer comme un « signe de la vérité » ; en fait, ils montrent tout simplement qu'il y a là quelque chose qui répond à l'une des tendances de l'époque moderne, et que ce « courant » n'a pas commencé avec M. Bergson, mais que celui-ci lui a seulement donné une expression plus spécialement « philosophique » qu'on ne l'avait fait avant lui.

— Dans la *Vita Italiana* (n° de février), à propos de ce que certains appellent *Bolscevismo culturale*, réunissant sous ce vocable toutes les formes « décadentes » de l'art contemporain, M. J. Evola insiste sur l'insignifiance de toute tentative de « réaction » qui ne serait en réalité qu'un retour à quelque stade moins avancé de la même déviation ; la seule solution valable serait celle qui consisterait au contraire à revenir aux principes véritables, « à ce qui est vraiment original sur le plan de l'esprit, et qui s'identifie avec la Tradition », entendue non comme le font les simples « traditionalistes » et les

« conservateurs », mais « au sens supérieur, universel, métaphysique et transcendant du mot ».

— Dans le *Lotus Bleu* (n° de décembre et janvier), un article est consacré à la *Renaissance de la controverse Bacon-Shakespeare*, à propos d'un livre paru récemment en Angleterre sur ce sujet, et où sont donnés de nouveaux arguments en faveur de la thèse suivant laquelle Bacon serait le véritable auteur des œuvres publiées sous le nom de Shakespeare, et même aussi sous un certain nombre d'autres. En admettant que les interprétations sur lesquelles se fonde cette assertion soient exactes, il y aurait, à vrai dire, une autre explication beaucoup plus simple et plus plausible : pourquoi ces œuvres, vraiment un peu trop nombreuses pour avoir pu être écrites par un seul homme, ne seraient-elles pas réellement des auteurs dont elles portent les noms, ceux-ci ayant été seulement dirigés et inspirés par Bacon ? Quoi qu'il en soit, il semble que l'auteur du livre en question, dans les multiples « cryptogrammes » qu'il a déchiffrés, n'ait guère trouvé que l'affirmation réitérée de la naissance royale de Bacon et de ses droits méconnus au trône d'Angleterre ; ces revendications toutes « personnelles », fussent-elles d'ailleurs légitimes, donnent de lui, il faut bien le dire, une idée qui n'est pas précisément celle du « haut initié » que certains veulent qu'il ait été, et qui eût dû envisager toutes ces contingences avec plus de détachement. Il y a encore autre chose qui est peut-être plus singulier : Bacon ne serait pas mort réellement en 1626, mais se serait alors réfugié en Hollande, où il aurait encore vécu de longues années ; nous savons depuis longtemps déjà que, dans le monde théosophiste, on attache beaucoup d'importance à ces histoires de « morts simulée » ; mais, même si elles sont vraies, nous ne voyons pas très bien en quoi elles peuvent être une preuve de « pouvoirs » transcendants, car, après tout, ce sont là des choses qui, en elles-mêmes et toute question d'intention mise à part, sont aussi à la portée de simples imposteurs...

Mai 1938

— Dans le *Rayonnement Intellectuel*, M. L. Charbonneau-Lassay étudie différents symboles végétaux : les arbres « cruciaux » (n° de janvier-février 1937), dont il rappelle le rapport avec l'« Axe du Monde » ; les arbres à concrétions éclairantes et médicinales, gommes et résines (n° de mars-avril) ; les plantes et fleurs diverses qui ont été, à un titre quelconque, mises en relation avec la Passion du Christ (n° de mai-juin). Dans les nos de septembre-octobre et novembre-décembre, il examine les représentations « lenticulaires » de la blessure du côté du Christ.

— Dans le *Mercure de France* (n° du 15 mars), M. Ludovic de Gaigneron, dans un article intitulé *Ignorance et Sagesse*, fait une excellente critique du prétendu « progrès » et de l'existence tout artificielle à laquelle il aboutit ; il estime bien préférable la soi-disant « ignorance » d'autrefois, laquelle, en réalité, était seulement « l'ignorance des illusions particulières à une propagande matérialiste qui exploite les exigences accrues d'une sensibilité de surface pour masquer le déterminisme inflexible et barbare des forces aveugles qu'elle multiplie ». Où il y aurait peut-être quelques réserves à faire, c'est lorsqu'il considère l'Église catholique, non seulement comme victime, mais aussi comme responsable en un certain sens de ce « progrès », c'est-à-dire en somme de la déviation moderne ; nous comprenons bien que ce qu'il lui reproche à cet égard, c'est d'avoir négligé les « sciences sacrées », à l'exception de la seule théologie, mais la faute en est peut-être plutôt à l'esprit occidental en général. Quoiqu'il en soit, il est malheureusement vrai que, dans le Christianisme, les rapports entre les deux domaines exotérique et ésotérique semblent n'avoir jamais été établis en fait d'une façon parfaitement normale comme ils l'ont été dans d'autres traditions ; il faut reconnaître qu'il y a là une sorte de « lacune » assez singulière, qui tient sans doute à des raisons multiples et complexes (l'absence d'une langue sacrée propre à la tradition chrétienne, par exemple, pourrait bien en être une), et dont l'explication pourrait d'ailleurs mener assez loin, car, au fond, c'est là ce qui fait que, à aucune époque, la « Chrétienté » n'a jamais pu se réaliser complètement.

— *Action et Pensée* (n° de mars) contient la fin d'un intéressant extrait de Shrî Aurobindo, *L'Énigme de l'Univers*, dont le début avait été donné dans le n° précédent. Ensuite vient la traduction de deux conférences du Swâmî Vivêkânanda, dont la première est intitulée *La Philosophie du Vêdânta*, ce qui implique déjà une équivoque ; l'exposé de quelques considérations assez élémentaires, et même visiblement simplifiées à l'usage d'un auditoire américain, où sont notamment présentées en termes de « croyance » des choses qui en réalité ne peuvent être qu'objet de pure connaissance, aboutit à une conclusion surtout « moraliste » et à une conception plus qu'insuffisante de la *jîvan-mukti*. La seconde conférence, *Ce que l'Inde peut donner au monde*, débute par un emprunt assez fâcheux aux théories de la moderne « histoire des religions » ; la suite vaut cependant mieux : si, dans l'Inde, toutes les sectes différentes vivent en parfaite harmonie, c'est qu'on y est conscient de cette vérité : « Ce qui existe est Un ; les sages L'appellent de noms divers », tandis qu'ailleurs elle n'est généralement reconnue que par une élite plus ou moins restreinte ; cela du moins est exact, et nous ajouterons que, en somme, cette vérité n'est autre que l'affirmation de l'unité fondamentale qui se dissimule sous la diversité des formes traditionnelles particulières. – Nous avons noté un défaut dont nous ne savons, en l'absence du texte, s'il doit être attribué à l'auteur ou au traducteur : c'est l'emploi extrêmement confus qui est fait des mots « âme » et « esprit » ; nous savons bien qu'il y a là une difficulté qui tient au vague habituel des langues occidentales, mais, malgré tout, il n'est pas impossible d'y échapper, à la condition de ne pas se laisser influencer par les abus du langage courant.

— Dans le *Speculative Mason* (numéro d'avril), la suite de l'étude intitulée *The Preparation for Death of a Master Mason* est consacrée à la conception « cyclique » de la vie, envisagée plus spécialement dans la correspondance analogique avec le cycle annuel. – Signalons aussi un article sur les allusions maçonniques contenues dans les œuvres de Rudyard Kipling, et un autre sur le symbolisme de la truelle dans la *Mark Masonry*.

— Dans le *Grand Lodge Bulletin* d'Iowa (numéro de février), un article est consacré au rôle joué, dans la Maçonnerie, par le « Livre des Constitutions » et par les *Old Charges* qui l'ont précédé. – Dans le numéro de mars, à propos de l'expression de « Loge bleue », qui est employée couramment comme synonyme de « Loge symbolique » (c'est-à-dire travaillant aux trois grades d'Apprenti, de Compagnon et de Maître), le symbolisme de la couleur bleue est étudié, ainsi que sa connexion historique avec le Tabernacle et le Temple de Salomon.

Juin 1938

— Dans le *Symbolisme* (numéro de mars), G. Persigout étudie les *Ascensions mithriaque, pythagoricienne, judéo-chrétienne et hermétique*, c'est-à-dire ce qui, dans ces différentes traditions, représente « l'action purificatrice du Feu, le désir ascensionnel de l'Âme et le mystère final de la Libération » ; cet exposé manque malheureusement de netteté, et la trop grande part qui y est faite à des informations de source toute profane y est bien certainement pour quelque chose ; le « syncrétisme psychique des traditions religieuses », notamment, nous rappelle les pires incompréhensions des « historiens des religions », qui prennent pour des « emprunts » purement extérieurs toutes les similitudes symboliques qu'ils constatent sans pouvoir en pénétrer le sens profond. – Dans le numéro d'avril, F. Ménard étudie *Le Principe d'analogie*, en insistant surtout, à très juste raison, sur l'application du « sens inverse ».

— Dans la *Revue Internationale des Sociétés Secrètes* (n° du 15 avril), la suite des articles sur *Les Ancêtres de la Franc-Maçonnerie en France* est consacrée à l'examen de la bibliographie de Philippe, duc de Wharton, dont nous avons eu déjà à parler récemment. L'auteur ne pense pas que ce personnage ait pu être Grand-Maître des Loges de France en qualité de Grand-Maître de la Grande Loge d'Angleterre, car, à cette époque (1722-1723), il semble bien qu'aucune Loge n'ait encore été fondée en France ; nous avions aussi fait cette remarque précédemment ; mais il interprète de façon erronée un passage de Gould, disant que la Loge fondée à Madrid par le duc de Wharton en 1728 fut « la première Loge reconnue par la Grande Loge d'Angleterre » ; Gould veut sans doute dire en « Espagne », et non pas « en pays étranger » d'une façon générale, puisqu'il paraît certain qu'une Loge, de fondation anglaise également, exista tout au moins à Paris dès 1725.

Juillet 1938

— Le *Grand Lodge Bulletin* d'Iowa (numéro de mai) étudie les raisons pour lesquelles, suivant la tradition de la Maçonnerie opérative, la première pierre d'un édifice doit être posée dans l'angle nord-est (symboliquement tout au moins, si la disposition des lieux ne permet pas que cette orientation soit exacte en fait) ; c'est là une question qui, au fond, se rattache à celle des « circumambulations », avec une relation plus particulière à la marche du cycle diurne.

— Dans le *Symbolisme* (numéro de mai), Oswald Wirth envisage *La Rénovation du Rituel*, sujet bien dangereux, car il serait fort à craindre qu'une telle « rénovation » ne soit surtout une « altération » ; nous ne voyons pas ce que l'introduction de « moyens modernes » peut ajouter à la valeur d'un rituel initiatique, qui d'ailleurs ne gagne jamais rien à être entouré de « cérémonies » superflues ; et, d'autre part, y a-t-il beaucoup de chances pour que ceux qui seraient chargés de cette tâche soient capables de discerner l'essentiel, qui ne peut en aucun cas être modifié, sous peine d'irrégularité ou même de nullité au point de vue de la transmission initiatique ? – G. Persigout parle de *Correspondances, Analogie, Intériorité* ; nous ne voyons pas bien pourquoi il proteste contre l'expression de « correspondance analogique », qui n'identifie pas, comme il semble le croire, les correspondances et l'analogie, et qui en ferait d'ailleurs un pléonasme pur et simple ; en fait, il y a des correspondances qui sont analogiques et d'autres qui ne le sont pas. Nous ne comprenons pas davantage pourquoi les correspondances devraient constituer un « système » parce qu'elles ont un « contenu doctrinal », ni pourquoi ce contenu devrait se borner à être celui des sciences dites « positives », qui ne sont en réalité que les sciences profanes, alors que les véritables correspondances sont au contraire celles qui se fondent sur les sciences traditionnelles ; mais, quand on voit comment l'auteur cite et utilise pour sa thèse les idées de certains philosophes contemporains, on ne peut guère s'étonner qu'il n'aperçoive pas très clairement la distinction de ces deux ordres de connaissance...

— La *Revue Internationale des Sociétés Secrètes* numéro du 1er mai) achève l'examen de la biographie du duc de Wharton : il en résulte qu'il séjourna à peu près un an en France, en 1728-1729, d'où la conclusion, assurément très plausible, que c'est pendant cette période qu'il dut être Grand-Maître des Loges de France ; qu'il ait été le premier à porter ce titre, cela est vraisemblable aussi, même si l'introduction de la Maçonnerie en France remonte à 1725. – Dans le numéro du 15 mai, il s'agit d'établir la chronologie des successeurs du duc de Wharton : si le chevalier James Hector Macleane lui succéda immédiatement, il dut être élu lorsque le duc de Wharton quitta la France pour l'Espagne, c'est-à-dire en 1729, et il resta sans doute en fonctions jusqu'en 1736 ; à cette dernière date, il fut remplacé par Charles Radcliffe, comte de Derwentwater, dont le nom a été si bizarrement transformé en « d'Harnouester », et qui eut lui-même pour successeur, en 1738, le duc d'Antin, premier Grand-Maître français ; à partir de là, l'histoire est beaucoup mieux connue, et la série des Grands-Maîtres ne présente plus aucune obscurité.

Octobre 1938

— Dans *Atlantis* (n° de mars), M. Paul le Cour, continuant ses études de « symbolique » suivant ses conceptions très spéciales, s'occupe des métaux, et plus particulièrement du bronze, de l'or et de l'énigmatique « orichalque » ; entre autres curiosités, il a découvert cette fois que « Michael » est l'anagramme approximatif d'« alchimiste », et qu'il y a aussi un rapport du même genre entre le « dragon » et le nœud « gordien » ! Un article d'un de ses collaborateurs, *Dioscures et Kabires*, ne le cède guère aux siens en fantaisie ni en confusion ; il mêle deux questions tout à fait distinctes, et dont chacune est pourtant, en elle-même, déjà bien assez difficile à élucider... – Dans le numéro de mai, il s'agit des végétaux, et surtout des arbres symboliques, ou plutôt de quelques-uns d'entre eux ; n'oublions pas de noter, pour la collection des étymologies fantastiques, celle qui fait dériver le mot « énergie » d'*Aor-Agni*, et aussi le nom de *Vishnu* rapproché de celui du gui ! – Enfin, dans le numéro de juillet, nous passons aux symboles animaux, dont M. Paul le Cour affirme l'origine marine ; cela est vrai pour ceux dont il parle, mais il y en a une multitude d'autres dont il ne dit rien et pour lesquels une telle origine n'est aucunement soutenable. Nous retrouvons ici l'obsession du « poulpe », qu'il croit voir dans les figurations les plus variées, fût-ce une étoile ou une roue à huit rayons, et les fantaisies sur la « pulpe », la chair appelée en grec *sarx*, et... la mer des Sargasses. Il croit aussi que le mot *anguis* se rapporte à l'anguille, alors qu'il est en latin le nom du serpent en général, et que l'anguille elle-même n'a été appelée ainsi que parce qu'elle a la forme d'un *anguis*, c'est-à-dire d'un serpent ; mais, évidemment, cette explication est beaucoup trop simple pour une imagination exubérante comme celle de M. Paul le Cour !

— Dans le *Speculative Mason* (numéro de juillet), étude sur le *Passing*, c'est-à-dire l'initiation au grade de Compagnon, ainsi appelée parce qu'elle représente une phase transitoire entre l'Apprentissage et la Maîtrise ; l'interprétation qui est donnée de la « Géométrie », comme associée plus spécialement à ce grade, appellerait quelques réserves et surtout beaucoup de compléments. – Dans la suite de *The Preparation for Death of a Master Mason*, il est question des différents stades de la vie humaine, avec référence plus particulière aux quatre *âshramas* de la tradition hindoue, et du processus de « mort graduelle » pendant la vie même, qui est comme un acheminement vers la libération finale.

— Dans le *Symbolisme* (numéro de juin), signalons une courte étude de François Ménard sur le *Symbolisme du Tablier*, mis en corrélation avec certains des centres subtils de l'être humain, ce qui en fait tout autre chose que le simple « symbole du travail » qu'on y voit exotériquement, à moins pourtant qu'on ne précise qu'il s'agit d'un travail proprement initiatique ; la méprise qui se produit habituellement à cet égard est, comme il le fait remarquer, exactement comparable à celle à laquelle donne lieu le sens du mot « opératif ». – Dans le numéro de juillet, Oswald Wirth et Albert Lantoine reprochent une fois de plus à la Maçonnerie anglaise de méconnaître le « pur Maçonnisme », qu'ils croient être représenté par les Constitutions d'Anderson, alors qu'au contraire celles-ci s'en écartaient fort, et que les modifications adoptées par la suite sous l'influence des « Anciens » tendent à s'en rapprocher dans une certaine mesure, pour autant que le permettent les limitations « spéculatives ». La déclaration initiale des Constitutions ne fut modifiée qu'en 1815, comme conséquence de l'union des « Anciens » et des « Modernes », et non pas dès 1738 comme certains l'ont cru à tort ; la seconde rédaction d'Anderson, celle de 1738, ajoutait seulement des allusions au « vrai Noachite » et aux « trois grands articles de Noé », qu'Oswald Wirth trouve « énigmatiques », et qui le sont en effet en ce sens qu'il y a là un rappel de quelque chose qui peut remonter fort loin ; mais, dans la pensée très peu ésotérique d'Anderson lui-même, les trois articles en question ne pouvaient pas signifier autre chose que « paternité divine, fraternité humaine et immortalité », ce qui n'a certes rien de bien mystérieux… Quant à la question des *Landmarks*, qu'Albert Lantoine vise plus particulièrement, elle est assurément obscure par plus d'un côté ; mais à qui en imputer la faute première, sinon aux fondateurs de la Maçonnerie « spéculative » et à leurs connaissances par trop insuffisantes, sans parler des préoccupations d'ordre « extra-initiatique » qui influèrent grandement sur leur travail et ne contribuèrent pas précisément à en faire un « chef-d'œuvre », au sens proprement « opératif » de cette expression ?

— Dans la *Revue Internationale des Sociétés Secrètes* (numéro du 15 juin), les articles sur *Les Ancêtres de la Franc-Maçonnerie en France* se continuent par un examen de la « légende des Stuarts » ; l'auteur critique justement Gustave Bord, qui, en tant qu'historien, « s'en est toujours tenu à la lettre des documents », ce qui est fort insuffisant ; mais ses propres arguments, sur la question dont il s'agit, ne nous paraissent pas des plus convaincants, et, si l'on peut assurément admettre que l'activité maçonnique des partisans des Stuarts fut plus considérable que la leur propre, il est tout de même bien difficile de supposer qu'elle s'exerça entièrement à leur insu et qu'ils ne jouèrent pas tout au moins ce qu'on peut appeler un rôle d'apparat, à quoi se réduit en fait la fonction de bien des dignitaires « officiels », dans la Maçonnerie comme ailleurs. En tout cas, pour ce qui est de l'affirmation qu'il n'y a jamais eu de Maçonnerie « jacobite » ou « orangiste », mais qu'il y a toujours eu « la Maçonnerie ») purement et simplement, rien ne saurait être plus faux ; à partir de 1717, il n'y a jamais eu, au contraire, que de multiples organisations maçonniques de tendances fort divergentes, et les actuels différents de la Maçonnerie « latine » et de la Maçonnerie « anglo-saxonne », pour ne prendre que l'exemple le plus manifeste, montrent bien que rien n'est changé à cet égard depuis le XVIIIe siècle ! – Dans les numéros des 1er et 15 juillet, cette série d'articles se termine par une étude, à vrai dire très partiale, de la biographie de Ramsay ; s'il en résulte assez clairement que le fameux discours qui lui est attribué est bien authentique, on ne peut cependant en tirer aucune conclusion en ce qui concerne son rôle effectif dans l'institution des hauts grades dits « écossais », ce qui eût été le point le plus intéressant à éclaircir. Quant à l'idée d'interpréter le discours de Ramsay en y traduisant « Croisés » par « Rose-Croix », elle est du domaine de la fantaisie pure ; l'auteur paraît d'ailleurs se faire, du Rosicrucianisme et de ses rapports avec la Maçonnerie, une conception vraiment extraordinaire et qui ne répond à aucune réalité.

— Dans le *Rayonnement Intellectuel* (n° de janvier-mars), M. L. Charbonneau-Lassay consacre un article au *Saint Graal*, aux origines celtiques et aux développements chrétiens de sa légende, et aux figurations de la coupe en rapport avec le sang du Christ. Il rapproche la pierre rouge placée dans une coupe, insigne principal de la mystérieuse organisation de l'*Estoile Internelle*, de la pierre qui est le Graal pour Wolfram d'Eschenbach, et que celui-ci appelle *Lapsit exillis*, étrange expression que certains interprètent par « pierre tombée du ciel », ce qui évoque l'émeraude tombée du front de Lucifer, mais peut aussi, ajouterons-nous, avoir quelque rapport avec les « pierres noires ». D'autre part, nous citerons ces quelques lignes qui soulèvent une question fort intéressante, quoique sans doute bien difficile à résoudre complètement : « Certains regardent la légende du Graal comme une sorte de prophétie, ou de thème à clef, se rapportant à un corps d'enseignement oral, hautement traditionnel et aujourd'hui secret, qui reparaît par intermittence dans le monde religieux, gardé, dit-on, par des dépositaires d'élite providentiellement favorisés en vue de cette mission… L'enseignement oral dont il est ici question aurait fleuri dès les premiers siècles chrétiens et serait tombé presque en oubli peu après la paix de Constantin, en 311, et jusqu'à la brève renaissance carolingienne, après laquelle il aurait subi une nouvelle éclipse durant le Xe siècle ; mais pendant le XIe et le XIIe – le "cycle de l'Idée pure" – son influence sur de hauts esprits aurait été considérable, jusqu'à ce que, sous le règne de saint Louis, il disparaisse de nouveau… Énigme historique, si l'on veut, dont on ne doit parler qu'avec réserve ». – Dans le numéro d'avril-juin, il étudie les vases de Jérusalem, de Gênes et de Valence, qui furent considérés comme ayant servi à la Cène, et qui jouèrent ainsi en quelque sorte un rôle de « substituts » du Saint Graal, bien que, en réalité, celui-ci ait été évidemment bien autre chose qu'une coupe matérielle.

— *Action et Pensée* (n° de juin) publie un article du Swâmî Siddhêswarânanda, *L'Univers considéré comme une construction de l'esprit*, qui contient des vues intéressantes sur le pouvoir de l'idée, mais qui, dans son ensemble, est malheureusement affecté d'un « subjectivisme » très proche des modernes philosophies « idéalistes », mais très éloigné de toute doctrine traditionnelle.

— La *Nouvelle Revue Française* (n° de juillet) contient un ensemble d'articles qui semblent constituer en quelque sorte le manifeste d'un nouveau « Collège de Sociologie », et dont les intentions ne nous paraissent pas des plus claires ; l'importance qu'on veut y donner à une prétendue « Sociologie Sacrée » est même plutôt inquiétante, surtout si l'on se réfère plus particulièrement au contenu d'un de ces articles. Celui-ci, intitulé *Le sacré dans la vie quotidienne*, par M. Michel Leiris, est en effet un exemple tout à fait typique de la façon dont on dénature aujourd'hui certaines notions : prendre les conceptions morales et patriotiques pour du « sacré officiel », aussi authentique que la religion et placé sur le même plan, cela est déjà grave ; mais vouloir essayer de décrire, sinon d'expliquer, l'origine même de l'idée du « sacré » en assimilant celui-ci aux objets quelconques qui peuvent paraître plus ou moins étranges ou mystérieux à l'imagination d'un enfant, fût-ce simplement un poêle, un revolver ou... un chapeau haut de forme, c'est là pousser la caricature et la parodie encore plus loin qu'un esprit seulement « normal » ne pourrait le croire possible. Du reste, le titre même de l'article implique une contradiction évidente : prendre la « vie quotidienne » dans son acception la plus grossièrement profane et prétendre y trouver du « sacré », cela est proprement inconcevable si les mots ont encore un sens ; mais précisément, pour beaucoup de nos contemporains, ils semblent n'en avoir plus aucun ; et ce qui est véritablement terrible pour la mentalité actuelle, c'est que de pareilles choses puissent être écrites, non point avec quelque intention d'ironie ou de satire, qui montrerait au moins une certaine conscience de leur caractère dérisoire, mais au contraire le plus sérieusement du monde !

— *The Art Bulletin* de Chicago (vol. XX, 1938) publie la suite d'une étude de M. Ananda K. Coomaraswamy, *Mediæval Æsthetic*, dont nous avons signalé le début en son temps ; cette seconde partie comprend la traduction annotée du commentaire de saint Thomas d'Aquin sur le texte de saint Denys l'Aréopagite (*De divinis nominibus*, IV, 5), et une note sur le rapport de la Beauté à la Vérité. Mentionnons particulièrement ce qui est dit de la supériorité de la contemplation sur l'action, « ce qui est le point de vue orthodoxe constamment affirmé dans la tradition universelle, et non pas seulement en Orient comme on le prétend quelquefois, bien qu'il puisse avoir été obscurci par les tendances "moralistes de la philosophie religieuse de l'Europe moderne" » ; de la nécessité de comprendre intellectuellement une œuvre d'art et non pas de la « sentir » seulement, contrairement aux actuelles conceptions « esthétiques » ; enfin de l'absence d'importance de l'individualité de l'artiste, expliquant l'anonymat caractéristique des œuvres du moyen âge, car « ce qui importe est ce qui est dit et non pas qui le dit » : voilà une vérité dont les modernes amateurs de « personnalités » devraient bien faire leur profit !

Novembre 1938

— La *Nouvelle Revue Française* (n° d'août) publie un assez singulier article de M. Gaston Bachelard, intitulé *La psychanalyse du feu* ; l'auteur a parfaitement raison de critiquer comme il le fait des tentatives d'explication rationnelle des mythes et des légendes, qui ne sont même pas seulement faibles et insuffisantes comme il le dit, mais parfaitement insignifiantes et nulles en réalité ; seulement, le genre d'explication qu'il propose d'y substituer ne vaut certes pas mieux, quoique d'une autre façon et pour d'autres raisons. Tout lecteur impartial et non prévenu trouvera sans doute bien forcée et peu convaincante cette façon de faire intervenir, à l'origine des « découvertes préhistoriques » comme celle du feu, prise ici pour type, les trop fameux « complexes » des psychanalystes, et bien troubles « les clartés apportées par la révolution psychologique de l'ère freudienne » (*sic*) ; mais, en outre, tout cela implique une conception de la « mentalité primitive » qui, au lieu d'être, comme dans le cas des explications rationnelles, purement et simplement étrangère à tout ce qu'enseignent les données traditionnelles, va proprement au rebours de celles-ci ; et nous n'avons point lieu de nous en étonner, puisque cela ne fait en somme que confirmer encore, par l'exemple d'une application particulière, ce que nous avons dit, d'une façon générale, du caractère réel de la psychanalyse et de son rôle dans une nouvelle phase plus « avancée » du développement graduel de la déviation moderne.

— Dans la *Vita Italiana* (n° de septembre), M. J. Evola envisage une « nouvelle théorie de la race », dans laquelle, à vrai dire, le mot même de « race » nous paraît n'être plus employé que d'une façon assez impropre et détournée, car, au fond, c'est bien plutôt de la « caste » qu'il s'agit en réalité. Il est vrai qu'il fait une distinction entre ce qu'il appelle les « races de nature » et les races qui possèdent une tradition ; il n'admet d'équivalence qu'entre ces dernières, en quoi il a assurément raison ; seulement, il n'existe point de « races de nature », car toute race a nécessairement une tradition à l'origine, et elle peut seulement l'avoir perdue plus ou moins complètement par dégénérescence, ce qui est le cas des peuples dits « sauvages », comme lui-même semble d'ailleurs le reconnaître dans une note ; et ne faudrait-il pas ajouter que ce cas est aussi celui des Occidentaux modernes ? Peut-être est-ce là, au fond, ce qu'implique une phrase exprimant le regret que certains peuples colonisateurs prétendent exercer un droit de conquête, « non seulement sur des peuples sauvages, mais sur d'autres qui ont une haute civilisation traditionnelle », et qu'ils « ne sachent recourir, pour fonder ce droit, qu'à une différence de couleur de peau et à la "civilisation moderne" rationaliste, matérialiste et technique, qui est bien la dernière qui soit susceptible de justifier un droit spirituel à l'hégémonie »... D'autre part, l'auteur paraît tendre à accepter la théorie d'après laquelle la distinction des castes, dans l'Inde, aurait été en rapport avec une différence de race, théorie qui ne repose que sur une fausse interprétation du mot *ârya* ; remarquons aussi, à ce propos, que *dwija* (et non *dwidya*) ne signifie point « divin », mais « deux fois né », et que ce n'est pas de naissance que cette qualité appartient aux membres des castes supérieures, mais du fait de l'accomplissement d'un certain rite, pour lequel eux seuls sont d'ailleurs « qualifiés ». Quoi qu'il en soit, il finit par considérer, à l'intérieur d'une même race ou d'un même peuple, des différences excluant toute équivalence possible (contrairement à ce qui a lieu entre les castes correspondantes de races ou de peuples divers), différences qui ne sont pas d'ordre simplement « biologique », mais qui ont un véritable fondement spirituel ; s'il en est ainsi, c'est bien des castes qu'il s'agit en définitive, et, à cet égard, nous ne pouvons qu'être tout à fait d'accord avec lui ; mais alors pourquoi parler encore de « race », si ce n'est par une concession plutôt fâcheuse à certaines idées courantes, qui sont assurément fort éloignées de toute spiritualité ?

— Dans *Atlantis* (n° de septembre), M. Paul le Cour parle de *La Tunisie et l'Atlantide*, c'est-à-dire, plus exactement, d'un voyage qu'il a fait en Tunisie pour tâcher d'y découvrir quelques vestiges « matériels ou spirituels » de l'Atlantide, et qui ne semble pas avoir été des plus fructueux sous ce rapport, ce qui n'a d'ailleurs rien d'étonnant, en dépit de l'idée saugrenue de quelques archéologues qui ont voulu situer l'Atlantide dans l'Afrique du Nord. Le côté descriptif de son récit contient des naïvetés bien typiquement « touristiques » ; il a cru voir dans une synagogue « un très vieil exemplaire du Coran »... qui évidemment était une *Thorah* ; mais cette méprise, si grosse qu'elle soit, est encore excusable à côté de celle qui lui fait prendre les Arabes pour la « race de Cham » ! Son ignorance totale de l'Islamisme lui fait formuler à ce sujet des appréciations vraiment inouïes ; nous nous souvenons pourtant qu'il s'est défendu jadis de l'englober dans sa haine de l'Orient ; qu'eût-il pu dire s'il en était autrement ? Nous nous contenterons de lui signaler que, si « le Christianisme n'a pas hésité à considérer certaines femmes comme ayant acquis l'état de sainteté, et a même magnifié la femme en la personne de la Vierge Marie », l'Islamisme fait exactement de même sur ces deux points, et que, par surcroît, il admet les femmes à l'initiation, ce qu'il ne paraît pas qu'aucune organisation chrétienne ait jamais fait ; il serait assurément difficile de tomber plus mal... Parlant de ce qu'il appelle les « sociétés secrètes arabes », c'est-à-dire les organisations initiatiques islamiques (qui n'ont rien d'exclusivement arabe, à part la langue sacrée dont elles font usage et qui est naturellement celle de la tradition à laquelle elles appartiennent), il reconnaît qu'il est difficile d'en dire quelque chose « faute de documents » (c'est là, notons-le en passant, un assez bel aveu du caractère tout profane de ses investigations) ; mais cela ne l'empêche nullement de déclarer aussitôt après, avec une assurance déconcertante et une vanité bien occidentale, qu'elles « n'ont rien à lui apprendre qu'il ne connaisse déjà », à preuve le fait qu'il a vu un trident sur le sommet de certaines mosquées ; pour nous, ce fait prouve plutôt qu'il ferait bien de soigner sa vue, sur l'état de laquelle il n'est pas sans nous inspirer quelques inquiétudes ! – À la fin du même numéro se trouve une petite note qui n'a manifestement pour raison d'être que de nous attaquer une fois de plus, et qui est courageusement signée « X... » ; nous ferons simplement observer ceci à M. Paul le Cour (en sa qualité de « gérant-propriétaire », si ce n'est en celle d'auteur), en le priant, s'il est de bonne foi comme nous voulons encore le croire, d'en prendre acte une fois pour toutes ; d'abord, nous ne sommes nullement un « orientaliste » ; ensuite, nous n'avons jamais rien écrit sur la « philosophie hindoue », pour la bonne raison que nous estimons qu'il n'existe rien qui puisse être ainsi désigné, et que d'ailleurs nous nous occupons uniquement des doctrines traditionnelles, à l'exclusion de toute « philosophie », qui ne nous intéresse pas ; enfin, constater que les orientalistes n'ont rien compris aux doctrines dont il s'agit ne saurait impliquer en aucune façon ni à aucun degré que les lecteurs d'un exposé correct et intelligible, s'ils sont d'ailleurs exempts de tout préjugé orientaliste ou autre, ne pourront rien y comprendre non plus. Quant à prétendre que le Vêdânta est « la forme la plus sympathique aux philosophes occidentaux imprégnés de christianisme », il semble bien, d'après toute notre expérience que ce soit là exactement le contraire de la vérité, à moins que ce ne soit faire preuve de sympathie à l'égard d'une doctrine que de s'appliquer à la déformer outrageusement !

— Le *Grand Lodge Bulletin* d'Iowa (numéro de septembre) donne une étude sur la clef comme symbole du silence ; c'est là en effet une de ses multiples significations, mais qui n'est d'ailleurs qu'assez secondaire ; et il est permis de penser que son importance, dans la Maçonnerie même, tient plutôt, en premier lieu, à sa connexion avec le symbolisme de Janus.

— Dans *France-Amérique du Nord* (numéro du 11 septembre), M. Gabriel Louis-Jaray reproduit la note que nous avons consacrée à son précédent article sur Franklin, en la faisant suivre de ces quelques réflexions : « Tous ceux qui s'intéressent au rôle éminent de Franklin d'abord en Angleterre contre la France, puis en France contre l'Angleterre, et à ses vues hostiles sur plus d'un point à celles de Washington, aimeraient que M. René Guénon explique pour ceux qui suivent cette histoire comment il conçoit l'action de Franklin et la "contre-initiation" dont il parle. Dans son livre *La Franc-Maçonnerie et la Révolution intellectuelle du XVIIIIe siècle*, M. Bernard Fay, qui consacre tout un chapitre à Franklin, le qualifie de "Maçon orthodoxe du teint le plus pur". En historien, je demanderai à M. René Guénon de nous expliquer son point de vue, puisqu'il ne semble pas partager celui de M. Bernard Fay. » Il est plutôt amusant qu'on veuille nous opposer l'opinion de M. Bernard Fay, qui, même en admettant qu'il soit un historien impartial (ce qui est fort douteux d'après ce que nous en savons, bien que nous n'ayons pas eu l'occasion de lire son livre), ne peut en tout cas avoir aucun moyen de savoir en quoi consiste réellement l'orthodoxie maçonnique. Washington, de même que La Fayette, était assurément un honnête « Maçon orthodoxe » ; sa divergence même avec

Franklin n'indiquerait-elle pas déjà que celui-ci était tout autre chose ? Pour le surplus, nous ne pouvons répondre à M. Gabriel Louis-Jaray « en historien », puisque tel n'est pas notre point de vue, ni répéter tout ce que nous avons écrit sur la question de la « contre-initiation » ; nous sommes obligé de le prier de bien vouloir s'y reporter si cela l'intéresse, en attirant notamment son attention sur les indications que nous avons données[30] quant aux particularités suspectes du sceau des États-Unis ; et nous lui signalerons en outre qu'il doit exister un portrait de Franklin, gravé à l'époque, et portant cette devise dont le caractère « luciférien » est assez frappant : « *Eripuit coelo fulmen sceptrumque Tyrannis.* »

— Les *Cahiers Astrologiques* (n° de septembre-octobre) publient un article, signé Pierre Orletz, sur *Le sang et le vin et leurs rapports avec l'astrologie*, qui contient des considérations intéressantes, mais aussi, peut-être, trop d'allusions à de multiples questions qui, faute de développement, demeurent plutôt énigmatiques. Au point de vue des correspondances astrologiques indiquées, on pourrait remarquer que les choses sont plus complexes en réalité, car le sang n'est pas seulement en rapport avec l'eau, en tant que liquide, mais aussi avec le feu, en tant que véhicule de la chaleur vitale ; sa couleur rouge constitue d'ailleurs une « signature » caractéristique sous ce dernier rapport. D'autre part, il est tout à fait exact que le rôle reconnu au sang par les sciences traditionnelles tient essentiellement à ce qu'il est le support corporel du principe vital, et c'est là aussi ce qui rend ses usages « magiques » particulièrement dangereux ; mais nous ne comprenons pas très bien que, au point de vue rituel (et dans un domaine tout autre que celui de la magie), on parle d'une « substitution du vin au sang dans la communion », car, en fait, le vin est ici le substitut du *soma*, ce qui est très différent. À ce propos, il est à regretter que l'auteur se soit borné à faire appel à des références exclusivement « judéo-chrétiennes », car une comparaison avec les données d'autres traditions eût pu éclairer davantage ce côté de son sujet ; et en outre, même sans sortir de la tradition hébraïque, il est étonnant qu'il n'ait pas même mentionné la signification du vin comme symbole de la doctrine ésotérique (*yaïn* = *sôd*) ; sur ce point encore, son symbolisme s'éloigne beaucoup de celui

---

[30] [Avril 1937.]

du sang, qui, pour autant que nous sachions, n'a jamais eu nulle part une telle signification. En somme, c'est seulement dans la mesure où le vin est mis en relation avec l'idée de la vie qu'un rapprochement avec le sang est possible et justifié, car c'est le seul aspect qu'ils ont réellement en commun ; encore y a-t-il lieu de tenir compte de la différence de modalité qui existe entre la vie animale et la vie végétale, bien que les caractères de l'espèce soient naturellement toujours subordonnés à ceux du genre, de sorte que toute modalité vitale peut être prise pour symboliser la vie entendue dans toute son extension, mais considérée cependant alors principalement sous tel ou tel point de vue qui a dans cette modalité son expression plus particulière ; du reste, si l'équivalence était complète, quelle différence pourrait-il bien y avoir, pour nous en tenir aux exemples bibliques, d'une part, entre le sacrifice d'Abel et celui de Caïn, et aussi, d'autre part, entre le sacerdoce d'Aaron et celui de Melchissédec ?

Décembre 1938

— Dans *Mesures* (numéro de juillet), M. Émile Dermenghem étudie, en citant de nombreux exemples, *L'« instant » chez les mystiques et chez quelques poètes*, peut-être faut-il regretter qu'il n'ait pas distingué plus nettement, dans cet exposé, trois degrés qui sont en réalité très différents : d'abord, le sens supérieur de l'« instant », d'ordre proprement métaphysique et initiatique, qui est naturellement celui qui se rencontre notamment dans le Soufisme, et aussi dans le *Zen* japonais (dont le *satori*, en tant que procédé technique de réalisation, est manifestement apparenté à certaines méthodes taoïstes) ; ensuite, le sens, déjà amoindri ou restreint dans sa portée, qu'il prend chez les mystiques ; enfin, le reflet plus ou moins lointain qui peut en subsister encore chez certains poètes profanes. D'autre part, nous pensons que le point essentiel, celui qui, dans le premier cas tout au moins, donne à l'« instant » sa valeur profonde, réside beaucoup moins dans sa soudaineté (qui est d'ailleurs plus apparente que réelle, ce qui se manifeste alors étant toujours, en fait, l'aboutissement d'un travail préalable, parfois fort long, mais dont l'effet était demeuré latent jusque-là) que dans son caractère d'indivisibilité, car c'est celui-ci qui permet sa transposition dans l'« intemporel », et, par suite, la transformation d'un état transitoire de l'être en une acquisition permanente et définitive.

— Dans le *Speculative Mason*, la suite de l'étude sur *The Preparation for Death of a Master Mason* envisage la « Tradition Sacrée », qui est représentée symboliquement dans les Loges par la Bible parce que celle-ci est, en fait, le Livre sacré de l'Occident depuis l'époque chrétienne, mais qui ne doit point être considérée cependant comme se limitant à ce seul Livre, mais au contraire comme comprenant également et au même titre les Écritures inspirées de toutes les formes traditionnelles diverses, qui ne sont qu'autant de branches dérivées de la même Sagesse primordiale et universelle. Un autre article est encore consacré à la question des *Landmarks*, qui est, comme l'on sait, le sujet de discussions interminables ; il l'éclaire quelque peu en se référant à la signification originelle du mot, appliqué dans la Maçonnerie opérative aux marques par lesquelles étaient fixés le centre et les angles d'un édifice avant sa construction, ce qui, par transposition, peut permettre d'interpréter les caractères généralement reconnus aux *Landmarks* dans le sens d'une vérité immuable, universelle et intemporelle en elle-même, et en même temps susceptible, dans les différents domaines d'existence et d'action, d'applications qui sont comme autant de reflets, à des degrés divers, d'un « Archétype » purement spirituel ; et il va de soi que, dans ces conditions, les véritables *Landmarks* ne peuvent en aucune façon être assimilés à un ensemble de règles écrites, qui ne sauraient en exprimer tout au plus que le reflet le plus indirect et le plus lointain.

— Dans le *Symbolisme* (numéro d'août-septembre), Oswald Wirth critique assez justement la tendance excessive des Maçons américains à se parer de titres et d'insignes de tout genre ; mais peut-être ne marque-t-il pas assez nettement la distinction qu'il convient de faire entre les grades authentiques des différents rites maçonniques et les multiples organisations « à côté » qui, même lorsqu'elles sont exclusivement réservées aux Maçons, n'en ont pas moins un caractère en quelque sorte « parodique », du fait qu'elles sont dépourvues de toute valeur initiatique réelle.

— Dans le numéro d'octobre, il s'attaque une fois de plus à la présence obligatoire de la Bible dans les Loges anglo-saxonnes ; pourtant, si on l'envisage comme symbolisant la « Tradition Sacrée » au sens qui a été indiqué ci-dessus, nous ne voyons pas à quelles difficultés elle peut donner lieu ; mais il est vrai que, pour comprendre cela, il faudrait ne pas voir la Bible à travers les opinions des « critiques » modernes, qui sont à l'opposé de toute connaissance d'ordre ésotérique et initiatique. – Dans les deux mêmes numéros, Ubaldo Triaca expose ses « vues personnelles » sur une *Rénovation maçonnique* qui pourrait mettre fin aux divergences actuelles ; il reproche aux Obédiences « latines » d'avoir trop souvent laissé s'établir en fait une tendance antireligieuse, alors que la Maçonnerie devrait être à la religion dans le rapport de l'ésotérisme à l'exotérisme ; aux Obédiences anglo-saxonnes, il reproche au contraire de confondre le point de vue maçonnique avec celui de la religion exotérique, et c'est encore la question de la Bible qui est ici le principal grief, ce qui montre que l'idée du sens profond des Écritures sacrées est décidément bien oubliée de nos jours. L'explication du rôle de la Bible par l'influence d'un milieu protestant est d'ailleurs ici tout à fait insuffisante et superficielle ; et, pour ce qui est de la proposition de remplacer la Bible entière par le seul Évangile de saint Jean, nous ne voyons pas ce que son adoption changerait en réalité, car, dans l'un et l'autre, c'est toujours, au fond, une portion plus ou moins étendue de la « Tradition Sacrée » qui serait prise pour en représenter symboliquement la totalité.

— Dans *Parnassus*, organe de la *College Art Association of America* (n° d'octobre), Mme Eleanor C. Marquand étudie le symbolisme végétal dans les « tapisseries à la licorne » ; il est intéressant de remarquer à ce propos que, dans les tableaux et les tapisseries du moyen âge, et même parfois encore de la Renaissance, les détails du fond, bien loin d'être arbitraires et de n'avoir qu'une valeur simplement « décorative », présentaient toujours au contraire quelque signification symbolique. La distinction faite par l'auteur entre un symbolisme religieux et un symbolisme « séculier » n'avait même sans doute aucune raison d'être à l'origine, car elle implique une certaine déviation partielle dans un sens « profane » ; mais les tapisseries dont il s'agit ici datent de la fin du XVe siècle, c'est-à-dire d'une époque où déjà, bien souvent, le symbolisme avait dégénéré en une sorte d'« allégorisme » d'un caractère plus moral que vraiment doctrinal et intellectuel ; et peut-être cette observation s'applique-t-elle à la licorne elle-même, presque autant qu'aux végétaux qui l'accompagnent. Il n'en reste pas moins encore des traces très nettes d'un sens plus profond, notamment dans la présence constante d'un arbre central qui est assimilé à l'« Arbre de Vie », et dont la signification « axiale » est d'ailleurs en relation directe avec celle de la corne unique, qui ajoute précisément une telle signification au symbolisme ordinaire des cornes en général. Ceci est d'ailleurs également en rapport avec le fait que, suivant la tradition extrême-orientale, la licorne n'apparaît qu'à une époque où l'harmonie parfaite règne tant dans l'ordre cosmique que dans l'ordre humain, ce qui implique d'une certaine façon un retour à l'« état primordial » ; et, si l'on évoque d'autre part à ce sujet le *Jam redit et Virgo* de Virgile, cela peut permettre d'entrevoir que la connexion de la licorne avec la Vierge a en réalité une tout autre portée que celle que lui donnent les interprétations habituelles.

Année 1938 (mois inconnus)

— Dans *The Indian Historical Quaterly* (Vol. XIII, 1937), M. Ananda K. Coomaraswamy, dans un article sur *Janaka and Yâjnavalkya*, montre que ces deux interlocuteurs de la *Brihad-Aranyaka Upanishad* sont bien loin de n'être tout simplement que des personnages historiques ; ils sont avant tout, pourrait-on dire, des « types » éternels, et cela résulte des significations impliquées dans leurs noms mêmes. Yâjnavalkya, de *yajna-vaktri*, « Promulgateur du sacrifice », qui est proprement un nom d'*Agni*, représente en réalité l'« Avatâra éternel » ; *Janaka* est étymologiquement le « Progéniteur », s'identifiant à l'*Asura pitri* ou janitri vêdique ; et la désignation du royaume de *Janaka* comme *Vidêha*, « incorporel », est également très significative. L'auteur est amené par là à exposer de nombreuses considérations qu'il nous est impossible de résumer, et qui sont toutes fort importantes pour la compréhension du véritable symbolisme des « personnages » vêdiques, et aussi des rites comme image de « ce qui fut fait au commencement », indépendamment de toute application qui peut en être faite à des circonstances particulières telles que les événements de la vie humaine, application qui tire au contraire de là toute sa valeur et son efficacité.

— Le *Christian Social Art Quarterly*, organe de la *Catholic College Art Association* (Saint-Mary-of-the-Woods Indiana), publie dans son premier numéro (décembre 1937) une conférence de M. Graham Carey intitulée *What is Catholic Art* ? Il y dénonce le « laïcisme » et l'« individualisme », qui dominent le monde moderne dans tous les domaines comme essentiellement antichrétiens (et ils le sont en effet nécessairement, ajouterions-nous, par là même qu'ils sont, d'une façon tout à fait générale, antitraditionnels) ; il examine les fausses conceptions auxquelles ils ont donné naissance en ce qui concerne l'art, et il y oppose l'idée chrétienne de l'art, qui est au fond l'application, au cas plus spécial de l'art catholique, de l'idée « normale » ou traditionnelle que lui-même et M. A. K. Coomaraswamy ont déjà exposée en diverses autres études dont nous avons rendu compte en leur temps.

— Dans le *Lotus Bleu* (n° de janvier), M. Félix Guyot (auteur, sous le pseudonyme de C. Kerneïz, d'un livre sur *Le Hatha-Yoga* dont nous avons parlé en son temps[31]) publie un article sur *Le Yoga hindou et ses bases psychologiques*, qui contient bien des affirmations plus que contestables, à commencer par celle que « les idiomes occidentaux sont capables d'exprimer tous les concepts de l'esprit humain », et qu'« il n'y a point de terme sanscrit qui n'y puisse rencontrer sa traduction » ; rien ne saurait être plus inexact, et il faut croire que l'auteur n'est pas très familier avec les « concepts » orientaux. Quant à prétendre que le Yoga n'est « relié qu'en apparence et artificiellement » à tout l'ensemble de la tradition hindoue (et de même pour la Kabbale à l'égard de la tradition hébraïque), c'est là faire preuve d'une remarquable ignorance de la constitution des formes traditionnelles, qui n'est d'ailleurs point une affaire de « croyances religieuses » ; si les choses de cet ordre, qui au surplus ne sont nullement de simples « productions de l'esprit humain », sont « indépendantes de toute base confessionnelle », c'est uniquement pour la bonne raison que l'idée même de réduire le rattachement à la tradition (fût-ce dans le domaine exotérique) à la pitoyable médiocrité d'une « confession » (voire même d'une « dénomination », comme disent les protestants) est de celles qui ne pouvaient prendre naissance que dans l'Occident moderne ! Il n'est pas plus vrai que le Yoga soit un « système de pensée », ce qui, au fond, ne nous paraît pas différer beaucoup d'une « philosophie », ni qu'il ait pour point de départ un « postulat » qui pourrait s'exprimer comme « un résumé succinct du

---

[31] [Janvier 1937.]

Kantisme » (!), rapprochement peu flatteur pour le Yoga... Pour le reste, nous retrouvons là surtout, comme le titre même de l'article l'indique d'ailleurs, l'interprétation « psychologiste » sur le caractère erroné de laquelle nous nous sommes expliqué récemment avec des développements suffisants, pour qu'il soit inutile d'y insister de nouveau ; disons seulement que, même si l'on peut, en un certain sens, parler de « déplacement du faisceau lumineux de la conscience psychologique », il y a, dans ce déplacement même, un point à partir duquel cette conscience cesse précisément d'être psychologique, et que c'est au-delà de ce point, et non en deçà, que se situe tout ce qui importe véritablement.

— Dans le *Journal of the Bihar and Orissa Research Society* (vol. XXIII, 1937, part IV), M. Ananda K. Coomaraswamy étudie *The Pilgrim's Way* à propos d'un passage de l'*Aitarêya Brâhmana* (VII, 15), et développe des considérations du plus grand intérêt sur le symbolisme du « pèlerinage » ou du « voyage », qui se retrouve dans toutes les traditions, et dont, comme il le rappelle, il a été question ici même à plusieurs reprises.

— Le *Lotus Bleu* (n° d'avril) publie une conférence de M. Jean Herbert intitulée *Notes sur la philosophie contemporaine de l'Inde* ; l'auteur y formule de justes réserves sur l'emploi de mots tels que ceux de « philosophie » et de « penseurs », quand il s'agit de l'Orient et particulièrement de l'Inde ; mais, dès lors qu'on reconnaît que ces mots ne peuvent que donner lieu à des équivoques, pourquoi se croire obligé d'en faire usage malgré tout ? D'autre part, s'il est assurément très important de faire une distinction entre les Hindous qui s'en tiennent exclusivement à leur tradition et ceux qui ont été plus ou moins influencés par une « culture » occidentale, il ne le serait pas moins de distinguer encore, parmi ces derniers, ceux chez qui cette influence n'a guère porté que sur la forme et les moyens d'expression, et ceux chez qui elle a au contraire affecté le fond même de la mentalité et les conceptions les plus essentielles ; entre Shrî Aurobindo et Vivêkânanda, pour prendre comme exemple les noms mêmes qui sont cités dans cette conférence, il y a, nous semble-t-il une fort grande différence à faire !

— Dans *The Indian Historical quarterly* (n° de mars), un important article de A. K. Coomaraswamy sur le symbolisme du dôme ; comme nous consacrons d'autre part à ce sujet un article spécial[32], nous ajouterons seulement que l'auteur, pour montrer que ce n'est pas uniquement à l'architecture que s'attache une signification « cosmique », indique aussi à cet égard le symbolisme de l'épée, qu'il a traité précédemment ici même, et celui du tir à l'arc, dont les connexions initiatiques sont également fort remarquables.

— Du même auteur, dans *The Poona Orientalist* (n° d'avril), un article sur le symbolisme du *chhatra*, c'est-à-dire du parasol, et de l'*ushnîsha*, qui, avant d'être la protubérance crânienne qui se voit dans les figurations bouddhiques, fut primitivement un turban ; ces deux objets faisaient partie des attributs de la royauté, et, comme les raisons en sont particulièrement intéressantes, nous nous réservons de revenir également sur cette question dans un prochain article[33].

— Dans le *New Indian Antiquary* (nos d'avril, mai et juin), M. Ananda K. Coomaraswamy étudie différents passages difficiles et souvent mal interprétés de la *Katha Upanishad* ; au cours de cet examen, il aborde de nombreuses questions fort importantes, et nous ne pouvons ici qu'en énumérer sommairement quelques-unes des principales : la signification réelle de la « Mort » (*Mrityu* ou *Yama*) sous son aspect supérieur, et de son identification avec le Soleil, en tant que gardien du passage désigné lui-même comme la « porte solaire », et par lequel est atteint l'état ultime et « extra-cosmique », l'« Empyrée » distingué d'un « Élysée » sub-solaire qui est encore au pouvoir de la Mort ; les « trois morts » représentées par les trois nuits passées par *Nachikêtas* (c'est-à-dire, suivant le sens même de son nom, « celui qui n'a pas encore la connaissance ») au seuil de la demeure de *Mrityu* ; la correspondance des trois faveurs demandées par *Nachikêtas* avec les « trois pas » de *Vishnu* ; le sens précis du mot *srishti*, qui pourrait être rendu par « expression » plutôt que par « émanation », pour désigner la production du monde manifesté, et l'application de l'idée de « mesure » (*mâtrâ*) à l'acte même de cette production ; le sens du mot *rita*, désignant proprement l'ordre cosmique, et auquel le mot d'« ordre » (*ordo* en latin), aussi bien que celui de « rite », est d'ailleurs directement apparenté ; le symbolisme du « pont » (*sêtu*), coïncidant avec celui

---

[32] [Octobre 1938.]

[33] [*Le Dôme et la Roue* (novembre 1938), et *La Porte étroite* (décembre 1938).]

du *sûtrâtmâ* qui relie entre eux tous les états de l'être ; l'union du manifesté et du non-manifesté (*vyaktâvyakta*), comme « une seule essence et deux natures », dans l'« Identité Suprême ». Notons aussi certaines réflexions des plus justes sur la façon dont, chez la plupart des orientalistes, l'interprétation des textes est affectée par des erreurs de point de vue telles que l'« historicisme » et le « naturalisme », et la remarque que la « pensée » au sens profane, et par suite la « science » et la « philosophie » dans leur acception moderne, n'appartiennent point en réalité au domaine de la vie contemplative, qui relève exclusivement de l'intellect pur, mais seulement à celui de la vie active ; cette dernière remarque est particulièrement intéressante pour réduire à leur juste valeur les prétentions d'une certaine pseudo-intellectualité.

— *Action et Pensée* (n° de septembre) commence la publication, sous le titre *Ce que la Gîtâ peut nous donner*, d'une traduction du premier chapitre des *Essays on the Gîtâ* de Shrî Aurobindo ; celui-ci y précise le point de vue auquel il entend se placer dans cet ouvrage pour étudier la *Bhagavad-Gîtâ*, en laissant de côté ce qui n'a qu'une valeur en quelque sorte « locale ou temporaire », c'est-à-dire en somme ce qui ne représente qu'une adaptation de la doctrine traditionnelle à certaines conditions particulières de temps et de lieu, pour retenir seulement ce qui, étant entièrement indépendant de ces circonstances contingentes, demeure partout et toujours applicable ; nous aurons sans doute l'occasion d'y revenir quand cette publication sera achevée. Nous nous demandons pourquoi, dans la « présentation » dont cette traduction est précédée, la *Bhagavad-Gîtâ* est donnée comme « le texte le plus important de la philosophie hindoue » ; d'abord, ce n'est certes point de « philosophie » qu'il s'agit, et ensuite, sans aucunement contester ni diminuer la grande importance qu'elle a réellement, nous devons pourtant faire remarquer qu'un texte appartenant à la *Smriti* est, dans tous les cas, moins important que la *Shruti* sur laquelle cette *Smriti* se fonde et à laquelle, par conséquent, elle est toujours subordonnée.

Janvier 1939

— Dans la *Technique Sanitaire et Municipale* (n° de juin), M. R. Humery, dans un article faisant partie d'une série intitulée *L'Esthétique au Village*, rappelle que « les Druides avaient choisi l'arbre pour symbole central de leur métaphysique » : l'évocation d'idées traditionnelles, dans une publication de cet ordre, est chose trop rare pour ne pas mériter d'être signalée. Un fait qui est mentionné dans ce même article appelle une réflexion importante : il paraît que les « écrivains combattants » ont créé dans les Cévennes un « bois sacré » ; l'emploi d'une semblable désignation constitue un déplorable abus de langage, comparable à celui par lequel on attribue un caractère « religieux » à toute sorte de manifestations purement profanes ; il y a là une tendance « parodique » inconsciente contre laquelle on ne saurait trop mettre en garde tous ceux qui d'une façon ou d'une autre essaient de remettre un peu d'ordre dans le chaos actuel.

— Dans le *Grand Lodge Bulletin* d'Iowa (numéro d'octobre) sont étudiés certains points généralement peu connus concernant les fonctions du Maître (c'est-à-dire du Vénérable) et des deux Surveillants ; à ce propos, il est curieux de remarquer que le mot « Surveillant », en usage dans la Maçonnerie française, n'est pas la traduction exacte du terme anglais *Warden*, mais celle d'*Overseer*, qui était également employé dans l'ancienne Maçonnerie opérative, mais qui a disparu de la Maçonnerie spéculative, tout au moins pour ce qui est de la *Craft Masonry* ; faudrait-il voir là un vestige de quelque chose qui, en France, remonterait plus loin que 1717 ?

— Dans le *Symbolisme* (numéro de novembre), Ubaldo Triaca, terminant ses réflexions sur la *Rénovation maçonnique*, déclare nettement que « la tendance qui voudrait acheminer la Maçonnerie vers une foi politique déterminée et une action extérieure de combat n'est qu'une conception de profanes, à qui la profondeur de l'Initiation a échappé complètement ».

— Dans le numéro de décembre, un article de G. Persigout, intitulé *L'Enfer dantesque et le Mystère de la Chute*, étudie surtout, en fait, la question de la dualité qui, sous des formes diverses, conditionne nécessairement toute manifestation ; nous devons faire remarquer que la reconnaissance de cette dualité n'implique en aucune façon le « dualisme », contrairement à ce que pourrait faire croire une fâcheuse erreur de terminologie, qui est d'ailleurs imputable moins à l'auteur lui-même qu'à quelques-uns des philosophes et savants modernes qu'il cite dans son article, et qui est encore un exemple des confusions dont le langage actuel est rempli.

— Le *Quarterly Journal of the Mythic Society* de Bangalore (vol. XXIX, n° 2) publie une importante étude de M. Ananda K. Coomaraswamy sur *The Inverted Tree* ; il s'agit du symbole de l'« Arbre du Monde » présenté, dans de nombreux textes traditionnels, comme ayant les racines en haut et les branches en bas ; nous aurons l'occasion d'y revenir plus amplement dans un article que nous nous proposons de consacrer spécialement à ce sujet[34].

— Dans le *Journal of the Royal Society of Arts* de Londres (n° du 17 juin 1938), une conférence de M. Éric Gill, intitulée *Work and Culture*, expose des idées qui sont en parfait accord avec la conception traditionnelle des arts et des métiers : il y soutient la thèse qu'une « culture » vraiment humaine est le produit du travail nécessaire et non du « loisir », et il proteste contre la conception moderne des « beaux-arts » comme des arts « inutiles » ; il distingue entre les sociétés « primitives », qui sont « naturellement cultivées » parce que tout s'y fait conformément aux besoins normaux de l'homme, et les sociétés « barbares », qui présentent le caractère contraire, et parmi lesquelles il range pour cette raison la société actuelle ; il dénonce l'industrialisme et le machinisme comme proprement « inhumains », à la fois sous le rapport des conditions de travail qu'ils imposent et sous celui de la qualité des objets qu'ils produisent. Quant aux remèdes qui pourraient y être apportés, il paraît les voir surtout, au fond, dans le retour à une conception « religieuse » de l'existence tout entière, qu'il envisage d'ailleurs à un point de vue spécialement chrétien, mais qui, bien entendu, trouverait son équivalent, et de façon non moins valable, dans toutes les formes traditionnelles sans exception.

— Dans *Atlantis* (numéro de novembre) M. Paul le Cour veut expliquer ce qu'il appelle *Le drame de l'Europe* par une rivalité entre... l'Ordre du Temple et l'Ordre Teutonique ; prétendre faire de l'Angleterre actuelle la « continuatrice » du premier, c'est vraiment pousser la fantaisie un peu trop loin ; quant à l'Allemagne, disons seulement qu'il confond trop facilement des « réminiscences » historiques avec des « influences » réelles ; il est vrai que,

---

[34] [*L'Arbre du Monde*, (février 1939).]

quand on se réclame soi-même de l'Atlantide, on ne peut pas avoir une idée bien nette des conditions nécessaires d'une transmission effective... Quant à ses idées sur les rapports et les différences qui existent entre les diverses Maçonneries, elles sont proprement inimaginables, et si étrangères à toute réalité qu'on ne peut même pas dire qu'elles en soient une déformation ; nous n'arrivons pas à comprendre comment il est possible de parler de choses sur lesquelles on est aussi totalement dépourvu d'informations. – Il rectifie d'autre part l'erreur qui lui avait fait, dans son article sur la Tunisie, « remplacer le mot *Coran* par le mot *Thora* », dit-il, alors qu'en réalité c'était l'inverse ; et il l'explique curieusement par « la similitude de la vision colorée de ces deux mots » ; voilà qui est encore plus inquiétant pour lui que tout ce que nous aurions pu supposer !

Février 1939

— Dans la *Revue Juive* de Genève (n° de décembre), M. Paul Vulliaud consacre un article au *Mysticisme juif* ; comme il le dit, on a souvent contesté qu'il existe quelque chose à quoi puisse s'appliquer une telle désignation, et, en fait, cela dépend de ce qu'on entend par « mysticisme » ; il nous semble que lui-même prend ce mot dans un sens plutôt large et insuffisamment défini ; peut-être pourrait-on admettre qu'il convient dans une certaine mesure au Hassidisme, mais, en tout cas, la Kabbale est sûrement d'un tout autre ordre, ésotérique et initiatique. L'emploi du mot « piétiste » est aussi un exemple du danger qu'il y a à transporter certains termes d'une doctrine à une autre pour laquelle ils n'ont pas été faits : « le piétisme » est proprement une des nombreuses variétés du protestantisme, et il est presque synonyme de « moralisme » ; c'est là quelque chose qui est totalement étranger, pour ne pas dire opposé, non seulement à tout ésotérisme, mais même au simple mysticisme. À la fin de son article, M. Vulliaud proteste très justement contre l'opinion « rationaliste » (et « moderniste », ajouterons-nous) suivant laquelle la Kabbale constituerait une « hétérodoxie » dans le Judaïsme, et contre l'incompréhension des « critiques » imbus de l'esprit et des méthodes universitaires et qui vont jusqu'à qualifier le *Zohar* d'« ouvrage incohérent » !

— Dans le *Speculative Mason* (numéro de janvier), une étude est consacrée aux deux Colonnes du Temple, et tout d'abord à leur position respective, sur laquelle il est étonnant qu'il y ait eu tant de divergences, et même un désaccord entre les différents rites maçonniques, car les textes bibliques sont suffisamment explicites à cet égard. Quant aux noms de ces deux Colonnes, il est exact qu'on a tort de vouloir y voir des noms propres, mais, d'autre part, l'explication qui en est donnée ici contient une erreur linguistique : *iakin* est un seul mot, une forme verbale signifiant « il établira », et sa première syllabe n'a rien à voir avec le nom divin *Iah*. – Dans la suite de *The Preparation for Death of a Master Mason*, à propos des principaux enseignements de la « Tradition sacrée », la double nature mortelle et immortelle de l'homme donne lieu à des considérations dont une partie, où la « métempsychose » est d'ailleurs confondue avec la « réincarnation », trahit malheureusement une influence assez marquée des conceptions théosophistes.

— Le *Christian Social Art Quarterly* (n° d'automne 1938), publie une conférence de M. Graham Carey sur *l'attitude catholique vis-à-vis de l'art*, qui contient beaucoup de vues intéressantes ; sans pouvoir les résumer toutes, notons-en quelques-unes : l'art doit être une « coopération avec la nature », en ce sens qu'il doit employer les matériaux fournis par celle-ci, d'une façon conforme à leur nature propre, pour en faire le support d'idées ou d'images produites par le mental humain, d'où une attitude qui est de « soumission » et de « domination » tout à la fois ; l'« adoration » de la nature et de l'art, constituant respectivement le « panthéisme » et l'« esthétisme » sont des attitudes non seulement irréligieuses, mais antireligieuses au fond ; on doit regarder l'art comme un « sacrifice », car l'artiste doit constamment sacrifier à son œuvre ses propres intérêts immédiats, et la nature comme un « sacramental », en ce sens que toutes les choses visibles sont des signes ou des symboles des vérités supérieures. Nous ne reviendrons pas sur la théorie des « quatre causes » et son application à l'art, ayant déjà vu ailleurs les idées de l'auteur à ce sujet ; mais nous mentionnerons encore une remarque qui n'est qu'indiquée en passant et qui mériterait d'être développée : avant la Renaissance, la philosophie prenait pour point de départ l'« étonnement » (l'*admiratio* au sens latin de ce mot) ; depuis la Renaissance, elle prend pour point de départ le « doute » ; et l'auteur pense que ce changement pourrait expliquer une grande partie de la différence existant entre les conceptions philosophiques des deux époques.

— Dans *Contre-Révolution* (n° de décembre), M. J. Evola, dans un article intitulé *Technique de la Subversion*, étudie les diverses « suggestions » mises en œuvre pour provoquer et entretenir la déviation du monde moderne : suggestion « positiviste », faisant croire que l'histoire est « déterminée exclusivement par les facteurs économiques, politiques et sociaux », de telle façon que les hommes ne voient plus rien d'autre ; falsifications et contrefaçons destinées à détourner et à neutraliser les tendances « traditionalistes », et y réussissant trop souvent quand celles-ci se réduisent à de vagues aspirations ; « renversement » substituant un élément « sub-naturel » au « supra-naturel », comme dans le cas des divers variétés du « néo-spiritualisme » ; attaque indirecte par laquelle « les forces secrètes de la subversion mondiale conduisent souvent les représentants d'une tradition à se persuader que la meilleure manière de défendre la leur est de discréditer celle des autres » ; tactique consistant « à diriger et à concentrer toute l'attention des adversaires sur des éléments qui ne peuvent qu'en partie ou d'une manière subordonnée être considérés comme responsables des méfaits » de ces forces occultes ; l'imitation de la « réaction » à un simple retour à telle ou telle phase moins avancée de la subversion ; substitution du principe à la personne, tendant à imputer au principe même les fautes et les insuffisances de ses représentants historiques. Une bonne partie de ces remarques s'inspire, comme l'auteur le déclare d'ailleurs expressément, de ce que nous avons dit nous-mêmes en diverses occasions sur l'action de la « contre-initiation » ; peut-être eut-il été souhaitable que celle-ci y fût désignée d'une façon plus explicite que par l'expression assez vague de « forces de la subversion » ; mais, en tout cas, il est certainement très utile que ces choses soient exposées ainsi dans un organe s'adressant à des lecteurs bien différents des nôtres.

Mars 1939

— Dans le *Grand Lodge Bulletin* d'Iowa (numéro de janvier), un article est consacré à l'« âge de la Maçonnerie », ou, pour mieux dire, à montrer que celui-ci est en réalité impossible à déterminer ; le point de vue des historiens modernes, qui ne veulent pas remonter plus loin que la fondation de la Grande

Loge d'Angleterre en 1717, est assurément injustifiable, même en tenant compte de leur parti pris de ne s'appuyer que sur des documents écrits, car il en existe tout de même d'antérieurs à cette date, si rares soient-ils. Il est d'ailleurs à remarquer que ces documents se présentent tous comme des copies d'autres beaucoup plus anciens, et que la Maçonnerie y est toujours donnée comme remontant à une antiquité fort reculée ; que l'organisation maçonnique ait été introduite en Angleterre en 926 ou même en 627, comme ils l'affirment, ce fut déjà, non comme une « nouveauté », mais comme une continuation d'organisations préexistantes en Italie et sans doute ailleurs encore ; et ainsi, même si certaines formes extérieures se sont forcément modifiées suivant les pays et les époques, on peut dire que la Maçonnerie existe vraiment *from time immemorial*, ou, en d'autres termes, qu'elle n'a pas de point de départ historiquement assignable.

— Dans le *Symbolisme* (numéro de janvier), G. Persigout, dans un article sur *Le Centre du Monde et de l'Être*, où il envisage l'idée du retour à l'Unité principielle, déclare que « la libre accession à la Connaissance ésotérique exige à la fois la répudiation du dualisme cartésien et de l'évolutionnisme spencérien » ; cela est parfaitement juste, mais cette « répudiation » devrait s'étendre pareillement, et sans distinction, à tout autre point de vue philosophique profane ; et nous ne voyons pas que, par exemple, les spéculations de M. Blondel sur la « philosophie de l'action », qui sont citées à plusieurs reprises au cours de cet article, soient réellement moins éloignées de toute doctrine ésotérique ou initiatique, ou même simplement traditionnelle au sens le plus général. – Un petit article intitulé *Connais-toi toi-même* est un assez bon exemple des confusions auxquelles peuvent donner lieu les illusions « psychologistes » et « scientistes » des modernes, et de la parfaite incompréhension du point de vue initiatique qui en est l'inévitable conséquence.

— Le numéro de janvier d'*Atlantis* est consacré en partie au *Temple* ; ce titre est d'ailleurs équivoque : en fait, il s'agit surtout ici de l'« idée de Temple », sur laquelle, à part certaines fantaisies linguistiques déjà connues, M. Paul le Cour et ses collaborateurs ne trouvent guère à exposer que des considérations « esthétiques » d'un caractère plutôt vague ; mais ce à quoi ils veulent en venir en réalité, en introduisant ainsi cette « idée de Temple », c'est à envisager une sorte de rénovation de l'Ordre du Temple, rénovation toute « idéale », sans doute, car ils seraient assurément bien en peine de la baser sur quelque filiation authentique, et, à vrai dire, ils ne semblent même pas se préoccuper de cette condition indispensable. Chose curieuse, après avoir affirmé précédemment que l'Angleterre est la continuatrice actuelle de l'Ordre du Temple, M. Paul le Cour présente maintenant celui-ci comme « français » ce qui du reste n'est pas plus vrai, car l'époque à laquelle il exista est antérieure aux « nationalités », et, s'il avait survécu à la formation de celles-ci, il n'aurait pu en tout cas être que « supranational » (nous ne disons pas « international »). D'autre part, nous nous souvenons qu'au Hiéron de Paray-le-Monial, auquel est empruntée l'assertion concernant le rôle de l'Angleterre, celle-ci s'accompagnait d'une violente hostilité à l'égard de l'idée templière, ou du moins de ce qu'on y considérait comme tel ; comment donc M. Paul le Cour pourra-t-il concilier sa nouvelle attitude avec sa persistance à se réclamer du dit Hiéron et de son « Grand Occident » ?

Avril 1939

— Dans l'*Art et les Artistes* (n° de janvier), M. Albert Gleizes, sous le titre *Tradition et modernisme*, expose des vues intéressantes sur la tradition considérée par rapport à l'art, et aussi au métier, car pour lui l'un et l'autre sont inséparables. Il oppose la tradition au « classicisme », qui aboutit à l'« esthétisme » ; cette opposition est aussi celle de l'« homocentrisme » et de l'« humanisme » ; l'homme de formation classique ou humaniste « ne peut atteindre l'objet, lui qui n'est entraîné qu'à disserter du sujet... C'est l'homme qui fait qui doit enseigner l'homme qui dit, car l'homme qui fait est l'homme traditionnel, quand l'homme qui dit, aujourd'hui, ce n'est que l'individu... La tradition, qui est connaissance vraie de l'univers, se traduit et se transmet par une série de modalités expérimentales qui vont de la réalité inférieure de l'homme jusqu'à sa réalité finale transcendante en passant par sa réalité intermédiaire, celle du mouvement dirigé où s'opère la transformation... D'où l'importance des métiers à la base de cette conquête par l'homme de son authentique réalité ; d'où les petits mystères du Compagnonnage, qui sont comme les préludes constants à l'initiation des grands ». Aussi « renouer avec l'humanisme, c'est une marche en arrière, quand repartir de l'homocentrisme, c'est une marche en avant » ; et « le dernier mot reviendra à la tradition invariante, centrée sur l'homme... L'artiste se régénérera tôt ou tard en redevenant un artisan, un ouvrier possédant à fond tous les secrets de son métier, en songeant moins à l'Art qu'à la perfection de tout ce qu'il accomplit dans sa vie ».

— Dans le *Symbolisme* (n° de février), G. Persigout achève son étude sur *Le Centre du Monde et de l'Être* ; il est très vrai qu'« en toutes ses parties l'Univers porte le sceau de la dualité », puisque la polarisation de l'Être est la condition préalable et nécessaire de toute manifestation ; mais pourquoi qualifier cette dualité de « maléfique », et pourquoi la concevoir toujours sous l'aspect si spécial, et tout à fait secondaire, d'une opposition du « bien » et du « mal » ?

— Dans les *Cahiers Astrologiques* (n° de mars-avril), M. K.-E. Krafft, dans un article intitulé *Astrologie traditionnelle et traditions astrologiques*, soutient la thèse parfaitement juste que « l'astrologie traditionnelle est perdue », et qu'elle n'avait rien de commun avec les soi-disant « traditions astrologiques », qu'il vaudrait d'ailleurs mieux appeler, comme il le dit, « astromantiques », puisqu'elles se limitent exclusivement au seul point de vue « divinatoire ». Malheureusement, la façon dont il soutient cette thèse laisse fort à désirer, et il y manque trop évidemment une connaissance effective des doctrines traditionnelles en général ; il est tout à fait exact que les anciennes sciences cosmologiques n'étaient pas constituées à l'aide de méthodes analytiques et empiriques, qui ne sont que celles de la science profane, mais l'intuition « supra-humaine » dont elles procédaient, en tant qu'application des principes transcendants, n'avait certes rien à voir non plus avec des visions de « sujets médianimiques » ! D'autre part, il n'y a pas de « double origine des traditions » ; il y a seulement, d'un côté, les traditions orthodoxes et régulières, qui dérivent toutes d'une unique source primordiale, et, de l'autre, tout ce qui n'en est qu'amoindrissement ou déformation à un degré ou à un autre, et aussi, dans les temps modernes, contrefaçon pure et simple. Quant à l'« inversion » intentionnelle, qui existe aussi, mais qui est fort loin de se trouver partout où M. Krafft semble croire la découvrir, il serait en tout cas bien excessif d'y rattacher les prétendues « traditions astrologiques », qui, en fait, sont tout simplement des débris d'une connaissance traditionnelle perdue en grande partie et désormais incomprise ; il est d'ailleurs curieux de remarquer à ce propos, que tous les ouvrages astrologiques connus appartiennent à des périodes de décadence traditionnelle, que ce soit la fin de l'antiquité gréco-latine ou l'époque de la Renaissance. Laissons de côté certaines considérations linguistiques par trop fantaisistes, et disons seulement que des séries de parallèles et d'oppositions comme celles que l'auteur veut établir risquent bien souvent de ne représenter que de fausses symétries ; au surplus, la part de vérité qu'elles contiennent s'explique presque toujours par le double sens que les symboles présentent dans leur interprétation la plus strictement orthodoxe, et c'est là encore un point sur lequel l'auteur ne semble guère se douter de ce qu'il en est réellement.

Mai 1939

— Dans *Atlantis* (n° de mars), M. Paul le Cour parle de *Poséidon et la Chevalerie* ; que Poséidon ait joué chez les Atlantes un rôle plus ou moins comparable à celui d'Apollon chez les Hyperboréens, c'est là une chose fort plausible ; que le cheval ait été un symbole de Poséidon, c'est encore moins douteux (il y aurait d'ailleurs, à ce propos, des considérations intéressantes à développer sur le rapport de ses deux aspects, le cheval terrestre et le cheval marin) ; mais, pour croire qu'il est possible de passer directement du « Temple atlantéen de Poséidon », à... l'Ordre du Temple, il faut assurément une forte dose d'imagination ! - Nous sommes malheureusement obligé de revenir encore une fois de plus sur l'étrange façon dont M. Paul le Cour dénature (inconsciemment, nous voulons le croire) tout ce que nous disons ; donnons-lui acte, tout d'abord, que la note signée « X. » nous visant et que nous avons relevée en son temps avait été copiée par lui dans un journal, et faisons-lui simplement remarquer qu'il aurait dû tout au moins en indiquer la provenance, si peu « reluisante » fût-elle. Nous ne lui avons d'ailleurs rien « fait parvenir », car, à la distance où nous sommes, cela nous serait un peu difficile ; mais il nous semble qu'il n'a pas à se plaindre si la direction des *Études Traditionnelles* estime devoir lui envoyer ce qui le concerne afin qu'il en soit loyalement informé et que même il ne ferait pas mal, de son coté, de prendre exemple sur cette façon d'agir. Quant au changement de titre des *Études Traditionnelles*, il est dû à leur directeur et non à nous qui n'avons aucune qualité pour cela, étant uniquement un des collaborateurs et rien de plus ; par surcroît, nous avions toujours cru jusqu'ici qu'une revue avait bien le droit de prendre le titre qui lui convenait, sans que le public soit appelé à donner son avis et à apprécier si c'est un « titre » ou un « sous-titre » ! Pour en venir au fond, ce qui est absolument stupéfiant, c'est que, pour M. Paul le Cour, déclarer « n'être pas orientaliste » équivaut à « renier l'Orient », alors que pour nous c'est exactement le contraire, un Oriental ne pouvant certes pas être un orientaliste ; du reste, nous expliquerons peut-être quelque jour à quoi servent réellement les orientalistes, mais le moment n'est pas encore venu… Pour ce qui est de l'affirmation que nous n'avons jamais rien écrit sur la « philosophie hindoue », M. Paul le Cour, pour pouvoir la qualifier à son aise d'« inattendue et audacieuse » (comme si nous ne l'avions pas déjà formulée explicitement à maintes reprises, et avant tout dans nos ouvrages mêmes qui traitent des doctrines hindoues !) se garde bien de la faire suivre de la raison que nous en donnions, et qui est tout simplement qu'il n'existe pas de « philosophie hindoue », si ce n'est dans les conceptions déformées des Occidentaux. D'autre part, si nous ne pensions pas que nos exposés sont suffisamment « clairs et intelligibles » pour que certains puissent en tirer profit, et aussi qu'il n'en existe pas d'autres avec lesquels ils fassent double emploi, nous ne les aurions jamais fait paraître, car nous ne sommes pas de ceux qui écrivent pour le plaisir d'écrire, et nous ne réussissons pas à voir quel sujet de « reproche » il peut y avoir là ; que d'ailleurs M. Paul le Cour trouve ces exposés « indigestes », c'est son affaire, mais cela ne prouve rien d'autre que son incompétence ; manifestement, la « littérature » doit être plus à son goût et à sa portée… mais ce n'est pas tout : parler actuellement de « la civilisation européenne gravement menacée par les conquêtes asiatiques », c'est vraiment dépasser toutes les bornes permises ; quand on se recommande d'une « civilisation » qui ne vise qu'à détruire toutes les autres et à dominer le monde entier, on devrait tout au moins avoir l'élémentaire pudeur de ne pas prétendre renverser la situation ! Enfin, M. Paul le Cour a grand tort de nous attribuer une « fougueuse ardeur combative » dont personne ne saurait être plus complètement dépourvu que nous ; si lui-même n'avait pas éprouvé le besoin de nous harceler sans la moindre raison et avec une insistance incompréhensible, nous ne nous serions jamais occupé de lui, et nous aurions peut-être même toujours ignoré son existence ; c'est vraiment bien dommage que les « Européens » de sa sorte ne veuillent pas comprendre que tout ce que nous leur demandons, c'est de nous... laisser la paix, à nous et à l'Orient. – Encore une remarque : essayant de répondre à ce que nous avions dit de son assimilation des Arabes à la « race de Cham », M. Paul le Cour prend la mère d'Ismaël pour... son épouse, ce qui est plutôt amusant ; et ce qui ne l'est guère moins, c'est qu'il paraît croire sérieusement qu'en tout cela il s'agit de « races » au sens littéral et physique de ce mot, alors qu'il ne s'est jamais agi en réalité que de filiations traditionnelles.

— Le *Grand Lodge Bulletin* d'Iowa (numéro de février) contient diverses considérations relatives à la façon dont pourrait être formulée une « déclaration de principes maçonniques » ; ce qui est le plus remarquable là-dedans, c'est que l'essentiel y est complètement passé sous silence, car il ne s'y trouve pas même la moindre allusion au caractère proprement initiatique de la Maçonnerie. Cette constatation amène logiquement à se demander si, dans l'intention de ceux qui la croient utile, une telle déclaration ne s'adresserait pas surtout au public profane ; mais c'est là une chose qui n'a pas de raison d'être et que, par définition, une organisation initiatique réellement fidèle à ses principes ne devrait même pas envisager. Si au contraire elle était plutôt destinée à l'instruction des Maçons eux-mêmes, c'est là un rôle qu'elle remplirait fort mal, et en quelque sorte inévitablement ; elle serait, en effet, nettement contraire à la méthode traditionnelle d'enseignement par les symboles, sans même parler de l'impossibilité (qui d'ailleurs rend précisément cette méthode indispensable) d'enfermer les véritables principes dans des formules verbales. Donc, de toutes façons, le fait même que cette question puisse être posée et discutée par des « autorités » témoigne d'une fâcheuse incompréhension du point de vue initiatique ; et, si certains Maçons se plaignent d'ignorer « la nature essentielle de la Maçonnerie », ce n'est certes pas par des moyens de ce genre que leur ignorance pourra jamais être dissipée.

— Dans le *Symbolisme* (numéro de mars), G. Persigout étudie *Le Symbolisme du crâne et de la mort* ; il fait à ce sujet un certain nombre de remarques intéressantes, dont quelques-unes sont d'ailleurs inspirées par ce que nous avons dit nous-même ici à propos du symbolisme de la caverne et de celui du dôme ; mais pourquoi y mêle-t-il des vues « préhistoriques » dont le moins qu'on puisse dire est qu'elles sont étrangement confuses, en dépit de réserves fort justes sur l'« évolutionnisme » et le « naturalisme » qui dominent les explications « scientifiques » modernes ? D'autre part, parmi les points auxquels l'auteur touche en passant et qui mériteraient d'être examinés de plus près, nous noterons plus particulièrement ce qui concerne la « danse des morts » ; il y a là quelque chose d'assez énigmatique, qui ne relève point de l'« histoire profane », comme il semble le croire (et d'ailleurs cette histoire ne saurait jamais rien expliquer véritablement), mais qui, au contraire, est en relation directe avec certaines organisations initiatiques de la fin du moyen âge ; il semble qu'on n'ait jamais cherché à préciser le rôle et la nature de ces organisations, ce à quoi l'on serait peut-être aidé dans une certaine mesure par la considération du rapport ésotérique existant entre l'« amour » et la « mort ». Signalons incidemment que le mot « macabre », n'est pas autre chose que l'arabe *maqbarah*, « cimetière » (ou plus exactement son pluriel *maqâbir*), et que son origine n'a certainement rien à voir avec le nom de saint Macaire, même s'il est arrivé que celui-ci en ait été rapproché après coup, du fait d'une de ces rencontres phonétiques qui ont parfois de si curieux effets.

— *Speculum*, organe de la *Mediæval Academy of America* (n° de janvier), publie un article de M. A. K. Coomaraswamy sur la signification, souvent mal comprise, du symbole de la « pierre angulaire », et sur son rapport avec celui du « diamant » ; chose remarquable à cet égard, le mot *Eckstein*, en allemand, a à la fois les deux sens ; nous nous proposons de revenir en détail, dans un prochain article, sur cette importante question[35].

Juin 1939

— *The American Scholar* (n° de printemps 1939) publie une conférence de M. Ananda K. Coomaraswamy intitulée *The Vedanta and Western Tradition* ; cette conférence fut faite devant un auditoire d'étudiants américains, n'ayant naturellement aucune connaissance des doctrines orientales ; c'est dire que la tâche n'était certes pas exempte de difficultés. L'auteur expose tout d'abord avec une remarquable clarté les caractères essentiels de la métaphysique

---

[35] [Cf. La « *pierre angulaire* » (avril-mai 1940).]

traditionnelle, ce qu'elle est et aussi ce qu'elle n'est pas, insistant particulièrement sur les différences capitales qui la séparent de tout ce qui porte habituellement le nom de « philosophie ». Il prend ensuite les principaux points de la doctrine du *Vêdânta*, les éclairant par des parallèles avec d'autres études traditionnelles, surtout avec celles des Grecs et du Christianisme, dont le langage doit être normalement plus familier à des Occidentaux, et montrant en même temps par là l'universalité de la tradition. Nous signalerons notamment les parties de l'exposé concernant *Âtmâ* et ses rapports avec le monde manifesté, la « transmigration » distinguée de la « métempsychose » et l'impossibilité de la « réincarnation », le processus de la réalisation spirituelle ; dans cette dernière, nous retrouvons l'explication de quelques-uns des symboles dont nous avons eu l'occasion de parler récemment, comme ceux du « rayon solaire », du « sommet de l'arbre » et de la « porte étroite », avec la distinction des états « élyséen » et « empyréen » et le passage de l'un à l'autre « à travers le Soleil ». En terminant, l'auteur a soin de préciser que, dans toute doctrine traditionnelle, il ne s'agit jamais d'une « recherche », mais seulement d'une « explicitation », et que « la Vérité ultime n'est pas quelque chose qui reste à découvrir, mais quelque chose qui reste à être compris par chacun, et chacun doit faire le travail pour lui-même ».

— De M. Ananda K. Coomaraswamy également, dans le premier numéro de la nouvelle revue roumaine *Zalmoxis*, « revue des études religieuses », une importante étude sur *The Philosophy of Mediaeval and Oriental Art*, qui, comme il le fait remarquer au début, aurait pu tout aussi bien s'intituler « la doctrine traditionnelle de l'art », puisqu'elle s'applique en réalité à tout art, avec deux seules exceptions, celle de la décadence « classique » et celle de l'époque moderne. Il emploie, dans cet exposé, les termes mêmes qui étaient en usage au moyen âge, car il est nécessaire, pour exprimer sans déformation les conceptions dont il s'agit, de garder la précision d'un vocabulaire « technique » qui n'a pas son équivalent de nos jours, et qui correspond d'ailleurs à une « façon de penser » très différente de celle des Occidentaux modernes, mais, par contre, très proche de celles des Orientaux, si bien qu'ici on ne peut envisager de véritables équivalences. Aujourd'hui, on ne considère plus comme œuvre d'art toute chose bien faite conformément à son usage, mais seulement certaines sortes particulières de choses, regardées même pour la plupart comme

« inutiles » (c'est-à-dire « sans usage »), d'où la séparation anormale de l'art et de l'industrie. D'autre part, pour les modernes, l'œuvre d'art n'est plus quelque chose qui doit avant tout être compris intellectuellement, mais quelque chose qui s'adresse uniquement à la sensibilité (d'où l'idée de l'« esthétique ») ; il est à remarquer, à ce propos, que, si l'art traditionnel peut être dit « idéal » en ce qu'il est essentiellement une expression d'idées, c'est là en quelque sorte l'opposé du sens tout sentimental que le mot « idéal » a pris à notre époque. La définition de l'art comme « l'imitation de la Nature dans son mode d'opération » ne doit aucunement être entendue dans une acception « naturaliste » : il ne s'agit point de reproduire l'apparence des choses naturelles, mais au contraire de produire des choses différentes quoique par un processus analogue à celui de la production des choses naturelles : et c'est en cela que l'art est aussi, dans l'ordre humain, une véritable imitation de l'activité divine, sous cette réserve que l'artisan humain est forcé de se servir de matériaux déjà existants, tandis que l'« Artisan Divin » tire ses matériaux de l'infinie Possibilité. L'art doit partir d'un acte de « contemplation » (en sanscrit *dhyâna*) de l'idée ou de l'image mentale qui sera ensuite réalisée extérieurement, d'une façon appropriée à la nature des matériaux employés, au moyen d'outils aussi adéquats que possible, et en vue d'un but défini, qui est l'usage même auquel l'objet produit est destiné ; on reconnaît ici l'application à l'art de la théorie des « quatre causes », dont nous avons déjà parlé à diverses reprises à propos d'autres études sur l'art traditionnel.

Juillet 1939

— Le *Speculative Mason* (numéro d'avril) contient la suite des études que nous avons signalées précédemment ; au sujet des « colonnes », il est question des différents ordres d'architecture et des difficultés auxquelles donnent lieu les correspondances symboliques qui leur ont été attribuées ; il semble en effet que ce point soit de ceux où il s'est introduit quelques-unes de ces confusions qui ne sont que trop nombreuses dans la Maçonnerie moderne. – Dans *The Preparation for Death of a Master Mason*, il s'agit cette fois de la constitution de l'homme et de la distinction de ses différents éléments, surtout d'après les sources hermétiques et néo-platoniciennes ; l'auteur fait remarquer très justement les inconvénients de l'usage vague et confus que les modernes font du mot « âme » (*soul*), dans lequel ils comprennent indistinctement des choses d'ordre entièrement différent. – Mentionnons encore une note où, à propos de l'absence du grade de Maître dans les premiers temps de la Maçonnerie spéculative, il est dit nettement que « cette situation anormale était due aux qualifications défectueuses des membres des quatre Loges qui avaient formé la Grande Loge en 1717 », et qui ne possédaient pas tous les grades de la hiérarchie opérative ; la reconnaissance de cette vérité est assez rare pour mériter d'être soulignée tout spécialement.

— Dans le *Symbolisme* (n° d'avril), G. Persigout étudie « *La Clef du Grand Arcane* », c'est-à-dire la figure donnée sous ce titre, et sans commentaire, par Éliphas Lévi dans *La Clef des Grands Mystères* ; il est arrivé, après diverses recherches, à penser, et sans doute avec raison, que cette figure a été composée par Éliphas Lévi lui-même. Il s'efforce d'expliquer et de justifier les correspondances indiquées par la situation de ses divers éléments ; c'est là une peine assez inutile à notre avis, car ces correspondances sont visiblement « brouillées », ainsi qu'il arrive du reste assez fréquemment dans des cas de ce genre, et sans qu'on puisse toujours se rendre compte si de telles confusions, qui se sont d'ailleurs souvent transmises d'un auteur à un autre, sont intentionnelles ou tout au moins l'ont été à l'origine, ou si elles ne représentent que des méprises et des déformations involontaires, qui en somme seraient facilement explicables par la dégénérescence du symbolisme, ou plutôt de sa connaissance, dans les temps modernes.

Année 1939 (mois inconnus)

— *Action et Pensée* (n° de décembre) termine la publication du chapitre de Shrî Aurobindo intitulé *Ce que la Gîtâ peut nous donner* ; l'auteur y fait remarquer que, là même où il est fait allusion à des choses qui « semblent à première vue être purement locales et temporaires », il n'y en a pas moins toujours « une vérité et un principe plus profonds impliqués dans la texture de la pensée, même s'ils ne sont pas expressément énoncés par les mots », ce qui est, au fond, l'idée même du *Sanâtana Dharma*, dont toutes les institutions traditionnelles ne sont que des adaptations plus ou moins particulières. Il insiste aussi sur le caractère essentiellement « synthétique » de l'enseignement de la *Bhagavad-Gîtâ*, où « le *Sânkhya* et le *Yoga* ne sont que deux parties convergentes de la même vérité vêdântine, ou plutôt deux voies concurrentes menant à sa réalisation », et où toutes les conceptions du Divin trouvent leur place et s'intègrent dans la vérité totale. « La Gîtâ, dit-il, n'est pas faite pour servir d'arme au cours d'une dispute dialectique ; elle est une porte ouverte sur le monde entier de la vérité et de l'expérience spirituelles ; la vue qu'elle permet embrasse toutes les provinces de cette suprême région ; elle en trace la carte, mais ne la découpe pas en fragments et ne construit ni murs ni haies pour limiter notre vision ».

Janvier 1940

— *Les Cahiers Astrologiques* (n° de juillet-août) contiennent un article de M. K.-E. Krafft : *Origine et évolution de quelques symboles cosmologiques*, où il y a malheureusement plus d'ingéniosité que de véritable symbolisme ; pour le dire franchement, il est peu sérieux de vouloir trouver un sens symbolique réel à des signes d'origine aussi moderne et profane que ceux des planètes Uranus et Neptune ; c'est à peu près comme si l'on cherchait de l'hermétisme dans les armoiries fabriquées en dépit de toutes les règles héraldiques, postérieurement à la Renaissance ! Cet article est suivi du début de la traduction d'une étude *Sur le sens et l'origine des symboles des planètes,* par Otto von Bressendorf, qui ne semble pas avoir non plus une base bien solide au point de vue traditionnel ; elle s'inspire d'ailleurs des travaux d'Hermann Wirth, qui n'est pas précisément une autorité incontestable à cet égard.

— Dans *The Art Bulletin* (vol. XXI, 1939), M. Coomaraswamy, rendant compte de plusieurs ouvrages se rapportant à l'histoire des arts et des métiers, revient sur les conceptions traditionnelles qu'il a déjà exposées à diverses reprises sur ce sujet ; il insiste notamment sur la valeur métaphysique réelle de l'art soi-disant « populaire » et « sauvage », en opposition avec l'art « académique » moderne qui en est entièrement dépourvu, et ceci se rattache directement aux considérations qu'il a développées dernièrement ici même sur la « mentalité primitive ».

— Le *Christian Social Art Quarterly* (n° de printemps 1939) publie une conférence de M. Graham Carey sur « l'art catholique et les principes catholiques » ; l'auteur y dénonce le fait que, à l'époque actuelle, les catholiques, dans leur ensemble, acceptent les notions qui ont cours dans le monde non-catholique au milieu duquel ils vivent, par exemple la conception suivant laquelle l'art a pour fin principale le plaisir, ou celle suivant laquelle il est essentiellement affaire d'imitation ou de copie ; il montre que, « selon la vue traditionnelle et catholique de l'art, celui-ci n'est pas une fuite hors de la réalité, mais une glorification de la réalité » ; et il affirme nettement que « avant l'époque de la Réforme et de la Renaissance, non seulement les Chrétiens, mais les habitants du monde entier, regardaient la vie humaine, avec tout ce qu'elle comporte, d'un point de vue sacré bien plutôt que profane », ce qui s'accorde entièrement avec tout ce que nous avons dit nous-même du caractère d'anomalie et de dégénérescence qui est inhérent au point de vue profane comme tel.

— Dans le *Speculative Mason* (numéro de juillet), dans la suite de *The Preparation for Death of a Master Mason*, l'auteur insiste sur la nécessité, pour le développement spirituel, d'envisager toutes choses avec une autre signification que celle qu'on leur donne d'ordinaire, c'est-à-dire en somme sous le point de vue « sacré », et il montre l'application de cette méthode dans le cas du symbolisme maçonnique. Un autre article revient sur la question des deux colonnes et sur quelques-unes des confusions qui se sont produites à leur sujet ; un des plus curieuses est celle qui, de colonnes sur lesquelles étaient gravés les principes des sciences traditionnelles, comme celles dont il est question dans la légende d'Hénoch, a fait des colonnes creuses destinées à contenir à leur intérieur les archives de la Maçonnerie !

— Dans le numéro d'octobre, une note sur les « vertus cardinales » montre que, chez Platon et Plotin, celles-ci avaient un sens tout autre que simplement « moral » et beaucoup plus profond ; une autre, sur le « pouvoir de la pensée », est trop visiblement influencée par les théories psychologiques modernes, qui sont bien éloignées de toute donnée authentiquement initiatique sur ce sujet.

— Dans le *Grand Lodge Bulletin* d'Iowa (numéro de septembre), un article précise la position des deux colonnes du Temple de Salomon, qui a donné lieu à d'interminables discussions, alors qu'il aurait en somme suffi de se reporter aux textes bibliques et de savoir les lire ; le point important, et qui est bien établi ici, c'est que, dans ces textes, la « droite » et la « gauche » désignent respectivement, et d'une façon constante, le Sud et le Nord, c'est-à-dire les points qu'on a à sa droite et à sa gauche quand on se tourne vers l'Orient.

— Dans le *Symbolisme* (numéros de mai et juin), G. Persigout, revenant sur la figure d'Éliphas Lévi qu'il avait déjà étudiée dans son précédent article, parle de *L'Hexagramme pentalphique et magique* ; il essaie d'interpréter l'énigmatique *Sator arepo tenet opera rotas*, inscrit dans le « carré magique » qui en forme le centre, mais cette interprétation ne paraît pas moins hypothétique que tant d'autres qui en ont été proposées. Au surplus, il montre, dans toute cette étude, une forte tendance à « noircir » les choses, parlant d'« Hexagramme dévoyé » et de « Binaire impur », et s'attardant au sens le plus inférieur au lieu de rechercher des significations plus élevées et en même temps plus « légitimes » ; l'influence de la psychanalyse se fait vraiment un peu trop sentir là-dedans, et nous y voyons même aussi, par moments, planer l'ombre inquiétante de feu H. de Guillebert des Essarts... – Dans le numéro de mai, une étude sur *L'Epée flamboyante*, par Marius Lepage, tourne quelque peu autour du sujet, si l'on peut dire, plutôt qu'elle n'y pénètre véritablement ; la plus grande partie, en effet, ne se rapporte en réalité qu'au symbolisme général de l'épée.

— Dans le numéro de juillet, G. Persigout étudie *Le symbolisme du Sceau de Salomon* ; nous retrouvons ici le mélange de « documentation » traditionnelle et profane que nous avons déjà noté chez lui à diverses reprises, et qui ne contribue pas précisément à éclairer les questions ; la conception qu'il se fait de l'« Androgynat » primordial, en particulier, est loin de se dégager avec toute la netteté désirable. – Dans le numéro d'août-septembre, un article sur *Les Nombres en Architecture opérative*, par Morvan Marchal, contient de fort judicieuses réflexions sur l'art traditionnel de l'antiquité et du moyen âge, sur sa supériorité par rapport à l'« académisme » et au « désarroi architectural actuel », et sur le caractère de « décadence » d'un art qui « prétend relever de la libre fantaisie individuelle et du seul domaine subjectif » ; pourquoi faut-il que tout cela soit gâté, à la fin, par un passage où il est question de l'« animalité ancestrale », et dont le ton « progressiste » est en étrange contradiction avec les considérations qui précèdent ?

— *Atlantis* (n° de mai) contient un article de M. Paul le Cour sur *L'Ordre du Temple et les Arabes*, où il ne se trouve rien de bien nouveau (la plus grande partie en est tirée du *Secret de la Chevalerie* de V.-E. Michelet) ; mais que dire de la confusion entre Ismaël, fils d'Abraham, et le fondateur des Ismaéliens ? Un autre article intitulé *Les Arabes et nous*, par M. P. Basiaux-Defrance, contient, à côté de certaines choses exactes, beaucoup de rapprochements forcés ou fantaisistes ; il y aurait certes bien autre chose à dire sur ce sujet de l'influence arabe dans les pays occidentaux... Dans le numéro de juillet, l'article principal est un historique des *Néo-Templiers* (1705-1870), c'est-à-dire de la prétendue « restauration » de l'Ordre du Temple dont la période la plus connue est celle à laquelle est attaché le nom de Fabre-Palaprat. Le numéro de septembre est presque entièrement consacré à *Léonard de Vinci johanniste* (M. Paul le Cour écrit toujours ainsi « johanniste » au lieu de « johannite ») ; cette thèse peut assurément se soutenir, mais les arguments sur lesquels elle est appuyée ici ne sont pas des plus concluants.

Février 1940

— Dans la *Nouvelle Revue Française* (n° de septembre), un article de M. Paul-Louis Couchoud, intitulé *Jésus, dieu ou homme* ? fournit un assez bon exemple des difficultés artificielles et des « problèmes » imaginaires auxquels donne lieu le point de vue profane : l'auteur croit trouver une incompatibilité entre la réalité historique et la signification symbolique, de sorte qu'il les considère comme deux termes d'une alternative entre lesquels il faut choisir ; dès lors que l'on comprend que les faits historiques doivent au contraire porter en eux-mêmes un sens symbolique, il est bien évident que la question ne se pose plus de cette façon, et que même, au fond, il n'y a plus de question du tout. Il y a là d'ailleurs des considérations assez peu claires, et qui sont peut-être destinées surtout à éviter certains reproches d'hostilité à l'égard du Christianisme : ainsi, il paraît que le « Dieu-homme » n'est pas un mythe, mais une « représentation religieuse » ; mais il est difficile de savoir quelle différence cela fait au juste, car, tout en affirmant que « la représentation religieuse est quelque chose de plus simple et profond » et qu'« elle est primordiale par rapport aux rites et aux mythes », l'auteur n'arrive pas à expliquer d'une façon tant soit peu précise ce qu'il entend par là. On peut aussi se rendre compte, en lisant un tel article, de l'impuissance de la seule « érudition » à conduire à quelque résultat valable : par exemple, les recherches sur l'« Homme céleste » auraient dû pouvoir faire tout au moins entrevoir certains côtés de la vérité : mais, comme l'auteur n'y voit évidemment qu'une « représentation » d'origine purement humaine, et qui s'explique apparemment, à son avis, par des considérations d'ordre psychologique, il n'y trouve qu'une confirmation de sa théorie et ne découvre absolument rien de ce qui y est réellement impliqué au point de vue traditionnel.

— Dans *Atlantis* (n° de novembre), M. Paul le Cour parle de ce qu'il appelle *La Croix rouge des Templiers dans les temps modernes*, c'est-à-dire de certaines « survivances » qu'il croit découvrir çà et là, mais qui, à vrai dire, sont des plus problématiques : ainsi, notamment, il est plus que douteux qu'il y ait dans la croix rouge des ambulances la moindre réminiscence templière... quant à la croix qui sert d'insigne aux scouts catholiques, c'est évidemment une « croix de Jérusalem », et non pas une croix templière ; il est vrai que M. Paul le Cour s'imagine que les *Hospitaliers de Saint-Jean de Jérusalem* furent « l'origine des Chevaliers Templiers », alors que, en réalité, ils furent leurs rivaux et même leurs adversaires. N'insistons pas sur l'idée bizarre d'utiliser le scoutisme en vue d'une soi-disant restauration de l'Ordre du Temple ; il est par trop difficile de prendre de pareilles rêveries au sérieux, et en tout cas, si même il arrivait qu'elles soient acceptées quelque jour par les organisations dont il s'agit, cela ne pourrait jamais, en l'absence de toute transmission authentique, aboutir qu'à une sorte de mascarade, assez comparable, par exemple, à celle du « néo-druidisme » et du « néo-germanisme » ; ajoutez que, si vraiment il y a actuellement en Allemagne quelque idée d'une restauration de l'Ordre Teutonique, cela encore ne peut que rentrer dans la même catégorie de simulacres dépourvus de toute valeur effective, car l'Ordre Teutonique, en tant qu'organisation traditionnelle, est bien mort lorsque son dernier Grand Maître, Albert de Brandebourg, se convertit au luthérianisme. À propos du chapeau des scouts, M. Paul le Cour dit qu'« il y aurait une bien curieuse étude à faire au sujet des coiffures symboliques » ; cela est assurément très vrai, mais, pour ce qui est du chapeau lui-même, il ne faudrait pas oublier qu'il a un caractère aussi nettement antitraditionnel que possible ; n'est-il pas remarquable que, quand on veut détourner un peuple de sa tradition, on commence invariablement par lui imposer le port du chapeau ? Signalons encore une curieuse méprise historique : M. Paul le Cour a vu « un tableau représentant saint Bernard prêchant à Vézelay la deuxième croisade, en présence de saint Louis » ; il a sûrement dû confondre les personnages, car il y a là une erreur d'un siècle, tout simplement, et, saint Louis étant né une soixantaine d'années après la mort de saint Bernard, ils n'ont certainement pu jamais se rencontrer, du moins en ce monde !

— Dans le *Mercure de France* (n° du 15 juillet), le même M. Paul le Cour a publié un article intitulé *À la recherche d'un Ordre perdu*, également consacré à l'Ordre du Temple, qui semble décidément le hanter au point de faire passer l'Atlantide elle-même au second plan de ses préoccupations... Nous retrouvons là, en abrégé, quelques-unes des considérations qui ont été plus amplement développées dans *Atlantis*, notamment sur la venue imminente de la fameuse « ère du Verseau », sur la prétendue restauration de l'Ordre Teutonique, sur l'opportunité de restaurer l'Ordre du Temple pour lui faire en quelque sorte contrepoids, et aussi sur le scoutisme comme point de départ possible de cette restauration. Cet article revêt les allures d'un véritable « manifeste », et on se demande à quoi tout cela peut bien tendre en réalité ; du reste, s'il s'agit d'un « Ordre perdu », comment pourrait-il y avoir là plus que l'objet de simples recherches historiques et archéologiques ?

— Le *Lotus Bleu* (n° de juillet) contient un article signé S. Glachant et intitulé *Aspects occultes de l'affaire des Templiers* ; il devait avoir une suite, mais il ne semble pas qu'elle ait paru jusqu'ici. Dans cette première partie, l'auteur, après une sorte de résumé historique, examine surtout les accusations plus ou moins étranges qui furent portées contre les Templiers, et il cherche à expliquer les symboles qu'on dit avoir été en usage chez ceux-ci en les rapportant à des doctrines « esséniennes et gnostiques », ce qui ne représente d'ailleurs que des étiquettes plutôt vagues, car on sait bien peu de choses des Esséniens, et on désigne indistinctement comme « gnostiques » des choses fort disparates ; en somme, il n'y a dans tout cela rien de bien nouveau, mais n'est-il pas singulier que, de divers côtés, on s'occupe tant en ce moment de l'Ordre du Temple ?

— Le *Grand Lodge Bulletin* d'Iowa (n° d'octobre) contient un article sur le tablier maçonnique, qui fait surtout ressortir l'étonnante variété des formes en usage à différentes époques et dans différents pays ; il semble qu'il y ait là un certain désordre, qui, pour cela comme pour bien d'autres choses, est sans doute dû principalement à l'oubli des origines « opératives ». Une question plus intéressante, mais à laquelle il n'est fait ici qu'une trop brève allusion, est celle de l'emploi symbolique du tablier chez les peuples anciens ; nous noterons à cet égard une citation d'où il résulte que, en Chine, il faisait partie du costume sacrificiel dès les temps les plus reculés.

Avril 1940

— La *Nouvelle Revue Française* (n° de décembre et de janvier) publie une longue étude de M. Roger Caillois intitulée *Théorie de la fête* ; ce n'est bien, en effet, qu'une « théorie », et c'est là, pourrait-on dire, le premier de tous ses défauts. L'auteur part d'une définition qui n'est au fond que celle d'un genre particulier de fêtes, de celles que nous appellerions volontiers les fêtes « carnavalesques » ; et il prétend en faire une définition de « la fête » en général, comme si tout devait rentrer dans ce type unique, qui est au contraire, en réalité, quelque chose de très spécial, et dont la nature soulève d'ailleurs des questions que nous traiterons peut-être quelque jour. Ensuite, il oppose le temps des fêtes à l'« existence quotidienne », et, dans cette opposition, il veut voir une application de la « distinction du sacré et du profane » ; mais, pour qu'il puisse en être ainsi, il faut tout d'abord qu'il y ait du « profane », et cela, comme nous l'avons souvent expliqué, suppose une dégénérescence comme celle que nous constatons dans le monde moderne ; dans une civilisation intégralement traditionnelle, toutes les occupations « quotidiennes » ont aussi un caractère sacré et rituel ; dans le cas de dégénérescence, par contre, il s'introduit fréquemment des éléments profanes dans les fêtes elles-mêmes, et, quand les choses en arrivent à leur point le plus extrême, on a finalement des fêtes entièrement profanes, comme les fêtes « civiles » qui prennent une importance toujours croissante dans l'Occident actuel ; la distinction ne saurait donc s'appliquer en aucune façon. L'auteur, comme tous les « sociologues », cherche d'ailleurs volontiers ses exemples chez les peuples dits « primitifs », mot que nous devons traduire par dégénérés, bien qu'ils le soient autrement et peut-être souvent moins profondément encore que les « civilisés » modernes, mais en tout cas assez pour que les choses se présentent chez eux sous une forme plutôt obscure et confuse, ce qui ne contribue certes pas à éclaircir les questions où on les fait intervenir. Nous n'en finirions pas si nous voulions relever toutes les méprises et les confusions qui se rencontrent au cours de cette étude (et parmi lesquelles nous retrouvons notamment l'abus du mot « initiation », appliqué à tort à des rites communs à tous les membres d'un peuple ou d'une tribu, ainsi que nous avons eu l'occasion de le signaler dans un de nos derniers articles) ; mieux vaut donc ne pas y insister davantage ; mais, pour ne retenir ici que l'essentiel, que doit-on penser d'une théorie qui aboutit à faire de la « parodie » et du « sacrilège » des éléments caractéristiques du « sacré » lui-même, et de la conception d'un « temps mythique » dans lequel l'« âge d'or » s'assimile au « chaos » ?

— Dans *Atlantis* (n° de janvier), l'article principal est consacré aux *Cathares* ; c'est là, pour M. Paul le Cour, une excellente occasion de confondre les choses les plus différentes et de dérouler toute une série de ces rapprochements linguistiques fantaisistes où il excelle, et qu'il se plaît à décorer du nom pompeux de « hiérologiques » : les Cathares, sainte Catherine, Kether, El-Kantara, l'Alcazar (qui est en réalité *El-Qasr* et n'a rien à voir avec César et le Kaiser), et l'inévitable *Aor-Agni*, vraiment un peu déformé ; pourquoi pas tout aussi bien, pendant qu'il y est, la « cithare » ou le nombre « quatre » ? Quant aux arrière-pensées qu'il peut y avoir sous tout cela, nous préférons ne pas chercher à les deviner, et nous nous contenterons d'enregistrer l'aveu d'une déconvenue déjà éprouvée du côté du Scoutisme... – Puisque M. Paul le Cour s'obstine à mêler notre nom aux histoires qu'il raconte à sa façon, nous sommes encore obligé de lui dire, d'abord, que nous n'avons jamais eu les diverses « prétentions » qu'il nous attribue gratuitement (pas même la prétention au titre de « docteur », qui d'ailleurs, en ce qui nous concerne, serait plutôt ridicule à nos propres yeux) ; ensuite, que nous ne nous sommes jamais intéressé à ces choses, d'ailleurs spécifiquement occidentales, qui s'appellent « philosophie » et « mystique », mais uniquement aux questions d'ordre ésotérique et initiatique ; enfin, que nous ne sommes jamais « passé » ni à une chose ni à une autre, comme tout ce que nous écrivons le montre suffisamment à quiconque sait lire et comprendre ce qu'il lit sans y mêler le produit de son imagination, ce qui, malheureusement, ne semble pas être le cas de M. Paul le Cour !

— Le *Lotus Bleu* (n° d'octobre-décembre) donne la fin de l'article intitulé *Aspects occultes de l'affaire des Templiers*, dont nous avons déjà parlé[36] ; à part une allusion à la « prophétie de saint Malachie », qui semble aussi préoccuper beaucoup de gens, et des considérations plutôt superficielles sur l'octogone et quelques autres symboles, il n'y a là rien de particulièrement remarquable ; mais ce qui l'est davantage, c'est, redisons-le encore, l'insistance avec laquelle certains reviennent actuellement sur ce sujet des Templiers...

— Dans le *Speculative Mason* (n° de janvier), la continuation de l'étude sur *The Preparation for Death of a Master Mason* amène l'auteur, pour montrer l'unanimité de la « tradition sacrée », à examiner trois textes de provenance très différente, concernant les conditions posthumes de l'être humain : le premier est un extrait des œuvres de Jacob Bœhme ; le second est le *Bardo Thödol* thibétain, dont un résumé occupe la plus grande partie de l'article ; le troisième, qui sera étudié dans la suite, est le huitième chapitre de la *Bhagavad-Gîtâ*.

Mai 1940

— Le n° de mars d'*Atlantis* est consacré au *Graal*, et il y a lieu de féliciter M. Paul le Cour de commencer cette fois par dire une chose sensée : c'est que, « le Graal étant essentiellement un symbole, il ne faudrait pas laisser croire qu'il exista matériellement un "sainct vessel" que des fouilles pourraient remettre au jour ; comme tous les calices en sont la figuration, le fait de retrouver un calice antique ne saurait faire présumer qu'il s'agit du Graal ». Où les choses se gâtent un peu, c'est quand il affirme que c'est dans l'Atlantide que « prit naissance la tradition spirituelle de notre terre », et que c'est de là que partit le symbole du vase sacré pour se répandre partout, non pas seulement en Amérique et chez

---

[36] [Février 1940.]

les Celtes, ce qui peut être soutenable, mais aussi dans l'Inde et en Chine ; voilà une façon bien particulière d'envisager la filiation des différentes traditions... – D'autre part, M. Paul le Cour a découvert la raison de son insuccès du côté du scoutisme : c'est que celui-ci est « faussé par son rattachement à l'animalisme » (*sic*) ; mais il ne paraît pas se douter que la soi-disant « totémisation » scoutiste n'est en fait qu'un simulacre parfaitement dérisoire, tout comme le serait d'ailleurs, dans le même scoutisme, l'imitation préconisée par lui d'un « Ordre du Temple » ou d'une chevalerie quelconque : les réalités traditionnelles n'ont rien de commun avec des jeux d'enfants, et, si ceux-ci se plaisent à contrefaire les actions des grandes personnes, ce n'est pas une raison pour qu'on soit obligé de les prendre au sérieux.

— Dans les *Cahiers Astrologiques* (n° de janvier-février-mars-avril), nous notons un article signé Raoul Fructus, et intitulé *Astrologie, Carrés magiques et Grande Pyramide* ; cette association peut paraître assez singulière, mais il paraît que ces trois choses « forment un Tout inséparable où se trouve l'Univers Cosmique ou Solaire et tous les détails qui le composent sans oublier les causes secondes et leurs effets possibles » ; voilà qui, tout au moins, manque quelque peu de clarté... Les « carrés magiques » ont assurément leur intérêt dans un ordre spécial, comme application de la science des nombres, mais il y a loin de là à vouloir tout y trouver : « les sciences mathématiques, physiques, mécaniques, astronomiques, astrologiques, ésotériques, occultes », et aussi « les cycles planétaires, interplanétaires, humains, sociaux, individuels » ! Et, à un autre point de vue, pourquoi l'auteur, en indiquant le calcul de la somme des nombres contenus dans un carré, donne-t-il comme « formule empirique » ce qui n'est que l'équivalent, sous une forme légèrement différente, de la formule exacte qu'il vient d'énoncer. Quant à la « Grande Pyramide », nous ne voulons certes pas entrer dans la discussion de tout ce qu'on prétend y découvrir au moyen de mesures dont certaines sont fort hypothétiques ; mais, quand on veut à toute force lui faire prédire les événements de l'époque actuelle, et cela en faisant appel à des données tirées de la tradition judaïque, la fantaisie dépasse tout de même les bornes permises ; cette obsession de la « Grande Pyramide » est vraiment une chose bien étrange ! Citons encore l'affirmation, plutôt curieuse dans sa précision, que « l'âge d'or doit commencer en l'an 2242 de notre ère » ; comme il ne peut forcément s'agir que de l'« âge d'or » d'un autre cycle, et que par conséquent le cycle actuel doit tout d'abord finir avant qu'il arrive, que peut-il bien avoir à faire avec les dates de « notre ère ».

— Le *Compagnon du Tour de France* (numéros de janvier et mars) contient un bon article sur *L'Outil*, par le C∴ Georges Olivier, dont nous extrayons ces quelques considérations fort justes : « L'outil engendra le métier ; le métier, les arts ; au moyen âge, métier et art ne faisaient qu'un... L'outil est à la mesure de l'homme ; il porte en lui, sur lui, la personnalité de son maître... Dans l'atelier, l'outil prend aux yeux de l'initié la valeur d'un objet sacré. L'atelier n'est-il pas un temple où l'on médite, où l'on étudie, où l'on accomplit un travail : une part de l'œuvre universelle ?... De tout temps, sans doute, l'outil fut considéré comme un symbole... On trouve dans nos musées des bannières brodées du saint portant l'outil et la devise du corps de métier : vestiges et témoins d'une époque où se compénétraient intensément la vie économique et la vie spirituelle, où le travail matérialisait la foi, et où la foi spiritualisait le travail. Symboles aussi, et à différents points de vue, l'équerre et le compas des Compagnons, qui, en y ajoutant l'outil distinctif de la profession, ont voulu y voir l'union de l'intellectuel et du manuel dans un même ouvrier : l'Artisan. » Il serait à souhaiter que ces réflexions tombent sous les yeux de ceux qui prétendent soutenir la supériorité du « spéculatif » sur l'« opératif », et qui croiraient volontiers que le symbolisme est l'apanage des seuls « spéculatifs » ! Nous ne ferons de réserves que sur un point : il n'est pas exact de dire que la machine est un « outil perfectionné », car, en un certain sens, elle est plutôt le contraire : tandis que l'outil est en quelque sorte un « prolongement » de l'homme, la machine réduit celui-ci à n'être plus que son serviteur, et, s'il est vrai que « l'outil engendra le métier », il ne l'est pas moins que la machine le tue ; mais, au fond, c'est peut-être bien là, malgré tout, la véritable pensée de l'auteur lui-même, puisqu'il dit ensuite que, « de nos jours, la machine supplantant l'outil, l'usine l'atelier, la société laborieuse se scinde en deux classes par l'intellectualisation du technicien et la mécanisation du manœuvre, qui précèdent la décadence de l'homme et de la société. »

— Dans le *Grand Lodge Bulletin* d'Iowa (numéros de janvier et février), il est question du symbolisme des clefs dans la Maçonnerie ; un point assez curieux à noter, c'est que la clef a été prise comme représentant la langue, rapprochement qui est expliqué ici par la forme des anciennes clefs égyptiennes ; en outre, la clef est ordinairement un symbole de pouvoir et aussi de secret ; tout cela est exact, mais ce qui est plus important, c'est qu'elle est avant tout et essentiellement, comme nous le disons d'autre part, un symbole « axial ». – Dans le second article, il s'agit de « clefs » d'une autre sorte, celles des alphabets cryptographiques qui sont ou ont été en usage dans la Maçonnerie ; ce qui est intéressant, c'est que des alphabets similaires, et construits sur le même principe, existent non seulement en hébreu (un tel alphabet, employé par les Kabbalistes, se trouve indiqué dans la *Philosophie Occulte* de Cornélius Agrippa), mais aussi en arabe ; cela donnerait à penser qu'il y a là quelque chose dont l'origine remonte fort loin, et que la dénomination de « clef du chiffre de Salomon » pourrait bien, après tout, n'être pas aussi purement « légendaire » que les modernes sont enclins à le supposer.

— Dans le *Symbolisme* (numéro d'octobre-novembre-décembre), Gaston Moyse proteste contre l'opinion vulgaire « qui s'obstine à voir entre la Franc-Maçonnerie et les Sociétés dites de « Libre-Pensée » une étroite parenté » ; il remarque avec raison que le « libre-penseur intégral », se proclamant l'ennemi de tous les rites, doit logiquement être par là même un adversaire de la Maçonnerie, et il déclare nettement qu'« il n'existe chez les Sociétés de Libre-Pensée qu'une caricaturale contrefaçon de la Franc-Maconnerie » ; on ne saurait mieux dire, et nous ajouterons que cette « contrefaçon » présente bien tous les caractères sinistres de celles que nous avons souvent dénoncées comme constituant un des symptômes les plus inquiétants de la dégénérescence de notre époque. – Un article intitulé *La « Loi » d'Analogie*, par J. Corneloup, porte la marque d'un esprit assez profane : l'auteur confond visiblement analogie avec ressemblance, et, s'il n'a pas tort de s'élever contre certains abus, tout cela n'a rien à voir avec la véritable analogie, dont il ne dit pas un seul mot ; ceux qui invoquent les théories de la physique moderne à l'appui de leurs propres vues ne sont d'ailleurs, quoi qu'il en pense, ni symbolistes ni métaphysiciens ; et, quant à l'affirmation que « la psychologie est le vrai domaine de l'initiation », il serait assurément difficile d'être plus loin de la vérité ! – G. Persigout envisage *Les trois Renoncements du Myste* comme symbolisés par le « dépouillement des métaux », la « toilette d'introduction » et la « rédaction du testament » ; à côté de certaines vues intéressantes, il y a encore là bien des confusions ; pour ne pas y insister outre mesure, nous dirons seulement que la « voie royale » ne concerne proprement que le « Héros », et non point le « Sage » ni le « Saint », et aussi, dans un autre ordre d'idées, que c'est pour le moins un procédé un peu sommaire que de chercher des parentés de sens entre des mots hébreux en ne tenant compte que de leur lettre initiale ; quant à vouloir « traduire en termes hermétiques » la pensée de certains philosophes contemporains, nous trouvons que c'est faire à ceux-ci un honneur vraiment bien immérité.

— *The Art News* (n° du 17 février, consacré aux « arts du moyen âge ») publie un article de M. Ananda K. Coomaraswamy sur « la nature de l'art médiéval », montrant que celui-ci, pas plus que l'art oriental, ne peut être compris par aucune des façons dont l'esprit moderne envisage l'art, que ce soit le point de vue du « réalisme » ou celui de l'« esthéticisme ». Au moyen âge, « l'art était un genre de connaissance en conformité avec laquelle l'artiste imaginait la forme ou le dessin de l'œuvre à faire, et par laquelle il reproduisait cette forme dans une matière appropriée ». Il n'y avait pas alors de distinction comme celles que font les modernes entre « beaux-arts » et « arts appliqués », entre « art pur » et « art décoratif » ; toute œuvre parfaite en son genre, quelle que fut sa destination, était par là même une œuvre d'art, et cette perfection n'impliquait jamais l'adjonction d'« ornements » inutiles à la fonction que l'objet devait remplir pour répondre à un besoin spirituel ou matériel. Pour comprendre l'art du moyen âge, il faut avant tout comprendre l'esprit de cette époque, c'est-à-dire l'esprit du Christianisme lui-même ; « si l'art a pu être appelé un langage universel, ce n'est pas parce que les facultés sensibles de tous les hommes leur permettent de reconnaître ce qu'ils voient, mais à cause de l'universalité du symbolisme adéquat par lequel s'exprime sa signification », et dont le symbolisme chrétien ne représente qu'un cas particulier, de sorte qu'on est conduit par là, en dernière analyse, jusqu'à la « Tradition universelle et unanime », dont saint Augustin a parlé comme d'« une Sagesse qui n'a pas été faite, mais qui est maintenant ce qu'elle a toujours été et sera toujours ».

Juin 1940

— Dans le *Speculative Mason* (n° d'avril), un article intitulé *The Perpend*

Ashlar contient des considérations qui, comme toutes les « spéculations » inspirées de la « géométrie à quatre dimensions », n'ont qu'un rapport assez contestable avec le symbolisme traditionnel ; du reste, l'origine même de l'expression *perpend ashlar* est plutôt énigmatique, et, malheureusement pour la thèse de l'auteur, il est fort probable que le mot *perpend* n'a ici aucun lien étymologique réel avec « perpendiculaire », et qu'il est tout simplement une déformation du vieux terme français « parpaing ». – Un autre article renferme des réflexions diverses sur la « foi » et sa distinction d'avec la simple « croyance », sur le symbolisme en général, et sur le symbolisme du tablier en particulier. – Signalons enfin, une étude sur « l'immortalité dans la doctrine maçonnique », où il est montré très justement que la véritable immortalité est tout à fait différente d'une simple « survivance » posthume, qu'il n'y a d'ailleurs pas lieu de chercher à la « prouver », mais qu'elle est quelque chose qui doit être « réalisé » au sens le plus complet de ce mot.

— Dans le *Grand Lodge Bulletin* d'Iowa (n° de mars), il est question cette fois de ce qui est appelé la « clef du mot de Maître », et la conclusion semble être que cette « clef » n'est autre en somme que la Bible elle-même ; encore conviendrait-il d'ajouter que c'est à la condition de prendre celle-ci dans son sens profond, car il est trop évident que, si l'on se contente de la lire « exotériquement », et surtout dans des traductions en langue vulgaire, on ne pourra jamais y trouver rien de plus que des « mots substitués ». À cette occasion, nous ferons incidemment une petite remarque : nous avons toujours été étonné par l'expression « maître-mot », que certains emploient assez fréquemment à notre époque, et qui semble ne présenter aucun sens plausible ; n'aurait-elle pas son origine dans quelque traduction fautive, et n'est-ce pas plutôt « mot de Maître » qu'il faudrait dire en réalité ?

Année 1940 (mois inconnu)

— Dans le *Harvard Journal of Asiatic Studies* (n° de juillet), M. Ananda K. Coomaraswamy étudie la signification de divers termes pâlis qui ont été inexactement interprétés dans des publications récentes ; il fait remarquer qu'on ne peut réellement les comprendre qu'en se référant à leur forme sanscrite et aux idées que celle-ci impliquait dans le milieu même auquel le

Bouddhisme s'adressait originellement ; ceci présuppose une connaissance des *Vêdas* et des *Upanishads*, qui, par la suite, a trop souvent fait défaut aux commentateurs bouddhistes eux-mêmes. Les articles consacrés à quelques-uns des termes dont il s'agit constituent une véritable étude de la rhétorique et de la dialectique bouddhiques ; d'autres touchent plus directement à des points de doctrine et du symbolisme, et nous y retrouvons certaines des considérations que l'auteur a exposées ici même ; c'est là aussi que se trouve la note sur le *pâsa*, dont nous parlons d'autre part dans notre article sur le « trou de l'aiguille ».

— Dans le *Visva-Bharati Quarterly* (n° de février-avril), un article du Dr P. T. Raju, intitulé *Traditionalism and interpretation of experience*, étudie le point de vue des doctrines hindoues, ou du *sanâtana dharma*, en se référant principalement à nos ouvrages. L'auteur, tout en se déclarant d'accord avec nous quant au fond, ne voit pas d'inconvénient à l'emploi d'un mot tel que celui de « philosophie », appliqué par exemple au *Vêdânta* ; il semble n'avoir pas compris les raisons qui nous obligent à écarter certains termes, à cause des idées qu'ils évoquent du fait de l'usage courant, et qui, même si elles ne s'y attachaient pas à l'origine, en sont devenues inséparables ; ceci vaut également pour le mot même de « traditionalisme », qui, comme nous l'avons expliqué, est fort loin d'être synonyme d'« esprit traditionnel », et que nous rejetons absolument pour notre part. Quant à « prouver la vérité de la tradition par les méthodes mêmes qu'emploie le philosophe moderne », comme l'auteur le souhaite dans sa conclusion, on sait assez ce que nous pensons de ce genre de concessions à la mentalité profane. Elles sont tout à fait incompatibles avec le caractère transcendant de la pure doctrine traditionnelle, et nous pouvons dire, sans la moindre exagération, qu'elles vont directement à l'encontre de ce que nous avons en vue réellement.

— Dans *Action et Pensée* (n° de juin), signalons un résumé de causeries faites par le Swâmî Siddheswarânanda sur *La Méditation* ; il est à regretter que l'idée de « qualification » y reste plutôt vague, sans aucune précision « technique », et surtout que l'auteur semble accepter les théories « évolutionnistes » et même « transformistes » des modernes. Il est d'ailleurs très vrai que la « méthode n'est qu'un accessoire » et que « l'essentiel est la Libération » ; mais, pour que la méthode soit réellement valable et non

« arbitraire », et pour qu'elle puisse conduire véritablement au but, encore faut-il qu'elle soit conforme aux données de la doctrine traditionnelle, dont elle n'est en définitive qu'une application au développement des possibilités de l'être humain.

— Dans *Action et Pensée* (n° de décembre), le Swâmî Siddheswarânanda parle de Shrî Aurobindo, à propos de la récente publication de la traduction française de plusieurs de ses livres, dont nous avons rendu compte dernièrement ; il nous semble y avoir, dans la façon dont les choses sont présentées ici, une certaine tendance à essayer de dépouiller le *Yoga* de son caractère proprement hindou, ce qui est plutôt dangereux, car la plupart des Occidentaux ne seraient que trop facilement tentés d'en conclure que le développement spirituel peut être entrepris et poursuivi en dehors de tout rattachement traditionnel, et cette erreur est déjà trop répandue pour qu'il convienne de l'encourager. Du reste, en voulant se montrer « accommodant » à l'extrême, on dépasse parfois le but qu'on s'était proposé ; ainsi, quand on dit, sans doute pour faire preuve de bienveillance, que « l'Europe possède l'organisation et la hiérarchie », cela ne risque-t-il pas de paraître d'une ironie plutôt amère à tous ceux (et il y en a tout de même quelques-uns parmi les Européens) qui se rendent compte de ce qu'il en est réellement à l'époque actuelle ?

— Dans la *Nouvelle Revue Française* (n° de février), M. Jean Grenier publie des *Réflexions sur la pensée indienne*, à propos de quelques livres récents ; elles sont, comme ces livres eux-mêmes, d'esprit très « universitaire », et présentent comme un « raccourci » des réactions des milieux de ce genre vis-à-vis de l'Inde. On conçoit que, pour des gens pénétrés d'« historicisme », il doive être « décourageant », et nous dirons même irritant, « de penser que les plus grands hommes et les plus grands faits de l'Inde soient inconnus ou flottent dans un intervalle de plusieurs siècles » ; est-ce pour réduire ce « flottement » qu'ils s'efforcent toujours d'en diminuer l'antiquité le plus qu'ils peuvent ? Il paraît que « ce sont des Européens, travaillant depuis un siècle seulement, qui ont appris aux Hindous quels étaient leurs grands hommes et leurs grandes œuvres » ; pour ce qui est des « grandes œuvres », la prétention est plutôt extravagante ; quant aux « grands hommes », les Hindous non « modernisés » en laissent volontiers la superstition aux Occidentaux, incapables de comprendre la valeur de l'« anonymat » traditionnel. N'insistons pas sur les réflexions concernant les doctrines, qui équivalent souvent à un aveu d'incompréhension pure et simple (par exemple : « la Vacuité, c'est le Néant, à nos yeux », ou encore l'identification du Brahma neutre à « l'Être ») ; mais notons encore, à titre de curiosité, que l'auteur croit que les théosophistes, « pour se rapprocher des Hindous, cherchent à suivre leur chemin », alors que en réalité, leur mentalité n'est pas moins typiquement occidentale que celle des orientalistes les plus « officiels »... Il y a pourtant, au milieu de tout cela, une déclaration que nous ne pouvons qu'enregistrer avec satisfaction : c'est que, bien que « l'Inde n'ait été bouddhiste que durant très peu de siècles de sa longue histoire » (et encore conviendrait-il de dire qu'elle ne l'a jamais été entièrement), « l'Europe a jusqu'ici connu surtout le Bouddhisme et l'a très mal connu à travers toutes sortes de déformations, depuis Schopenhauer jusqu'à Deussen » ; il est vraiment temps qu'on commence à s'en apercevoir !

— Dans le *Bulletin of the Museum of Fine Arts* de Boston (n° d'avril), M. Ananda K. Coomaraswamy étudie un émail indien du XVIe siècle, qui représente les dix *Avatâras* de *Vishnu*, avec, pour deux d'entre eux, des particularités qui semblent être assez rares et qu'il est intéressant de noter au point de vue symbolique : le neuvième *Avatâra* est représenté sous la figure de *Jagannâtha*, et le dixième sous celle d'un cheval sans cavalier et portant un parasol, conduit par un personnage qui peut être *Indra*, ce qui rappellerait les anciennes figurations bouddhiques du « grand départ » ; mais ne pourrait-on penser aussi que ce personnage couronné est celui qui, suivant certaines traditions, doit amener *Kalki* de la mystérieuse cité de *Shambala* ? En tout cas, il doit être bien entendu que les rapprochements que l'on peut trouver entre l'iconographie hindoue et bouddhique ne font en réalité que « rétablir une unité fondamentale qui a été obscurcie par la forme pseudo-historique donnée à la légende du Bouddha », au détriment de sa signification originelle et vraiment profonde. Signalons encore, en connexion avec un autre sujet, celui du symbolisme du théâtre, la remarque que le mot *avatarana* est employé pour désigner l'entrée en scène d'un acteur, « qui est une apparition de derrière un rideau et une "manifestation" analogue à celle de l'*Avatâra* sur la scène du monde ». L'explication du rôle des *Avatâras* est, comme on le sait, donnée par

Krishna à Arjuna (*Bhagavad-Gîta*, IV, 6-7), dans le dialogue dont la représentation, peut-être pour cette raison même, occupe la position centrale dans l'émail dont il s'agit, comme si Krishna, pour « illustrer » en quelque sorte ses paroles, montrait ainsi à Arjuna tous les autres *Avatâras* réunis autour de lui.

— Le *Lotus Bleu* (n° de janvier-février) contient un article de M. G.-E. Monod-Herzen intitulé *Tendances modernes du Yoga*, et ce titre même est assez significatif ; nous dirions plutôt, pour notre part, que certains ont voulu associer au *Yoga* des tendances modernes qui lui sont évidemment étrangères, et l'exemple de Vivêkânanda ne le montre en effet que trop ; quant à Shrî Aurobindo, nous ne pensons vraiment pas qu'on soit en droit de le considérer comme un « moderniste », en dépit de certaines ambiguïtés du langage qu'il emploie et des imprudences regrettables de quelques-uns de ses disciples. Ce qui est bon à enregistrer, d'autre part, c'est la déclaration que les théosophistes ont « une attitude opposée à celle que le *Yoga* exige » ; voilà du moins une vérité qui nous paraît incontestable ! Un autre article, signé J. Charpentier, est consacré au *Mânava-Dharma-Shâstra*, et l'on y trouve tout d'abord un essai plutôt étrange d'explication de certains points, notamment de l'institution des castes, par des théories théosophistes sur les « niveaux d'évolution » ; mais il y a ensuite quelque chose qui est encore plus curieux : il paraîtrait qu'il existe actuellement « un courant de propagande en faveur des Lois de Manou dans l'Occident européen » ! Cela est fort invraisemblable, et nous nous demandons s'il ne s'agirait pas encore de quelque nouvelle « contrefaçon » ; mais, si pourtant c'était vrai, nous serions bien d'accord avec l'auteur pour estimer que c'est là une entreprise impossible ; seulement, c'est pour des raisons diamétralement opposées aux siennes : les Lois de Manou ne sont plus applicables, non point parce qu'elles appartiennent à « un passé qui a perdu pour nous sa valeur éducative » (?), mais bien parce que nous vivons dans la confusion des derniers temps du *Kali-Yuga*. L'auteur, qui ignore trop évidemment les lois cycliques, admire le « progrès » en vertu duquel « les lois ne sont plus d'origine divine » et « la science n'est plus une révélation » ; nous disons au contraire, conformément à toutes les doctrines traditionnelles, que ce sont là précisément les marques les plus nettes d'une dégénérescence profane telle qu'il n'est guère possible de tomber plus bas !

Octobre-novembre 1945

— Dans *Atlantis* (n° de mai 1940), M. Paul le Cour oppose l'un à l'autre *Siegfried et Perceval*, dans lesquels il veut voir les expressions respectives de l'esprit germanique et de l'esprit celtique ; cette interprétation se prête évidemment à des développements faciles, surtout dans les circonstances présentes, mais elle est vraiment un peu « simpliste ». À ce propos, il revient encore sur son idée d'une prétendue restauration de l'Ordre du Temple, incarnant l'esprit celtique comme l'Ordre Teutonique incarnait l'esprit germanique, et il désigne même comme son centre futur, le Mont Saint-Michel, qu'il oppose à ce titre à Marienburg, ancienne résidence des Grands-Maîtres de l'Ordre Teutonique ; mais le Mont Saint-Michel a-t-il jamais eu la moindre relation historique avec l'Ordre du Temple ? À part cela et la réédition de quelques fantaisies linguistiques déjà connues, il n'y a là rien de particulièrement important à signaler.

— La revue *Folklore*, organe du « Groupe andois d'études folkloriques » (n° d'avril-juin 1940), donne une étude *Sur un plat cathare de Raguse*, où figure comme symbole principal la licorne, mais prise, si l'interprétation proposée est exacte, dans un sens « maléfique », comme représentant « la mort qui toujours poursuit la race humaine et désire s'en emparer », cette signification aurait sa source dans une parabole de « l'homme et la licorne » qui se trouve dans certaines versions de la légende des saints Barlaam et Josaphat, laquelle est généralement regardée comme d'origine bouddhique, mais aurait subi, au cours de sa transmission d'Orient en Occident, des influences manichéennes. Il y a là quelque chose qui peut paraître assez étrange, car, dans le symbolisme orthodoxe tout au moins, il semble bien que la licorne soit toujours prise exclusivement dans un sens « bénéfique », ce qui s'accorde avec la valeur « axiale » de sa corne unique, renforcée encore par son association habituelle avec l'« Arbre de Vie ». Sur le plat dont il s'agit, d'ailleurs, l'arbre figure bien aussi auprès de la licorne, mais la singulière inclinaison de cet arbre, ainsi que l'attitude même de la licorne, donnent assez manifestement une impression de « chute » ; faut-il rappeler, à ce propos, que certains ont considéré l'inclinaison même de l'axe terrestre comme une conséquence de la chute de l'homme, ce qui peut avoir tout au moins une justification symbolique, en rapport avec les révolutions cycliques du temps. C'est précisément aussi par le fait des phases alternantes de la succession temporelle, figurées ici par deux rats, l'un blanc et l'autre noir, qui rongent les racines de l'arbre, que la vie représentée par cet arbre aboutit à la mort ; il y a donc là, somme toute, un sens plausible sous un certain aspect, mais l'hétérodoxie, si hétérodoxie il y a, ne consisterait-elle pas à employer les symboles axiaux, qui sont essentiellement liés à l'idée d'immutabilité, d'une façon qui les fait participer eux-mêmes à la mutation des choses, ce qui, si l'on veut aller au fond de la question, pourrait impliquer une conception plaçant plus ou moins expressément toute réalité dans le « devenir ». Une telle conception est d'ailleurs une conséquence inévitable de tout « dualisme » du genre de celui qu'on attribue aux Manichéens, car, pour qui ignore l'unité principielle, on ne voit pas bien où pourrait résider l'immutabilité ; et donner à certains symboles une position déviée, n'est-ce pas aussi méconnaître ce qui, en eux, indique une expression ou un reflet de l'unité ?

Décembre 1945

— Les *Cahiers du Sud* ont publié, en juin-juillet 1941, un volumineux numéro spécial intitulé *Mélanges sur l'Inde* ; ce titre n'est peut-être pas très heureux en lui-même, mais il faut reconnaître que, en fait, il exprime assez bien le caractère du contenu qui est effectivement très « mélangé » ; c'est d'ailleurs ce qui arrive à peu près inévitablement dans une revue « ouverte » à laquelle manque l'unité de direction doctrinale. La « présentation » elle-même se ressent un peu trop de cet « éclectisme » ; et, en ce qui nous concerne, nous devons dire que, malgré la façon élogieuse dont il est parlé de nous, il semble y avoir là une certaine incompréhension du point de vue auquel nous nous plaçons, et que nous sommes d'ailleurs assez peu flatté de voir notre nom rapproché de certains autres représentants des « attitudes » diverses, mais toutes très occidentales, qui n'ont certes rien de commun avec la nôtre ! L'article liminaire, *Le Message de l'Inde*, par M. Jacques Masui, témoigne assurément d'excellentes intentions, mais l'impression qui s'en dégage est quelque peu confuse, comme si l'auteur avait essayé d'y fusionner différents points de vue qu'il est assez difficile de concilier. La plupart des traductions et un certain nombre d'articles sont dus à M. Jean Herbert et à ses collaborateurs habituels ; comme les sujets qui y sont traités se retrouvent en grande partie dans ses publications récentes, dont nous pensons pouvoir parler prochainement, nous ne les examinerons pas ici en détail. Parmi les autres articles, *Inde et Occident*, signé Satyanârâyana, est une appréciation très juste de la civilisation occidentale moderne et de l'effet plutôt désagréable qu'elle produit sur les Orientaux qui entrent en contact avec elle pour la première fois. Un long *Aperçu du développement religieux et philosophique de l'Inde brâhmanique*, signé seulement des initiales G. B., n'est au fond comme le titre même peut du reste le faire prévoir, qu'une sorte de résumé des conceptions orientalistes dans ce qu'elles ont de plus contraire à l'esprit traditionnel hindou. Dans *Les « Mystères » du Yoga*, le Swâmî Pavitrânanda a grandement raison de s'opposer aux imaginations plus ou moins extravagantes des amateurs de « pouvoirs » et de « phénomènes », mais non pas de vouloir y substituer des vues d'un « simplisme » un peu trop moderne ; et dans *Les fondements philosophiques du Yoga*, le professeur Akshaya Kumar Banerji s'en tient à un point de vue beaucoup trop « philosophique », en effet, pour pouvoir vraiment rendre compte de choses qui sont en réalité d'un tout autre ordre ; dans tout cela, le caractère proprement initiatique du *Yoga*, qui en constitue pourtant tout l'essentiel, est complètement perdu de vue. Nous préférons de beaucoup, dans le domaine particulier où elle se tient, l'étude de M. René Daumal intitulée *Pour approcher l'art poétique hindou*, qui expose brièvement, mais clairement, les principes généraux de cet art. *La science d'aujourd'hui et la pensée traditionnelle de l'Inde*, par M. F. Le Lionnais, est vraiment bien sommaire et bien faible, et il y aurait eu assurément bien d'autres choses à dire à ce sujet. Par contre, l'article de M. Émile Dermenghem sur *L'Inde et l'Islam* est fort intéressant, et il faut seulement regretter que le cadre dans lequel il a dû le faire tenir ne lui ait pas permis de donner à certaines des considérations qu'il renferme tout le développement qu'elles auraient mérité. Avec les *Réflexions sur la mentalité indienne dans ses rapports avec la nôtre* de M. Jean Grenier, nous revenons, pour la plus grande partie tout au moins, aux opinions courantes des orientalistes. Vers la fin du volume, sous le titre *Au seuil de l'Inde*, M. Benjamin Fondane commence par protester très justement contre l'ignorance dont les historiens plus ou moins « officiels » de la philosophie font preuve à l'égard de beaucoup de doctrines anciennes de l'occident, et précisément de celles qui seraient les plus dignes d'intérêt, ce qu'on pourrait cependant excuser, à notre avis, en faisant remarquer que ces doctrines sont effectivement au-delà du point de vue de la philosophie, du moins telle qu'on l'entend aujourd'hui, de sorte qu'elles n'ont pas à figurer dans son histoire ; malheureusement, tout cela n'est que pour arriver à prétendre que, contrairement à ce qu'en pensent les autres collaborateurs, l'Occident n'a rien à envier à l'Inde sous le rapport intellectuel, comme si, dans l'état actuel des choses, une tradition toujours vivante pouvait se comparer avec des traditions mortes depuis longtemps et, de l'aveu même de l'auteur à peu près entièrement oubliées des Occidentaux actuels !

Janvier-février 1946

— *Lettres d'Humanité*, publication de l'Association Guillaume Budé, contient dans son tome III (1944) une curieuse étude de M. Paul Maury intitulée *Le Secret de Virgile et l'architecture des Bucoliques*. L'auteur a découvert là en effet une véritable « architecture », presque aussi étonnante que celle de la *Divine Comédie* ; cela est assez difficile à résumer, mais nous essaierons cependant d'en indiquer tout au moins les traits principaux. Il a remarqué tout d'abord une symétrie entre les églogue I et IX (les épreuves de la Terre), II et VIII (les épreuves de l'Amour), III et VI (la Musique libératrice), IV et VI (les Révélations surnaturelles) ; ces huit églogues forment une double progression, ascendante d'une part pour les quatre premières et descendante de l'autre pour les quatre dernières, c'est-à-dire une sorte de double échelle dont le sommet est occupé par l'églogue V (Daphnis), qu'il appelle « la Bucolique majeure ». Il reste l'églogue X (Gallus), qui s'oppose à l'églogue V « comme l'amour profane à l'amour sacré, l'homme de chair imparfaitement initié à l'idéal de l'homme rénové » ; ce sont « les deux limites entre lesquelles circulent les âmes, entre le globe terraqué et l'Olympe ». Le tout forme alors le plan d'une sorte de « chapelle », ou plutôt d'une « basilique pythagoricienne », dont l'églogue V constitue l'abside, tandis que l'églogue X se place à l'extrémité opposée ; entre les deux, les autres églogues se disposent latéralement de part et d'autre, celles qui sont symétriques se faisant naturellement vis-à-vis. Mais ce n'est pas tout, et les remarques qui viennent ensuite sont encore plus extraordinaires : il s'agit du nombre de vers des différentes églogues, dans lequel se retrouvent d'autres symétries multiples et qui certainement ne peuvent pas n'être pas voulues. À première vue, il est vrai, quelques-unes de ces symétries numériques apparaissent seulement comme approximatives ; mais les légères différences ainsi constatées ont amené l'auteur à déterminer et à « localiser » certaines altérations du texte (vers omis ou ajoutés), peu nombreuses d'ailleurs, et qui coïncident précisément avec celles qui, d'après des considérations purement philologiques, avaient déjà été soupçonnées antérieurement. Cela fait, les symétries deviennent toutes exactes ; il nous est malheureusement impossible de reproduire ici les différents tableaux dans lesquels elles sont indiquées, et sans lesquels elles ne sauraient guère être rendues compréhensibles. Nous dirons donc seulement que les principaux nombres qui y sont mis en évidence et qui s'y répètent avec une insistance significative sont 183, nombre par lequel, d'après un passage de Plutarque, « les Pythagoriciens avaient figuré l'harmonie même du grand Cosmos », 333 et 666 ; ce dernier est aussi « un nombre pythagoricien, nombre triangulaire de 36, lui-même triangle de 8, l'Ogdoade double de la Tétrade » ; nous ajouterons que c'est essentiellement un nombre « solaire », et nous ferons remarquer que le sens qui lui est donné dans l'*Apocalypse* ne constitue pas un « renversement des valeurs » comme le dit l'auteur, mais représente en réalité une application de l'aspect opposé de ce nombre, qui possède à la fois en lui-même, comme tant d'autres symboles, un sens « bénéfique » et un sens « maléfique ». C'est évidemment le premier de ces deux sens que Virgile avait en vue ; maintenant est-il exact qu'il ait voulu faire plus spécialement de ce nombre 666 le « chiffre de César », ce que paraîtrait confirmer le fait que, d'après le commentateur Servius, le Daphnis de l'églogue centrale V ne serait autre que César lui-même ? Il n'y a là rien d'invraisemblable, assurément, et d'autres rapprochements assez remarquables viennent encore à l'appui de cette interprétation ; il ne faudrait d'ailleurs pas, ajouterons-nous, ne voir là qu'une simple application simplement « politique » au sens ordinaire de ce mot, si l'on songe au côté, non pas uniquement « religieux » (ce que reconnaît l'auteur), mais aussi réellement « ésotérique » du rôle de César. Nous ne pouvons nous étendre davantage sur tout cela, mais nous pensons en avoir dit assez pour montrer l'intérêt de ce travail, dont nous recommanderons particulièrement la lecture à ceux qui s'intéressent au symbolisme des nombres.

— Dans la même publication, d'autres articles, consacrés à Hippocrate, appellent quelques réflexions : on parle beaucoup actuellement, dans les milieux médicaux, d'un « retour à Hippocrate », mais, chose assez étrange, on semble l'envisager de deux façons différentes et même opposées quant aux intentions, car tandis que certains l'entendent, et avec juste raison, dans le sens de la restauration d'idées traditionnelles, d'autres, comme c'est le cas ici, voudraient en faire tout le contraire. Ceux-ci, en effet, prétendent attribuer à la médecine hippocratique un caractère « philosophique », c'est-à-dire, suivant le sens qu'ils donnent à ce mot, « rationaliste », voire même « laïque » (oublient-ils donc qu'Hippocrate lui-même appartenait à une famille sacerdotale, sans quoi d'ailleurs il n'eût point été médecin ?), et l'opposer à ce titre à l'antique médecine sacerdotale, en laquelle ils ne veulent naturellement voir, conformément à l'habituel préjugé moderne, qu'« empirisme » et « superstition » ! Nous ne croyons pas inutile d'attirer là-dessus l'attention des partisans de l'hippocratisme traditionnel et de les engager, lorsque l'occasion s'en présentera à eux, à remettre les choses au point et à réagir contre cette fâcheuse interprétation ; il serait vraiment regrettable en effet, de laisser détourner ainsi de son but normal et légitime un mouvement qui, même s'il n'indique encore jusqu'ici qu'une simple tendance, n'est certes pas dépourvu d'intérêt à plus d'un point de vue.

— *Zalmoxis*, « revue des études religieuses » dirigée par M. Mircea Eliade, a donné deux numéros, ou plutôt deux volumes, datés respectivement de 1938 et 1939, mais qui en réalité ont paru un peu plus tard. Le Tome I contient l'étude de M. A. K. Coomaraswamy sur *The Philosophy of Mediaeval and Oriental Arts*, dont nous avons parlé en son temps (numéro de juin 1939), et qui est tout ce que nous avions connu alors de cette publication. – Dans le même volume, M. Raffaele Pettazzoni étudie *Le corps parsemé d'yeux*, c'est-à-dire les cas assez nombreux, et appartenant à des traditions très diverses, de divinités ou de personnages mythiques figurés avec des yeux multiples. Il reconnaît justement que ce symbolisme est lié à « l'idée de l'omniprésence et de l'omniscience de Dieu » ; cependant, il semble n'y voir en définitive qu'une représentation du « ciel nocturne », les yeux étant identifiés aux étoiles ; mais alors, même en admettant cette explication il resterait encore à se demander ce que symbolise le « ciel nocturne » lui-même... Ajoutons tout de suite, pour n'avoir pas à revenir sur ce sujet, que, dans le Tome II, une note de M.

Coomaraswamy met parfaitement les choses au point : il fait remarquer avant tout que les formes divines dont il s'agit sont toutes « solaires », ce qui indique qu'en réalité les yeux correspondent aux rayons du Soleil ; « du point de vue de notre multiplicité, le Soleil est au centre d'une sphère cosmique, vers les limites de laquelle ses innombrables rayons s'étendent dans toutes les directions », et « c'est par le moyen de ces rayons qu'il connaît les formes exprimées vers lesquelles ils s'étendent », ce qui permet de les assimiler à autant d'yeux ; il ne faut d'ailleurs pas oublier que « c'est un être unique qui a des yeux multiples, le nombre dépendant de notre point de vue, et non pas de l'être lui-même ». M. Coomaraswamy relève aussi une erreur assez singulière qui, à propos d'un passage du Talmud de Babylone, a fait prendre l'« Ange de la Mort » pour Satan ; il s'agit là de deux « entités » tout à fait distinctes. – Dans un article sur *Le culte de l'étendard chez les Scythes et dans l'Inde*, M. J. Przyluski remarque que certaines colonnes, qui « étaient probablement en relation avec l'axe cosmique » ont reçu parfois « le nom de *dhwaja* qui désigne généralement un étendard mobile » ; mais, chose assez étonnante après cette constatation, il ne semble pas se rendre compte nettement que la hampe de tout étendard est effectivement, aussi bien que la colonne (et plus spécialement la colonne isolée), un symbole axial. Quant à la question des « étendards fixes » et des « étendards mobiles », elle nous paraît en somme assez claire : l'étendard fixe, dressé habituellement auprès d'un Temple et assez haut pour « le dominer à la façon d'un minaret », était un mât exactement comparable à celui d'un *stûpa* (et nous pourrions dire aussi à celui d'un char ou d'un navire, car le symbolisme est le même dans tous les cas) ; l'étendard mobile (dont la hampe était le plus souvent une lance, autre symbole axial bien connu) n'était au fond qu'un « substitut » de l'étendard fixe, destiné à accompagner les armées en campagne, ce qui évidemment ne lui enlevait pas davantage son caractère de symbole de l'« axe cosmique » que le déplacement d'un sanctuaire également mobile et suivant les pérégrinations d'un peuple nomade, comme dans le cas du Tabernacle des Hébreux, n'enlevait à ce sanctuaire son caractère d'image du « Centre du Monde ». – Nous noterons simplement un article de M. Carl Hentze sur *Le culte de l'Ours et du Tigre et le T'ao-tié*, sans y insister pour le moment, car nous nous proposons de revenir prochainement sur la question du symbolisme du *T'ao-tié* et des autres figurations similaires[37]. – *Buddha and The Sun God*, par M. Benjamin Rowland, fait ressortir, à propos d'une peinture découverte en Afghanistan, le caractère « solaire » de Bouddha, rendu particulièrement sensible par l'iconographie, ainsi que M. Coomaraswamy l'a montré dans divers travaux. Il est intéressant de noter que, dans certaines séries de scènes de la vie de Bouddha, la place de la naissance est tenue par une représentation de Sûrya et de son char, ce qui se réfère évidemment à l'idée de l'*Avatâra*. – Un article de M. Mircea Eliade, intitulé *Metallurgy, Magic and Alchemy*, n'est guère qu'un recueil de faits de tout genre se rapportant aux sujets indiqués par le titre, et dont il ne se dégage aucune conclusion bien nette : certains de ces faits, concernant les forgerons, pourraient servir d'« illustration » à ce que nous avons écrit à propos de la métallurgie dans notre récent livre (*Le Règne de la Quantité et les signes des Temps*, ch. XXII). Nous devons signaler une erreur véritablement extraordinaire, qui est d'ailleurs due, à ce qu'il paraît, à R. Eisler, et qui est de nature à jeter quelque suspicion sur la valeur des travaux de celui-ci : *Kaabah* est pris pour le nom de la « pierre noire », ce qui n'a aucun sens, car cette pierre n'est nullement cubique ; c'est l'édifice dans un des angles duquel elle est enchâssée qui est appelé *Kaabah* parce qu'il a la forme d'un cube ; et, par surcroît, cette soi-disant « pierre Kaabah » devient ensuite une « déesse Kaabah », laquelle n'a certainement jamais existé ! Il n'est d'ailleurs pas bien difficile de deviner de quoi il s'agit, car on cite à ce propos un ouvrage de R. Eisler intitulé *Kuba-Kybele* ; malheureusement, c'est là un rapprochement tout aussi fantaisiste que ceux que nous avons rencontrés ailleurs, de la même Cybèle avec la « Kabbale » et avec une « cavale » ; étymologiquement, Cybèle, comme *Pârvatî* dans l'Inde, n'est pas autre chose que la « déesse de la montagne » ; et nous ajouterons que, dans le symbolisme, la montagne est toujours représentée sous une forme conique et non pas cubique, ou si l'on veut, en projection verticale, comme un triangle et non comme un carré. – M. Jean Coman consacre un long article à *Orphée, civilisateur de l'humanité* (nous aurions plutôt dit d'une certaine partie de l'humanité), mais il ne réussit à en donner qu'une idée bien « affadie » et il ne résout aucune question vraiment importante ; même les passages où il est fait allusion aux Mystères et à l'initiation (car enfin, il fallait bien les mentionner malgré tout) ne jettent pas

---

[37] [*Kâla-mukha* (mars-avril 1946).]

la moindre lueur sur le sens profond de l'Orphisme. Chose curieuse, l'auteur, parlant des « hommes primitifs » civilisés par Orphée, ne paraît pas se douter le moins du monde que ces hommes plus ou moins sauvages (et peut-être y a-t-il tout de même quelque exagération à en faire des « cannibales »), bien loin d'être « primitifs » en réalité, appartenaient déjà à l'« âge de fer ». – Nous n'insisterons pas sur quelques articles « folkloriques », contenus dans ce volume et dans les suivants, qui n'ont qu'un caractère purement documentaire et un intérêt surtout local.

— Le Tome II de *Zalmoxis* débute par l'étude de M. Coomaraswamy sur *Swayamâtrinnâ* : *Janua Cœli*, dont nous parlons plus amplement par ailleurs. Viennent ensuite deux articles sur le dieu gète *Zalmoxis* dont le nom sert de titre à la revue : dans le premier, M. Carl Clemen semble vouloir y voir surtout un « dieu de la végétation », conformément aux conceptions « naturistes » mises à la mode par Frazer. Dans le second article, M. Jean Coman examine la question de savoir s'il s'agit vraiment d'un dieu ou d'un « prophète », et il incline à conclure que *Zalmoxis* aurait été d'abord un homme et qu'il n'aurait été « divinisé » que par la suite, ce qui nous paraît être en quelque sorte un renversement de la réalité : en fait, il n'y a rien d'étonnant à ce que le « prophète », ou plus exactement le chef suprême qui était à la fois « roi et grand-prêtre », avant la séparation des deux pouvoirs, ait reçu le nom du principe (désigné, suivant l'étymologie la plus vraisemblable, comme le « Seigneur des hommes », ce qu'on pourrait rapprocher, en temps que nom divin, de l'expression identique qui se trouve dans la dernière *sûrah* du Qorân) dont il était le représentant et qu'il « incarnait » d'une certaine façon dans le monde humain ; ce nom, appliqué ainsi secondairement à un homme, était donc proprement celui d'une fonction, et non d'un individu, et c'est ce qui explique qu'il ait pu y avoir, non pas un seul homme, mais toute une succession d'hommes portant le nom de Zalmoxis. M. Mircea Eliade étudie, à propos d'une publication de M. N. Cartojan, *Les livres populaires dans la littérature roumaine* ; il y a là, sur les origines du folklore, certaines réflexions qui ne manquent pas de justesse au fond, encore que la façon dont elles sont exprimées ne soit pas à l'abri de tout reproche : parler de « laïcisation » du « fantastique » paraît plutôt étrange, mais, quand on ajoute que cette « laïcisation » est une « dégradation », nous comprenons qu'il s'agit d'une dégénérescence due à la

« vulgarisation » de quelque chose qui était primitivement d'un tout autre ordre, ce qui, sans être encore suffisamment précis, est tout au moins conforme à la vérité (toutes réserves faites d'ailleurs au sujet du « fantastique », qui, à vrai dire, ne paraît tel que du fait de l'incompréhension de sa signification symbolique). Ce qui, par contre, est véritablement stupéfiant, pour quiconque possède quelques notions traditionnelles, c'est qu'on puisse taxer « d'infantilisme » des légendes telles que celle du « Bois de la Croix », que nous transcrivons ici parce que son symbolisme assez transparent nous paraît être de nature à intéresser nos lecteurs : « Après qu'Adam eut été enterré avec la couronne sur la tête, de la couronne poussa un arbre, haut et merveilleux, dont le tronc se divisa en trois grandes branches. Celles-ci se réunirent, pour se séparer et s'unir à nouveau, et ainsi de suite jusqu'à sept fois. C'est avec le bois de cet arbre qu'on fit la croix sur laquelle le Sauveur fut crucifié ». Ne retrouve-t-on pas nettement, dans la description de la croissance de cet arbre mystérieux (qui est, cela va sans dire, essentiellement « axial »), les trois *nâdîs* principales et les sept *chakras* de la tradition hindoue ? – De M. Mircea Eliade également, des *Notes sur le symbolisme aquatique*, qui semblent d'ailleurs n'être qu'un début, car il y est seulement question des coquilles et des perles, et de leurs usages rituels basés sur le sens de « fécondité » ou de « fertilité » qui leur est généralement reconnu, et qui est mis en rapport non seulement avec la naissance dans l'acception ordinaire de ce mot, mais aussi avec la « seconde naissance » dans les rites initiatiques, et même, dans les rites funéraires, avec la « résurrection » et par suite avec l'immortalité.

Mai 1946

— Dans *The Art Bulletin* (1939), M. Ananda K. Coomaraswamy a fait paraître un article intitulé *Ornament*, dans lequel il montre que « la préoccupation moderne des aspects "décoratif" et "esthétique" représente une aberration qui n'a rien de commun avec les buts originels de l'art ». Si l'on considère l'histoire des différents mots qui ont été employés pour exprimer l'idée d'une ornementation ou d'une décoration, on trouve que la plupart d'entre eux ont désigné tout d'abord, non pas quelque chose de surajouté ou de superflu, mais l'achèvement même de l'objet en vue de son usage propre ; tel est le cas des termes sanscrits *alamkâra*, *bhûshana* et *âbharana*, des termes grecs dérivés de *kosmos*, et aussi des termes latins *decor* et *ornamentum*, qui gardaient encore leur sens premier au moyen âge. Aucun art traditionnel ne peut être compris sans une connaissance de sa véritable signification, et en réalité, qu'il s'agisse de l'ensemble ou des détails, rien n'y est dépourvu de signification ; vouloir en faire l'objet d'une simple appréciation esthétique, c'est se condamner à ignorer complètement ce qui fait toute sa raison d'être.

— Dans la même revue (n° de mars 1940), à propos d'un livre de M. Carl Hentze, *Frühchinesische Bronzen und Kulturdarstellungen*, M. Coomaraswamy insiste surtout sur la question du *T'ao-t'ie* et, plus généralement, de la « tête du monstre » ; nous ajouterons seulement, aux considérations que nous avons déjà exposées dans notre article sur *Kâla-mukha*[38], une remarque concernant le *Gorgoneion* grec. Celui-ci, d'après Roscher, était primitivement une face solaire, d'ailleurs barbue, et n'est devenu que beaucoup plus tard une représentation de la Gorgone féminine. D'autre part, nous avons relevé une référence de Clément d'Alexandrie (*Stromata*, V, 8, 49, 4), assimilant le *Gorgoneion* à la Lune ; nous supposons qu'il doit s'agir dans ce cas de la forme féminine, mais ce point mériterait cependant d'être examiné de plus près. – Au sujet d'un autre livre, *Carved Jades of Ancient China*, par le Dr A. Salmony, il soulève encore une question intéressante au point de vue symbolique : il s'agit d'un motif denté qui se trouve sur les vases funéraires préhistoriques, tant en Europe qu'en Extrême-Orient, et qui paraît se référer aux « mâchoires de la Mort ». Le sens donné par le *Tcheou-li* suivant lequel « les dents signifient la guerre », peut fort bien être dérivé de celui-là, et donne lieu, en outre, à un curieux rapprochement avec les mythes grecs dans lesquels le héros « sème les dents du dragon ».

— Dans le *Catholic Art Quarterly* (1943), M. Coomaraswamy rapproche la maxime des constructeurs du moyen âge, « *Ars sine scientia nihil* », de l'affirmation de Guy d'Arezzo, « *Non verum facit ars cantorem, sed documentum* », ainsi que de la façon dont Dante parle de la doctrine cachée dans ses vers ; et il rappelle à ce propos les conceptions de Platon et de saint Augustin sur le caractère essentiellement intellectuel de la véritable « inspiration » considérée comme nécessaire dans toute vue traditionnelle et

---

[38] [Mars-avril 1946.]

normale de l'art.

— Dans le *College Art Journal* (n° de mai 1943), un article du même auteur, intitulé : *Symptom Diagnosis, and Regimen* précise le caractère anormal de la conception moderne de l'art : on en est arrivé à penser que l'art, au lieu d'« imiter la nature dans ses opérations », doit simplement imiter ou copier les choses sensibles qui nous entourent, et aussi notre propre individualité ; d'autre part, on a séparé entièrement la question de l'usage d'une œuvre d'art, de celle de sa signification. Le seul remède à cette situation serait un changement radical dans les méthodes d'interprétation de l'art employées par les critiques et les historiens : il faudrait renoncer au point de vue « esthétique », qui, comme le mot lui-même l'indique, ne relève que de la sensibilité, et aussi à l'analyse psychologique qui ne cherche dans une œuvre que l'expression de l'individualité de l'artiste, ce qui est sans aucun intérêt pour sa véritable compréhension.

— De M. Coomaraswamy également dans le *Journal of Æsthetics and Art Criticism*, un article intitulé *Imitation, Expression and Participation*, montrant que ces trois termes ne sont que trois attributs définissant la nature essentielle de l'art, et qui s'interpénètrent et coïncident au fond. L'imitation se réfère normalement à un « exemplaire » que l'artiste contemple en lui-même ; l'expression doit s'entendre des idées qu'il s'est assimilées et qu'il a faites siennes (ce qui n'a rien de commun avec l'« expressionnisme » moderne) ; enfin, la participation (qui, quoi qu'en disent les sociologues, n'a en réalité rien de « mystique », mot dont ils semblent d'ailleurs confondre le sens avec celui de « mystérieux ») est une sorte de « présence réelle » du modèle dans l'œuvre d'art, impliquée par le fait même que celle-ci doit être un symbole aussi adéquat que possible de celui-là.

Juin-juillet 1946

— Dans la *Review of Religion* (n° de mai 1940), le Dr Maximilien Beck, ancien directeur des *Philosophische Hefte* de Prague, a fait paraître une étude *On some misinterpretations of the religions and moral experience*. Il y dénonce l'absurdité de la méthode que les empiristes veulent appliquer à la religion et à la morale : « Les hommes religieux et moraux affirment une expérience de choses immatérielles ; les soi-disant empiristes nient l'objectivité de ces choses, parce qu'une telle expérience ne peut pas être prouvée par l'expérience des choses matérielles ; c'est comme si quelqu'un niait que les couleurs existent réellement parce qu'elles ne peuvent pas être entendues ! » Il critique, en particulier, l'explication de la prière et du sacrifice, que ces empiristes prétendent attribuer à la crainte ; il montre que leurs théories sont incapables de rendre compte de choses telles que l'héroïsme et l'optimisme religieux ; et il conclut en établissant, contre ceux qui veulent voir une sorte d'antinomie entre la religion et la moralité, la connexion qui existe au contraire normalement entre ces deux points de vue, « celui qui aide à réaliser le bonheur des hommes aidant aussi par là-même à réaliser l'attitude religieuse qui consiste à aimer Dieu dans ses créatures ».

— Dans le *Journal of the American Oriental Society* (1941), M. A. K. Coomaraswamy étudie le sens du terme sanscrit *Lîlâ*, qui signifie proprement « jeu », et qui est appliqué notamment à l'activité divine : cette conception est d'ailleurs loin d'être particulière à l'Inde, et on la trouve aussi exprimée très nettement, par exemple, chez Eckhart et Boehme. Platon, s'il ne décrit pas expressément l'activité divine comme un jeu, dit du moins que nous sommes les « jouets » de Dieu, ce qui peut être illustré par le mouvement des pièces du jeu d'échecs, et surtout par le jeu des marionnettes (le fil auquel celles-ci sont suspendues et qui les fait mouvoir étant une image du *sûtrâtmâ* dont nous parlons par ailleurs). Dans tous les cas, le « jeu » diffère du « travail » en ce qu'il est une activité spontanée, qui n'est due à aucun besoin et n'implique aucun effort, ce qui convient aussi parfaitement que possible à l'activité divine ; et l'auteur rappelle en outre, à ce propos, que les jeux avaient, à l'origine, un caractère sacré et rituel. Il montre ensuite, par des considérations linguistiques, que le prototype symbolique de cette conception se trouve dans le mouvement du feu ou de la lumière, exprimé par le verbe *lêlây* auquel le mot *lîlâ* est rattaché ; le « jeu » d'une flamme ou d'une lumière vibrante est un symbole adéquat de la manifestation de l'Esprit.

— Dans le *Journal of Philosophy* (n° du 24 septembre 1942), M. Coomaraswamy revient sur le même sujet dans une note intitulée *Play and*

Seriousness ; l'Esprit ou le « Soi » n'est pas affecté par le sort des véhicules de différents ordres par le moyen desquels il se manifeste, et ceci entraîne naturellement, pour celui qui en a conscience, le désintéressement ou le détachement à l'égard de l'action et de ses fruits, au sens où l'entend la *Bhagavad-Gîtâ* ; mais, si ce désintéressement nous amène à considérer la vie comme un jeu, ce serait une erreur de vouloir opposer cette attitude au « sérieux » qui caractérise le travail. Dans le jeu, il n'y a rien d'autre à gagner que « le plaisir qui parfait l'opération » et aussi la compréhension de ce qui, en réalité, constitue proprement un rite ; mais ce n'est pas à dire que nous devions jouer avec insouciance, ce qui ne s'accorderait qu'avec le point de vue profane et anormal des modernes qui regardent les jeux comme insignifiants en eux-mêmes. Nous jouons un rôle déterminé par notre propre nature, et notre seule préoccupation doit être de le bien jouer, sans égard au résultat ; l'activité divine est appelée un « jeu » parce qu'elle ne peut avoir pour fin une utilité quelconque, et c'est dans le même sens que notre vie peut aussi devenir un jeu ; mais, à ce niveau, le « jeu » et le « travail » ne peuvent plus aucunement être distingués l'un de l'autre.

— Dans cette même revue, nous signalerons aussi un article intitulé *The Postulate of an Impoverished Reality* et signé Iredell Jenkins, où se trouvent des vues qui concordent d'une façon assez remarquable avec celles que nous avons exposées nous-même : le postulat qui domine l'esprit moderne, c'est celui d'une prétendue « simplicité » de la nature, qui correspond à la conception cartésienne des idées « claires et distinctes » ; et qui est d'ailleurs commun aux rationalistes et aux empiristes ; l'« appauvrissement de la réalité », qui en est une conséquence, est la réduction de toutes choses au point de vue quantitatif. Ce postulat implique avant tout la négation d'un domaine de l'être distinct de celui du devenir : pour ceux qui l'admettent, le monde physique est un tout complet et se suffisant à lui-même, d'où la conception mécaniste et matérialiste de la nature, et aussi la négation de toute finalité. En s'imposant à la mentalité générale, cette conception a eu pour résultat l'établissement d'un véritable matérialisme de fait, même chez ceux qui admettent encore théoriquement l'existence de quelque chose d'un autre ordre, mais qui le considèrent pratiquement comme inconnaissable et par suite comme négligeable ; l'auteur n'oublie pas d'indiquer la part de la suggestion dans la diffusion d'un tel état d'esprit, bien qu'il n'aille peut-être pas assez loin en ce sens, car il ne paraît pas se demander si ceux qui propagèrent et « popularisèrent » cette conception étroitement bornée de la réalité, et dont il ne met d'ailleurs pas la bonne foi en doute, n'étaient pas eux-mêmes suggestionnés avant de suggestionner les autres à leur tour : les véritables « architectes de la pensée moderne » ne sont sans doute pas ceux qui se montrent ainsi au dehors... Quoi qu'il en soit, les choses en sont arrivées à un tel point que l'expérience elle-même n'est plus reconnue comme valable que dans la mesure où elle s'accorde avec le postulat de la « réalité appauvrie », dans lequel il est assurément très juste de voir la cause principale de l'incapacité de la pensée moderne à donner une véritable explication de quoi que ce soit. Ajoutons que, si on ne se limitait pas au seul domaine philosophique, on pourrait découvrir encore bien d'autres applications du même postulat, qui toutes confirmeraient et renforceraient cette conclusion ; en effet, cet « appauvrissement », qui tend à vider toutes choses de leur signification, n'est-il pas, au fond et tout d'abord, ce qui caractérise essentiellement le point de vue profane lui-même dans toute sa généralité ?

— Dans la revue *Asia and the Americas* (n° de mars 1943), un article de M. Coomaraswamy intitulé *Am I my Brother's Keeper* ? est une excellente critique de la façon dont les Occidentaux modernes prétendent imposer partout ce qu'ils appellent « la civilisation ». Il y dénonce énergiquement, en citant à l'appui un bon nombre d'opinions concordantes, les méfaits de cette « occidentalisation » qui se fait de plus en plus envahissante dans tous les domaines, et qui ne tend qu'à détruire tout ce qui a une valeur réellement qualitative pour y substituer ce qui répond à son propre « idéal » exclusivement quantitatif et matériel, si bien qu'il n'est pas exagéré de la caractériser comme un véritable « meurtre ». Ce n'est certes pas par une « propagande » quelconque, visant à une uniformisation extérieure, qu'un rapprochement réel entre les peuples, et plus particulièrement entre l'Orient et l'Occident, pourra jamais être obtenu, bien au contraire ; c'est seulement par un accord sur les principes et ce sont précisément les principes qui, à tous les points de vue, font entièrement défaut à la civilisation occidentale moderne.

— Dans la même revue (n° de février 1944), M. Coomaraswamy, sous le titre *The Bugbear of Literacy*, revient plus spécialement sur cet aspect du prosélytisme occidental qui, partant du préjugé suivant lequel la « culture » consiste avant tout à savoir lire et écrire, veut imposer chez les peuples les plus différents, une certaine sorte d'instruction élémentaire et uniforme qui ne saurait avoir pour eux la moindre valeur, parce qu'elle est, en réalité, étroitement liée aux conditions spéciales de civilisation quantitative de l'Occident moderne. C'est là encore un moyen de détruire les civilisations qui reposent sur de tout autres bases, en faisant disparaître plus ou moins rapidement tout ce qui a toujours fait l'objet d'une transmission orale, c'est-à-dire, en fait, ce qui en constitue tout l'essentiel. Loin d'aider à une compréhension réelle et tant soit peu profonde de quelque vérité que ce soit, l'« éducation » européenne ne fait que des hommes entièrement ignorants de leur propre tradition (et, au fond, c'est bien contre la tradition sous toutes ses formes qu'est nécessairement dirigée toute entreprise spécifiquement moderne) ; aussi, dans bien des cas, est-ce seulement chez les « illettrés », ou ceux que les Occidentaux et les « occidentalisés » considèrent comme tels, qu'il est encore possible de retrouver la véritable « culture » (s'il est permis d'employer ce même mot autrement que dans le sens tout profane qu'on lui donne d'ordinaire) de tel ou tel peuple… avant qu'il ne soit trop tard et que l'envahissement occidental n'ait achevé de tout gâter. L'auteur fait un intéressant rapprochement entre la signification réelle de la transmission orale et la doctrine platonicienne de la « réminiscence » ; et il montre aussi, par des exemples appropriés, à quel point la valeur symbolique et universelle du langage traditionnel échappe aux modernes et est étrangère à leur point de vue « littéraire », qui réduit les « figures de pensée », à n'être plus que de simples « figures de mots ».

— Dans le *New Indian Antiquary* (n° de décembre 1939), sous le titre *The Reinterpretation of Buddhism*, M. A. K. Coomaraswamy examine certains des points principaux sur lesquels doit être rectifiée la conception qu'on s'était faite jusqu'ici du Bouddhisme, qui en réalité ne fut d'ailleurs tant admiré en Europe que parce qu'il avait été fort mal compris. Mrs Rhys Davids a contribué par ses récents livres à cette rectification, particulièrement en ce qui concerne l'interprétation d'*anattâ*, qui n'implique aucunement une négation de l'Âtmâ comme on l'a si souvent prétendu, mais qui ne peut se comprendre véritablement que par la distinction du « Grand Âtmâ » et du « petit Âtmâ », c'est-à-dire en somme du « Soi » et du « moi » (quels que soient les termes qu'on préférera adopter pour les désigner dans les langues occidentales, et parmi lesquels celui d'« âme » est surtout à éviter comme donnant lieu à d'innombrables confusions) ; et c'est du second seulement qu'il est nié qu'il possède une réalité essentielle et permanente. Quand il est dit de l'individualité, envisagée dans sa partie psychique aussi bien que dans sa partie corporelle, que « ce n'est pas le Soi », cela même suppose qu'il y a un « Soi », qui est l'être véritable et spirituel, entièrement distinct et indépendant de ce composé qui lui sert seulement de véhicule temporaire, et dont il n'est point un des éléments composants ; et en cela, au fond, le Bouddhisme ne diffère nullement du Brâhmanisme. Aussi, l'état de l'*arhat*, qui est libéré du « moi » ou du « petit *âtmâ* », ne saurait-il en aucune façon être regardé comme une « annihilation » (chose qui est d'ailleurs proprement inconcevable) ; il a cessé d'être « quelqu'un », mais, par cela même, il « est » purement et simplement ; il est vrai qu'il n'est « nulle part » (et ici Mrs Rhys Davids paraît s'être méprise sur le sens où il faut l'entendre), mais parce que le « Soi » ne saurait évidemment être soumis à l'espace, non plus qu'à la quantité ou à toute autre condition spéciale d'existence. Une autre conséquence importante est que, dans le Bouddhisme pas plus que dans le Brâhmanisme, il ne peut y avoir place pour une « prétendue réincarnation » : le « moi » étant transitoire et impermanent, cesse d'exister par la dissolution du composé qui le constituait, et alors il n'y a rien qui puisse réellement se « réincarner » ; l'« Esprit » seul peut être conçu comme « transmigrant », ou comme passant d'une « habitation » à une autre, mais précisément parce qu'il est, en lui-même, essentiellement indépendant de toute individualité et de tout état contingent. – Cette étude se termine par un examen du sens du mot *bhû*, pour lequel Mrs Rhys Davids a insisté trop exclusivement sur l'idée de « devenir », bien que celle-ci y soit d'ailleurs souvent contenue en effet, et sur celui du mot *jhânâ* (en sanscrit *dhyânâ*), qui n'est pas « méditation », mais « contemplation », et qui, étant un état essentiellement actif, n'a rien de commun avec une « expérience mystique » quelconque.

— De M. Coomaraswamy également, dans *Isis*, revue d'histoire des sciences (n° de printemps 1943), un article intitulé *Eastern Wisdom and Western*

Knowledge ; comme il s'agit d'une vue d'ensemble de notre œuvre, nous n'avons pas qualité pour en parler, si ce n'est pour exprimer à l'auteur tous nos remerciements pour cet excellent exposé.

— *The Arab World*, revue trimestrielle paraissant à New-York depuis 1944, a reproduit dans son n° 3 *Christianity and Islam*, traduction anglaise d'un article de notre collaborateur F. Schuon paru autrefois ici même ; cette traduction avait été publiée tout d'abord dans la revue indienne *Triveni*.

Août 1946

— La revue *Atlantis* a repris sa publication ; dans son numéro de mars 1946, le premier dont nous ayons eu connaissance, le principal article est intitulé *Les Vierges noires et l'Atlantide*. Il y a là un rapprochement dont la raison peut ne pas apparaître à première vue, et pourtant c'est bien simple au fond : les Vierges noires auraient succédé à d'anciennes « déesses-mères » dont le visage, à ce qu'il paraît, était formé d'une pierre noire ; or, s'il fallait en croire M. Paul le Cour, les pierres noires seraient d'origine volcanique, et il faudrait y voir « le souvenir de l'Atlantide, mère des civilisations, disparue dans des convulsions volcaniques ». Malheureusement pour cette thèse, les pierres noires, comme nous le rappelons encore par ailleurs à propos du *lapsit exillis*, n'étaient point des pierres volcaniques, mais des aérolithes, ce qui est quelque peu différent... Passons sur diverses fantaisies linguistiques, dont la plupart ne sont d'ailleurs pas nouvelles, et aussi sur une attaque contre l'Inde, à laquelle on reproche d'ignorer « l'hermétisme rose-croix » (*sic*) ; mais remarquons que la question des « visages noirs » comme désignation de certains peuples, à laquelle il est fait allusion à propos de l'« Éthiopie », pourrait donner lieu à des considérations assez intéressantes que l'auteur ne paraît pas soupçonner.

— Le numéro de mai de la même revue est consacré pour la plus grande partie au *Compagnonnage*, sur lequel il ne contient d'ailleurs que des généralités un peu vagues ; il est d'autant plus facile d'en rapporter l'origine aux Esséniens que, sur ceux-ci, on ne sait en somme, pas grand'chose de précis. Il est très vrai que la communion fut tout d'abord un rite initiatique ; mais au point de vue du Christianisme, il ne faudrait pas confondre l'Eucharistie avec les « agapes » (dont la seule trace qui subsiste est la distribution du pain bénit à laquelle il est aussi fait allusion d'autre part) ; et pourquoi paraître ignorer que, dans tous les rites chrétiens orientaux (y compris ceux qui sont rattachés à Rome), la communion sous les deux espèces n'est nullement réservée aux prêtres ? D'autre part, il est fort douteux, pour ne pas dire plus, que les vocables des églises aient jamais été choisis par les Compagnons qui les construisirent ; ces églises, du reste, sont bien loin de porter toutes uniformément le titre de « Notre-Dame ». Au sujet du caractère artistique du « chef-d'œuvre », M. Paul le Cour ne manque pas de commettre l'erreur « esthétique » habituelle aux modernes et si bien dénoncée par M. Coomaraswamy ; mais ce qui sort davantage de l'ordinaire, c'est l'affirmation que « saint Thomas appuie le Christianisme sur le Judaïsme » ; l'aristotélisme serait-il donc judaïque ? Signalons encore à l'auteur que la Maçonnerie spéculative ne s'est jamais appelée « Maçonnerie philosophique », cette désignation étant exclusivement réservée à une certaine série de hauts grades ; et ajoutons enfin, que nous retrouvons une fois de plus la « langue verte » et « l'art gothique », dont nous avons parlé récemment à une autre occasion ; heureusement du moins que, cette fois, cela ne va pas jusqu'à la « goétie » ! – Un autre collaborateur fait remarquer avec beaucoup de raison que rien n'est plus faux que l'affirmation courante suivant laquelle « les révolutions sont faites par les peuples » ; seulement, il ne paraît pas avoir une idée très nette de la distinction existant entre les organisations initiatiques et les « sociétés secrètes » à caractère plus ou moins politique ; et, de plus, il commet une grosse erreur historique en faisant remonter au XVe siècle le début de la Maçonnerie spéculative.

— Puisque nous avons été amené à parler de nouveau d'*Atlantis*, nous devons dire qu'il nous est revenu que, dans les quelques numéros de cette revue qui parurent pendant la guerre, on a encore éprouvé le besoin de nous citer d'une façon plus ou moins bizarre. Des différentes choses qu'on nous a signalées à ce sujet, nous en retiendrons seulement une qui est particulièrement curieuse : il s'agit d'un article sur Janus que nous publiâmes autrefois dans *Regnabit*[39], et il est affirme que nous « ne vîmes pas son rapprochement avec saint Jean »... pour l'unique raison que nous n'eûmes pas à en parler en cette

---

[39] [*À propos de quelques symboles hermético-religieux* (décembre 1925).]

circonstance. Il y a bien d'autres choses que M. Paul le Cour, lui, ne « voit » certainement pas, et nous n'en voulons actuellement d'autre preuve que le fait qu'il confond la lettre Y ou *upsilon* avec le *gamma* et avec la « lettre G » mais du moins aurait-il dû ne pas oublier que, en dehors de l'article qu'il citait, et ici même, nous avons, en plus d'une occasion, indiqué très explicitement le rapprochement en question. Au surplus, et c'est là surtout ce qui rend cette histoire franchement amusante, nous pouvons lui assurer qu'il y a d'excellentes raisons, et qui ne datent certes pas d'hier, pour que nous connaissions beaucoup mieux que lui les deux saints Jean et leur rôle solsticial !

— Nous avons reçu un numéro d'une revue intitulée *Kad*, « cahiers de philosophie celtique » qui avait déjà existé précédemment et qui, comme tant d'autres, avait interrompu sa publication pendant ces dernières années. Les intentions du groupement dont cette revue est l'organe nous paraissent devoir appeler bien des réserves, car l'institution d'une « Fraternité du Chêne, de l'If et du Bouleau », jointe à certaines déclarations « spiritualistes » (nous dirions plus précisément « néo-spiritualistes »), nous fait craindre qu'il n'y ait bientôt lieu de compter encore une « pseudo-initiation » de plus. D'ailleurs, nous nous sommes souvent expliqué sur le caractère fantaisiste et illusoire qu'ont inévitablement tous les essais de reconstruction de traditions éteintes, où, qu'on le veuille ou non, la présence d'une « influence spirituelle » fait nécessairement défaut ; on ne peut certes pas prétendre y suppléer par des études de mythologie « basées sur les travaux scientifiques les plus autorisés » et constituant un « travail de syncrétisme » (les rédacteurs de cette revue connaissent-ils toujours bien exactement le sens des mots qu'ils emploient ?), ni même des « rituélies » (*sic*) fondées sur la restauration archéologique plus ou moins approximative d'un ancien calendrier. Ajoutons que cette tentative pour faire revivre la « religion celtique » s'accompagne d'une attitude ouvertement antichrétienne, qui ne témoigne certes pas d'une compréhension bien profonde de l'unité essentielle des traditions ! et il est bon de noter que ce qu'on reproche surtout au Christianisme, c'est d'être « oriental » ! Enfin, un article sur « la magie celtique et ses survivances » ne nous rassure pas beaucoup non plus, car, en dépit de l'affirmation très juste que « la magie n'appartient pas au domaine de l'ésotérisme », et aussi de l'utilisation assez adroite de certaines données, par exemple sur la double spirale et sur les « pierres de foudre », il semble bien y avoir là une tendance à attribuer, en s'appuyant sur les vues hypothétiques et toutes profanes des préhistoriens, une sorte de priorité à cet emploi « magique » des symboles qui au contraire, comme nous l'expliquerons précisément par ailleurs, ne peut jamais être en réalité que le résultat d'une certaine dégénérescence.

Septembre 1946

— Nous avons reçu les premiers numéros, datés de novembre et décembre 1945, d'une nouvelle revue italienne intitulée *La Porta Magica* : il y est beaucoup parlé de « Tradition », mais il serait bien difficile de savoir comment on l'entend exactement, et même les divers collaborateurs ne semblent pas parfaitement d'accord, car il en est parmi eux qui ont visiblement des idées fort modernes, « scientistes » et « progressistes ». D'une façon générale, les « sciences ésotériques » dont il est question là-dedans se réduisent presque exclusivement, en fait, aux arts divinatoires, à la radiesthésie et autres choses du même genre, ce qui est assurément fort peu ésotérique en réalité, si bien que cette revue, dans son ensemble, appartient plutôt au type ordinaire des publications « occultistes ». Pourtant, au milieu de tout cela, il se trouve quelques articles qui traitent de sujets plus sérieux, comme, par exemple, « le symbolisme de la Chine antique » (c'est-à-dire surtout du *Yi-King*) ; mais pourquoi faut-il que, là encore, il ne soit guère question que du point de vue « magique » et « divinatoire », c'est-à-dire de l'application la plus inférieure de ce symbolisme ? Nous mentionnerons aussi le début d'une série d'articles sur « les emblèmes des grades du Rite Écossais » : après d'assez bonnes considérations sur la nature du secret maçonnique, l'auteur fait preuve de connaissances historiques d'un caractère vraiment peu banal : ne va-t-il pas jusqu'à attribuer à Ashmole la constitution du système des 33 degrés, ce qui dépasse encore de beaucoup les diverses autres « légendes » que nous avions rencontrées jusqu'ici ? Il entreprend ensuite l'examen des écussons symboliques des différents grades, sans indiquer d'ailleurs d'où il les a tirés ; mais cet examen se borne à une description pure et simple, sans aucun essai d'explication, de sorte que quiconque voit les figures pourrait en somme en faire tout autant ; et encore y a-t-il dans cette description quelques inexactitudes plutôt étonnantes : ainsi, par exemple, comment est-il possible que, dans l'écusson du grade de Maître, on n'ait pas reconnu les trois outils dont Hiram fut frappé successivement ? Si l'on joint à cela l'importance donnée à certaines particularités, en quelque sorte « accidentelles » du dessin, on pourrait être tenté de douter de la « qualité » réelle de l'auteur… Nous avons remarqué encore un article sur « les secrets de la Grande Pyramide » ; mais nous devons dire que, fort heureusement, il ne s'agit cette fois que de remarques d'ordre géométrique, sans aucune allusion aux trop fameuses « prophéties » autour desquelles on fit tant de bruit il y a quelques années.

Octobre-novembre 1946

— Il nous faut encore revenir sur la question des Templiers, car nous avons eu connaissance, très tardivement d'ailleurs, de toute une série d'articles publiés sur ce sujet, dans le *Mercure de France*, par MM. J.-H. Probst-Biraben et A. Maitrot de la Motte-Capron : 1° *Les Templiers et leur alphabet secret* (numéro du 1er août 1939) ; 2° *Les idoles des Chevaliers du Temple* (numéro du 15 septembre) ; 3° *Les coffrets mystérieux des Templiers* (numéro du 1er novembre) ; 4° *Les Templiers et les Gardiens du Temple* (numéro du 1er décembre) ; 5° *Le roi de France et les Templiers* (numéro du 1er janvier 1940).

– 1° L'authenticité de l'« alphabet secret » nous paraît bien douteuse : il semble que personne n'ait vu réellement les manuscrits anciens où il se trouverait, et toute cette histoire ne repose en somme que sur les assertions de l'abbé Grégoire et de Maillard de Chambure ; nous ne voyons d'ailleurs pas en quoi le second peut être estimé « plus sérieux » que le premier, car, si l'abbé Grégoire reçut ses informations des « Néo-Templiers », Maillard de Chambure était lui-même membre de cette organisation ; la « source » est donc la même, et elle est assurément bien peu digne de foi. En outre, la croix de forme compliquée qui sert de « clef » à l'alphabet en question est bien celle des « Néo-Templiers », mais il ne semble pas qu'elle ait jamais été en usage chez les véritables Templiers ; et il y a encore au moins un détail fort suspect : c'est la distinction de l'U et du V, tout à fait inconnue au moyen âge, et nous nous étonnons que les auteurs n'en aient pas fait la remarque, alors qu'ils s'inquiètent de la présence du W, qui, après tout, pourrait peut-être se justifier plus facilement. Dans ces conditions, il est permis de se demander s'il est bien utile de se livrer à des « spéculations » hypothétiques sur le symbolisme de cet alphabet, qui a sans doute tout juste autant de valeur que la collection de « reliques » de Fabré-Palaprat ; il est d'ailleurs bien probable, s'il est d'invention moderne, que les irrégularités dans l'ordre de formation des lettres n'ont rien d'ésotérique, mais ont pour unique raison d'être de rendre le déchiffrement moins facile ; en tout cas, pour ce qui est du sens de rotation où l'on veut voir « une influence orientale très marquée », il se trouve malheureusement que, s'il s'agit de l'Orient islamique, ce devrait être justement le sens contraire de celui-là. À un autre point de vue, il est singulier que les auteurs paraissent s'efforcer de réduire tout le mystère de l'Ordre du Temple à une question d'opérations financières, ce qui serait fort peu ésotérique ; ne vont-ils pas jusqu'à écrire, dans l'article suivant, que « la véritable idole des Templiers fut la puissance financière internationale » ? Signalons aussi deux inexactitudes historiques : Jacques de Molay n'est pas mort en 1312, mais en 1314, et il n'y eut jamais de décision papale supprimant l'Ordre du Temple, qui fut seulement suspendu « provisoirement » par le Concile de Vienne.

– 2° Au sujet des prétendues « idoles », les témoignages obtenus au cours du procès, dans des conditions ne permettant d'ailleurs guère de les regarder comme valables, sont tous contradictoires entre eux ; il se peut que certaines histoires de « têtes » se rapportent tout simplement à des reliquaires ; en tout cas, il va de soi que, quoi qu'ait pu en penser l'ignorance occidentale, des idoles quelconques ne pourraient en aucune façon avoir été empruntées à un milieu islamique ; sur tout cela, nous sommes bien d'accord avec les auteurs. Quant au fameux « Baphomet », dont le nom a donné lieu à tant d'hypothèses aussi peu satisfaisantes les unes que les autres, nous pouvons, incidemment, donner l'explication du soi-disant *Bahumid* de von Hammer : il est bien exact que ce mot n'existe pas en arabe, mais il faut en réalité lire *bahîmah*, et, si cela ne se traduit pas par « veau » (interprétation qui fut peut-être influencée par l'énigmatique « tête de veau » des Druses, bien plutôt que par « le bœuf Apis ou le Veau d'or »), c'est du moins la désignation générale de toute sorte de bestiaux ; maintenant, s'il est peu probable en fait que « Baphomet » vienne de l'arabe *bahîmah*, que les interrogateurs du procès ne devaient pas connaître, il se pourrait fort bien, par contre, qu'il vienne de son équivalent hébreu, c'est-à-dire du *Behemoth* biblique, et peut-être n'y a-t-il pas besoin de chercher plus loin la solution de cette énigme... Pour ce qui est des quatre statues qui, d'après le même von Hammer, se trouvaient dans le cabinet de Vienne (mais que sont-elles devenues depuis 1818 ?), on ne voit pas ce qui permet de les considérer comme des « Baphomets » ; et, franchement, que penser de ces statues dont, d'après leur physionomie, une est qualifiée de « romaine », une de « pharaonique », et les deux autres de « persanes », bien que toutes portent également des inscriptions arabes, d'un fort mauvais arabe d'ailleurs si le déchiffrement indiqué est bien exact ? Il faut reconnaître qu'il y a dans tout cela quelque chose qui sent la supercherie, peut-être plus encore que dans le cas des coffrets dont il va être question tout à l'heure... Nous ne nous attarderons pas à discuter en détail l'interprétation des phrases arabes, dont la lecture même est fort douteuse ; nous nous bornerons à relever une erreur de fait : il est exact que *kenîsah* (et non pas *kensen*) désigne exclusivement une église chrétienne (encore un musulman se sert-il de ce mot tout aussi bien qu'un chrétien quand il veut parler de cette église, car il n'en existe pas d'autre pour la désigner) ; mais nous ne pouvons comprendre qu'on dise que « *Maulana* n'est jamais usité », car, dans beaucoup de pays islamiques (il y en a d'autres que le Maghreb), c'est au contraire l'appellation qu'on emploie couramment en s'adressant aux souverains, et même à d'autres personnages respectables.

– 3° Il s'agit ensuite des deux fameux coffrets qui figurèrent dans la collection du duc de Blacas (par quelle malchance semble-t-il qu'eux aussi aient été perdus ?) ; comme pour les prétendus « Baphomets », rien ne prouve qu'ils aient jamais eu le moindre rapport avec les Templiers ; de l'avis des auteurs, il s'agirait simplement de « boîtes à thériaque » employées par des médecins grecs et arabes. Cette explication n'a en elle-même rien d'invraisemblable ; nous n'examinerons pas ici l'interprétation des figures sur laquelle elle s'appuie, interprétation qui dans son ensemble en vaut bien une autre, même si elle n'est pas correcte dans tous ses détails (ainsi, on ne voit pas bien pourquoi un même signe indiquerait dans un endroit un nombre d'ingrédients et dans un autre un nombre de mois ou d'années). Ce qui est plus curieux, ce sont les questions qui se posent au sujet du couvercle d'un des coffrets ; son symbolisme est nettement alchimique (pourquoi certains ont-ils voulu que la figure principale, qui est en réalité un *Rebis*, soit encore un « Baphomet » ?), et, là aussi, il y a des inscriptions qui, si elles ont été transcrites exactement, sont rédigées en un arabe inimaginable, ce dont il n'y aurait du reste pas lieu de trop s'étonner si l'on admet l'hypothèse des auteurs, car, d'après eux, ce couvercle, ajouté après coup, aurait été fabriqué par des alchimistes occidentaux vers la fin du moyen âge ou le commencement de la Renaissance ; les raisons de lui attribuer cette date tardive ne sont d'ailleurs pas clairement indiquées, pas plus que celles de l'affirmation qu'« on ne voit pas en quoi un Templier pouvait s'intéresser à l'alchimie » ; tout à fait indépendamment de la question des coffrets, on pourrait tout aussi bien dire qu'on ne voit pas pourquoi il ne s'y serait pas intéressé !

– 4° Dans l'article suivant, il s'agit surtout des relations possibles des Templiers avec les Ismaéliens, désignés ordinairement sous le nom d'« Assassins » ; les auteurs se donnent une peine bien inutile pour expliquer qu'il faudrait écrire *Assacine*, ce qui ne représente pas une meilleure transcription (l'introduction de l'*e* muet, notamment, n'est qu'une concession assez bizarre à la prononciation française), et ce qui n'empêche pas que c'est bien de là qu'est venu le mot « assassin » et qu'il ne s'agit pas d'un simple « rapprochement par assonance » ; cette dérivation, bien entendu, n'indique pas ce qu'étaient réellement les Ismaéliens, mais seulement l'opinion vulgaire des Occidentaux à leur sujet. À la fin de l'article, il y a bien des assertions contradictoires : pourquoi dire que les Templiers « n'étaient pas initiés », parce qu'il est peu vraisemblable qu'ils aient reçu l'initiation des Ismaéliens, et comme s'ils n'avaient pas pu avoir leur initiation propre, surtout si l'on admet qu'ils étaient « johannites » ? Il est dit aussi qu'il y avait chez eux « une connaissance profonde du symbolisme, de l'ésotérisme proche-oriental et méditerranéen », ce qui ne s'accorde guère avec l'absence d'initiation, ni avec les préoccupations toutes profanes qui leur sont attribuées par ailleurs ; quant à chercher les preuves de cette connaissance dans l'alphabet « néo-templier », ce n'est peut-être pas une argumentation très solide, en dépit du souci qu'ont les auteurs de ne pas « dépasser les bornes permises par la critique historique ».

– 5° Enfin, le dernier article semble viser à justifier tout le monde : le roi de France, le pape, les Templiers et les juges, dont chacun aurait eu raison à son propre point de vue ; nous n'y insisterons pas, et nous nous contenterons de noter que maintenant les Templiers sont présentés comme possédant non pas seulement un secret financier, mais aussi un secret « synarchique », ce qui est tout de même un peu moins grossièrement matériel (mais est-ce bien « se placer dans l'ambiance du XIVe siècle » que de parler ici d'une « affaire laïque » ?) ; quoi qu'il en soit, ce qui nous paraît ressortir surtout de ces longues études, c'est qu'il est vraiment bien difficile de savoir au juste à quoi s'en tenir sur tout cela !

— Dans les *Cahiers du Sud* (numéro de mars 1940), M. Jean Richer publie une étude sur *Jules Romains et la tradition occulte* ; à vrai dire, nous ne savons trop ce que peut être une « tradition occulte », mais nous pensons qu'on veut sans doute dire « ésotérique », encore que cela même ne soit pas très exact ici, car c'est surtout de l'Inde qu'il est question. Il est assurément possible que M. Jules Romains ait lu quelques livres concernant les doctrines hindoues, mais nous ne voyons pas qu'il en ait tiré grand'chose, car les rapprochements indiqués sont plutôt vagues et ne se rapportent en tout cas qu'à des choses d'un ordre très superficiel. Réduire les différents états dont il est question dans le *Vêdânta* à des « régimes de conscience », c'est-à-dire à quelque chose de purement psychologique, c'est bien peu comprendre de quoi il s'agit en réalité ; et, pour ce qui est du *Yoga*, si l'auteur de l'article déclare avec raison que « ses fins sont spirituelles », il semble pourtant que M. Jules Romains n'en ait retenu que certains effets « psycho-physiologiques » plus ou moins extraordinaires, ce qui n'a d'ailleurs rien d'étonnant, car les Occidentaux, même sans être « littérateurs », ne s'intéressent généralement à rien d'autre qu'à ce côté « phénoménique » et tout à fait contingent. Ce qui est plutôt stupéfiant, c'est que, à propos de ce genre de « dédoublement » que les occultistes ont dénommé bizarrement « sortie en astral » (et qui n'a absolument rien de commun avec l'état de *samâdhi*), on puisse écrire qu'il s'agit bien de ce que les anciens connaissaient sous le nom de Mystères ou d'Initiation » ; voilà de bien étranges imaginations, et on ne saurait être plus loin de la vérité ! Nous trouvons aussi, dans une note, la curieuse assertion que « la Franc-Maçonnerie doit beaucoup à l'Égypte » ; s'il est vrai que certains « systèmes » particuliers ont été basés sur cette théorie fantaisiste (et d'une façon qui ne montre que trop le caractère artificiel de ce rattachement et l'ignorance de leurs auteurs en fait d'« égyptologie »), il est impossible de trouver dans la Maçonnerie proprement dite quoi que ce soit qui porte la marque d'une origine égyptienne ; et, si l'on peut établir des comparaisons sur certains points, par exemple entre la légende d'Hiram et le mythe d'Osiris, ce sont là des choses dont l'équivalent se retrouve dans les traditions les plus diverses, et qui ne s'expliquent point par des « emprunts » ni par une filiation plus ou moins directe, mais bien par l'unité essentielle de toutes les traditions.

— Dans le *Grand Lodge Bulletin* d'Iowa (numéro d'avril 1940), une note est consacrée à la question des globes céleste et terrestre qui sont parfois placés sur les deux colonnes ; il semble bien évident que ce n'est là qu'une innovation toute moderne, non point en raison d'une prétendue ignorance que certains se plaisent à attribuer aux anciens, mais tout simplement parce que de tels globes ne figurent dans aucun symbolisme traditionnel. Quant à les faire dériver du globe ailé égyptien, c'est là une hypothèse fort peu vraisemblable, car leur position et leur duplication seraient alors tout à fait anormales et ne s'accorderaient aucunement avec la signification de ce globe ailé. Nous devons relever, d'autre part, une erreur linguistique assez grave : le préfixe *ya*, en hébreu comme en arabe, est simplement la marque de la troisième personne du futur des verbes, et il n'a aucun rapport avec le nom divin *Yah*.

— Dans le Symbolisme (numéro de janvier-février-mars 1940), G. Persigout étudie *L'Antre, synthèse obscure des trois Mondes* ; bien qu'il nous cite à diverses reprises et qu'il s'appuie d'autre part sur des analogies alchimiques, nous ne sommes pas très sûr qu'il ait entièrement compris le symbolisme de la caverne initiatique, tant il y mêle de considérations étrangères au sujet. Le symbolisme traditionnel du diamant n'a sûrement rien à voir avec les théories de la chimie moderne sur le carbone, ni celui de la lumière avec des hypothèses biologiques sur l'« origine de la vie ». Certaines analyses de mots hébraïques sont assez fantaisistes ; il faudrait en tout cas, si l'on veut dire des choses exactes à cet égard, prendre bien garde de ne pas confondre le *he* avec le *het* ! Nous avons été surpris de voir, dans une note, attribuer à Éliphas Lévi la *Clef de la Magie noire* ; vérification faite de la citation, c'est de la *Clef des Grands Mystères* qu'il s'agit en réalité. Dans un article sur *L'Art divinatoire*, « Diogène Gondeau » paraît confondre l'intuition avec l'imagination ; de plus, il ne fait pas la moindre allusion au fait que certains « arts divinatoires » ne sont pas autre chose que des débris plus ou moins informes d'anciennes sciences traditionnelles, ce qui est pourtant, au fond, le seul côté réellement intéressant de la question. François Ménard, dans un court article sur *Le Rameau d'Olivier*, n'en expose le symbolisme que bien incomplètement ; il parle avec raison du rôle de l'huile, dans divers rites, comme support de la « force spirituelle » ; mais le reste n'est guère qu'un éloge un peu trop exclusif du « climat méditerranéen ».

Décembre 1946

— Le *Speculative Mason* (numéro de juillet 1940) contient un article sur le premier *tracing board* (tableau de la Loge d'Apprentis) considéré comme image du Cosmos, une assez bonne analyse de la *Bhagavad-Gîtâ*, peut-être un peu influencée par des préoccupations d'« actualité », et une étude sur *Lady Godiva*, légende médiévale anglo-saxonne qui paraît avoir ses racines dans des traditions préchrétiennes. – Le numéro d'octobre contient un historique de la construction de l'abbaye de Saint-Alban, en relation avec certaines légendes de la Maçonnerie opérative, et une étude sur Mary Ann Atwood, auteur de l'ouvrage anonyme intitulé *A suggestive Inquiry into the Hermetic Mystery*, continuée dans le numéro de janvier 1941.

— Dans le numéro d'avril 1941, nous signalerons un résumé des anciennes traditions concernant l'Atlantide et des constatations géologiques qui semblent de nature à les confirmer, et une étude sur les rapports de la Kabbale et de la Maçonnerie, poursuivie dans les numéros de juillet et d'octobre. Cette dernière étude contient un grand nombre d'indications curieuses, mais certains points en sont assez contestables, et tous les rapprochements mentionnés ne sont pas également probants, ni toutes les sources citées également valables ; il ne faut, pensons-nous, envisager une influence réelle et plus ou moins directe de la Kabbale que dans les cas où il s'agit de détails très précis, et non pas seulement de similitudes qui peuvent exister normalement entre toutes les traditions initiatiques, et il convient de remarquer en outre que la science des nombres est fort loin d'être propre à la seule Kabbale hébraïque. – Dans le numéro de juillet, une étude historique sur le développement du grade de Compagnon dans les premiers temps de la Maçonnerie spéculative, continuée dans le numéro d'octobre, un article sur le symbolisme du centre, envisagé plus particulièrement dans ses connexions, telles que les établissent les rituels opératifs, avec l'Étoile polaire, le fil à plomb et le *swastika*, et enfin une note sur les *tokens* des anciennes corporations. – Dans le numéro d'octobre, une bonne critique des historiens maçonniques qui veulent s'en tenir exclusivement à la méthode soi-disant « scientifique » (et surtout profane, dirions-nous) n'admettant aucune « évidence » d'un autre ordre que celle des seuls documents écrits ; dans ce même numéro et dans les suivants (janvier, avril, juillet et octobre 1942), une étude très détaillée sur le symbolisme rituélique de l'initiation au grade d'Apprenti. – Le numéro de janvier 1942 contient la traduction de notre article sur *Mythes, mystères et symboles*[40], ainsi que celle de l'article de Marius Lepage sur *L'Épée flamboyante*, paru précédemment dans le *Symbolisme* et que nous avons déjà mentionné en son temps.

– Dans le numéro d'avril, un article sur le personnage énigmatique désigné sous le nom de *Naymus Grecus* dans certaines copies des *Old Charges* (anciens manuscrits opératifs), comme ayant introduit la Maçonnerie en France à l'époque de Charles Martel, et sur une hypothèse essayant de l'identifier avec Anthemius de Tralles, l'architecte de Sainte-Sophie de Constantinople. Signalons aussi, dans ce numéro et dans celui de juillet, une étude assez brève, mais intéressante, sur *Pythagore et les anciens Mystères*, au cours de laquelle est naturellement rappelé le *Peter Gower* des *Old Charges*, ainsi que la confusion connexe des « Phéniciens » avec les « Véniciens ». – Dans le numéro de juillet, une note sur quelques vestiges des anciens Mystères qui se sont conservés jusqu'à nos jours, d'une façon assez inattendue, dans le Théâtre des marionnettes (ce qui est un exemple de ce que nous avons dit des origines réelles du « folklore »), et un article sur les titres chevaleresques usités dans la « Rose-Croix de Heredom », et plus particulièrement sur la signification de celui de *Via Determinata* adopté par l'auteur. – Dans le numéro d'octobre, outre la suite de ce dernier article, une étude sur la signification des « coups » rituéliques des différents degrés (constituant ce qui est appelé la « batterie » dans la Maçonnerie française), et une note sur le « crampon » (*clamp* ou *cramp*, appelé aussi *lewis*), instrument employé pour élever les pierres depuis le sol

---

[40] [Octobre 1935. Est devenu le chapitre XVII des *Aperçus sur l'Initiation*.]

jusqu'à la place qu'elles doivent occuper dans la construction, et qui appartient plus spécialement au symbolisme de la *Mark Masonry*.

— On nous a communiqué quelques numéros d'une revue intitulée *France-Orient*, publiée dans l'Inde, et où, parmi des articles dont la plupart sont purement littéraires ou même politiques, nous avons eu la surprise d'en trouver, sous la rubrique « Lettres orientales », quelques-uns qui présentent un tout autre caractère. Nous voulons parler surtout d'articles signés Alain Daniélou, qui se rapportent aux sciences et aux arts traditionnels de l'Inde, et dans lesquels, sans toucher directement au côté proprement métaphysique de la doctrine, l'auteur fait preuve de connaissances fort intéressantes et s'inspire d'un esprit véritablement traditionnel. Dans *La science des symboles et les principes de l'art religieux hindou* (n° d'octobre 1944), il insiste sur la nécessité, « pour comprendre les bases de l'art traditionnel hindou, de connaître d'abord le sens des symboles qu'il emploie » ; et cette compréhension « implique une connaissance profonde des lois qui régissent l'Univers ». Après avoir expliqué comment la science des symboles « fait partie de l'interprétation cosmologique des textes vêdiques », il donne divers exemples de son application à l'iconographie, parmi lesquels la description de *Kâlî*, qui est, comme il le dit « l'une des déités hindoues le plus souvent mal comprises ». - Dans *La théorie hindoue de l'expression musicale* (n° de décembre 1944), M. Daniélou, après avoir expliqué l'incompatibilité d'ordre technique qui existe entre la musique modale et la musique harmonique, donne un aperçu des effets qui peuvent être obtenus par la première, y compris son application thérapeutique. « Comme toutes les sciences hindoues, la science musicale est essentiellement l'application au monde des sons d'une théorie métaphysique des nombres et de leurs correspondances ; la théorie musicale hindoue n'est expérimentale que dans ses limitations, jamais dans ses principes ». Viennent ensuite quelques considérations particulièrement dignes de remarque sur la « spirale des sons » et la théorie des *shrutis*, ainsi que sur le principe des correspondances, par l'utilisation duquel « la science hindoue des sons dépasse de beaucoup la science moderne ». L'auteur paraît d'ailleurs s'être « spécialisé » surtout dans l'étude de la musique orientale, car on annonce d'autre part la publication d'un ouvrage de lui, *Introduction à l'étude des gammes musicales*, basé sur les mêmes principes traditionnels. *La danse classique hindoue* (n° de février 1945) expose succinctement les principes de cet art d'après le *Nâtya-Shâstra* et l'*Abbinaya-Darpana*. – *L'alphabet sanscrit et la langue universelle* (n° d'avril-mai 1945) est peut-être le plus important des articles de M. Daniélou, ou du moins de ceux dont nous avons eu connaissance, car il apporte des données vraiment inédites sur le *Mahêshwara-Sûtra* et la valeur symbolique des lettres de l'alphabet sanscrit. Nous ne pouvons songer à le résumer ici, et nous nous contenterons de signaler les considérations sur la manifestation de la parole, qui « reproduit le procédé même de la manifestation universelle », et sur le « langage vrai », constitué par « des sons dont les rapports forment une représentation exacte en mode vibratoire de certains principes, de certaines entités cosmiques qui, descendant graduellement dans le manifesté, se subdivisent indéfiniment en "mots", correspondant exactement aux formes changeantes du monde naturel » ; « ce langage vrai reste toujours l'étalon sur lequel peuvent se mesurer les langues parlées qui en sont les formes plus ou moins corrompues et qui ne sont belles, intelligibles, que dans la mesure où elles restent en accord avec les principes de la langue originelle, que les Hindous identifient à la forme de la « Connaissance Éternelle », le *Vêda*. Il est seulement à regretter que, entraîné par l'idée, d'ailleurs très juste en elle-même, que les mêmes principes sont applicables à toutes les langues, l'auteur ait cru pouvoir, vers la fin de son article, donner quelques exemples empruntés aux langues occidentales modernes, dont certaines sont correctes pour la raison très simple qu'il s'agit de mots ayant réellement, au point de vue étymologique, la même racine que les mots sanscrits correspondants (ce dont il ne semble pas s'être aperçu), mais dont d'autres sont plus que contestables et ne reposent même que sur diverses confusions (par exemple entre les éléments secondaires des mots composés et leur partie essentielle). Si l'on veut se garder de toute « fantaisie », on ne saurait jamais être trop prudent quand il s'agit d'appliquer des principes traditionnels à des langues qui en sont aussi éloignées que celles-là à tous les égards ; mais, bien entendu, cette réserve sur un point particulier ne diminue en rien la valeur du reste de cette remarquable étude.

— Nous mentionnerons aussi, dans cette revue, des articles concernant certaines fêtes : *la fête du Holi* (n° d'avril-mai 1945) et *No Roz, le jour de l'an iranien* (n° de juin 1945) ; bien que n'ayant qu'un caractère descriptif et un intérêt purement documentaire, ils pourraient servir en quelque sorte d'« illustration » à ce que nous avons dit au sujet des fêtes carnavalesques[41]. Il est à remarquer que, dans le cas du *No-Roz*, il s'agit d'une sorte de survivance d'éléments provenant de la tradition mazdéenne, qui, en Perse tout au moins, est complètement éteinte ; on peut donc voir là comme des « résidus » déviés ou plutôt détournés dans un sens parodique, ce qui, à ce point de vue, est particulièrement significatif.

— Dans la même revue également (n° de juin 1945) un article publié sous la signature de Shrî Aurobindo nous a causé un pénible étonnement ; nous disons seulement sous sa signature, parce que, jusqu'à nouvel ordre, nous nous refusons à croire qu'il soit réellement de lui, et nous préférons supposer qu'il ne s'agit que d'un « arrangement », si l'on peut dire, dû à l'initiative de quelque disciple mal avisé. En effet, cet article, intitulé *La Société et la spiritualité*, ne contient guère que de déplorables banalités « progressistes », et, s'il ne s'y trouvait çà et là quelques termes sanscrits, il donnerait assez exactement l'impression d'un prêche de quelque pasteur « protestant libéral » imbu de toutes les idées modernes ! Mais, pour dire toute la vérité, il y a déjà longtemps que nous nous demandons quelle peut être au juste la part de Shrî Aurobindo lui-même dans tout ce qui paraît sous son noM.

Années 1945-1946 (mois inconnus)

— Le *New Indian Antiquary* (n° d'avril 1940) a publié une importante étude de M. Coomaraswamy, intitulée *Akimchannâ : selfnaughting*, qui se rapporte encore à un sujet connexe de la question d'*anattâ*, et traité surtout ici au point de vue du parallélisme qui existe à cet égard entre les doctrines bouddhique et chrétienne. L'homme a deux *âtmâs*, au sens qui a été indiqué précédemment, l'un rationnel et mortel, l'autre spirituel et qui n'est en aucune façon conditionné par le temps ou l'espace ; c'est le premier qui doit être « anéanti », ou dont l'homme doit parvenir à se libérer par la connaissance même de sa véritable nature. Notre être réel n'est aucunement engagé dans les opérations de la pensée discursive et de la connaissance empirique (par lesquelles la philosophie veut ordinairement prouver la validité de notre conscience d'être,

---

[41] [*Sur la signification des fêtes « carnavalesques »* (décembre 1945).]

ce qui est proprement antimétaphysique) ; et c'est à cet « esprit » seul, distingué du corps et de l'âme, c'est-à-dire de tout ce qui est phénoménal et formel, que la tradition reconnaît une liberté absolue, qui, s'exerçant à l'égard du temps aussi bien que de l'espace, implique nécessairement l'immortalité. Nous ne pouvons résumer les nombreuses citations établissant aussi nettement que possible que cette doctrine est chrétienne aussi bien que bouddhique (on peut dire que, en fait, elle est universelle), ni les textes précisant plus spécialement la conception d'*âkimchannâ* sous sa forme bouddhique ; nous signalerons seulement que l'anonymat est envisagé comme un aspect essentiel d'âkimchannâ, ce qui est en rapport direct avec ce que nous avons nous-même exposé (*Le Règne de la Quantité et les Signes des Temps*, ch. IX, où nous avons d'ailleurs mentionné l'article dont il est question présentement) sur le sens supérieur de l'anonymat et sur son rôle dans les civilisations traditionnelles.

— Dans le *New Indian Antiquary* également (n° de juin 1943), le même auteur, dans un article sur *Unâtiriktan and Atyarichyata*, montre, par l'étude du sens de ces termes et de l'emploi qui en est fait dans les textes vêdiques, que *Prajâpati*, comme Producteur et Régent des êtres manifestés, doit être regardé comme « une syzygie de principes conjoints, masculin et féminin », qui sont représentés symboliquement comme un « plein » et un « vide », et qui sont aussi mis en correspondance avec le Soleil et la Lune. Ceci est en rapport, notamment, avec le symbolisme du « vaisseau plein » ou du « vase d'abondance », dont le Graal est une des formes, et dont le caractère « solaire » est plus particulièrement manifeste dans le rituel hindou.

— Dans la *Review of Religion* (n° de novembre 1941), M. Coomaraswamy consacre une note à *The « E » at Delphi*, qu'il explique en connexion avec les rites initiatiques et avec la question « qui es-tu ? » posée à celui qui se présente à la « porte solaire ». Le « Connais-toi toi-même » (*gnôthi seauton*) doit être interprété, à cet égard, comme une expression indirecte de cette question posée par Apollon ou le dieu « solaire », et le E, équivalent à *ei* selon Plutarque, donne la réponse sous une forme énigmatique : « Tu es », c'est-à-dire : « Ce que Tu es (le Soleil), je le suis » ; aucune autre réponse véritable ne pourrait en effet être donnée par quiconque est, comme il est dit dans le *Jaiminiya Upanishad Brâhmana* (I, 6, 1), « qualifié pour entrer en union avec le Soleil ».

— Dans la même revue (n° de janvier 1942), sous le titre *Eastern Religions and Western Thought*, M. Coomaraswamy, à propos d'un volume publié par Sir S. Radhakrishnan, fait ressortir les concordances qui existent entre toutes les formes de la tradition, qu'elles soient orientales ou occidentales, et qui sont telles que les textes de n'importe quel « dialecte du langage de l'esprit » peuvent être employés pour expliquer et éclairer ceux d'un autre, indépendamment de toute considération de temps ou de lieu. En même temps, il montre aussi, par des exemples portant sur des points précis, que Sir S. Radhakrishnan a malheureusement, « par éducation ou par tempérament, une mentalité beaucoup plus européenne qu'indienne », allant jusqu'à accepter sans hésitation l'idée moderne de « progrès » avec toutes ses conséquences, et à vouloir expliquer des choses telles que l'organisation des castes non par la doctrine hindoue, mais par les actuelles théories « sociologiques ». Il ne faut pas oublier que ce qui distingue essentiellement l'Orient de l'Occident moderne, c'est que l'Orient conserve encore consciemment les bases métaphysiques de la vie, tandis que l'Occident moderne est ignorant de la métaphysique traditionnelle (qu'il confond avec la « philosophie » comme le fait Radhakrishnan lui-même), et est en même temps activement et consciemment antitraditionnel.

— Dans la même revue encore (n° de novembre 1942), *On Being in One's Right Mind*, par M. Coomaraswamy également, est une explication du véritable sens du terme grec *metanoia*, qu'on rend communément et très insuffisamment par « repentir », et qui exprime en réalité, un changement de *noûs*, c'est-à-dire une métamorphose intellectuelle. C'est là aussi, au fond, le sens originel du mot « conversion », qui implique une sorte de « retournement » dont la portée dépasse de beaucoup le domaine simplement « moral » où on en est venu à l'envisager presque exclusivement ; *metanoia* est une transformation de l'être tout entier, passant « de la pensée humaine à la compréhension divine ». Toutes les doctrines traditionnelles montrent que le « mental » dans l'homme est double, suivant qu'on le considère comme tourné vers les choses sensibles, ce qui est le mental pris dans son sens ordinaire et individuel, ou qu'on le transpose dans un sens supérieur, où il s'identifie à l'*hêgemôn* de Platon ou à l'*antaryâmî* de la tradition hindoue ; la *metanoia* est proprement le passage conscient de l'un à l'autre, d'où résulte en quelque sorte la naissance d'un

« nouvel homme » ; et la notion et la nécessité de cette *metanoia* sont, avec des formulations diverses, mais équivalentes en réalité, unanimement affirmées par toutes les traditions.

— Dans le *Harvard Journal of Asiatic Studies* (n° de février 1942), M. A. K. Coomaraswamy a publié une importante étude, *Atmayajna* : *Self-sacrifice*, dont l'idée principale, justifiée par de multiples références aux textes traditionnels, est, comme on aura déjà pu le comprendre par les citations que nous en faisons par ailleurs, que tout sacrifice est en réalité un « sacrifice de soi-même », par identification du sacrifiant à la victime ou à l'oblation. D'autre part, le sacrifice étant l'acte rituel par excellence, tous les autres participent de sa nature et s'y intègrent en quelque sorte, si bien que c'est lui qui détermine nécessairement tout l'ensemble de la structure d'une société traditionnelle, où tout peut être considéré par là même comme constituant un véritable sacrifice perpétuel. Dans cette interprétation sacrificielle de la vie, les actes, ayant un caractère essentiellement symbolique, doivent être traités comme des supports de contemplation (*dhiyâlamba*), ce qui suppose que toute pratique implique et inclut une théorie correspondante. Il est impossible de résumer tout ce qui est dit, à cette occasion, sur l'*Agnihostra*, sur le *Soma*, sur le « meurtre du Dragon » (symbolisant la domination du « moi » par le « Soi »), sur la signification de certains termes techniques importants, sur la survivance « folklorique » des rites traditionnels, et sur bien d'autres questions encore. Nous nous contenterons de reproduire quelques passages se rapportant plus particulièrement à la conception traditionnelle de l'action : « Les actes de toutes sortes sont réduits à leurs paradigmes ou archétypes, et rapportés par là à Celui dont procède toute action ; quand la notion que "c'est moi qui suis l'agent" a été surmontée et que les actes ne sont plus "nôtres", quand nous ne sommes plus "quelqu'un", alors ce qui est fait ne peut pas plus affecter notre essence qu'il n'affecte l'essence de Celui dont nous sommes les organes ; c'est en ce sens seulement, et non en essayant vainement de ne rien faire, que la chaîne causale du destin peut être brisée… Si le sacrifice est en dernière analyse une opération intérieure, cela n'implique aucune dépréciation des actes physiques qui sont les supports de la contemplation. La priorité de la vie contemplative ne détruit pas la validité réelle de la vie active, de même que, dans l'art, la primauté de l'*actus primus* libre et imaginatif ne supprime pas l'utilité de l'*actus secundus* manuel... Il est vrai que, comme le maintient le *Vêdânta*, aucun moyen n'est capable de faire atteindre à l'homme sa fin ultime, mais il ne faut jamais oublier que les moyens sont préparatoires à cette fin ».

— Dans la même revue (n° d'août 1944), une étude de Doña Luisa Coomaraswamy, *The Perilous Bridge of Welfare*, se rapporte, comme son titre l'indique, au symbolisme du pont, qui se retrouve sous une forme ou sous une autre dans toutes les traditions. Nous nous bornons pour le moment à la mentionner sans y insister davantage, car, ayant l'intention de consacrer à ce sujet un article spécial, nous aurons par là même l'occasion d'y revenir plus amplement[42].

— Le *Journal of the American Oriental Society* (supplément au n° d'avril-juin 1944) a publié deux études de M. Coomaraswamy, dont la première est intitulée : *Recollection, Indian and Platonic* ; il s'agit de la « réminiscence » platonicienne et de son équivalent dans les traditions hindoue et bouddhique. Cette doctrine, suivant laquelle ce que nous appelons « apprendre » est en réalité « se souvenir », implique que notre « connaissance » n'est que par participation à l'omniscience d'un principe spirituel immanent, de même que le beau est tel par participation à la Beauté, et que tout être est une participation à l'Être pur. Cette omniscience est corrélative de l'omniprésence intemporelle ; il ne saurait donc être question d'une « prescience » du futur comme tel, par laquelle notre destinée serait décrétée arbitrairement, et c'est de cette fausse conception que proviennent toutes les confusions à ce sujet. Il n'y a là pas plus de connaissance du futur que du passé, mais seulement celle d'un « maintenant » ; l'expérience de la durée est incompatible avec l'omniscience, et c'est pourquoi le « moi » empirique est incapable de celle-ci. D'autre part, dans la mesure où nous sommes capables de nous identifier avec le « Soi » omniscient, nous nous élevons au-dessus des enchaînements d'événements qui constituent la destinée ; ainsi cette même doctrine de la connaissance par participation est inséparablement liée à la possibilité de la libération des couples d'opposés, dont le passé et le futur, l'« ici » et le « là » ne sont que des cas particuliers. Comme l'a dit Nicolas de Cusa, « le mur du Paradis où Dieu réside

---

[42] [*Le symbolisme du pont* (janvier-février 1947).]

est fait de ces contraires, entre lesquels passe la voie étroite qui en permet l'accès » ; en d'autres termes, notre voie passe à travers le « maintenant » et le « nulle part » dont aucune expérience empirique n'est possible, mais le fait de la « réminiscence » nous assure que la Voie est ouverte aux compréhenseurs de la Vérité. – La seconde étude, *On the One and Only Transmigrant*, est en quelque sorte une explication de la parole de Shankarâchârya suivant laquelle « il n'y a véritablement pas d'autre transmigrant (*samsârî*) qu'Ishwara ». Le processus de l'existence contingente ou du devenir, dans quelque monde que ce soit, est une « réitération de mort et de naissance » ; la Délivrance (*Moksha*) est proprement la libération de ce devenir. Dans la doctrine traditionnelle, il n'est aucunement question de « réincarnation », à moins qu'on ne veuille entendre simplement par là la transmission des éléments du « moi » individuel et temporel du père à ses descendants. La transmigration est tout autre chose : quand un être meurt, le « Soi », qui est d'ordre universel, transmigre (*samsarati*), c'est-à-dire qu'il continue à animer des existences contingentes, dont les formes sont prédéterminées par l'enchaînement des causes médiates. La Délivrance n'est pas pour notre « moi », mais pour ce « Soi » qui ne devient jamais « quelqu'un », c'est-à-dire qu'elle n'est pour nous que quand nous ne sommes plus nous-mêmes, en tant qu'individus, mais que nous avons réalisé l'identité exprimée par la formule upanishadique « tu es Cela » (*Tat twam asi*). Cette doctrine n'est d'ailleurs nullement particulière à l'Inde, comme le montrent de nombreux textes appartenant à d'autres formes traditionnelles ; ici comme dans le cas de la « réminiscence », il s'agit d'une doctrine qui fait véritablement partie de la tradition universelle.

Janvier-février 1947

— *The Art Quarterly* (n° de printemps 1944) a publié une importante étude de M. Coomaraswamy intitulée *The Iconography of Dürer's « Knots » and Leonardo's « Concatenation »* ; il s'agit de la question de ce qu'on peut appeler les « encadrements » symboliques, qui est d'ailleurs étroitement connexe de celle des « labyrinthes » ; étant donné l'intérêt que présente ce sujet, nous nous proposons d'y revenir dans un prochain article[43].

— Dans le *Journal of American Folklore* (1944), M. Coomaraswamy a donné *A Note on the Stickfast Motif* : il s'agit des contes ou des récits symboliques, dont plusieurs se rencontrent dans les textes bouddhiques et notamment dans les *Jâtakas*, où un objet enduit de glu ou un autre piège du même genre (qui quelquefois est ou paraît animé) est posé par un chasseur qui représente la Mort ; l'être qui se prend à ce piège y est généralement attiré par la soif ou par quelque autre désir l'amenant à errer dans un domaine qui n'est pas le sien propre, et figurant l'attraction pour les choses sensibles. L'auteur montre, par divers rapprochements, qu'une histoire de ce type peut fort bien avoir existé dans l'Inde longtemps avant d'y revêtir sa forme spécifiquement bouddhique, et qu'elle pourrait même y avoir eu son origine, bien que pourtant il n'en soit pas forcément ainsi et qu'on puisse aussi admettre que, de quelque source préhistorique commune, elle s'est répandue également dans l'Inde et ailleurs ; mais ce qu'il faut maintenir en tout cas, c'est que l'historien des « motifs », pour que ses investigations soient valables, ne doit pas seulement tenir compte de leur « lettre » ou de leur forme extérieure, mais aussi de leur « esprit », c'est-à-dire de leur signification réelle, ce que malheureusement les « folkloristes » paraissent oublier trop souvent.

— Du même auteur dans *Motive* (n° de mai 1944), un article intitulé *Paths that lead to the same Summit*, et portant en outre, pour sous-titre, *Some Observations on Comparative Religion* : il y montre tout d'abord les causes qui, dans l'étude comparative des religions telle qu'on l'envisage aujourd'hui, s'opposent le plus souvent à toute véritable compréhension, que cette étude soit faite par ceux qui regardent leur propre religion comme la seule vraie, ou au contraire par ceux qui sont des adversaires de toute religion, ou encore par ceux qui se font de la religion une conception simplement « éthique » et non doctrinale. Le but essentiel de cette étude devrait être de permettre de reconnaître l'équivalence des formulations, différentes en apparence et en quelque sorte accidentellement, qui se rencontrent dans les diverses formes traditionnelles, ce qui fournirait aux adhérents respectifs de celles-ci une base

---

[43] [*Encadrements et labyrinthes* (octobre-novembre 1947).]

immédiate d'entente et de coopération par la reconnaissance de leurs principes communs ; et il est bien entendu qu'il ne saurait aucunement s'agir en cela de ce qu'on est convenu d'appeler « tolérance », et qui n'est au fond que l'indifférence à l'égard de la vérité. D'autre part, une telle entente impliquerait naturellement la renonciation à tout prosélytisme et à toute activité « missionnaire » telle qu'on l'entend actuellement ; du reste, la seule véritable « conversion », et dont tous ont également besoin, c'est la *metanoia* entendue dans son sens originel de métamorphose intellectuelle, et qui ne conduit pas d'une forme de croyance à une autre, mais bien de l'humain au divin. Viennent ensuite des exemples caractéristiques des points de vue exprimés par des anciens et d'autres « non-chrétiens » en parlant de religions autres que la leur, et qui témoignent d'une égale compréhension de ces formes différentes ; et M. Coomaraswamy indique, en outre, le profit que l'étudiant des « religions comparées » pourrait et devrait retirer, pour l'intelligence même de sa propre religion, de la reconnaissance de doctrines similaires exprimées dans un autre langage et par des moyens qui peuvent lui sembler étranges. « Il y a de nombreux chemins qui conduisent au sommet d'une seule et même montagne ; leurs différences sont d'autant plus apparentes que nous sommes plus bas, mais s'évanouissent au sommet ; chacun prend naturellement celui qui part du point où il se trouve lui-même ; celui qui tourne autour de la montagne pour en chercher un autre n'avance pas dans son ascension ».

Avril-mai 1947

— Malgré la mort de son fondateur Oswald Wirth, survenue en 1943, le *Symbolisme* a repris sa publication à partir de décembre 1945, sous la direction de J. Corneloup. – Dans le numéro de décembre 1945, un *Plaidoyer pour le Grand Architecte de l'Univers*, par J. Corneloup, insiste très justement sur l'importance essentielle du symbolisme, auquel les Maçons actuels ne témoignent trop souvent qu'« un respect plus verbal que réel », faute d'en comprendre vraiment le sens et la portée. Nous noterons plus particulièrement l'affirmation que « le propre d'un symbole, c'est de pouvoir être entendu de façons diverses suivant l'angle sous lequel on le considère », de sorte qu'« un symbole qui n'admettrait qu'une interprétation ne serait pas un vrai symbole », et aussi la déclaration formelle que, contrairement à ce que certains prétendent,

« la Maçonnerie n'est pas et ne peut pas être agnostique ». Malgré cela, cette étude, en ce qui concerne le symbolisme même du Grand Architecte de l'Univers, ne nous paraît pas aller suffisamment au fond de la question, et, de plus, il y est fait appel à certaines considérations de science moderne qui n'ont assurément rien à voir avec le point de vue initiatique. D'autre part, nous nous demandons comment on peut dire qu'« Hiram est extérieur à la Maçonnerie opérative qui l'a emprunté à une douteuse légende hébraïque » ; voilà une assertion bien contestable et qui aurait en tout cas grand besoin d'être expliquée. – Dans le numéro de janvier 1946, François Ménard examine *Les sources des idées traditionnelles actuelles* ; il nous paraît exagérer l'influence du platonisme, fût-ce à travers Fabre d'Olivet, sur l'occultisme du siècle dernier ; mais il a tout à fait raison de signaler le caractère hétérogène de la soi-disant « tradition occidentale » que certains ont voulu opposer aux traditions orientales ; « c'est de l'Orient que nous vint toujours la lumière, dit-il, et sa pure clarté spirituelle nous arrive maintenant directement, grâce à des interprètes autorisés et qualifiés ».

– J.-H. Probst-Biraben résume les données concernant *Les couleurs symboliques* dans les traditions des différents peuples ; il insiste notamment sur l'hermétisme et son application au blason, et il remarque que l'usage qui est fait des couleurs dans la Maçonnerie présente, par rapport à l'ordre habituel des hermétistes, une interversion qui est peut-être due à l'arrangement artificiel de hauts grades n'ayant eu tout d'abord aucun lien entre eux. – Dans le numéro de février, Marius Lepage, parlant *Du but et des moyens de la Franc-Maçonnerie*, précise que celle-ci diffère entièrement des divers genres d'associations profanes par là même qu'elle est une initiation ; les considérations qu'il expose sur le symbolisme de la Lumière, sur l'Evangile de saint Jean, sur la vertu des rites, sur la « délivrance » comme but suprême de l'initiation, sont excellentes pour la plupart ; mais pourquoi faut-il que nous voyions encore reparaître ici la confusion avec la « mystique » ? Le sens actuel de ce mot est trop éloigné de son acception étymologique pour qu'il soit possible de revenir à celle-ci ; ce qui s'appelle « mystique » ou « mysticisme », depuis bien longtemps déjà, n'est plus la « science du mystère » et encore moins la « science des initiés » ; et dire qu'« il est une technique de la mystique, identique pour toutes les religions et toutes les initiations », c'est non seulement confondre les deux domaines exotérique et ésotérique, mais aussi oublier qu'un des caractères distinctifs du mysticisme est précisément de n'avoir aucune « technique », celle-ci étant incompatible avec sa nature même. – Dans le numéro de mars, François Ménard et Marius Lepage reviennent sur la question du Grand Architecte de l'Univers ; s'il est légitime de dire que celui-ci « n'est pas la Divinité, mais un aspect accessible de la Divinité », mettant l'accent sur « l'aspect ordonnateur et constructif de l'Inconcevable Principe », ce n'est pourtant pas, nous semble-t-il, une raison pour l'assimiler à la conception gnostique du « Démiurge », ce qui lui donnerait un caractère plutôt « maléfique », fort peu en accord avec la place qu'il occupe dans le symbolisme maçonnique, et aussi avec la conclusion même des auteurs, suivant laquelle, en méditant sur la formule du Grand Architecte de l'Univers, « le Maçon qui "comprend bien son Art" saura et "sentira" que l'Ordre dépasse le simple "déisme" profane pour atteindre à une compréhension plus approfondie du Suprême Principe ». – J.-H. Probst-Biraben signale avec raison l'insuffisance des conceptions des sociologues actuels sur *La nature des rites*, auxquels ils n'attribuent le plus souvent qu'un caractère sentimental, à la fois artistique et utilitaire ; à notre avis, il aurait pu aller encore plus loin en ce sens, car, dans les ouvrages profanes qui touchent à cette question, la « documentation » seule est à retenir, et tout le reste montre surtout l'incompréhension de leurs auteurs. – Dans le numéro d'avril, un article de J. Corneloup, intitulé *Hypothèses de travail*, accentue encore la confusion, que nous signalions déjà plus haut, entre le point de vue initiatique et celui de la science profane ; celle-ci peut faire des hypothèses tant qu'elle voudra, et c'est même tout ce qu'elle peut faire ; mais que pourrait bien être une hypothèse dans le domaine du symbolisme (nous voulons dire du véritable symbolisme, qui n'a rien de commun avec les pseudo-symboles inventés par les savants modernes), et n'est-ce pas méconnaître complètement le caractère propre de la connaissance initiatique que d'admettre que quoi que ce soit d'hypothétique puisse y trouver place ? – Sous le titre *Noël*, Marius Lepage étudie divers aspects du symbolisme du solstice d'hiver ; nous devons faire remarquer que nous n'avons jamais dit, comme il semble le croire, que le nom de *Janus* est dérivé du sanscrit *yâna*, mais seulement que l'un et l'autre ont la même racine, ce qui n'est nullement contestable, tandis que l'étymologie hébraïque qu'il envisage est tout à fait invraisemblable. – Dans le numéro de mai, nous lisons dans un autre article de J. Corneloup, intitulé *Une méthode, un but, une sauvegarde,* que « le but que se propose la méthode symbolique est la recherche de la Vérité » ; nous pensons qu'il y a là un lapsus et qu'il a voulu dire « la connaissance de la Vérité », car il est évident que la recherche ne peut aucunement constituer un but ; mais, même si ce n'est qu'un lapsus, il n'en est pas moins significatif en ce qu'il trahit les tendances inhérentes à l'esprit moderne. D'un autre côté, il n'est pas exact de dire que « la Maçonnerie est la forme moderne de l'initiation », d'abord parce que rien de ce qui a un caractère initiatique, et plus généralement traditionnel, ne peut être qualifié de « moderne » sans contradiction, et ensuite parce que, historiquement, c'est là méconnaître les antécédents antiques et médiévaux de la Maçonnerie ; s'imaginera-t-on donc toujours que celle-ci ne remonte pas plus haut que 1717 ? Cet article se termine par des considérations sur la « loi du silence » qui sont assez judicieuses, mais qui sont loin de représenter tout ce qu'il y aurait à dire sur ce sujet, car elles ne touchent pas à la véritable nature du secret initiatique. – Dans le numéro de juin, Albert Lantoine expose *La genèse du concept de tolérance,* et il paraît en résulter que le « lancement » de cette idée ne fut en somme qu'un acte politique de Guillaume de Hanovre, mais aussi que cet acte influa assez directement sur la constitution de la Maçonnerie sous sa nouvelle forme « spéculative ». Cela confirme encore ce que nous avons toujours pensé sur le rôle que jouèrent dans cette constitution les influences profanes, pénétrant ainsi dans un domaine qui devrait normalement leur être interdit ; mais comment ceux que leurs études historiques amènent à de telles constatations peuvent-ils ne pas s'apercevoir qu'il y a dans ce fait même la marque d'une grave dégénérescence au point de vue initiatique ?

Juin 1947

— Dans la revue *L'Âge d'Or* (n° 1), M. Robert Kanters a publié une *Introduction générale à l'étude de l'occultisme* ; il ne prend d'ailleurs pas ce mot dans son sens propre, mais l'étend, d'une part, à tout ce qu'on est convenu d'appeler « sciences occultes », et, d'autre part, aux doctrines ésotériques authentiques aussi bien qu'à leurs modernes contrefaçons ; cela nous paraît regrettable, car il ne peut qu'en résulter, surtout chez des lecteurs non prévenus, l'impression qu'il y a entre tout cela une certaine communauté de nature, alors qu'il n'en est rien en réalité. Cette réserve faite, nous devons dire que cet exposé, tout en restant forcément un peu sommaire, est certainement, dans son ensemble, beaucoup mieux fait que ne le sont d'ordinaire ceux qui sont ainsi destinés au « grand public » ; l'auteur fait preuve d'une louable prudence, estimant qu'il ne faut rien rejeter à priori, mais qu'il convient de « n'admettre jamais rien dans ce domaine sans le vérifier soi-même ou sans se reporter aux sources authentiques ». Dans la première partie, il essaie de mettre un peu d'ordre parmi les multiples sortes de « sciences occultes » ou soi-disant telles, on pourrait seulement lui reprocher de partager les illusions contemporaines sur la valeur de la « méthode statistique », et aussi de ne pas faire une distinction assez nette entre les sciences traditionnelles, ou leurs vestiges plus ou moins dégénérés, et certaines recherches toutes modernes, « métapsychiques » ou autres. Dans la seconde partie, où il s'agit des doctrines ésotériques, il dit quelques mots des différentes traditions orientales, puis des anciennes traditions occidentales ; il remarque qu'il est beaucoup plus difficile de savoir ce que ces dernières furent exactement, ce qui n'a d'ailleurs rien d'étonnant, puisqu'il s'agit en somme de traditions disparues. Le moyen âge lui-même est fort mal connu ; quant à la Renaissance, on y vit paraître des choses déjà fort mêlées, et au XVIIIe siècle plus encore. Sur les « mouvements » récents, tels que le théosophisme et ses dérivés, le pseudo-rosicrucianisme et l'occultisme proprement dit, M. Kanters formule des appréciations très justes. Notons encore que, mentionnant « le violent réquisitoire » qu'un certain vulgarisateur a fait paraître sous le titre *L'Occultisme devant la Science*, il déclare qu'« on en retiendra tout au plus comment le rationalisme scientiste peut abrutir un homme que l'on n'a pas de raison de supposer congénitalement stupide » ; ce jugement est plutôt dur, mais nous ne pouvons que l'approuver entièrement !

— Dans la même revue (nos 5-6), M. Raoul Auclair étudie *Le songe de Nabuchodonosor* ; il propose une interprétation de la prophétie de Daniel qui diffère surtout de celle qui est le plus habituellement admise en ce que, outre les quatre parties de la statue qu'on fait correspondre respectivement aux quatre empires, assyrien, perse, macédonien et romain, il considère les pieds « de fer mêlé d'argile » comme formant une cinquième partie distincte, qui se rapporterait aux temps actuels, et les raisons qu'il en donne paraissent assurément très plausibles. Il y a là, sur les cycles (il fait remarquer notamment que « la vision comporte, outre son sens immédiat et historique, une acception plus largement symbolique où sont représentés les quatre âges du monde »), et aussi sur la signification hermétique de divers symboles, des considérations tout à fait conformes aux données traditionnelles. On peut seulement s'étonner que tout cela aboutisse à une conclusion par trop « exotérique » ; dire que, « dans le nouvel âge d'or, tous seront chrétiens dans une civilisation chrétienne », n'est-ce pas oublier que cet « âge d'or » sera la première période d'un autre cycle, où ne pourra se retrouver aucune des formes traditionnelles particulières qui appartiennent en propre au cycle actuel, et qu'il est d'ailleurs tout à fait impossible de dire quels pourront être les caractères d'une civilisation qui sera celle d'une autre humanité ?

— Dans *Hommes et Mondes* (n° de février 1947), M. Henri Serouya donne sur *La Kabbale* une étude assez simplifiée et « extérieure », et où il y a malheureusement bien des confusions : ainsi, il parle indifféremment d'« initiés » et de « mystiques », comme si c'était pour lui la même chose ; il admet l'interprétation « panthéiste » de certains modernes, sans se rendre compte de son incompatibilité avec le caractère métaphysique qu'il reconnaît par ailleurs à la Kabbale, et il va même jusqu'à dire que « Dieu est le reflet de tout », ce qui est une étrange inversion de la vérité ; il ne voit qu'une « dissimulation volontaire » et des « procédés artificiels » dans la façon dont les Kabbalistes commentent les Écritures, et il méconnaît évidemment la pluralité des sens de celles-ci et la constitution même des langues sacrées, aussi bien que la nature réelle des rapports de l'exotérisme et de l'ésotérisme ; il paraît trouver étonnant qu'*En Soph*, dont il se fait d'ailleurs une conception « spinoziste », ne soit pas le « Dieu créateur », comme si les aspects divins s'excluaient les uns les autres, ou comme si le « Suprême » et le « Non-Suprême » se situaient au même niveau ; il donne de l'arbre séphirothique un schéma qui n'a rien de traditionnel et où manque notamment l'indication de la « colonne du milieu » ; il confond l'« embryonnat » avec la « métempsychose » ; et, citant Lao-Tseu vers la fin, il lui attribue, nous ne savons d'après quelle « source », un livre intitulé *Le Doctrinal* ! D'autre part il est bien difficile de se rendre compte exactement de ce qu'il pense de tout cela au fond, et il est fort à craindre qu'il n'y voie rien de plus ni d'autre que des « idées philosophiques » ou des « spéculations abstraites » d'un genre un peu spécial ; quant aux raisons pour lesquelles il s'y intéresse, elles semblent être d'un ordre très contingent et plus sentimentales qu'intellectuelles ; éprouverait-il même encore quelque attrait pour la Kabbale s'il comprenait qu'elle n'a réellement rien de commun avec le mysticisme ?

Juillet-août 1947

— Dans les *Cahiers du Sud* (n° 280, 1946), un article intitulé *Magie guerrière dans la Rome antique*, par M. Paul Arnold, contient d'intéressants renseignements sur certains rites, notamment ceux qui accompagnaient les déclarations de guerre ; mais l'interprétation en est-elle toujours bien exacte ? On peut se demander s'il n'y a vraiment là que de la « magie », c'est-à-dire si ces rites ne mettaient en jeu que de simples influences psychiques, ou s'ils n'étaient pas plutôt « théurgiques », c'est-à-dire destinés à provoquer l'intervention de certaines influences spirituelles. Dès lors qu'on reconnaît qu'ils avaient pour but essentiel de « transformer l'ennemi en victime sacrificielle », et que, par suite, la bataille elle-même « devenait un gigantesque sacrifice », on devrait logiquement reconnaître aussi leur caractère proprement « théurgique » ; mais il faudrait pour cela savoir éviter toutes les confusions courantes entre des choses d'ordre entièrement différent... Nous en dirons autant en ce qui concerne la *devotio*, par laquelle un général se sacrifiait lui-même pour le salut de l'armée ; certains cas de dégénérescence plus ou moins tardive, comme celui dont témoigne l'emploi du même mot *devotio* pour désigner une opération de sorcellerie, ne changent absolument rien au caractère originel d'un tel rite. La consécration des « dépouilles opimes », après une victoire, représentait aussi un véritable sacrifice ; et la conclusion qui pour nous se dégage de tout cela, c'est surtout que, là comme dans les autres civilisations traditionnelles, le sacrifice constituait réellement l'acte rituel par excellence.

— Dans le *Symbolisme* (numéro de juillet 1946), J. Corneloup, dans un article intitulé *Maçonnerie éducative ou Maçonnerie initiatique*, remarque avec juste raison que « les Loges se sont ingéniées à donner des lumières a leurs membres, au lieu de les aider à rechercher *la Lumière* ; en d'autres termes, les Maçons ont consacré le plus clair de leur temps et le meilleur de leur effort à la tâche éducative de la Maçonnerie, en négligeant et même en ignorant la tâche initiatique » ; mais, quand il ajoute que d'ailleurs « l'initiation ne s'oppose pas à l'éducation » et que celle-ci est même « une des voies qui préparent à l'initiation », il aurait été bon de préciser un peu de quelle sorte d'éducation il s'agit, car il y a une certaine éducation profane qui est tout le contraire d'une préparation à cet égard. D'autre part, il est exact qu'on ne peut pas donner de l'initiation une définition à proprement parler, et cela, ajouterons-nous, parce que toute définition est forcément limitative ; mais les quelques notions qui sont ici exposées pour « en rendre l'idée concevable » sont vraiment bien sommaires, et on n'a pas l'impression que la « faculté de compréhension » dont il est question s'étende bien loin. Ajoutons que nous ne comprenons pas très bien comment on peut parler de « la conjonction dans une même organisation, au XVIIe siècle, des Maçons opératifs et des Maçons acceptés », comme si ces derniers n'avaient pas toujours été des membres non « professionnels » de la Maçonnerie opérative, et aussi qu'une allusion aux « égrégores » nous paraît refléter quelque chose de la confusion que nous avons signalée dans un récent article. – Dans le numéro d'août, Marius Lepage s'attache à marquer une différence entre *Rites et rituels* ; il s'agit naturellement en cela des rituels écrits, dont il souligne très justement le caractère de simples « aide-mémoire ». Il regrette que « la Maçonnerie ne possède pas l'organisme qui permettrait de maintenir les rites dans leur pureté primitive et authentique » ; il pense d'ailleurs que, « tout en gardant intégralement intacts les principes fondamentaux de l'initiation formelle, les rites doivent se matérialiser dans des rituels adaptés à la mentalité des hommes auxquels ils s'adressent », et cela encore est juste, mais il faudrait pourtant préciser que cette adaptation n'est légitime que dans certaines limites, car elle ne devrait jamais impliquer aucune concession à l'esprit anti-traditionnel qui caractérise le monde moderne. Il y a malheureusement encore dans cet article une certaine confusion entre les « initiations » et les « religions », et aussi une affirmation de l'origine « magique » des rites qui est plus que contestable ; ce sont d'ailleurs là des points sur lesquels nous nous sommes expliqué assez souvent pour qu'il n'y ait pas besoin d'y insister davantage. – Dans le numéro de septembre, Jules Boucher parle *De l'Initiation* dans un article qui témoigne d'un assez fâcheux pessimisme ; il n'a pas tort, assurément, de dénoncer les méfaits du rationalisme et de déplorer la banalité de certaines « spéculations » qui n'ont rien d'initiatique ; mais il paraît méconnaître totalement la valeur propre de l'initiation virtuelle, et il termine ainsi : « Est-il possible de s'opposer à la décadence de la Maçonnerie ? Il faudrait pour cela retrouver la « Parole perdue », et il nous semble bien que cette Parole (ce Verbe initiatique) est à jamais perdue. » Cet article est suivi d'une réponse de Marius Lepage qui remet très bien les choses au point, et dont nous citerons ces quelques extraits : « Nous vivons des années d'obscuration accélérée de tous les principes spirituels qui ont, jusqu'à ce jour, soutenu la substance du monde ; ce monde va bientôt s'écrouler... l'incompréhension des hommes en face de l'expression humaine du sacré est bien le signe le plus marquant de la proximité de la fin des temps. Pourquoi vous en affliger ? Ce qui est doit être, et toutes choses concourent à leur fin. La décadence apparente de toutes les organisations initiatiques n'est que l'effet de la corruption des hommes, de plus en plus éloignés du Principe. En quoi cela peut-il nous intéresser si nous sommes assurés que cette fin d'un monde s'intègre dans l'harmonie universelle et si nous avons bien compris l'enseignement de la Chambre du Milieu ?... C'est au sein des organisations initiatiques, en dépit de leurs déviations et de leur altération, que se retrouveront les derniers témoins de l'Esprit, ceux par qui la Lettre sera conservée et transmise aux adeptes qui recevront la charge de la faire connaître aux hommes d'un autre cycle. C'est aussi pourquoi nous ne devons pas désespérer ; savons-nous quand et comment les paroles que nous prononçons ébranleront chez quelqu'un de nos Frères les centres subtils, et feront de lui un gardien de la tradition ? » – Dans le numéro de novembre, François Ménard expose quelques considérations sur *La Justice* et sur le symbolisme de la balance, en connexion avec la loi des « actions et réactions concordantes » qui régit la manifestation universelle. *Des Notes sur la Maçonnerie indienne*, par Silas H. Shepherd, contiennent des renseignements intéressants sur la tradition si peu connue des Indiens de l'Amérique du Nord ; le titre est d'ailleurs inexact, car il s'agit évidemment là d'une forme d'initiation tout à fait différente de la forme maçonnique, et à laquelle on ne peut pas sans extension abusive appliquer le nom de cette dernière.

— Une étude de J.-H. Probst-Biraben sur *L'ésotérisme héraldique et les symboles*, dans les numéros de juillet à octobre, réunit une documentation assez considérable sur ce sujet ; il y insiste notamment sur l'origine orientale des armoiries et sur leurs rapports avec l'hermétisme, rapports qui leur sont d'ailleurs communs avec « les figures du Tarot, les marques corporatives », et sans doute bien d'autres choses encore qui, au moyen âge, eurent un caractère similaire ; « sans la connaissance du symbolisme hermétique, l'art héraldique demeure la plupart du temps incompréhensible ». Ce que nous trouvons plutôt étonnant, c'est que l'auteur ne veuille pas admettre que « des symboles ésotériques aient été introduits dans les écus par les nobles eux-mêmes », parce que ceux-ci « n'étaient en général ni instruits ni surtout initiés », et ils n'en auraient même pas soupçonné le sens réel ; n'aurait-il jamais entendu parler de l'existence d'une initiation chevaleresque, et s'imaginerait-il que l'instruction extérieure doive constituer une condition préalable de l'initiation ? Que des clercs et même des artisans aient collaboré parfois à la composition des armoiries, cela est assurément fort possible ; mais n'est-ce pas tout simplement parce qu'il y avait entre eux et les nobles des relations d'ordre initiatique dont on retrouve encore bien d'autres indices, et précisément surtout dans le domaine de l'hermétisme ? Une autre idée contestable est celle qu'il existe des symboles qui peuvent être dits proprement « méditerranéens » ; nous avouons ne pas voir très bien à quelle forme traditionnelle une telle désignation pourrait correspondre. – Les numéros de juillet à novembre contiennent aussi une longue étude de François Ménard sur *La Vierge hermétique*, au cours de laquelle sont abordées des questions assez diverses, mais se rapportant toutes à l'ordre cosmologique tel qu'il est envisagé plus particulièrement dans les formes traditionnelles occidentales. C'est ainsi qu'est étudié tout d'abord le symbolisme du « vase hermétique », qui correspond à un certain aspect de la Vierge ; puis l'auteur cherche à préciser le sens de la « Sagesse hermétique » de Khunrath, et il en tire la conclusion que « la Vierge est le principe essentiel de l'hermétisme », mais que « cet aspect est pourtant orthodoxe, c'est-à-dire qu'il est en rapport avec le domaine métaphysique qui est, on le sait, celui du Principe suprême », ce rapport correspondant d'ailleurs à celui qui doit exister normalement entre l'« art royal » et l'« art sacerdotal ». Ensuite, à propos de la Vierge comme « Lumière de gloire », nous trouvons une sorte de fantaisie scientifique sur la « lumière coronale », plutôt regrettable à notre avis, d'abord parce que les choses de ce genre n'ont qu'un caractère fort hypothétique, et aussi parce que, comme tout ce qui est inspiré de la science profane, elles n'ont réellement rien de commun avec les données traditionnelles, hermétiques ou autres, mais, par contre, rappellent un peu trop le genre de spéculation cher aux occultistes. Nous en dirons à peu près autant sur « le cycle de l'azote et la trame du monde sensible », bien que l'auteur ait du moins pris la précaution de faire remarquer, à propos de la force dont les modalités diverses constituent cette « trame », que « l'hermétisme a cet avantage considérable sur la science moderne de connaître cette force pour ainsi dire par le dedans, c'est-à-dire qu'il l'a identifiée avec la lumière qui est en l'homme et qu'il a reconnu que, à un certain degré, sa volonté bien dirigée peut agir sur elle et obtenir ainsi des résultats définis, par une technique sûre » ; nous dirions plus nettement, pour notre part, que, dans ces deux cas de l'hermétisme et de la science moderne, ce n'est pas d'une connaissance du même ordre qu'il s'agit en réalité. Il est ensuite question de la « Vierge zodiacale », ainsi que du mythe de Cérès avec lequel elle est en relation en tant que « signe de terre » ; puis vient une esquisse des différentes étapes de la réalisation hermétique suivant la description symbolique que Dante en a donnée dans la *Divine Comédie*. En voulant « élucider le mystère hiéroglyphique de *Hokmah* », l'auteur a malheureusement commis une grave erreur : il a confondu le *he* final avec un *heth*, ce qui, naturellement, fausse entièrement son calcul et son interprétation. Quant à sa conclusion, d'après laquelle « la Vierge hermétique, en tant qu'elle se trouve en contact avec les choses sensibles et matérielles, est la forme de la Déesse (c'est-à-dire en somme de la *Shakti*) la mieux adaptée à notre Occident et à notre époque de matérialisme outrancier », dirons-nous qu'elle nous semble quelque peu en contradiction avec le fait que, dans cet Occident moderne, les sciences traditionnelles sont complètement perdues ?

Septembre 1947

— Dans le n° de mars d'*Atlantis*, l'article principal est intitulé *Mystes et Mystiques* ; M. Paul le Cour essaie d'abord de faire une distinction assez nette entre ces deux mots (dont le premier seul a gardé son sens originel, en rapport avec l'initiation), mais cela ne l'empêche pas de commettre ensuite bien des confusions. Ainsi, il ne manque pas de parler de « mystique musulmane », suivant la mode des orientalistes ; à ce propos, il affirme que « le mot *soufi* vient visiblement du grec *sophos* », ce qui est parfaitement faux, mais ce dont on ne peut s'étonner outre mesure de la part de quelqu'un qui veut aussi que le Christianisme soit dérivé de l'Hellénisme ; et nous ne pouvons nous dispenser de signaler également, à titre de curiosité, une citation d'El-Hallâj (d'après la traduction quelque peu inexacte de M. Massignon) attribuée à Mohyiddin ibn Arabi ! D'autre part, il paraît qu'il y a des « mystiques du Démiurge » et des « mystiques du Dieu suprême », ce qui se réfère aux idées très spéciales exposées par l'auteur dans un des ouvrages dont nous avons parlé dernièrement, mais que, malgré cela, « la mystique est partout et toujours la même » ; il faudrait tout au moins se demander si elle a existé « partout et toujours »... On reconnaît pourtant que « l'Inde ancienne n'a pas connu la vie mystique », ce qui est très vrai et n'a d'ailleurs rien de regrettable ni d'exceptionnel ; mais la raison en serait que « le mot *Aor* lui était inconnu », c'est-à-dire en somme qu'elle ne parlait pas hébreu ! Une autre information qui n'est pas moins digne de remarque est celle d'après laquelle certains Hindous « se consacrent spécialement à *Prakriti*, aspect féminin de l'Un absolu » ; ici, n'a-t-on pas tout simplement confondu *Prakriti* avec *Shakti* ? Il y a encore bien d'autres choses qui mériteraient d'être relevées, mais il faut nous borner ; cependant, quand il est dit que « certains mystes sont des mystiques », en invoquant l'exemple de Claude de Saint-Martin qui aurait été « à la fois » l'un et l'autre, nous ne pouvons pas ne pas faire remarquer que ce n'est en réalité qu'après avoir renoncé à la voie initiatique qu'il se tourna vers le mysticisme. Dans l'article suivant, nous retrouvons les alchimistes transmués en « archi-mystes » ; ceux-ci sont identifiés aux « adeptes de la Rose-Croix », qui, paraît-il préparent le retour du Christ annoncé pour l'ère du Verseau ; il eût été bien étonnant en effet que cette trop fameuse « ère nouvelle » ne reparût pas là-dedans. Ce qui est plus imprévu, c'est que les termes *Aor* et *Agni* sont donnés comme appartenant à la terminologie des Rose-Croix ; nous ne nous serions certes jamais douté que le Hiéron de Paray le Monial ait pu être une organisation rosicrucienne ! – À la fin se trouve un compte rendu de notre livre *Le Règne de la Quantité et les Signes des Temps*, dans lequel M. Paul le Cour a manifestement essayé de faire preuve à notre égard d'une certaine amabilité à laquelle il ne nous avait pas habitué jusqu'ici ; nous le remercions très volontiers de ses bonnes intentions, et nous lui savons gré de vouloir bien « nous approuver entièrement quand nous montrons la dégénérescence du monde moderne et que nous en recherchons les causes » ; mais cela ne doit aucunement nous empêcher de lui dire que, cette fois encore, beaucoup de ses assertions portent à faux. Il y a tout d'abord un « aujourd'hui » qui nous montre que ses renseignements sont quelque peu en retard sur les événements, car loin d'être une chose nouvelle comme cela le donnerait à croire, le rattachement auquel il se rapporte remonte, en ce qui nous concerne, à bien près de quarante ans ! Ensuite, il est faux que nous ayons jamais « renié les doctrines occidentales », pour la bonne raison qu'on ne peut évidemment renier que ce à quoi on a précédemment adhéré, et que tel n'est certes pas notre cas. D'autre part, nous nous demandons comment on peut oser dire que, « dans les écoles ésotériques musulmanes, on ne tient pas compte de l'existence du Dieu personnel » ; dès lors qu'on reconnaît que ces écoles sont « musulmanes », c'est là, en fait, une contradiction pure et simple ; la vérité est que, là comme dans tout ésotérisme authentique, on tient compte de tout ce qui est, mais on sait aussi mettre chaque chose à sa place, ce dont M. Paul le Cour se montre tout à fait incapable... Quant à prétendre que « les doctrines hindoues et musulmanes sur lesquelles nous nous appuyons (il a oublié de mentionner aussi les doctrines taoïstes) font partie des efforts actuels de contre-initiation ou d'initiation incomplète contre lesquels nous nous élevons », cela est véritablement monstrueux, et nous ne saurions protester trop énergiquement contre une semblable énormité ; nous prions M. Paul le Cour de croire que nous sommes particulièrement bien placé pour savoir ce qu'il en est de tout cela, et de ne pas se mêler de choses qu'il ignore aussi totalement, et qui d'ailleurs ne regardent en rien les profanes dont il est, car enfin, quelles que soient ses prétentions, il devrait bien comprendre qu'il nous est impossible de le considérer autrement. Un autre passage est franchement amusant : c'est celui où il nous oppose, en ce qui concerne l'Inde, l'avis du « savant hindouiste (il veut dire indianiste) que fut Sylvain Lévi », lequel aurait, dit-il, « dénié véhémentement l'exactitude de nos interprétations » ; cela est fort possible et ne nous étonnerait même pas trop, mais, quand on sait ce que nous pensons de la compétence doctrinale des orientalistes, on comprendra sans peine que nous n'en soyons pas affecté le moins du monde ! Passons sur une fantaisie un peu forte sur nos « nom et prénom », dans lesquels M. Paul le Cour veut retrouver, tout comme dans les siens, son inévitable *Aor-Agni* ; cela ne nous intéresse pas plus que les dits « nom et prénom », eux-mêmes, qui ne sont en réalité pour nous rien de plus qu'une simple signature comme une autre, ce dont il ne semble pas se douter... Enfin, il a éprouvé le besoin, à cette occasion, de recommander à ses lecteurs un petit livre intitulé *René Guénon et son œuvre*, par M. Jacques Marcireau, qu'il déclare « fort bien fait », alors que, pour notre part, nous sommes d'un avis exactement contraire ; nous espérons qu'il voudra bien reconnaître que nous devons être tout de même un peu mieux qualifié que lui pour l'apprécier. Le livre en question, qui a été publié à notre insu et que nous ne pouvons aucunement approuver, n'est à proprement parler qu'un simple recueil d'extraits puisés çà et là dans nos ouvrages et dans nos articles ; il s'y trouve un bon nombre de phrases détachées de leur contexte et par suite incompréhensibles, parfois aussi tronquées et même plus ou moins déformées ; et le tout est groupé artificiellement, nous pourrions même dire arbitrairement, en paragraphes dont les titres sont la seule chose qui appartient en propre à l'« auteur » ; il va de soi qu'un tel travail est parfaitement inutile pour ceux qui connaissent notre œuvre ; et, quant à ceux qui ne la connaissent pas, il ne peut certainement que leur en donner une idée des plus fausses. À vrai dire, nous nous doutons bien que ce qui a dû plaire plus particulièrement là-dedans à M. Paul le Cour, c'est qu'il y a retrouvé quelque chose qui ressemble assez à ses propres procédés de citation ; du reste, reproduisant d'après ce livre une phrase « extraite d'un de nos ouvrages », il n'a pas manqué de tomber tout justement sur une de celles que nous n'avons sûrement jamais écrites sous la forme que leur a donnée M. Marcireau !

Octobre-novembre 1947

— Dans *Psychiatry* (n° d'août 1945), M. A. K. Coomaraswamy examine deux catégories de faits qui sont de ceux que les ethnologues interprètent mal en raison de leurs idées préconçues sur la « mentalité primitive », et aussi de leur tendance à ne considérer que comme des particularités locales ce qui représente en réalité des « survivances », parfois plus ou moins dégénérées, de théories qui se retrouvent dans toutes les doctrines traditionnelles. Le premier cas est celui de la « croyance » de certains peuples suivant laquelle la conception et la naissance des enfants auraient, en réalité, une cause d'ordre non pas physiologique, mais spirituel, consistant dans la présence d'une entité dont l'union du père et de la mère servirait seulement à préparer l'incarnation ; or, sous une forme ou sous une autre, la même chose se trouve exprimée dans toutes les traditions, comme le montrent de nombreux exemples précis tirés des doctrines hindoues, grecques, chrétiennes et islamiques. Dans le second cas, il s'agit de ce que certains ont cru devoir appeler le *puppet-complex*, c'est-à-dire l'idée suivant laquelle l'individu humain se considère comme comparable à une marionnette, dont les actions ne sont pas dirigées par sa propre volonté, mais par une volonté supérieure, qui est en définitive la Volonté divine elle-même ; cette idée, qui implique au fond la doctrine de *lîlâ* et celle du *sûtrâtmâ*, existe explicitement dans les traditions hindoue et bouddhique, et aussi, d'une façon non moins nette, chez Platon lui-même, d'où elle est passée au moyen âge occidental. Comme le dit M. Coomaraswamy, « l'expression *complex*, qui suppose une psychose, est tout à fait inappropriée pour désigner ce qui est en réalité une théorie métaphysique » ; et, d'autre part, « il est impossible de prétendre avoir envisagé des « enseignements traditionnels » dans leur vraie perspective si l'on ignore leur universalité », contrairement à ce que semblent penser les partisans de l'actuelle « méthode anthropologique », la simple observation des faits, quelque soin et quelque exactitude qu'on y apporte, est assurément bien loin de suffire à leur véritable compréhension.

Décembre 1947

— Dans une étude intitulée *What is Civilization ? Albert Schweitzer Festschrift*, M. Coomaraswamy prend pour point de départ la signification étymologique des mots « civilisation » et « politique », dérivés respectivement du latin *civitas* et du grec *polis*, qui l'un et l'autre signifient « cité ». Les cités humaines doivent, suivant toutes les conceptions traditionnelles, être constituées et régies selon le modèle de la « Cité divine », qui est par conséquent aussi celui de toute vraie civilisation, et qui peut elle-même être envisagée au double point de vue macrocosmique et microcosmique. Ceci conduit naturellement à l'interprétation de *Purusha* comme le véritable « citoyen » (*purushaya*, équivalent de *civis*), résidant au centre de l'être considéré comme *Brahmapura* ; nous pensons d'ailleurs avoir l'occasion de revenir plus amplement sur cette question.

— Nous avons reçu les deux premiers numéros (décembre 1946 et mars

1947) de la *Rivista di Etnografia*, publiée à Naples sous la direction du Dr Giovanni Tucci ; ils contiennent surtout des études de folklore faites suivant les méthodes dites actuellement « scientifiques », qui consistent beaucoup plus à enregistrer purement et simplement des faits qu'à en rechercher l'explication. Les travaux de ce genre ne sont certes pas inutiles, mais il est à craindre que ceux qui s'y livrent ne les considèrent comme se suffisant à eux-mêmes et ne pensent même pas qu'on puisse tirer de cette accumulation de matériaux quelque chose de bien autrement valable en tant que connaissance.

— Le n° d'*Atlantis* de mai 1947 est le premier d'une série consacrée aux *Petits et grands mystères* ; c'est des « petits mystères » qu'il est question pour cette fois, et c'est là surtout le prétexte à un grand déploiement de fantaisies linguistiques, qui d'ailleurs ne sont pas toutes inédites. Nous retrouvons là entre autres, en effet, les « variations » sur le nom de Cybèle auxquelles nous faisons allusion d'autre part, les imaginations de de Grave qui jadis, dans sa *République des Champs-Elysées*, voulut tout expliquer par le flamand, et surtout, bien entendu, les combinaisons multiformes auxquelles donnent lieu les inévitables *Aor* et *Agni*, qui servent à interpréter à peu près tout, y compris les initiales de la désignation des Rose-Croix. Signalons aussi que le *Rebis* hermétique se trouve transformé en un *rébus*, ce qui du moins n'est pas trop mal trouvé, et que « le nom de *Gé*, déesse de la terre, est devenu la lettre G de la Maçonnerie spéculative » ; pourquoi pas aussi de la Maçonnerie opérative ? Relevons d'autre part une affirmation plus que risquée, suivant laquelle « il n'a pas existé d'initiations dans l'Inde » : que signifie donc le mot sanscrit *dikshâ* ? Et cette affirmation se complète par celle, qui n'est pas plus exacte, qu'« actuellement l'Islam seul a des écoles ésotériques » ; même en laissant l'Inde de coté, il y a encore le Taoïsme qui n'est tout de même pas si négligeable... Nous sommes encore cité à plusieurs reprises au cours de ce numéro, mais cette fois il n'y a en somme rien à redire, si ce n'est que, d'après la façon dont un de ces passages est rédigé, on pourrait croire que nous avons dit que « Leibnitz était Rose-Croix » ce qui est certes, bien loin de la vérité.

— Pendant que nous en sommes à *Atlantis*, il nous faut revenir en arrière pour dire quelques mots d'un autre numéro déjà un peu ancien (juillet 1946), mais dont nous n'avions pas eu connaissance plus tôt. Il y est question du

Maître de la Terre, et on y trouve d'abord une analyse du roman que Mgr H. R. Benson publia sous ce titre il y a une quarantaine d'années, et dans lequel il s'agissait en somme de l'Antéchrist ; M. Paul le Cour regarde ce roman comme « prophétique », et cela donne naturellement lieu à diverses considérations d'« actualité ». Il estime cependant, et avec raison, que le véritable « Maître de la Terre » n'est pas l'Antéchrist ; il parle quelque peu des « légendes de l'Agartha et du prêtre Jean », pour arriver à la conclusion que, depuis l'ère chrétienne, « Jean est le Maître de la Terre et le continuateur de Gê-Poséidon » ; il fallait bien qu'on finisse par retrouver là-dedans le « dieu de l'Atlantide », mais voilà une addition plutôt inattendue à la liste des « saints successeurs des dieux ». – Mais la raison qui nous oblige à parler de ce numéro, c'est que M. Paul le Cour (qui nous attribue en passant un livre intitulé *Qualité et quantité*, lequel n'existe pas) y a inséré une sorte de compte rendu de nos *Aperçus sur l'Initiation* ; comme il sait probablement beaucoup mieux que nous-même ce que nous avons voulu faire, il assure que cet ouvrage « devrait plutôt s'intituler Aperçus autour de l'Initiation » et cela parce qu'« on n'y trouve rien de ce qui concerne la véritable Connaissance qui est essentiellement hermétique ». Il daigne cependant nous reconnaître « une curieuse préoccupation de ce qu'est l'hermétisme chrétien et de ce que sont les Rose-Croix » ; nous le prions de croire que ce n'est nullement une « préoccupation ». Il y a aussi une fantaisie sur *Soufi* et *Sophia*, qui nous fait enfin comprendre pourquoi, comme nous l'avions déjà remarqué en d'autres occasions, la transcription correcte *Çûfi* a le don de l'exaspérer. Par surcroît, il prétend que nous sommes « passé maintenant chez les Musulmans après avoir cherché la vérité chez les Hindous » ; nous voudrions tout de même bien en finir une bonne fois avec ces assertions grotesques : nous ne sommes jamais « passé » d'une chose à une autre, ainsi que tous nos écrits le prouvent surabondamment, et nous n'avons point à « chercher la vérité » ici ou là, parce que nous *savons* (et il nous faut insister sur ce mot) qu'elle est également dans toutes les traditions ; mais, comme chacun est porté à juger les autres d'après lui-même, ce pauvre M. Paul le Cour s'imagine sans doute que nous sommes tout simplement un « chercheur » comme lui…

— Dans *Psychiatry* (n° de novembre 1945), M. Coomaraswamy rend compte d'un livre intitulé *The Lady of the Hare*, « étude sur le pouvoir guérisseur des rêves », par M. John Layard : il s'agit d'une personne qui rêvait d'un lièvre qu'on lui demandait de sacrifier, la victime étant d'ailleurs parfaitement consentante. Comme le reconnaît l'auteur lui-même, bien qu'en d'autres termes, et contrairement à toute interprétation « psychanalytique », ce sacrifice représente en réalité celui de l'« homme extérieur » à l'« homme intérieur », ou de l'être psychophysique au « Soi » spirituel. La seconde partie du livre en question est consacrée à l'étude du symbolisme du lièvre dans les différentes mythologies ; ce qui est particulièrement digne de remarque, c'est que l'auteur déclare expressément qu'« aucun symbole n'a jamais été inventé », et qu'aucun effort artificiel ne peut aboutir à la production de véritables symboles ; cela ne revient-il pas à dire que ceux-ci sont proprement « donnés » ou « révélés » et n'ont en réalité rien de conventionnel ? « Les symboles traditionnels sont, en fait, les termes techniques de la *Philosophia perennis*, et ils forment le vocabulaire d'un commun "univers du discours", duquel, aussi bien que de toute compréhension réelle des mythes, quiconque n'est plus capable d'employer ces "figures de pensée" ou, comme les modernes "symbolistes" se réfère seulement à des analogies basées sur des associations individuelles d'idées, se trouve automatiquement exclu »[44].

— Une note de M. Coomaraswamy intitulée *Primordial Images*, dans *Pamphlets of the Modern Language Association* (juin 1946), insiste encore sur le fait que « l'emploi de symboles inusités et n'exprimant que des associations individuelles d'idées, ou celui de symboles bien connus, mais auxquels est donné un sens inaccoutumé et souvent inapproprié, va à l'encontre de la fonction première de l'œuvre d'art, qui doit être communicative ». Le véritable symbole, qui a une signification intellectuelle précise, n'est pas d'origine subconsciente, mais bien superconsciente, et il implique une compréhension de la doctrine de l'analogie, suivant laquelle « il y a à tout niveau de référence des réalités qui correspondent effectivement à des réalités sur d'autres niveaux de référence, et ces correspondances doivent être connues si nous voulons participer à un commun univers du discours ».

— En rendant compte de l'article de M. Henri Serouya sur *La Kabale* (voir

---

[44] [Cf. également *Sanâtana Dharma*, *Cahiers du Sud*, n° spécial *Approches de l'Inde*, 1949.]

n° de juin 1947, p. 175), nous y avions relevé, entre autres choses, l'attribution à Lao-Tseu d'un livre intitulé *Le Doctrinal* ; or, on nous a signalé depuis lors qu'il a effectivement paru sous ce titre, en 1944, un petit volume qui n'est en réalité qu'une traduction anonyme du *Tao-te-King*, d'ailleurs tronquée en maints endroits. Nous devons donc reconnaître que ce n'est pas M. Serouya qui est véritablement responsable de cette singularité ; en somme, son seul tort sur ce point a été d'admettre, sans examiner les choses de plus près, un titre qui n'est dû qu'à la fantaisie quelque peu excessive d'un traducteur.

Année 1947 (mois inconnu)

— Dans une série de notes intitulée *Some Sources of Buddhist Iconography* (*Dr. B. C. Law Volume*, Part I), M. Coomaraswamy donne quelques nouveaux exemples de la conformité de cette iconographie avec le symbolisme hindou antérieur au bouddhisme. La représentation du Buddha comme un « pilier de feu » est en étroite relation avec la description de Brahma comme l'« Arbre de vie », qui est aussi un « buisson ardent » ; ce pilier axial, qui supporte le Ciel, est naturellement aussi un symbole d'*Agni*, et « il n'est pas douteux que les représentations d'un pilier ou d'un arbre de feu supporté par un lotus sont en définitive basées sur les textes védiques concernant la naissance unique et archétype d'*Agni Vanaspati*, l'arbre aux mille branches, né dans le lotus ». – Le prototype de la victoire du Buddha dans sa dispute contre Kassapa dont le bois destiné au feu sacrificiel ne veut pas brûler, tandis que le sien s'enflamme immédiatement, se trouve dans la *Taittirîya Samhitâ* (II, 5, 8). – La flamme sur la tête d'un Buddha a son explication dans ce passage de la *Bhagavad-Gîtâ* (XIV, 11) : « Là où il y a Connaissance, la lumière jaillit des orifices du corps ».

— La lutte du Boddhisattwa avec *Mâra*, immédiatement avant le « Grand Éveil », a pour prototype le combat d'*Indra* contre *Vritra*, *Ahi* ou *Namuchi*, qui sont tous pareillement identifiés à la Mort (*Mrityu*). Dans les deux cas, le héros, quoique seul, a pourtant une « suite » ou une « garde », qui est constituée en réalité par les « souffles » (*prânâh*) ou les pouvoirs régénérés de l'âme, rassemblés en *samâdhi*. Cet état de « possession de soi-même », dans lequel sont dominées les formes de la Mort (figurées par l'armée de *Mâra*), est souvent désigné comme un « sommeil », bien qu'il soit véritablement l'état le plus complètement « éveillé » qui puisse être ; il y a là, comme il arrive toujours dans les cas similaires, un renversement des rapports qui existent, dans les conditions ordinaires, entre le sommeil, et la conscience à l'état de veille : « que notre vie présentement active soit un « rêve » dont nous nous éveillerons quelque jour, et que, étant ainsi éveillés, nous devions sembler plongés dans le sommeil, c'est là une conception qui revient constamment dans les doctrines métaphysiques du monde entier ». - Enfin, il est signalé que dans certaines représentations de l'armée de *Mâra* figurent des démons sans tête ; ceci se rapporte à une question que M. Coomaraswamy a traitée plus amplement dans d'autres études dont nous parlerons prochainement.

Janvier-février 1948

— *Lettres d'Humanité* (Tome IV, 1945) contient une longue étude sur *Le Dieu Janus et les origines de Rome*, par M. Pierre Grimal, où se trouvent, au point de vue historique, de nombreux renseignements intéressants et peu connus, mais dont il ne se dégage malheureusement aucune conclusion réellement importante. L'auteur a grandement raison, certes, de critiquer les « historiens des religions » qui veulent tout ramener à des idées aussi « simples et grossières » que celle des « forces de la nature » ou celle des « fonctions sociales » ; mais ses propres explications, pour être d'un caractère plus subtil, sont-elles beaucoup plus satisfaisantes au fond ? Quoi qu'il faille penser de l'existence plus ou moins hypothétique d'un mot archaïque *ianus* désignant l'« action d'aller » et ayant par suite le sens de « passage », nous ne voyons pas ce qui permet de soutenir qu'il n'y avait à l'origine aucune parenté entre ce mot et le nom du dieu Janus, car une simple différence de déclinaison n'empêche assurément en rien la communauté de racine ; ce ne sont là, à vrai dire, que des subtilités philologiques sans portée sérieuse. Même si l'on admet que, primitivement, le nom de Janus n'ait pas été latin (car, pour M. Grimal, Janus aurait été tout d'abord un « dieu étranger »), pourquoi la racine *i*, « aller », qui est commune au latin et au sanscrit, ne se serait-elle pas trouvée aussi dans d'autres langues ? On pourrait encore faire une autre hypothèse assez vraisemblable : pourquoi les Romains, quand ils adoptèrent ce dieu, n'auraient-ils pas traduit son nom, quel qu'il ait pu être par un équivalent dans leur propre langue, tout comme ils changèrent plus tard les noms des dieux grecs pour les assimiler aux leurs ? En somme, la thèse de M. Grimal est que l'ancien Janus n'aurait nullement été un « dieu des portes », et que ce caractère ne lui aurait été surajouté que « tardivement », par suite d'une confusion entre deux mots différents, bien que de forme toute semblable ; mais tout cela ne nous paraît aucunement convaincant, car la supposition d'une coïncidence soi-disant « fortuite » n'explique jamais rien. Il est d'ailleurs trop évident que le sens profond du symbolisme du « dieu des portes » lui échappe ; a-t-il même vu son rapport étroit avec le rôle de Janus en ce qui concerne le cycle annuel (ce qui le rattache pourtant assez directement au fait que ce même Janus ait été, comme il le dit, un « dieu du Ciel »), et aussi en tant que dieu de l'initiation ? Ce dernier point, du reste, est passé entièrement sous silence ; il est bien dit cependant que « Janus fut un initiateur, le dieu même des initiateurs », mais ce mot n'est pris là que dans une acception détournée et toute profane, qui en réalité n'a absolument rien à voir avec l'initiation... Il y a des remarques curieuses sur l'existence d'un dieu *bifrons* ailleurs qu'à Rome et notamment dans le bassin oriental de la Méditerranée, mais il est fort exagéré de vouloir en conclure que « Janus n'est à Rome que l'incarnation d'un Ouranos syrien » ; comme nous l'avons dit souvent, les similitudes entre différentes traditions sont bien loin d'impliquer nécessairement des « emprunts » de l'une à l'autre, mais pourra-t-on jamais le faire comprendre à ceux qui croient que la seule « méthode historique » est applicable à tout ?

— Dans le même volume se trouve un article sur *Béatrice dans la vie et l'œuvre de Dante* qui ne présente aucun intérêt à notre point de vue, mais qui appelle cependant une remarque : comment est-il possible, après tous les travaux faits sur les *Fedeli d'Amore* par Luigi Valli et plusieurs autres, qu'on ignore totalement (ou du moins qu'on affecte d'ignorer), quand on s'occupe de Dante, l'existence d'une signification d'ordre ésotérique et initiatique ? Il n'est fait allusion ici qu'à la seule interprétation théologique du R.P. Mandonnet, qui est assurément fort insuffisante, mais qui, bien que tout exotérique, admet malgré tout un sens supérieur au grossier « littéralisme » qui ne veut voir en Béatrice qu'« une femme de chair et d'os ». C'est pourtant ce « littéralisme » qu'on prétend encore soutenir à toute force comme se prêtant à « une explication plus psychologique et plus humaine », c'est-à-dire en somme plus au goût des modernes, et plus conforme à des préjugés « esthétiques » et

« littéraires » qui étaient tout à fait étrangers à Dante et à ses contemporains !

— Un collaborateur du *Lotus Bleu* (n° d'août-septembre 1947) ayant pris prétexte du récent livre de notre directeur sur *Le Comte de Saint-Germain* pour se livrer contre nous à une attaque assez inattendue et plutôt hors de propos, nous devons déclarer formellement qu'il n'y a autour de nous aucune « chapelle », ni petite ni grande, et que, ne reconnaissant que les seules organisations authentiquement traditionnelles, nous sommes plus résolument opposé que quiconque à tous les groupements de fantaisie auxquels un tel mot peut être légitimement appliqué. Au surplus, s'il y a des « sectaires » quelque part, ce n'est point de notre côté qu'il faut les chercher, et nous laissons bien volontiers pour compte aux théosophistes et aux occultistes de tout genre certaines histoires plus ou moins ineptes de « blancs » et de « noirs », d'autant plus que nous n'avons certes pas la naïveté de confondre leurs pseudo-initiations diverses avec la contre-initiation !

Mars 1948

— *Atlantis*, dans son numéro de septembre 1947, donne, sous le titre *Vingt années d'études atlantéennes*, une sorte de résumé de ce qui a été fait depuis sa fondation ; comme il fallait s'y attendre, on y souligne avec quelque complaisance les attaques dirigées contre les doctrines orientales, ainsi que la prétention de continuer l'œuvre du Hiéron de Paray-le-Monial ; à la suite de cet exposé, vient la reproduction de toute une série de lettres de lecteurs, qui ressemble vraiment un peu trop à certaines « attestations » publicitaires... Dans le numéro de novembre, M. Paul le Cour, qui signe maintenant « Paul le C-R », parle des *Mystères chrétiens*, à propos desquels il a eu l'idée plutôt curieuse d'établir une sorte de parallèle entre lui-même et son « patron » saintPaul. Les textes qu'il cite pour montrer l'existence d'un ésotérisme ou d'une *disciplina arcani* dans les premiers temps du Christianisme sont assez généralement connus (mais il n'est pas exact que Clément d'Alexandrie ait jamais été canonisé) ; ce qui est beaucoup plus contestable, c'est l'idée qu'il se fait de cet ésotérisme, qu'il veut, à toute force rattacher à l'« hellénisme » ; cette façon de voir nous était d'ailleurs déjà connue. Naturellement, il réédite quelques-unes de ses fantaisies habituelles sur le Chrisme, sur *Aor-Agni* et sur les Rose-Croix ; nous mentionnerons seulement, comme « nouveautés », une identification quelque peu inattendue du mot *arcane* au nom d'*Aryane*, et une prétendue étymologie faisant dériver le mot « Roi » ou « Roy » du sanscrit *Rig*, si bien que *Rig-Vêda* signifierait le « Vêda royal » ! Il n'a pas pu s'empêcher d'évoquer une fois de plus le « dieu à la tête d'âne », dont la réhabilitation, si l'on peut dire, semble décidément lui tenir à cœur ; il est vrai que, suivant lui, il s'agirait d'une tête d'« onagre », mot dans lequel il croit encore retrouver son inévitable *Aor-Agni*. À côté de cela, il faut lui savoir gré de protester contre les fausses « initiations » à base de magie et d'entraînements psychiques (mais l'expression que nous employons nous-même, en pareil cas, est en réalité celle de « pseudo-initiations » qui nous paraît beaucoup plus propre à éviter toute équivoque, car il y a là la même nuance qu'entre « fausses religions » et « pseudo-religions »), et aussi de vouloir bien reconnaître, contrairement à tant d'autres, que l'incendie de la bibliothèque d'Alexandrie eut lieu réellement en 300 et non au VIIe siècle. N'oublions pas de lui signaler, d'autre part, que la Grande Loge d'Angleterre n'a absolument rien de commun avec la Maçonnerie « écossaise » (celle-ci n'est d'ailleurs pas placée sous le patronage de saint Jean comme la *Craft-Masonry*, mais sous celui de saint André), et aussi, au risque de le faire frémir d'horreur, que la fixation du début de l'année à l'équinoxe d'automne est bien « traditionnelle » comme il le dit, mais seulement... dans le Judaïsme !

— Le *Speculative Mason* (numéro d'octobre 1947) reproduit un extrait du compte rendu de la dernière Conférence des Grands-Maîtres américains, concernant la question des « qualifications physiques », que certains voudraient actuellement abolir pour pouvoir admettre dans la Maçonnerie les invalides de la guerre. Il va de soi que les partisans de ce point de vue soi-disant « libéral » n'ont à faire valoir que des arguments d'ordre purement sentimental, et nous retrouvons chez eux l'idée complètement fausse suivant laquelle les qualifications corporelles auraient perdu leur raison d'être depuis que la Maçonnerie est devenue « spéculative » ; nous nous sommes d'ailleurs expliqué assez longuement sur ce sujet dans un de nos ouvrages (*Aperçus sur l'Initiation*, chap. XIV). Ceux qui soutiennent la thèse contraire envisagent naturellement les choses d'une façon plus correcte, mais pourtant il est au moins étonnant de voir qu'ils semblent être préoccupés avant tout par la crainte que les invalides admis ne deviennent tôt ou tard « une charge pour la Fraternité » ! Ce sont là des considérations qui n'ont certes rien d'initiatique, et rien ne saurait être plus juste que ces quelques mots ajoutés en manière de conclusion par un rédacteur de la revue : « Ce n'est pas une question de sentiment ni de situation financière ; il s'agit d'une loi naturelle, qui exige qu'il y ait un parfait "alignement" sur tous les plans si l'initiation doit être effective. » – Un article assez curieux pose la question du signe zodiacal sous l'influence duquel serait l'Angleterre ; l'auteur conteste l'affirmation habituelle des astrologues, suivant laquelle ce serait le Bélier ; c'est là surtout un prétexte à passer en revue les différents signes et à décrire les caractères humains qui leur correspondent ; il incline finalement en faveur du Sagittaire, sans pourtant vouloir conclure d'une manière définitive. – Dans un autre article, il est question du *Tracing board* du grade de Maître ; un point particulièrement important est celui qui concerne la lucarne (*dormer*) qui, dans ce tableau, est figurée à la partie supérieure du Temple, et dont le symbolisme, comme l'a bien vu l'auteur, est identique a celui de l'« œil » du dôme dont nous avons parlé en diverses occasions.

« Il est intéressant aussi de trouver quelquefois le symbole G suspendu dans l'ouverture d'un dôme qui est illuminé d'en haut, suggérant la Lumière divine qui se répand sur toutes choses » ; et nous ajouterons qu'il y a là un vestige évident du symbolisme « polaire » qui était en usage dans la Maçonnerie opérative et que nous avons signalé ailleurs (*La Grande Triade*, ch. XXV). D'autre part, il y a une inexactitude dans le rapprochement qui est fait avec le « troisième œil », car, en réalité, celui-ci ne se situe point à la couronne de la tête et est tout à fait distinct du *Brahma-randhra* ; et nous préciserons que c'est d'ailleurs seulement au grade de *Royal Arch* que le véritable rapport entre ces deux « centres » différents devrait pouvoir être compris effectivement. – Ensuite vient un article sur le grade de Rose-Croix, qui n'est en fait que la traduction textuelle d'un extrait du rituel de Ragon ; nous ne nous expliquons pas pourquoi le nom de celui-ci n'est même pas mentionné, ni pourquoi cet article est signé des initiales P. C., qui ne sont peut-être que celles du traducteur. Nous ne voyons d'ailleurs pas très bien quel intérêt il peut y avoir à reproduire ainsi purement et simplement, sans discussion ni commentaire d'aucune sorte, une série d'assertions pseudo-historiques dont la plupart sont entièrement erronées et ne reposent sur aucune base sérieuse.

– Signalons enfin une note intitulée *Tetragrammaton*, mais qui, en réalité, se rapporte uniquement au symbolisme des quatre animaux ; comme il arrive trop souvent, les correspondances quaternaires qui y sont indiquées sont en partie inexactes ; et il est regrettable aussi qu'on y ait reproduit sans examen l'affirmation tout à fait injustifiée des occultistes qui prétendent trouver dans le Sphinx égyptien un composé des quatre animaux : il n'est pourtant pas bien difficile de se rendre compte tout au moins que ce Sphinx n'a jamais eu d'ailes !

Juin 1948

— Le *Symbolisme* a publié, dans ses numéros de décembre 1946 à mai 1947 (sauf celui de mars qui est entièrement consacré à la mémoire d'Oswald Wirth), une étude sur *Le Triangle et l'Hexagramme* signée « Maen-Nevez, Maître d'Œuvre » ; il s'y trouve des considérations d'inégale importance, et, à notre avis, les plus intéressantes sont celles qui concernent les symboles proprement opératifs et compagnonniques. L'auteur reproduit une marque de tailleur de pierre relevée à Vitré, dans laquelle figure le « quatre de chiffre » dont nous parlons d'autre part[45] et dont il ne paraît d'ailleurs pas avoir cherché à approfondir la signification, bien qu'il ait pris cette marque pour point de départ de développements dont certains ne s'y rapportent que d'une façon beaucoup moins directe ; mais il a du moins réussi remarquablement à « placer » la marque en question sur une des « grilles » graphiques employées à cet effet par les anciennes corporations de constructeurs. Nous devons aussi signaler notamment les considérations exposées, au cours de ce travail, sur la construction en bois et en pierres, plus particulièrement dans l'architecture nordique ; elles sont à rapprocher de ce que nous avons-nous-même dit ici sur ce sujet en nous référant à d'autres traditions (*Maçons et charpentiers*, dans le numéro de décembre 1946). À propos de symboles « trinitaires », il est question du curieux tableau compagnonnique qui a été reproduit autrefois dans un numéro spécial du *Voile d'Isis* (novembre 1925) ; la ressemblance de cette figuration avec celle du dieu tricéphale gaulois n'est pas contestable, mais peut-

---

[45] [Juin 1948.]

être l'auteur, qui évidemment s'intéresse d'une façon toute particulière au Celtisme, veut-il en tirer trop de conséquences ; en tout cas, il y a autre chose qui est assez étrange, et dont nous ne croyons pas qu'on ait jamais fait la remarque : c'est que le dessin dont il s'agit est exactement semblable à certains tableaux provenant du mont Athos (sauf que, dans ceux-ci, les inscriptions sont naturellement en grec au lieu d'être en latin) et qui, paraît-il, sont employés par les moines grecs comme support de contemplation ; ce fait pourrait peut-être jeter une lumière inattendue sur certaines « affinités » du Compagnonnage. Il nous faut relever, d'autre part, une petite inexactitude : ce n'est pas *Shiva*, mais *Brahmâ*, qui est représenté avec quatre visages dans l'iconographie hindoue ; par contre, il existe des figurations de *Shiva* à trois visages (en connexion avec le « triple temps »), qu'il aurait été plus opportun de mentionner en cette occasion. Les considérations sur l'hexagramme qui viennent ensuite sont inspirées en grande partie des travaux de Matila Ghyka et appellent seulement une observation : il est bien exact que le triangle droit et le triangle inversé correspondent respectivement au feu et à l'eau, dont ils sont d'ailleurs les symboles alchimiques ; mais ce n'est pourtant là qu'une application parmi beaucoup d'autres, et l'auteur l'envisage d'une façon beaucoup trop exclusive. Nous ne connaissons pas l'ouvrage de R.-J. Gorsleben auquel il se réfère, mais, d'après ce qu'il cite, il ne nous paraît pas pouvoir être utilisé sans précaution, car il est à craindre que son interprétation des symboles ne contienne une certaine part de « modernisation » plutôt fantaisiste. – Le numéro de mai contient quelques réflexions très judicieuses sur *Le secret maçonnique*, qui, sans aller tout à fait jusqu'au fond de la question (ce n'était d'ailleurs guère possible dans un court article de quatre pages), s'accordent bien en somme avec ce que nous avons écrit sur la vraie nature du secret initiatique (*Aperçus sur l'Initi*ation, chap. XIII). – Dans ce même numéro, François Ménard fait du livre de M. Paul le Cour, *Hellénisme et Chistianisme*, une excellente critique dont la sévérité est assurément bien justifiée !

— Dans le numéro de juin, Marius Lepage étudie *La Maçonnerie nègre aux États-Unis*, question généralement assez peu connue, du fait que cette Maçonnerie n'a aucune relation avec les Grandes Loges « blanches » et est regardée par elles comme « clandestine » (ou plus exactement « non-reconnue », car en réalité son origine est parfaitement régulière), ce qui d'ailleurs n'empêche pas qu'elle ait atteint un développement beaucoup plus considérable qu'on ne pourrait le supposer ; et le plus étonnant est qu'il y a aux États-Unis mêmes un grand nombre de Maçons « blancs » qui n'ont même jamais entendu parler de son existence. – Dans le numéro de juillet-août, sous le titre *Initiation et règlement*, Marius Lepage insiste très justement sur le fait qu'une qualité initiatique ne peut se perdre en aucun cas ; c'est là une chose contre laquelle les règlements administratifs ne peuvent rien, et les exclusions qu'ils préconisent ne sont que des mesures d'ordre tout extérieur, qui ne font pas plus perdre la qualité de Maçon que, dans l'Église catholique, l'« interdiction » d'un prêtre ne lui enlève son caractère sacerdotal. La distinction de ces deux ordres initiatique et administratif devrait toujours être soigneusement observée, et il serait à souhaiter, à cet égard, que les règlements soient rédigés de façon à ne rien contenir qui soit en contradiction avec les principes initiatiques, ce qui reviendrait en somme à en éliminer tout ce qui a été simplement calqué sur les institutions profanes et qui ne saurait convenir à la véritable nature de la Maçonnerie. – De Marius Lepage également, une note sur *Stanislas de Guaita et le « Problème du Mal »*[46], annonçant l'intention de publier ce que l'auteur a laissé de cet ouvrage inachevé, avec les compléments qu'Oswald Wirth avait entrepris d'y ajouter et que lui non plus n'a jamais pu terminer. – Dans le même numéro encore, nous noterons un article de J. Corneloup intitulé *Variations symbolistes sur un thème mathématique* ; il s'agit du symbolisme des « sections coniques », mais malheureusement les considérations exposées à ce sujet demeurent un peu vagues, et surtout l'auteur ne nous paraît pas avoir su dégager exactement les conséquences du caractère de la parabole en tant que forme intermédiaire entre l'ellipse et l'hyperbole. Quant à la crainte qu'il exprime « d'être accusé d'avoir abusivement introduit la poésie dans la science », nous pensons qu'un tel reproche serait fort injustifié, car symbolisme et poésie (du moins à la façon dont les modernes entendent cette dernière) sont assurément deux choses entièrement différentes ; et nous dirons même que, si l'on comprend la science au sens traditionnel et non au sens profane, rien ne saurait être plus véritablement « scientifique » que le symbolisme.

---

[46] [Comptes-rendus de livres, janvier-février 1950.]

Juillet-août 1948

— La *Revue de l'Histoire des Religions* (n° de janvier-juin 1946) a publié une importante étude de M. Mircea Eliade sur *Le problème du chamanisme* ; ce que nous y trouvons de plus particulièrement intéressant à notre point de vue, c'est moins la discussion sur la définition du chamanisme et sur l'extension plus ou moins grande qu'il convient de donner à ce terme, que l'affirmation très nette de l'existence, dans le chamanisme proprement dit, d'« un symbolisme universellement valable », et de l'intégration du côté « expérimental » lui-même « dans un ensemble théo-cosmologique bien plus vaste que les diverses idéologies chamaniques ». Nous sommes entièrement d'accord avec l'auteur quand il critique la théorie qui ne veut voir dans le chamanisme que les manifestations d'un état « psycho-pathologique » qui serait propre aux régions arctiques, et quand il estime que la « possession » du chaman, loin d'être un fait original, constitue seulement une dégénérescence par rapport à un état de « contemplation » ; mais ne pourrait-on pas dire cependant que le chamanisme est réellement « arctique » pour une raison toute différente de celle que certains ont imaginée, c'est-à-dire parce qu'il procède en définitive de la tradition primordiale hyperboréenne, comme le prouve précisément ce « symbolisme œcuménique » dont parle M. Eliade. Celui-ci envisage notamment les rites d'« ascension » ; il indique leur similitude avec ce qui se rencontre dans un grand nombre d'autres traditions, et il insiste tout spécialement sur le rôle qu'y joue la conception du « Centre » et de l'« Axe du Monde », ce qui est en effet ici le point essentiel, car c'est seulement au « Centre » qu'on peut réaliser la « rupture du niveau », le passage entre les différentes « régions cosmiques », c'est-à-dire entre les différents états de l'être. Nous ne pouvons tout résumer, mais nous croyons intéressant de citer tout au moins quelques extraits : « Dans toutes ces cultures (de l'Orient sémitique, de l'Inde et de la Chine), on rencontre d'une part, la conception d'une montagne centrale, qui relie les diverses régions cosmiques ; de l'autre, l'assimilation d'une ville, d'un temple ou d'un palais avec cette "montagne cosmique", ou leur transformation, par la magie du rite, en un "centre". Qui plus est, "consacrer" un espace veut dire, en dernière instance, le transformer en un "centre", lui conférer le prestige d'un *Axis Mundi*... L'arbre sur lequel monte le chaman sibérien ou altaïque est, en réalité, l'Arbre cosmique, exactement comme le pilier central de la tente est assimilé au pilier cosmique qui soutient le monde. Ce pilier central est un élément caractéristique de l'habitation des populations primitives arctiques et nord-américaines... Le même symbolisme s'est également conservé chez les pasteurs-éleveurs de l'Asie Centrale, mais, comme la forme de l'habitation s'est modifiée, la fonction mythico-religieuse du pilier est remplie par l'ouverture supérieure par où sort la fumée. Chez les Ostyaks, cette ouverture correspond à l'orifice similaire de la "Maison du Ciel", et les Tchouktches l'ont assimilée au "trou" que fait l'étoile polaire dans la voûte céleste... Il ne faut pas perdre de vue le fait que, dans les cultures arctiques et nord-asiatiques, chaque habitation a son pilier sacré ou son ouverture pour la fumée sacrée, c'est-à-dire des représentations de l'*Axis Mundi*, de l'Arbre cosmique, etc... L'ascension rituelle du chaman au ciel a été rendue possible parce que le scénario en était déjà impliqué dans la cosmologie et dans l'assimilation de l'habitation au Cosmos. Ce processus d'assimilation des maisons, des temples, des palais, des cités au "Centre du Monde" est un phénomène spirituel qui dépasse les régions arctiques et nord-asiatiques... "consacrer" un espace, en lui conférant la fonction d'un "centre", revient à dire qu'on lui confère de la *réalité* ; on *n'est* pas, ontologiquement, à moins que l'on ne soit "centre", à moins que l'on ne coïncide avec une des formules symboliques de l'*Axis Mundi*. Ce "centre" participe à l'espace sacré, "paradoxal" (tous les temples, toutes les cités et même toutes les maisons, quoique séparés dans l'espace profane, se trouvent cependant dans le même "Centre" cosmique), exactement comme les sacrifices se réalisent dans un seul et même moment mythique (tous ayant lieu "dans ce temps-là", l'instant auroral où le sacrifice a été instauré.) » Nous pensons que l'intérêt de ces citations en fera excuser la longueur, et il nous semble qu'il est à peine besoin de souligner leur rapport avec certaines des considérations qui ont été exposées par A. K. Coomaraswamy et par nous-même. Nous ajouterons seulement une remarque en ce qui concerne les « voyages » extra-terrestres du chaman : là où M. Eliade croit voir l'influence d'une « double tradition », nous voyons seulement, en réalité, l'indication de deux « voies » distinctes et nécessairement coexistantes qui sont l'exact équivalent du *dêva-yâna* et du *pitri-yâna* de la tradition hindoue.

— Dans le même n° de la *Revue de l'Histoire des Religions* se trouve un article ou plutôt une série de notes de M. Georges Dumézil, intitulée

« *Tripertita* » *fonctionnels chez divers peuples indo-européens* ; nous nous demandons pourquoi ne pas dire plus simplement « tripartitions », car c'est bien de cela qu'il s'agit en réalité. M. Dumézil paraît d'ailleurs avoir, au point de vue linguistique, des idées assez particulières et qu'il serait difficile d'accepter sans réserves ; mais il n'y en a pas moins dans tout cela des considérations intéressantes. Nous y remarquons plus spécialement ce qui concerne l'usage chez un grand nombre de peuples, en connexion avec une répartition des fonctions sociales en trois catégories, ces trois mêmes couleurs symboliques : blanc, rouge, noir (ou bleu foncé), qui sont précisément, bien que d'ailleurs l'auteur ne l'ait pas indiqué, celles qui correspondent aux trois *gunas* dans la tradition hindoue.

— *La Presse médicale* (n° du 25 octobre 1947) a publié une étude de M. Louis Irissou sur *Le Docteur Fabré-Palaprat, Grand Maître de l'Ordre des Templiers (1773-1838)*, fort consciencieusement faite au point de vue purement historique, mais qui reste malheureusement assez extérieure. Il en résulte que Fabré-Palaprat fut en réalité un médecin distingué, contrairement à ce qu'on a souvent prétendu, mais aussi que son cas présente un côté pathologique qui pourrait expliquer assez bien cette sorte de « mythomanie » dont il paraît avoir été affecté. L'auteur semble pourtant admettre, sans d'ailleurs chercher à approfondir la question, qu'il aurait été réellement affilié, sans doute dès son arrivée à Paris, à un « Ordre du Temple » préexistant, dont il serait devenu Grand-Maître en 1804 ; à vrai dire, ce point est des plus obscurs de toute l'histoire et mériterait d'être examiné de plus près. D'autre part, on pourrait croire, d'après la façon dont les choses sont exposées, que le Johannisme fut une invention de Fabré-Palaprat, alors que si celui-ci s'en recommanda effectivement, il n'y comprit sans doute jamais grand'chose, car sa conception du Christianisme était fort loin de tout ésotérisme authentique et témoignait plutôt de tendances rationalistes qui en sont tout le contraire, et qui expliquent d'ailleurs son alliance momentanée avec « l'Église Catholique Française » de l'abbé Châtel. Enfin, il est à regretter que M. Irissou n'ait pas pensé à mentionner tout au moins quelques-uns des personnages que Fabré-Palaprat avait réussi à grouper autour de lui ; il est même étonnant que, à l'exception de son successeur Sydney Smith, il n'ait pas trouvé l'occasion d'en nommer un seul.

— La revue bretonne *Kad* (qui se double maintenant d'une autre édition intitulée : *La Tradition Druidique*, rédigée entièrement en français) paraît décidée à se placer à un point de vue beaucoup plus traditionnel que celui que nous y avions constaté précédemment ; elle le déclare d'ailleurs expressément dans une note occasionnée par notre article *Influences spirituelles et « égrégores »* (voir n° d'avril-mai 1947), dont le point de départ était, en effet, une phrase parue dans cette revue. Nous sommes heureux de voir que non seulement on accepte entièrement notre mise au point, mais qu'on approuve aussi, d'une façon toute spontanée, ce que nous avons dit du livre de M. Robert Ambelain intitulé : *Au pied des Menhirs* (voir n° d'octobre-novembre 1947), alors qu'on avait d'abord porté sur cet ouvrage un jugement tout différent. Dans le même n° 9, nous notons une longue étude intitulée : *Chromatisme planétaire et symbolisme celtique*, qui contient beaucoup de vues intéressantes, bien qu'elles ne soient peut-être pas toutes également incontestables, et dont les intentions n'appellent en tout cas aucune réserve. Il y a sûrement quelque chose de changé de ce côté, et nous ne pouvons que souhaiter que cela continue dans ce sens ; on nous assure d'ailleurs que « cet effort ne sera pas interrompu ». Nous devons dire seulement que, jusqu'à nouvel ordre, nous avons toujours des doutes sur la possibilité, à notre époque, d'une transmission régulière de la tradition druidique ; puissent du moins les collaborateurs de *Kad* se tenir soigneusement en garde contre toute fantaisie pseudo-initiatique !

— Dans le *Speculative Mason* (n° de janvier 1948), nous signalerons une série de notes de divers auteurs sur la connexion du symbolisme entre le premier et le second degré ; un article intitulé *A psychological and curative view of color*, qui en réalité est surtout consacré aux correspondances astrologiques des couleurs et à l'application qu'on peut en faire au point de vue thérapeutique ; et un autre, *The Quest in Masonry*, fin d'une étude sur le livre d'A. E. Waite *The Secret Tradition of Freemasonry*.

— Dans la *Pensée libre* (n° 5), François Ménard a fait paraître un article intitulé : *Les appels de l'Orient*, dans lequel il expose par quelles voies il a été amené à l'étude des doctrines orientales et de la métaphysique traditionnelle ; le titre fait allusion à l'enquête publiée en 1925 dans les *Cahiers du Mois* et qui joua effectivement un certain rôle en la circonstance. Il ne s'agit évidemment là que d'un « itinéraire » individuel, qui, comme l'auteur a soin de le faire remarquer, « n'est valable que relativement à lui et à ses tendances et facultés intimes » ; mais ce n'en n'est pas moins un exemple qui peut être utile à d'autres qui voudraient entreprendre des recherches dans le même sens, ne serait-ce qu'en leur épargnant bien des démarches inutiles. Nous ferons seulement une petite observation sur un point particulier : nous avons remarqué dans une note, une phrase qui pourrait donner à croire que certaines initiations orientales sont extraordinairement faciles à obtenir, et qu'il suffit pour cela de faire un voyage de six mois hors d'Europe, sans avoir aucune autre condition à remplir ; ce n'est pas tout à fait ainsi que les choses se passent en réalité !

Septembre 1948

Nous avons reçu le premier numéro (juin-juillet 1948) d'une revue intitulée *Cahiers du Symbolisme Chrétien*, qui paraît à Bruxelles, et dont les intentions sont assurément des plus louables, en tant qu'elle se propose d'aider à restaurer, dans le Christianisme, la connaissance du symbolisme qui est actuellement si négligée.

Malheureusement, il y a là des choses fort inégales, dont certaines sont même plus que contestables et contribueraient plutôt à déconsidérer les études dont il s'agit : il en est ainsi, notamment, des calculs faits sur certains noms en attribuant aux lettres latines des valeurs numériques correspondant tout simplement à leur rang dans l'alphabet, ce qui rappelle un peu trop la « numérologie » divinatoire de certains occultistes et n'a absolument rien de commun avec le symbolisme sérieux. D'autre part, nous remarquons une tendance, dont nous nous demandons même si elle est toujours purement involontaire, à « brouiller » les idées, si l'on peut dire, en confondant l'ésotérisme authentique avec ses contrefaçons et ses déformations les plus suspectes, et en mettant le tout sur le même plan ; un des collaborateurs, par exemple, ne cite-t-il pas, sans formuler la moindre réserve, un « exposé de la théorie cosmologique hindoue » par Mme Blavatsky, sur le compte de laquelle nous avons pourtant d'excellentes raisons de penser qu'il sait fort bien à quoi s'en tenir ? Un autre a éprouvé le besoin de s'en prendre à nous et, tout en nous adressant par ailleurs beaucoup d'éloges, de nous attribuer « une attitude spirituelle aux antipodes de l'esprit chrétien » ; comme notre attitude est en réalité strictement et exclusivement traditionnelle, nous devrions, en bonne logique, conclure de là que l'esprit chrétien lui-même est anti-traditionnel ; mais nous en avons heureusement une meilleure opinion, et nous pouvons assurer l'auteur de cette « sortie » imprévue que nous ne sommes « aux antipodes » que du seul esprit moderne, ce qui n'est certes pas la même chose, et que nous avons conscience d'être au contraire en parfait accord avec toutes les traditions orthodoxes sans exception, y compris le Christianisme !

— Dans le *Speculative Mason* (numéro d'avril 1948), nous notons une étude sur « la mort du Compagnon » ; il s'agit naturellement de l'initiation au grade de Maître et de l'identification du récipiendaire à Hiram, en vertu de laquelle « il doit s'élever à un niveau où il agira pour des motifs supérieurs à lui-même et participant d'un caractère universel », ce qui est rapproché à juste raison de la notion du détachement des fruits de l'action suivant la *Bhagavad Gîtâ*. – Plusieurs auteurs étudient la signification de la maxime « Connais-toi toi-même » ; d'une façon générale, ces exposés insistent surtout sur la nécessité d'orienter la conscience vers l'intérieur, la faisant pénétrer graduellement de l'état tout superficiel dans lequel vit l'homme ordinaire à d'autres états de plus en plus profonds, jusqu'à ce qu'elle parvienne finalement, après s'être dégagée ainsi de toutes les limitations contingentes, à atteindre le centre même de l'être, où réside le véritable « Soi ».

— Dans *Atlantis* (n° de mars 1948), M,Paul le Cour (ou plutôtPaul le C-R), écrivant sur *Le cœur et le cerveau*, prétend présenter à ce sujet « une théorie toute nouvelle », et qui en effet ne l'est que trop : « elle tend à considérer que le cœur est le siège de l'intelligence et de la sensibilité, mais que la volonté, la conscience, la raison, qui caractérisent l'esprit (?), ont le cerveau pour instrument chez l'homme » ; et, renversant complètement les rapports normaux et véritables, il part de là pour faire de la raison « une faculté supérieure à l'intelligence » ! En ce qui concerne les symboles du cœur et du cerveau, à côté de quelques choses intéressantes qui d'ailleurs ne sont pas du lui, et dont une bonne partie est tirée des travaux de L. Charbonneau-Lassay, il se trouve comme toujours beaucoup de fantaisies, parmi lesquelles nous relèverons seulement celles qui se rapportent au *Chrisme* et aux mots *Cor* et

Roc (il s'agit naturellement là encore de sa nouvelle obsession des « archimystes » rosicruciens, celle-là même qui l'a amené à modifier sa signature, et nous nous en voudrions de ne pas signaler aussi, à ce propos, un rapprochement vraiment inattendu entre les « curètes » et les « curés »), et à ce qu'il appelle les « noms prédestinés », qui décidément, c'est le cas de le dire, lui tiennent fort à cœur...

Octobre-novembre 1948

— Dans le *Symbolisme* (numéro de septembre-octobre 1947), P. O'Neill, dans un article intitulé *À propos des « Résolutions de New York »*, examine certains aspects de la divergence qui existe entre la Maçonnerie anglo-saxonne et la Maçonnerie française, et qui semble due surtout à ce que, partant l'une et l'autre des conceptions exprimées dans les Constitutions d'Anderson, elles s'en sont écartées en quelque sorte en sens inverse au cours de leur développement ; ainsi, tandis que la Maçonnerie française accentuait de plus en plus la tendance à la « modernisation », la Maçonnerie anglaise, grâce à l'action des « Anciens », s'est au contraire rapprochée de la vraie tradition à laquelle Anderson avait porté de fâcheuses atteintes. – Dans le numéro de novembre, sous le titre *Initiation et mythe adamique*, Gaston Moyse fait certaines réflexions à propos de la substitution aux deux colonnes, dans un temple maçonnique, de deux statues représentant un homme et une femme ; il est bien certain que les deux colonnes symbolisent en effet les deux principes complémentaires qui peuvent être désignés comme masculin et féminin, mais nous pensons cependant qu'une telle figuration anthropomorphique, outre qu'elle n'a évidemment rien de traditionnel, restreint beaucoup la portée de ce symbolisme, en attirant exclusivement l'attention sur ce qui n'en est en réalité qu'une simple application particulière. – Dans les deux mêmes numéros et dans celui de décembre, nous trouvons une étude intitulée *Spécimen d'une interprétation hiéroglyphique d'après le P. Kircher*, par Louis Coulon ; il s'agit de l'explication d'une figure d'une table isiaque du Musée de Turin, représentant un scarabée à tête humaine accompagné de plusieurs symboles accessoires, Les commentaires du P. Kircher, pour qui cette figure « résume les plus grands mystères et recèle les plus hautes puissances », ne manquent assurément pas d'intérêt en eux-mêmes, mais nous devons dire qu'il est extrêmement douteux qu'on puisse les prendre, dans leur ensemble, pour une expression d'idées authentiquement égyptiennes. Il est d'ailleurs certain que le monument en question n'est pas très ancien, car on y voit, non pas une inscription hiéroglyphique, mais quatre caractères qui ne peuvent être que des lettres grecques plus ou moins mal formées, et assez difficiles à interpréter pour cette raison même (nous ne croyons pas, en tout cas, qu'elles puissent former le mot *philo*) ; il est bien évident par là qu'il ne peut dater que de la période alexandrine. Mais ce qui est assez curieux, et dont on ne semble pas s'être aperçu, c'est que cette figure est manifestement le prototype d'une autre qui se trouve, paraît-il, dans un ouvrage arabe d'Ibn Wahshiyah ; il y a la une véritable énigme, et il serait sûrement intéressant que quelqu'un fasse des recherches à ce sujet ; mais il y aurait lieu alors de s'assurer tout d'abord si von Hammer, dont la « documentation » est toujours bien suspecte, n'y serait pas pour quelque chose comme nous le soupçonnons. – Dans le numéro de décembre, Marius Lepage a consacré un article, à l'occasion du cinquantenaire de sa mort, à Stanislas de Guaita, dont le *Symbolisme* a commencé ensuite à publier, à partir de janvier 1948, les fragments du *Problème du Mal* accompagnés de commentaires d'Oswald Wirth. – Dans les numéros de décembre 1947 et de janvier et février 1948, J.-H. Probst-Biraben étudie *L'hermétisme des anciens littérateurs méditerranéens* ; en fait, il s'agit surtout du *Roman de la Rose*, et aussi de Dante et de Rabelais ; il y a là des rapprochements intéressants, notamment avec le Soufisme ; mais nous nous demandons pourquoi il est aujourd'hui tant de gens qui semblent croire qu'il existe un symbolisme spécifiquement « méditerranéen ». – Dans le numéro de janvier, Albert Lantoine examine longuement le livre de M. Chettéoui sur *Cagliostro et Catherine II*, dont nous avons également rendu compte ici (voir numéro d'avril-mai 1948) ; il s'attache surtout à démêler les raisons diverses de l'hostilité de Catherine II à l'égard de la Maçonnerie en général et de Cagliostro en particulier ; sur le caractère et le rôle de celui-ci, ses conclusions sont, sinon favorables, du moins assez modérées. – Dans les numéros de mars, avril et mai, J. Corneloup fait l'historique des *Constitutions du Grand-Orient de France* et de leurs modifications successives au cours du XIXe siècle, surtout de celle de 1877 qui eut de si fâcheuses conséquences. Ce qui est vraiment singulier, c'est que les procès-verbaux du Couvent dont il s'agit ne font aucune mention de la suppression de la formule du « Grand Architecte de l'Univers », et qu'il ne s'y trouve même pas trace d'un vote concernant une « réforme des rituels » qui devait impliquer notamment cette suppression, vote qui cependant a certainement eu lieu ; quelles peuvent bien être les raisons de cette étonnante lacune ? À ce propos, nous signalerons un autre point curieux dont il n'est pas question dans cet article : c'est la décision de supprimer tous les « emblèmes ayant un caractère religieux ou monarchique » ; cette décision, qui dut être prise par le Grand Collège des Rites, paraît bien se rattacher à la même « réforme » ; mais nous avons sous les yeux un document qui montre que dès 1876, sur le sceau dudit Grand Collège des Rites, la devise écossaise *Deus meumque jus* avait été changée en *Suum cuique jus*, et que l'aigle à deux têtes s'y était déjà métamorphosé en ce que quelqu'un appela un jour « une sorte de chimère apocalyptique » ; comment et pourquoi ces changements (qui d'ailleurs ne s'accordaient guère avec la revendication de régularité du Grand-Orient en ce qui concerne les hauts grades du Rite Écossais) ont-ils été opérés ainsi au moins un an avant le vote dont ils sembleraient logiquement devoir être une conséquence ? Nous ne nous chargerons pas de l'expliquer, n'ayant pas à notre disposition tous les éléments nécessaires ; mais nous croyons qu'il ne serait pas sans intérêt de chercher à éclaircir cet autre mystère.

— Dans le numéro de juin, nous noterons un article sur *Le symbolisme du troisième degré* et ses relations avec l'ensemble du symbolisme maçonnique, et un autre sur *Le symbolisme et le folklore*, qui, malgré certaines vues justes, témoigne d'un peu trop d'« éclectisme » vis-à-vis de diverses théories modernes, et qui ne va certainement pas au fond de la question.

Janvier-février 1949

— Nous avons reçu les trois premiers numéros d'un bulletin polycopié intitulé *Ogam*, qui est l'organe des « Amis de la Tradition Celtique » ; cette publication est la conséquence d'une scission survenue parmi les rédacteurs de *Kad* à la suite de ce dont nous avons parlé récemment (voir n° de juillet-août 1948) : ceux d'entre eux qui ont voulu prendre une attitude nettement traditionnelle n'ont pas été suivis par les autres, et ce sont eux qui ont fondé ce nouveau bulletin ; nous leur souhaitons de trouver bientôt les moyens d'en améliorer la présentation un peu « rudimentaire ». Nous y noterons plus particulièrement une étude sur la constitution de l'homme d'après les données de la tradition celtique comparée avec celles de la tradition hindoue, ainsi que des traductions de textes irlandais et le début d'études sur la mythologie celtique qui promettent d'être intéressantes ; mais peut-être, pour ces dernières, s'appuie-t-on avec un peu trop de confiance sur les travaux de M. Georges Dumézil, qui nous paraissent contenir bien des vues assez contestables et ne s'accordant pas entièrement avec le point de vue traditionnel.

— Les *Études Carmélitaines* ont fait paraître, dans le Courant de l'année 1948, un numéro spécial sur *Satan* ; c'est un gros volume qui comprend exactement 666 pages, nombre qui, en l'occurrence, semble bien avoir été voulu expressément. Il y a là-dedans des choses qui procèdent de points de vue très divers et qui sont d'un intérêt assez inégal ; quand il s'agit de considérations purement théologiques, il n'y a naturellement rien à redire, mais, dans les articles dont le caractère est surtout historique ou exégétique, on sent trop souvent une influence assez marquée de certaines idées modernes. Il en est pourtant un où nous avons trouvé des réflexions très justes sur le matérialisme de fait qui empêche tant de nos contemporains, même parmi ceux qui se disent « croyants », de penser sérieusement à l'existence des choses invisibles, et sur « l'impression de gêne et de désagrément que cause l'idée de l'existence du Diable au commun des hommes d'aujourd'hui », d'où une tendance de plus en plus prononcée à « minimiser » ce sujet ou même à le passer entièrement sous silence ; et ce qui est vraiment curieux, c'est que l'auteur de cet article n'est pas un religieux, mais un professeur de la Sorbonne. – Une étude sur *L'adversaire du Dieu bon chez les primitifs* contient des renseignements assez intéressants, quoique la classification des civilisations dites « primitives » qui y est adoptée nous paraisse appeler bien des réserves. En tout cas, ce que nous ne pouvons qu'approuver, c'est la façon dont y sont dénoncées les confusions auxquelles donne souvent lieu l'usage ou plutôt l'abus du nom de « diable », qui, correspondant à une notion bien déterminée, ne saurait, même lorsqu'il s'agit réellement d'entités maléfiques, être appliqué indistinctement dans tous les cas. Malheureusement, il n'est pas bien sûr que tous les collaborateurs de la revue soient eux-mêmes indemnes de ces confusions ; les légendes qui ont été mises à certaines illustrations nous font même craindre que quelques-uns d'entre eux n'aillent jusqu'à partager l'erreur grossière des voyageurs mal informés et incompréhensifs qui prennent pour des « diables » les divinités « terribles » du *Mahâyâna* ! – Signalons aussi une autre étude, *Le Prince des Ténèbres en son royaume*, qui contient la traduction de curieux textes manichéens ; il nous semble qu'il y aurait surtout intérêt à les examiner au point de vue de leur symbolisme, ce que n'a guère fait l'auteur ; ils sont d'ailleurs fort loin d'être clairs, et on a l'impression que ces fragments ne nous sont parvenus que dans un état bien défectueux et même plutôt désordonné ; au fond, saura-t-on jamais exactement ce que fut en réalité le Manichéisme ? – Nous passerons sur ce qui se rapporte à des « diableries » diverses, procès de sorcellerie, cas de possession et de pseudo-possession ; nous mentionnerons seulement, à titre de curiosité, la reproduction de quelques documents inédits concernant l'abbé Boullan, suivie d'une double étude graphologique et psychiatrique. Mais, à propos de psychiatrie, que dire de la place qu'on a cru devoir faire par ailleurs à la psychanalyse, à tel point qu'on va jusqu'à parler (nous voulons croire du moins que ce n'est qu'en un sens figuré) d'une « psychanalyse du diable » ? Voilà encore une infiltration de l'esprit moderne qui nous paraît particulièrement inquiétante ; et, quand on associe à l'avènement de cette psychiatrie suspecte « le développement de l'esprit critique », avec une intention visiblement bienveillante, cela non plus n'est pas fait pour nous rassurer... Quant aux articles qui touchent à l'art et à la littérature, ils donnent, dans leur ensemble, une impression plutôt confuse, et beaucoup des considérations qu'ils contiennent ne se rattachent à la véritable question du satanisme que d'une façon assez détournée. Une chose qui nous a étonné, c'est que, au sujet de l'action de Satan dans le monde actuel, on n'ait guère trouvé à parler que d'Hitler et du national-socialisme ; il y aurait eu pourtant fort à dire sur l'influence de la contre-initiation et de ses agents directs ou indirects ; mais, à cet égard, nous trouvons seulement, dans une note de la rédaction, quelques lignes consacrées incidemment au sinistre « magicien noir » Aleister Crowley, dont on a annoncé la mort vers la fin de 1947 ; c'est vraiment bien peu... – Ce qui doit retenir davantage notre attention, c'est une longue étude (si longue qu'il semblerait qu'on ait voulu en faire la partie principale de ce volume) intitulée *Réflexions sur Satan en marge de la tradition judéo-chrétienne*, dont l'auteur, M. Albert Frank-Duquesne, est en même temps un des collaborateurs des *Cahiers du Symbolisme Chrétien* dont nous avons parlé récemment (n° de septembre 1948), et précisément celui qui nous a attribué gratuitement une attitude « aux antipodes de l'esprit chrétien ». Ici encore tout en nous adressant des éloges quelque peu équivoques et, si l'on peut dire, « à double tranchant », il a éprouvé le besoin de s'en prendre à nous à propos de ce que nous avons dit du symbolisme « ambivalent » du serpent, dont il se donne beaucoup de peine pour essayer de nier l'aspect bénéfique ; il semblerait vraiment qu'il n'ait jamais entendu parler du serpent pris comme symbole du Christ, ni de l'amphisbène qui, dans l'ancien symbolisme chrétien, réunit les deux aspects opposés ; quel dommage que le fâcheux accident survenu à l'édition du *Bestiaire* de L. Charbonneau-Lassay nous empêche (momentanément, espérons-le) de l'y renvoyer ! Son travail, d'une façon générale, est d'ailleurs fort érudit (il a même voulu y mettre trop de choses, parmi lesquelles nous reconnaissons bien volontiers qu'il en est d'excellentes, comme par exemple la mise au point de la question des « purs esprits »), mais d'une érudition qui n'est peut-être pas toujours parfaitement sûre, ce qu'on ne peut pas, à vrai dire, reprocher trop sévèrement à quelqu'un qui se déclare lui-même « autodidacte quasiment complet »... Mais il a dû lire beaucoup d'ouvrages occultistes, et probablement aussi fréquenter certains milieux de la même catégorie et il a le tort d'accepter de confiance toutes les informations plus ou moins bizarres qu'il a pu y recueillir. C'est ainsi qu'il attribue aux « Rose-Croix » des théories qui sont tout simplement le fait de quelques pseudo-rosicruciens modernes du genre de Steiner ou de Max Heindel, ce qui n'est certes pas la même chose ; de même, il n'hésite pas à qualifier à maintes reprises de « traditions initiatiques » des fantaisies occultistes et théosophistes qui n'ont assurément rien de traditionnel ni d'initiatique ; il paraît avoir été notamment fasciné par les « Seigneurs de la Flamme » de Mme Blavatsky, et, pour comble de disgrâce, il va même, dans un de ces cas, jusqu'à se référer aux « Polaires » et à leur fantasmagorique *Asia Mysteriosa* ! Il faut nous borner, mais nous ne pouvons cependant pas nous dispenser de citer encore, dans le même ordre d'idées, un autre exemple tout à fait typique de quelqu'un dont nous croyons plus charitable de ne pas redire le nom, bien que lui-même l'écrive en toutes lettres, avoir connu « le cas de deux victimes de l'Agartha, foudroyées à distance après avertissements » ; quelle étrange idée ces gens se font-ils donc de l'Agartha, et ne la confondraient-ils pas avec ces « parodies » des plus suspectes qu'on voit surgir de temps à autre et dans lesquelles le charlatanisme se complique souvent de choses bien pires et autrement dangereuses ? En lisant de pareilles histoires, qui ne font que trop bien le jeu des « contrefacteurs » de toute sorte, car ils ne peuvent rien souhaiter de mieux que de voir admettre ainsi leurs prétentions sans fondement, on se croirait presque revenu aux beaux temps de la défunte *R.I.S.S.* ! On peut d'ailleurs se demander s'il y a vraiment là autant de naïveté qu'il le semblerait à première vue, ou si tout cela ne fait pas plutôt partie intégrante de ces nouvelles confusions qu'on cherche à répandre au sujet de l'ésotérisme et que nous avons dénoncées en ces derniers temps (et nos lecteurs pourront maintenant comprendre encore mieux les raisons que nous avions de le faire). Ce qui est encore plus singulier que tout le reste, et aussi plus nettement significatif au même point de vue, c'est la façon dont l'auteur s'attaque à *Metatron*, qu'il prétend avoir été « substitué » à *Memra* et qu'il veut lui opposer, déclarant qu'« il faut choisir » entre les deux, comme s'il ne s'agissait pas de deux principes tout différents et qui ne se situent même pas au même niveau ; il y a là tout un paragraphe qui serait à examiner presque mot par mot si nous en avions le loisir, car c'est certainement celui qui « éclaire » le plus complètement les intentions qui se cachent sous tout cela. La traduction de *Sâr ha-ôlam* par « Prince de ce monde » est une véritable énormité, contre laquelle nous avons eu bien soin de mettre expressément en garde, et M. Frank-Duquesne ne peut évidemment pas l'ignorer, puisque, quelques lignes plus loin, il cite le Roi du Monde ; mais précisément, cette citation s'accompagne d'une énumération hétéroclite de « sectes secrètes », qui se termine par une mention d'« affiliés de l'Agartha », (c'est décidément une obsession) dont nous voudrions bien savoir à qui ou à quoi elle peut se rapporter en réalité... Nous ne pouvons aucunement admettre ces assimilations et ces insinuations plus que tendancieuses, ni les laisser passer sans protester énergiquement ; ce n'est pas entre *Memra* et *Metatron*, mais c'est entre l'ésotérisme et ses contrefaçons plus ou moins grossières qu'« il faut choisir » ; nous savons bien que M. Frank-Duquesne et ses collaborateurs éluderont toujours toute explication nette en disant que « mentionner et citer n'est pas synonyme d'approuver et d'entériner », ce qui les dispense (ils le croient du moins) de laisser voir le fond de leur pensée ; mais tous les gens de bonne foi qui connaissent notre œuvre n'auront sûrement pas besoin de plus de précisions pour savoir à quoi s'en tenir sur de pareils procédés !

— Le *Speculative Mason* (numéro de juillet 1948) contient une série d'études sur les divers symboles figurant dans le *Tracing Board* du 1ᵉʳ degré ; elle est précédée d'un exposé historique, auquel sont jointes quelques indications intéressantes concernant le rituel opératif. De cet exposé, il résulte notamment que la forme adoptée actuellement en Angleterre pour le *Tracing Board* est en somme assez récente, puisqu'elle ne date que de 1849 ; antérieurement, il semble qu'il y ait eu une assez grande variété dans les dessins employés par les différentes Loges, bien que naturellement les symboles principaux s'y soient toujours retrouvés d'une façon constante. L'auteur déplore avec juste raison que les interprétations purement « moralisantes », qui ont acquis une sorte d'autorité par le fait de leur incorporation aux rituels imprimés, soient devenues par là même un empêchement à toute recherche d'une explication d'ordre plus ésotérique. – Nous mentionnerons aussi le début d'un article intitulé *On asking questions* ; il ne s'agit pas là de questions à poser extérieurement, mais d'un effort de concentration qui doit nous amener à trouver les réponses en nous-mêmes, car « la semence de la sagesse est en nous et sa croissance s'opère de l'intérieur à l'extérieur », et, comme l'enseigne la *Bhagavad-Gîtâ*, tout est compris dans la véritable connaissance spirituelle, qui n'est en définitive rien d'autre que la connaissance du « Soi ».

— Nous avons reçu la première année (de septembre 1947 à juin 1948) de la revue *Masonic Light*, publiée à Montréal ; il s'y trouve surtout des recherches historiques, dont la plupart se rapportent à la question assez obscure et controversée des origines de la Maçonnerie au Canada, mais qui, malgré ce caractère plutôt « local », n'en sont pas moins dignes d'intérêt. Par contre, nous avons remarqué l'absence à peu près complète d'articles touchant plus ou moins directement au symbolisme, et nous nous demandons quelles peuvent bien être les raisons de cette lacune un peu étonnante. D'autre part, les rédacteurs de cette revue constatent avec regret l'ignorance générale de tout ce qui concerne la Maçonnerie des autres pays, et ils se proposent de tâcher de remédier à ce fâcheux état de choses, qui d'ailleurs n'est certes pas particulier au Canada ; ils auront sans doute fort à faire à cet égard, à en juger par des notes diverses et plus ou moins contradictoires, notamment au sujet de la Maçonnerie française, qui donnent l'impression qu'on a bien de la peine à se faire sur celle-ci des idées tant soit peu exactes. À ce propos, signalons, à un point de vue plus général, le grand intérêt qu'il y aurait à étudier d'un peu plus près la question, que nous trouvons mentionnée ici incidemment, et qui semble d'ailleurs fort difficile à éclaircir complètement, de l'existence de la Maçonnerie en France avant la date communément admise de 1725, et de ce que pouvait bien être en réalité un « rite écossais » qui, au dire de certains, y aurait été établi dès 1688 ; cela donnerait peut-être l'explication de certaines particularités des rituels français, qui ne peuvent sûrement pas provenir de ceux qui étaient pratiqués par la Grande Loge d'Angleterre. Notons encore un détail assez amusant : c'est l'étonnement manifesté en apprenant l'existence du Martinisme, qui pourtant n'a jamais été quelque chose de très caché, par la découverte fortuite à Montréal d'un rituel de la branche américaine du Dr Blitz ; et, puisqu'une question est posée à ce propos sur la signification du nom d'Éliphas Lévi, nous pouvons y répondre bien facilement : c'est, non pas une traduction, mais tout simplement une « hébraïsation » par équivalence phonétique approximative, de ses prénoms Alphonse-Louis ; quant à *Zahed* (et non *Zaheb*), c'est la traduction de Constant (et non Contant) qui était son nom de famille ; il n'y a donc là rien de bien énigmatique.

— Dans *Atlantis* (n° de septembre 1948), M. Paul Le Cour (il s'est décidé pour cette fois à signer d'une façon « normale »), se mettant *À la recherche d'une doctrine*, la commence par un prétendu exposé du *Brâhmanisme*, qui, comme on pouvait s'y attendre de sa part, n'en est en réalité qu'une odieuse caricature ; outre les fantaisies habituelles sur la « race aryanne » ou « arganne » et sur *Aor-Agni*, il y a là à peu près autant d'erreurs que de mots, et il y en a même par surcroît quelques-unes qui ne se rapportent pas au Brahmanisme, témoin cette assertion vraiment énorme que « les Soufis sont les tenants du Mazdéisme » ! Le but principal de ce beau travail semble être, non seulement de dénigrer l'Inde une fois de plus, mais plus particulièrement de persuader à ses lecteurs qu'elle a tout emprunté à l'Occident, surtout à la Grèce et... au Christianisme nestorien : il n'en est évidemment pas à un anachronisme près. Tout cela ne mérite certainement pas qu'on s'arrête à le relever en détail, et ce serait franchement risible si, au fond, il n'était pas plutôt triste de voir s'étaler ainsi tant de haineuse incompréhension. En ce qui nous concerne, nous devons constater que, malgré toutes nos rectifications, il s'obstine à nous attribuer, pour la vingtième fois peut-être, une phrase, toujours la même, que nous n'avons jamais écrite ; dans ces conditions, est-il encore possible d'admettre qu'il le fait avec une entière bonne foi ? Au surplus, nous devons encore lui signifier expressément que nous n'avons jamais entendu nous faire le « propagateur » de quoi que ce soit, et aussi que nous n'avons jamais eu aucun « disciple ». Dans un compte rendu dérisoire du livre de notre collaborateur F. Schuon (il s'est encore amusé, suivant son habitude, à compter les mots de certaines phrases) il a laissé échapper une affirmation qu'il est bon d'enregistrer : il écrit que « l'intuition intellectuelle, c'est l'esprit d'invention, la technique, l'instinct des insectes, des castors » (combien cela est « intellectuel » en effet !), ce qui revient à dire que, en dépit de toutes nos explications précises, il la confond purement et simplement avec l'intuition Bergsonienne, ou qu'il confond le supra-rationnel avec l'infra-rationnel ; cela seul ne suffit-il pas à donner assez exactement la mesure de la compréhension dont il est capable ? Voilà quelqu'un qui est vraiment bien qualifié pour dénoncer chez les autres de prétendues « erreurs »… qui n'en sont que pour ceux qui, comme lui, ignorent totalement le véritable sens des doctrines traditionnelles !

Avril-mai 1949

— Nous avons rendu compte précédemment (n° de Janvier-février 1946) des deux premiers volumes de la revue *Zalmoxis* ; il en a paru un troisième, qui porte la date 1940-1942, mais dont alors nous n'avions pas eu connaissance. Ce fascicule est, en grande partie, consacré à l'étude de certaines coutumes roumaines ; mais ce qu'il contient de plus intéressant à notre point de vue est un article de M. Mircea Eliade intitulé : *La mandragore et les mythes de la « naissance miraculeuse »*. À vrai dire, il n'y est pas question uniquement de la mandragore, mais aussi de diverses autres plantes auxquelles des propriétés similaires ont été attribuées, et parmi lesquelles il en est d'ailleurs qui sont assez difficiles à identifier exactement. Quant aux mythes dont il s'agit, ce sont ceux où un être humain est présenté comme né de telle ou telle plante ; ils paraissent très généralement répandus, de même que ceux, corrélatifs et inverses en quelque sorte, où le corps d'un héros mythique ou légendaire est changé en plante après sa mort. Tout en signalant l'intérêt de la documentation considérable qui se trouve rassemblée dans cette étude, nous insisterons de préférence sur la conclusion qui s'en dégage, et qui, tout en étant certainement juste, nous semble quelque peu incomplète et insuffisante à certains égards. Le point essentiel est en somme celui-ci : M. Mircea Eliade pense que, quand une plante déterminée et connue comme ayant une existence « concrète » est désignée dans des cas comme ceux-là, il faut y voir une « dégradation » de ce qui, à l'origine, se rapportait en réalité à des principes cosmiques représentés au moyen d'un symbolisme végétal. Nous sommes entièrement d'accord avec lui là-dessus, et nous ajouterons que cette « dégradation » est en quelque sorte parallèle à celle qui, comme nous l'avons fait remarquer en plusieurs occasions, a tendu à substituer plus ou moins complètement une utilisation « magique » à la signification symbolique primitive. Que d'ailleurs cette signification ait fini par être généralement incomprise à des époques plus ou moins récentes, et surtout dans les cas où les données traditionnelles se sont trouvées réduites à l'état « folklorique », cela n'est certes pas douteux, et non seulement pour le symbolisme végétal, mais tout aussi bien pour le symbolisme animal ou minéral : on en trouverait sans peine de nombreux exemples, et nous y avons fait allusion dans un de nos ouvrages (*Le Règne de la Quantité et les Signes des Temps*, ch. XIX). Seulement, si l'on s'en tient là, il est une question importante qui demeure sans réponse : pourquoi telle plante « concrète » a-t-elle été prise particulièrement, plutôt que toute autre, comme « substitut » de telle plante « mythique » originelle ? La vérité est qu'il y a là encore une application des « correspondances » sur lesquelles se fonde essentiellement tout symbolisme traditionnel : de même que la plante « mythique » est l'expression symbolique d'un principe, la plante « substituée » est réellement à son tour un symbole de cette plante « mythique », et cela parce qu'elle participe d'une certaine façon de la nature du même principe, si bien qu'on peut dire qu'elle en est une représentation dans le monde corporel, servant de véhicule à son influence et en portant véritablement la « signature » : c'est là-dessus que repose en définitive, non seulement l'usage proprement rituel de certains végétaux, mais aussi leur emploi dans la médecine traditionnelle. Il y aurait encore autre chose à dire à ce sujet : au fond, toutes les « substitutions » du genre de celles dont il s'agit se rapportent toujours à des « réadaptations » traditionnelles effectuées en conformité avec les conditions de telle ou telle époque, ainsi qu'on pourra le comprendre facilement en se reportant à ce que nous avons dit à propos du *soma* dans une de nos récentes études (*Parole perdue et mots substitués*, dans le n° de juillet-août 1948). Il n'y a donc vraiment dégénérescence que lorsque les correspondances symboliques cessent d'être comprises, et, si cependant on peut déjà parler d'une « dégradation » en ce qui concerne les « substitutions » elles-mêmes, c'est seulement dans le sens où les formes traditionnelles particulières constituent forcément aussi, à un degré ou à un autre, et en vertu du mouvement même de « descente » cyclique, des « dégradations » par rapport à la tradition primordiale.

— M. Marco Pallis a fait paraître en 1945 dans *The Wayfarers' Journal* un article intitulé *The Way and the Mountain*, dans lequel, remarquant que le titre de cette publication et du groupement dont elle est l'organe implique, quoique inconsciemment, un des symbolismes les plus anciens et les plus significatifs, celui du voyage (*wayfaring*), il donne tout d'abord, pour les lecteurs étrangers à ces questions, quelques notions sur le symbolisme en général, sa nature et ses usages. Il aborde ensuite le symbolisme de la Voie, en se référant notamment au Taoïsme et au Bouddhisme ; et, à propos de ce dernier, il signale la distinction, particulièrement nette dans le *Mahâyâna*, entre la « voie indirecte », qui est celle des hommes ordinaires, et la « voie directe », qui n'est suivie que par quelques-uns et qui peut être comparée à la « voie étroite » du Christianisme. Après avoir donné encore d'autres exemples empruntés à différentes traditions et dont chacun fait ressortir quelque aspect plus particulier de ce symbolisme, il en vient à la Montagne : beaucoup de pèlerinages ont pour but une montagne sacrée, qui est, dans tous les cas, une image comme un « substitut » de celle qui symbolise l'Axe du Monde ; et il est à remarquer que, tandis que la Voie pouvait d'abord être regardée comme située à un certain niveau, elle s'élève au contraire, dès qu'on est parvenu au pied de la montagne, suivant la direction « axiale », c'est-à-dire qu'on passe alors du sens horizontal au sens vertical. Un autre symbole important est celui du *cairn* ou monceau de pierres placé à l'entrée du sentier, puis se retrouvant aux principales étapes de l'ascension et finalement au sommet lui-même, et qui, étant un emblème et une image réduite de la Montagne symbolique, rappelle constamment au voyageur que la véritable Voie doit suivre l'axe, jusqu'à ce que soit atteint le sommet qui est le But suprême. Le voyageur peut d'ailleurs rencontrer sur son chemin des sommets secondaires qui apparaissent comme des buts transitoires, parce que tous symbolisent en quelque sorte le But final ; mais ce ne sont en réalité qu'autant de « stades », dont le principal est l'« état primordial », celui de l'« homme véritable », représenté chez Dante par le sommet de la montagne du Purgatoire. Le véritable sommet est le point unique où disparaît toute distinction entre les diverses routes qui y conduisent ; non seulement il n'occupe aucun espace, bien que la montagne tout entière y soit contenue, mais il est aussi hors du temps et de toute succession, et seul y règne l'« éternel présent ».

Juin 1949

— Dans la revue *Études* (n° de décembre 1948), le R. P. Jean Daniélou a publié un article intitulé *Le yogi et le Saint*, à propos de différents ouvrages concernant les doctrines hindoues, parmi lesquels les nôtres : nous devons dire franchement que, d'après ce que nous avions eu l'occasion de voir de lui précédemment sur d'autres sujets, nous nous serions attendu à plus de compréhension de sa part. Il est vrai que, au début, il a soin de marquer une différence entre la doctrine traditionnelle authentique telle que nous l'exposons et « l'hindouisme moderne, nous dirions presque modernisme », que d'autres s'attachent à présenter, et cela est assurément très bien ; mais, par la suite, il ne maintient guère rigoureusement cette distinction essentielle, si bien qu'on ne sait plus toujours très exactement à qui ou à quoi s'adressent ses critiques et ses objections, et qu'en définitive elles aboutissent malheureusement à une méconnaissance complète de l'idée même de la tradition. Il renouvelle la confusion qui consiste à parler de « mystique » au sujet de l'Inde, et il éprouve même le besoin de ressusciter la conception d'une soi-disant « mystique naturelle » lancée jadis par quelques philosophes « néo-scolastiques » dans les *Études carmélitaines*, qui elles-mêmes en sont d'ailleurs arrivées maintenant, comme on a pu le voir par ce que nous en avons dit récemment, à adopter une nouvelle attitude assez différente de celle-là… Nous n'entrerons pas dans le détail des erreurs d'interprétation qui, pour la plupart, ne sont que des conséquences plus ou moins directes de cette équivoque : ainsi, pour en donner un exemple, le *Yoga* n'est nullement assimilable à l'« union mystique », et toute comparaison qu'on prétendra établir en partant d'une telle assimilation sera nécessairement faussée par là-même. Nous ne comprenons d'ailleurs pas comment l'auteur, écrivant que « la mystique hindoue est une mystique de l'unité impersonnelle » a pu mettre en note une référence pure et simple à un de nos ouvrages, ce qui risque fort de faire croire à ses lecteurs que nous-même avons dit cela ou quelque chose d'équivalent ; un semblable procédé nous paraît pour le moins étrange, et il est difficilement concevable aussi qu'on puisse pousser l'incompréhension jusqu'à qualifier de « subtil syncrétisme » l'affirmation de l'unité transcendante de toutes les formes traditionnelles ! Mais ce qui est peut-être le plus curieux, c'est ceci : tout ce que le P. Daniélou dit des insuffisances de toute « sagesse humaine » est parfaitement juste en soi, et non seulement nous sommes entièrement d'accord avec lui là-dessus, mais nous irions même volontiers encore plus loin que lui en ce sens ; seulement, nous ne saurions trop protester contre l'application qu'il veut en faire, car, lorsqu'il est question de la tradition hindoue, et d'ailleurs également de toute tradition quelle qu'elle soit, ce n'est aucunement de cela qu'il s'agit, la tradition n'étant précisément telle qu'en raison de sa nature essentiellement supra-humaine. Les intentions les plus « conciliantes », si elles n'impliquent pas la reconnaissance de ce point fondamental, tombent en quelque sorte dans le vide, puisque ce à quoi elles s'adressent n'a rien de commun avec ce qui existe en réalité, et elles ne peuvent même qu'inciter à quelque méfiance ; une allusion à une tentative poursuivie actuellement pour créer une mystique chrétienne de structure « hindouiste » donne en effet à penser que certains n'ont pas renoncé aux visées « annexionnistes » que nous avons dénoncées autrefois. Quoi qu'il en soit, la conclusion qu'il nous faut surtout tirer nettement de tout cela, c'est qu'aucune entente n'est réellement possible avec quiconque a la prétention de réserver à une seule et unique forme traditionnelle, à l'exclusion de toutes les autres le monopole de la révélation et du surnaturel.

— *Les Cahiers du Symbolisme Chrétien* continuent à nous donner une impression assez « mélangée » ; comme les réserves qu'il y aurait lieu de faire seraient toujours à peu près les mêmes que celles que nous avons déjà formulées précédemment d'une façon générale (voir n° de septembre 1948), nous signalerons surtout cette fois les articles qui nous paraissent les plus dignes d'intérêt et les plus conformes au véritable point de vue traditionnel. – Dans le n° d'août-septembre 1948, M. Marcel Lallemand expose des considérations « ayant pour but de donner au lecteur une première idée du symbolisme, de lui faire prendre conscience de son importance primordiale », ce qui est certes loin d'être inutile, étant donnée l'ignorance complète de la plupart de nos contemporains à l'égard de tout ce qui se rapporte aux questions de cet ordre :

il le fait d'ailleurs d'une façon très claire et très juste dans l'ensemble ; mais pourquoi a-t-il, par un déplorable abus de langage, intitulé cet article *Initiation au symbolisme* ? Du même auteur, une étude concernant les *Traditions universelles sur la Vierge-Mère* contient de nombreux rapprochements intéressants entre les données qui se rencontrent à cet égard dans différentes formes traditionnelles tant orientales qu'occidentales ; et nous ne saurions trop l'approuver quand il dénonce comme une erreur l'opinion moderne suivant laquelle « le culte universel de la Vierge-Mère est d'origine naturaliste ». – Dans le n° d'octobre-novembre 1948, nous mentionnerons surtout des *Aperçus séphirotiques* de M. Paul Vulliaud et une note de M. Marcel Lallemand sur *Le symbolisme du point*. Dans ce même numéro se termine une étude du Dr J. De Wandel commencée dans le précédent et intitulée *Vers une nouvelle synthèse dans les sciences*, où, à côté de considérations excellentes et d'esprit nettement traditionnel, il se trouve des vues beaucoup plus contestables, à cause surtout de l'importance vraiment excessive qui y est accordée à une certaine « mythologie scientifique » ; quoi qu'on puisse penser des tendances de la physique la plus récente, dès lors que ce n'est toujours que d'une science profane qu'il s'agit, il ne faut pas se faire trop d'illusions sur la valeur réelle de ses théories ; ce n'est pas entre une conception matérialiste et une autre qui ne l'est plus que réside la séparation la plus profonde, mais entre le point de vue même de la science profane et celui de la science traditionnelle, et c'est faire preuve d'un « optimisme » bien injustifié que de croire que « le moderne d'aujourd'hui » est en train de retrouver « l'antique connaissance du symbole ». – Dans le n° de janvier-février 1949, *Le symbolisme des nombres chez Pythagore*, par M. André D. Toledano, s'en tient à des considérations peut-être un peu trop élémentaires et insuffisamment précises ; *Analogie et symbolisme*, par M. Marcel Lallemand, est un excellent exposé des différents genres d'analogie distingués par la philosophie scolastique, mais ne faudrait-il pas dépasser le point de vue de celle-ci pour atteindre réellement le fond de la question ? – À côté de tout cela, il y a malheureusement quelques autres choses d'un caractère plus douteux ou beaucoup moins sérieux, sur lesquelles nous préférons ne pas insister ; mais il nous faut tout au moins noter un phénomène qui nous paraît extrêmement curieux : c'est la place considérable que tiennent, dans les préoccupations de certains, les 153 poissons de l'Évangile ; bien entendu, nous ne voulons pas dire que la chose soit sans aucune importance, car, si ce nombre est expressément spécifié dans le texte sacré, il faut assurément qu'il y ait à cela quelque raison ; mais pourquoi cette question, somme toute très particulière, en arrive-t-elle à prendre ainsi le caractère d'une véritable obsession ?

— À la suite du compte rendu que nous avons fait, dans le n° de janvier-février 1949, du volume des *Études Carmélitaines* sur *Satan*, nous avons reçu de M. Frank-Duquesne une lettre de huit grandes pages dactylographiées, qui n'est d'un bout à l'autre qu'un tissu d'injures d'une inconcevable grossièreté. C'est là un document « psychologique » peu ordinaire et des plus édifiants ; aussi regrettons-nous vivement de ne pouvoir le reproduire en entier, d'abord à cause de sa longueur excessive, ensuite parce que certains passages mettent en cause des tiers qui sont entièrement étrangers à cette affaire, et enfin parce qu'il en est d'autres qui contiennent des termes trop orduriers pour qu'il soit possible de les faire figurer dans une publication qui se respecte. Cependant, nous en donnerons tout au moins, en les commentant comme il convient, des extraits suffisants pour que nos lecteurs puissent se faire une juste idée de l'étrange mentalité de ce personnage ; ils seront certainement aussi stupéfaits que nous-même qu'une grande revue catholique ait pu faire appel aux services d'un tel collaborateur ! – Voici tout d'abord le début de ce factum, dont nous respectons scrupuleusement le style et même la ponctuation : « La courtoisie… traditionnelle me fait un devoir de vous remercier. De m'avoir initié, à l'idiosyncrasie et aux dimensions intellectuelles de M. René Guénon. Faute d'une tribune – je ne traite pas de mes petites affaires personnelles dans les revues auxquelles je collabore : à chacun ses procédés – je me permets de vous rendre la monnaie de votre pièce grâce à la présente, assuré, d'ailleurs, que vous ne verrez aucun mal à ce que j'en envoie copie à une cinquantaine d'amis ». Ainsi, d'après ce Monsieur, des questions d'ordre doctrinal, car c'est uniquement de cela qu'il s'agissait pour nous, sont « nos petites affaires personnelles » ; chacun est naturellement porté à attribuer ainsi aux autres ses propres « dimensions », pour parler comme lui. Quant à la publicité qu'il veut donner à son élucubration, non seulement nous n'y voyons aucun mal, mais nous l'estimons tout à fait insuffisante pour qu'il puisse se faire juger comme il le mérite dans les milieux où il a réussi à s'introduire, et nous tenons, comme on le voit, à y contribuer aussi pour notre part. – Il se moque tout d'abord de notre « clairvoyance » (chose à laquelle nous prétendons d'autant moins que nous la regardons comme n'étant généralement que le signe d'un état de déséquilibre psychique), parce que, assure-t-il, le nombre de 666 pages n'a pas été « voulu expressément », du moins par la direction et les rédacteurs de la revue, qui tous en sont « restés stupides » ; à leur place, s'il en est ainsi, nous aurions été fort inquiet en faisant une pareille constatation, et, comme il paraît ressortir au surplus des explications qui suivent que ce beau résultat fut dû surtout à des allongements successifs et en quelque sorte involontaires de l'article de M. F.-D. lui-même, nous nous serions demandé à quelles singulières influences celui-ci pouvait bien servir inconsciemment de véhicule... Après avoir été jusqu'à nous traiter de « profane », ce qui est vraiment un comble, il ajoute cette phrase :

« Lorsqu'on pose au Grand Cophte, Monsieur, il faut éviter de donner l'impression qu'on fait le clown ». Nous n'avons assurément pas la moindre ressemblance avec Cagliostro, à quelque point de vue que ce soit, et on ne saurait tomber plus à faux ; pour ce qui est de « faire le clown », nous ne pouvons mieux faire que de retourner à notre charmant contradicteur ce compliment qui ne lui convient que trop bien ! Il prétend que nous nous sommes plaint « de ce que les "phénomènes" du satanisme contemporain se soient vu réserver si peu de place », alors que nous avons au contraire dit tout simplement : « Nous passerons sur ce qui se rapporte à des "diableries" diverses... », parce que cela est sans intérêt à notre point de vue, et ce dont nous nous sommes plaint en réalité, c'est qu'on n'ait à peu près rien dit de l'action actuelle de la contre-initiation, ce qui n'a rien de commun avec des fantasmagories quelconques ; voilà comment certaines gens savent lire ! Il nous reproche ensuite de « manier avec notre habituelle superbe le pluriel de majesté », en quoi il se rencontre de bien amusante façon avec M. Paul le Cour ; il ignore sans doute que l'emploi du « nous » est, pour quiconque écrit, une simple règle de savoir-vivre ; il est vrai que celui-ci n'est plus guère à la mode dans l'Occident actuel, et, en ce qui concerne spécialement M. F.-D., il est trop évident que la plus élémentaire politesse lui est totalement étrangère... Mais continuons nos citations : « Si vous n'étiez pas tenu par le fameux secret – pareil à la vaseline, dont les parois des autobus anglais proclament qu'elle est "good for all uses" – vous diriez des choses, mais des choses... » Quand on sait ce que nous avons écrit à maintes reprises sur certains prétendus « secrets » et sur l'abus qui en est fait par les occultistes de toute catégorie, cela devient décidément de plus en plus comique ! – Passons à quelque chose qui peut paraître un peu plus sérieux, car il s'agit d'un essai pour se justifier de nous avoir imputé une attitude « aux antipodes de l'esprit chrétien » ; la raison qui en est donnée est véritablement admirable : « Depuis la juste et salutaire expulsion des Gnostiques, depuis le rejet dans les ténèbres extérieures desPauliciens, Bogomiles, Cathares et Patarins, l'orbis terrarum chrétien a clairement donné à connaître qu'il vomit l'ésotérisme et le déterminisme de ses recettes déifiantes. Or, vous vous situez indubitablement, que je sache, dans le sillage ou la filière du Gnosticisme ». C'est vraiment bien dommage pour le « savoir » de M. F.-D. qu'il se trouve justement que le Gnosticisme sous ses multiples formes (qui ne fut d'ailleurs jamais de l'ésotérisme pur, mais au contraire le produit d'une certaine confusion entre l'ésotérisme et l'exotérisme, d'où son caractère « hérétique ») ne nous intéresse pas le moins du monde, et que, « indubitablement », tout ce que nous pouvons connaître nous est venu de sources qui n'ont pas le moindre rapport avec celle-là. Dans le même paragraphe, nous trouvons une phrase jetée incidemment et qui nous laisse perplexe :

« Je vous "suis" depuis le temps où vous étiez un des Orionides à la rue de Rome (du moins occasionnellement) » ; nous devons avouer que nous ne réussissons pas à comprendre de quoi il s'agit, mais, quoi que cela puisse vouloir dire, comme il est en tout cas impossible que nous ayons été ceci ou cela à notre insu, nous n'hésitons pas à y opposer le plus formel démenti. Ce qui ne vaut guère mieux sous le rapport de la vérité, c'est que ce Monsieur nous attribue des « sorties glacialement rageuses » ; nous le mettons au défi d'en indiquer une seule dans tous nos livres et dans tous nos articles sans exception ; mais c'est lui qui, en réalité, écume de rage à tel point qu'il est près d'en étouffer ! Mais poursuivons encore, car cela va devenir tout à fait instructif : « Si vous représentez, face à la "pseudo-initiation" et à la "contre-initiation", l'"initiation" véritable, celle-ci, à son tour, représente à mes yeux de croyant la forme la plus subtile, la plus déiforme (comme le singe est anthropoïde), la plus dangereuse de contre-religion ». Ainsi, et c'est là le plus important pour nous, M. F.-D. se range ouvertement parmi les pires ennemis de tout ésotérisme et de toute initiation ; la situation est donc parfaitement claire maintenant à cet égard, tout au moins en ce qui le concerne, et on comprendra que, même si nous n'avions réussi qu'à obtenir ces précisions, nous ne saurions trop nous féliciter d'un tel résultat.

Voici maintenant une conséquence imprévue de cette attitude : « N'ayant, comme Catholique, aucune raison d'adopter votre classification des groupements ésotériques plutôt qu'une autre, et n'ayant pour but que de révéler sommairement, à un public totalement ignorant de ces choses, ce qu'ont pu prétendre les innombrables milieux se réclamant de l'initiation, il était tout naturel "de tout mettre sur le même pied" ». Cela revient à dire qu'un Catholique, suivant la conception de M. F.-D., a le droit et même le devoir, s'il estime y trouver intérêt, de confondre sciemment, sans nul souci de la vérité, l'ésotérisme et l'initiation authentiques avec leurs multiples contrefaçons ; en fait de bonne foi, on ne saurait assurément trouver mieux ! – Nous arrivons à une histoire qui, après l'allusion aux énigmatiques « Orionides », achèvera de montrer ce que valent les racontars ramassés à droite et à gauche par M. F.-D. : « Où vous vous surpassez vraiment, c'est lorsque vous écrivez : "Pour comble de disgrâce (retenez bien ce mot 'disgrâce', Guénon : il va vous retomber sur le nez dans un instant), il (c'est moi) va même jusqu'à se référer (*sic*) aux 'Polaires' et à leur fantasmagorique *Asia Mysteriosa*". Mais qui a préfacé *Asia Mysteriosa* ? Un certain René Guénon. Qui a "lancé" les Polaires ? » (Nous devons supprimer ici plusieurs noms propres pour éviter des rectifications possibles.) « ... et M. René Guénon, qui ne dédaigna pas de s'atteler à faire marcher la petite mécanique à "lumière astrale". Oui, vous, Grand Epopte, c'est vous qui vous êtes intéressé à ce joujou "psychique", pour lequel je ne me serais pas dérangé ! C'est bien plus tard, en février 1931, que vous vous êtes brouillé avec *vos* Polaires ». La fin de l'alinéa est trop infecte, au sens le plus strict de ce mot, pour qu'il nous soit possible de la transcrire ; mais ce qui précède exige une mise au point, et celle-ci ne nous cause certes pas le moindre embarras. *Asia Mysteriosa* a paru avec trois préfaces, dont aucune n'est de nous ; il est vrai que nous en avions aussi écrit une, qui ne contenait d'ailleurs que des généralités aussi peu compromettantes que possible, mais nous ne l'avions fait que pour nous permettre d'attendre, sans rien brusquer, le résultat d'une certaine vérification à laquelle nous tenions à procéder, sans d'ailleurs avoir pour cela à faire marcher nous-même aucune « mécanique » (non plus qu'à nous « déranger », car on était venu nous solliciter chez nous, et c'est pourquoi la simple honnêteté nous faisait une obligation de contrôler sérieusement la chose avant de nous prononcer définitivement dans un sens ou dans l'autre) ; ce résultat ayant été négatif, nous retirâmes purement et simplement ladite préface, avec interdiction expresse de la faire figurer dans le volume, où il est bien facile à chacun de s'assurer qu'en effet elle ne s'y trouve pas. Cela se passait, non pas en février 1931, mais pendant l'été de 1929 (et c'est du reste à la fin de cette même année 1929 que parut *Asia Mysteriosa*) ; et dès 1927, nous étions si peu disposé à « lancer » les Polaires que nous nous refusâmes formellement à toute participation à leurs « travaux », n'ayant jamais eu le moindre goût pour les simagrées de la « magie cérémonielle », qui alors venaient d'apparaître soudain comme devant en constituer la partie principale. Comme il semble impossible que quelqu'un pousse l'inconscience jusqu'à affirmer, en s'adressant à nous-même, des faits nous concernant dont il connaîtrait la fausseté, il faut bien conclure de là que nous n'avions que trop raison de reprocher à M. F.-D. d'accueillir aveuglément tout ce qu'on lui raconte, du moins quand cela peut servir à sa thèse ; et nous pouvons encore lui retourner une des phrases aimables qu'il a l'audace de nous adresser : « Pour ce qui est de "marcher"…, indubitablement, oui, vous "marchez", et souvent. » – Nous ne nous attarderons pas, car cela n'en finirait plus, sur ses protestations contre les « mobiles secrets » que nous lui aurions attribués, d'autant plus que, qu'il en soit lui-même conscient ou qu'il soit mené à son insu comme tant d'autres, cela ne change rien au fond et ne nous intéresse en aucune façon. Suit une dissertation sur *Memra* et *Metatron*, par laquelle il pense nous accabler sous le poids de son érudition rabbinique ; nous pouvons l'assurer que toutes ses « autorités » ne nous impressionnent nullement, non plus que ses subtilités grammaticales, et ne nous empêchent pas de maintenir que *Sâr ha-ôlam* signifie bien « Prince du Monde » au sens absolu, c'est-à-dire de tout l'ensemble de la manifestation universelle, exactement comme l'expression similaire *Melek ha-ôlam*, qui revient si souvent dans les prières israélites et qui s'adresse à Dieu, ne peut évidemment pas signifier autre chose que « Roi du Monde » entendu dans le même sens ; mais, comme il déclare d'autre part qu'en fait de monde « nous ne connaissons que celui-ci, qui est le nôtre », nous ne pouvons que le plaindre d'être, à cet égard, « aussi plongé dans l'ignorance qu'un veau lunaire » ! – Nous n'avons pas encore vu le pire, et il va nous falloir encore faire de longues citations pour l'édification de nos lecteurs, tout en nous excusant de devoir leur infliger un pareil ennui : « Je ne puis pas, sans mentir à moi-même, sans trahison envers ce que j'ai de plus cher, ne pas vous tenir pour le plus perfide, le plus dangereux ennemi de Jésus-Christ "répandu et communiqué" dans son Église. Irréconciliable, comme l'asymptote avec l'hyperbole. Je tiens que votre *Symbolisme de la Croix*, par tout ce qu'il passe sous silence, sauf pour une allusion furtive et dédaigneuse dans l'introduction, est un livre révoltant et porteur d'une certaine *griffe* ». Et la prose « révoltante » de M. F.-D., quelle « griffe » porte-t-elle donc ? Vient ensuite une phrase concernant un philosophe « néo-scolastique » dont l'hostilité à notre égard nous est bien connue, mais à qui elle attribue, sur un point particulier, une intention qui, après vérification du texte complet, ne nous paraît cependant nullement évidente. « Je serais gravement coupable de me taire. Je ne vois pas ce qui vous vaudrait le droit d'échapper à la critique – ne fût-ce déjà que votre "ton" impayable d'"enflure" ontologique (après l'opérette "Si j'étais Roi", il en faudrait une : "Si j'étais Pape"), ce "ton" que ramassent pieusement dans votre sillage vos disciples, et qui leur confère à tous le même style impersonnel, délayé, pion, sans vigueur ni rien qui "ravisse", à tel point que j'ai pu rédiger des "à la manière de Guénon", que des connaisseurs ont pris pour d'authentiques morceaux de "métaphysique" ! Vous êtes un hérétique comme l'Église en a connu – et combattu – des milliers au cours des siècles ». Il nous faut donc apprendre à ce Monsieur une chose que nous croyions pourtant bien évidente : c'est que nul ne saurait être « hérétique » dans une forme traditionnelle autre que celle à laquelle il appartient ; il y a là une situation de fait dont il faut bien que lui-même et ses pareils se résignent à prendre leur parti. De plus, nous voilà obligé de répéter encore, peut-être pour la centième fois, que nous n'avons pas de disciples, que nous n'en avons jamais eu et que nous n'en aurons jamais ; quant à la question de style, c'est sans doute affaire de goût, mais, si M. F.-D. trouve le sien « ravissant », il sera probablement seul de cet avis ; mais voyons un peu plus loin : « Je vous accuse d'enfoncer une porte ouverte et de ferrailler dans l'eau (mais pourquoi ? vous n'êtes tout de même pas bête à ce point-là !) quand vous m'attribuez, ainsi qu'à mes mythiques "collaborateurs" une fausse "naïveté", la propagation de "nouvelles confusions", des "intentions cachées" que vous faite mine d'"éclairer" (à la manière du bonhomme qui, avec force simagrées, ferait semblant de découvrir la gibbosité d'un bossu). Vous parlez d'"assimilations" et d'"insinuations plus que tendancieuses" : quand vous m'aurez précisé lesquelles, je vous répondrai avec toute la brutalité voulue. Jusqu'à présent, j'ai toujours appelé un chat un chat, et Guénon un ennemi du Christ et de l'Église ». Et encore « Les "explications nettes" sont une jolie formule chez un personnage dont toute la méthode consiste à "économiser" la vérité, parce que l'"initiation" comporte le secret ! » Il y tient décidément, comme si nous n'avions jamais expliqué nettement en quoi consiste le véritable secret initiatique, le seul qui compte pour nous... « Je ne "laisserais pas voir le fond de ma pensée", à vous entendre ; quiconque m'a lu ou entendu doit se demander quel jeu vous jouez. De "pareils procédés", pour parler comme vous, constituent un aveu de rage : c'est embêtant d'être démasqué, hein ? » Oui, c'est très « embêtant » en effet, non pas pour nous qui n'avons jamais porté aucun « masque » (et nous ne savons que trop ce qu'il nous en a coûté toute notre vie), mais pour le triste sire auquel nous avons affaire, car enfin, si nos remarques n'avaient pas touché juste, pourquoi se mettrait-il dans une telle fureur qu'il en perd toute notion de dignité et même de simple décence ? « Enfin, quand vous me sommez de "choisir entre l'ésotérisme et ses contrefaçons", je saute avec un rire méprisant hors de ce cercle de Popilius : à d'autres, compère ! Hypnotisez des poules avec votre bout de craie : pas moi ! "Ésotérisme" contrefait ou grossier... c'est comme si vous me sommiez de choisir entre le Protestantisme vrai, celui des Réformateurs, et celui des "libéraux". Ni l'un ni l'autre ! L'un et l'autre à la chaudière ! » – Nous aurions voulu pouvoir nous arrêter sur cette « ravissante » manifestation de « charité chrétienne », mais, hélas ! il y a encore un interminable post-scriptum dont il nous faut bien citer aussi quelques « extraits significatifs » : « Visiblement, vous êtes non pas bouilli, mais roide, empesé de cuidance ! Votre ton pédant, pion, gourme, morigéneur, finira par vous attirer un jour les étrivières de quelqu'un de plus "calé" que vous. Avouez que certaines parties de votre article sont d'un âge prétentieux ! Comme vous ne mettez jamais de gants pour parler des autres, j'ai décidé qu'à l'avenir je n'en mettrais pas davantage pour vous mettre tout nu lorsque l'occasion justifiera ce geste de ma part. Le pontificat Guénon devient à la longue un trop funèbre canulard. Vos assertions peuvent réussir avec un public qui n'y va pas voir de trop près. Avec moi, bernique ! – Je ne vous demande aucunement de reproduire, même en partie, ma riposte dans les *Études Traditionnelles*.

D'abord,... » (Ici se place une insulte gratuite à l'adresse de notre Directeur). « Ensuite, parce que vous ne pourriez vous y résoudre, même si vous disposiez de l'espace voulu (sauf pour reproduire l'une ou l'autre de mes phrases, tronquée, ou détournée de son contexte et de son sens) ». Là-dessus, il verra qu'il s'est complètement trompé et que nous ne sommes ni effrayé ni même gêné par ses injures ; il est vrai qu'il pourra encore prétendre que nous avons « tronqué » certaines de ses phrases, parce que la nécessité d'abréger autant que possible (les *E. T.* n'ont jamais pu se permettre d'avoir 666 pages !) nous a fait supprimer telle incidente qui n'ajoutait rien d'important pour le sens, ou telle référence qui n'avait manifestement pour but que de faire étalage d'érudition ; mais poursuivons : « Enfin, parce que je ne tiens pas à remplir les colonnes de votre revue par une collaboration bénévole. Il m'importe peu que vos lecteurs aperçoivent le vrai Guénon ». Nous croyons plutôt, pour notre part, qu'ils apercevront le vrai F.-D. ! « Ce qui seul compte à mes yeux, c'est que vous vous jugiez vous-même (si vous en êtes capable, si vous n'êtes pas pétrifié par votre certitude d'infaillibilité). De vous à moi, entre nous deux, les yeux dans les yeux, je vous dit : Guénon, my boy, you are a humbug ». Et nous, à cet individu qui est certainement beaucoup plus jeune que nous, et à qui une seule langue ne suffit même pas pour exhaler sa rage, nous disons carrément : vous êtes un malotru ! « Si vous êtes vraiment un Jîvanmukta... » Nous voilà encore obligé de nous arrêter : où avons-nous jamais émis une pareille prétention, et où avons-nous même fait la moindre allusion à ce que nous pouvons être ou ne pas être, chose qui ne regarde absolument que nous ? « Si vous étiez vraiment un Jîvanmukhta, vous ne mentiriez pas, vous ne truqueriez pas vos textes, vous ne feriez pas des suppositions dignes de l'abbé Barbier ou du brave Delassus, vous vous garderiez comme de la peste de prêter des intentions à vos adversaires alors que *rien* ne les justifie. Surtout, vous seriez libéré de ce ton d'enfant précoce et premier-de-sa-classe ». Il faut convenir que la dernière phrase s'applique merveilleusement à quelqu'un qui a dépassé la soixantaine... « Je ne parle pas de l'excessive beauté spirituelle que laissent apercevoir telles de vos sorties contre l'humilité, la charité, la voie de l'amour théologal, la "passivité" mystique. Vous êtes un homme fort savant, un esprit puissant, subtil, mais votre caractère n'est pas estimable. You are not "sterling". You don't ring true. Et vos épigones n'atteignent pas à la hauteur de vos chaussettes ». Qu'importe notre caractère, qui, estimable ou non (et il n'en peut rien savoir), n'a en tout cas rien à voir avec ce que nous écrivons et ne saurait ni en augmenter ni en diminuer si peu que ce soit la valeur intrinsèque ? « Il y a si peu de têtes pensantes, à l'heure actuelle, que cela me peine d'avoir à vous écrire ainsi. Mais, vraiment, votre article des E. T., qu'on pourrait prendre pour un "à-la-manière-de" caricatural de Guénon, provoquait la rigolade ou la fessée. La seconde est plus charitable que la première ». – Cette fois, en voilà tout de même assez ; on comprendra que nous ne nous abaissions pas à répondre à des accusations qui vraiment ne peuvent nous atteindre, et dont tous ceux qui nous connaissent (ce qui n'est certes pas le cas de notre incivil contradicteur, quoi qu'il puisse prétendre) ne sauront d'ailleurs que trop bien ce qu'il convient de penser ; en écrivant toutes ces belles choses (et nous rappelons que nous n'avons pas pu reproduire les passages les plus malpropres de sa diatribe), ce personnage s'est en vérité, comme il dit, « jugé lui-même ». À part la grossièreté du langage qui lui est bien personnelle, les propos de ce soi-disant apôtre de la « charité chrétienne », qu'il affecte de vanter à tout instant, rappellent à la fois les disputes hurlantes de la synagogue (il n'est pas fils de rabbin pour rien) et les querelles venimeuses des prêcheurs de « fraternité universelle » qu'on rencontre dans les milieux néo-spiritualistes ; et il est vraiment bien qualifié pour parler de « beauté spirituelle » ! Nous avons, depuis une quarantaine d'années que cela dure, été en butte à bien des attaques de tout genre, mais, jusqu'ici, nous n'avions encore jamais constaté qu'une seule fois une telle explosion de haine véritablement « satanique » (c'est bien le cas de le dire), et cela de la part d'un sinistre individu qui, par une coïncidence au moins étrange, se plaisait à faire figurer dans sa signature le nombre 666 ! Nous regrettons d'avoir dû occuper trop longuement nos lecteurs d'une si méprisable affaire, mais il le fallait bien pour qu'ils sachent à quoi s'en tenir sur ce que valent certaines gens que nous ne saurions assurément consentir à traiter en « adversaires » comme ils en ont la prétention, car ce serait leur faire beaucoup trop d'honneur ; et nous terminerons en adressant à ce singulier Monsieur l'expression du profond dégoût que nous éprouvons en présence d'un pareil débordement d'ignominie, qui ne peut évidemment salir que son auteur.

Juillet-août 1949

— Nous avons reçu le premier n° (janvier-mars 1949) des *Cahiers d'Études Cathares* publiés par l'Institut d'Études Occitanes de Toulouse et dirigé par M. Déodat Roché. Celui-ci est l'auteur des principaux articles, l'un sur les *Contes et légendes du Catharisme*, parmi lesquels il fait d'ailleurs figurer des contes gascons dont le rapport avec le Catharisme n'est peut-être pas aussi évident qu'il le pense, et l'autre sur *Les documents cathares, l'origine manichéenne et les principales écoles du Catharisme*, où nous retrouvons certaines des idées qu'il avait déjà exprimées dans son livre dont nous avons rendu compte dernièrement (voir n° d'avril-mai 1949). Ce qui est le plus extraordinaire, c'est l'influence exercée sur lui par les conceptions de Rudolf Steiner, qu'il appelle « le fondateur d'une science spirituelle moderne », et qu'il dit avoir « décrit d'une manière profonde l'évolution spirituelle de l'humanité » ; une autre marque de cette même influence est la reproduction d'un article sur Bardesane paru dans la revue du *Goetheanum* de Dornach. – M. René Nelli, dans un article sur *Les Troubadours et le Catharisme*, reconnaît que « les allusions précises aux Albigeois et à leurs mœurs sont assez rares dans la poésie des Troubadours » ; il n'a pu y trouver que fort peu de traces d'une influence cathare, et encore la plupart sont-elles assez vagues. Aussi pense-t-il « qu'ils ont vécu, en marge du Catharisme, une autre "hérésie" plus douce, mieux adaptée à la société pour laquelle ils chantaient » ; quant à nous, nous dirions plutôt qu'ils appartenaient à un autre « courant », qui en réalité n'était nullement hérétique, mais proprement ésotérique, et qui n'était autre que celui des « Fidèles d'Amour ».

— Une étude sur *Les origines et le développement de la Kabbale juive d'après quelques travaux récents*, par M. G. Vajda, ne nous fait pas davantage sortir de l'« historicisme » : il semble qu'ici la grande affaire soit surtout de déterminer à quelle époque tel terme ou telle formule se rencontre pour la première fois dans un document écrit, ce qui n'a certainement pas la portée qu'on prétend lui attribuer ; bien entendu, on ne veut voir dans la Kabbale que le produit d'une élaboration due à une série d'auteurs individuels, puisque, dans tous les travaux profanes de ce genre, la question de l'existence d'un élément « non-humain » n'est même jamais posée, ce qui revient à dire que sa négation implicite est en réalité un de leurs postulats fondamentaux. Nous n'y insisterons pas davantage, mais nous ne pourrons nous dispenser de signaler qu'on retrouve encore ici une confusion constante entre ésotérisme et mysticisme ; cela aussi paraît donc tendre de plus en plus à devenir une de ces choses qu'on est convenu d'admettre communément sans autre examen et comme si elles allaient de soi, tellement grande est l'ignorance de nos contemporains à l'égard des notions traditionnelles les plus élémentaires !

— La revue *Ogam* (nos 4 et suivants) a continué à publier un certain nombre d'études intéressantes, parmi lesquelles nous citerons notamment une série d'articles sur le symbolisme polaire dans la tradition irlandaise, des notes sur le *Tribann* ou symbole des « Trois Rois », des articles sur les couleurs symboliques des trois classes (blanc pour le Druides, bleu pour les Bardes, vert pour les Ovates), sur la « Mère Divine », sur le symbolisme du solstice d'hiver, sur la tradition bardique, sur la musique dans la tradition celtique, un essai d'interprétation du conte gallois d'« Owen et Luned ou la Dame de la Fontaine », en rapport avec le symbolisme de l'arbre et de la forêt, et aussi la suite des traductions de textes irlandais que nous avons déjà mentionnées.

Septembre 1949

— Le sieur Frank-Duquesne, manifestement outré que nous ayons osé nous permettre de répondre à son immonde factum, nous a adressé une nouvelle épître pleine de rage ; notre premier mouvement a été de la jeter au panier purement et simplement, mais, à la réflexion, nous avons estimé que ce serait vraiment dommage pour la documentation et l'édification de nos lecteurs. Il commence par nous informer qu'un « ami parisien » lui a communiqué le n° des *E. T.* contenant notre réponse, que nous n'avions certes pas écrite avec l'intention qu'elle demeure ignorée de lui ; et, après avoir transcrit le « mot de commentaire » qui accompagnait cet envoi, il ajoute :

« Si je vous révélais le nom du signataire, vous tomberiez des nues... » Il se trompe fort en cela, car, sans qu'il nous le « révèle », nous l'avons immédiatement deviné ; ce n'était pas bien difficile, et il n'y avait pas besoin de recourir pour cela à la moindre « clairvoyance ». Quant à l'opinion de cet « ami parisien » (qui est peut-être lyonnais, mais peu importe), elle ne nous étonne pas le moins du monde, car il y a bien longtemps que nous sommes fixé a son égard ; quelqu'un qui qualifia jadis de « romans » certains de nos ouvrages peut bien aussi avoir trouvé que, dans notre réponse, nous « éludions toute justification » (nous n'avons d'ailleurs pas à nous « justifier » devant qui que ce soit, notre indépendance étant absolue sous tous les rapports) ; on peut être fort érudit et manquer de jugement, et nous croyons même que ce cas n'est pas extrêmement rare. Nous voulons bien pourtant donner satisfaction à l'« ami parisien » sur le point qu'il mentionne expressément, car cela peut très facilement se faire en quelques mots : notre attitude ne peut nécessairement qu'être favorable à toute organisation authentiquement traditionnelle quelle qu'elle soit, et d'ordre exotérique aussi bien que d'ordre ésotérique, par le seul fait qu'elle est traditionnelle ; comme il est incontestable que l'Église possède ce caractère, il s'ensuit immédiatement que nous ne pouvons être pour elle que tout le contraire d'un « ennemi » ; cela est d'une telle évidence que nous n'aurions jamais cru qu'il pouvait y avoir quelque utilité à l'écrire en toutes lettres ! Mais voyons maintenant ce que dit F.-D. lui-même : « Allez, Guénon, et ne péchez plus ! Et dites-vous bien que vous n'en imposez pas à tout le monde. La leçon valait bien une épître, sans doute... Enfin, si vous en êtes capable, demandez-vous qui a commencé... Je n'attaque jamais, je riposte toujours ». Comme audace, ou comme inconscience, c'est vraiment un peu fort : la question de savoir « qui a commencé » n'a même pas à se poser, puisque nous ignorions totalement l'existence de cet individu avant de lire les articles dans lesquels il a éprouvé le besoin de nous attaquer ; évidemment, il est bien persuadé, dans son inconcevable vanité, qu'il a le droit de dire de nous ce qu'il veut, mais que nous n'avons pas celui d'y répondre... Quant à vouloir « en imposer » à qui que ce soit, rien n'a jamais été plus loin de notre pensée : ce serait d'ailleurs absolument sans objet, puisque, dans toute notre œuvre, nous nous sommes toujours soigneusement abstenu d'introduire la moindre idée « personnelle », et qu'en outre nous nous sommes toujours refusé formellement à avoir des « disciples ». Continuons, car la suite est encore plus « instructive », tout au moins en ce qui concerne l'état mental de l'étrange personnage auquel nous avons affaire : « Lorsque vous prétendez que je "me plais à faire figurer dans ma signature le nombre 666", vous mentez, vous savez que vous mentez, et vous mentez délibérément. Le public qui vous lit n'en sait rien. Mais moi je le sais, et vous le savez. Et il me suffit que *vous* le sachiez ». Ce que *nous* savons parfaitement, c'est que nous ne mentons *jamais* ; mais ce que nous ne savions pas jusqu'ici, nous devons l'avouer (et nous le faisons d'autant plus volontiers que nous n'avons nulle prétention à la « psychologie »), c'est que la fureur pouvait faire tourner la tête à quelqu'un et lui troubler l'esprit au point de l'amener à affirmer avec une telle impudence, en s'adressant à nous-même, que nous avons écrit une chose qu'en réalité nous n'avons jamais écrite ni même pensée ! Quiconque est dans son bon sens n'aura qu'à se reporter au passage dans lequel se trouvent effectivement les mots cités pour se rendre compte immédiatement que ceux-ci ne se rapportent aucunement à F.-D., mais bien à un autre « sinistre individu » ; nous préciserons, pour le convaincre de son erreur, qu'il s'agit d'un soi-disant prince cambodgien qui fit jadis paraître contre nous dans le *Bulletin des Polaires* (le monde est vraiment bien petit !) un article haineux et grossier, et qui introduisait parfois dans sa signature un symbole du nombre 666 pour faire concurrence à feu Aleister Crowley. La comparaison que nous faisions portait seulement sur le « ton » heureusement exceptionnel de l'attaque, et, quant à la « coïncidence » à laquelle nous faisions allusion, elle consistait en ce que c'est l'incontinence verbale de F.-D. qui, de son propre aveu, a eu pour conséquence de porter finalement le nombre des pages de *Satan* à 666 ; il est vrai que cela aussi est bien une « signature »… Il y a encore quelques mots qui méritent d'être reproduits :

« Dire que je vous ai fait publier une phrase antisémite dans les *E. T.* Comme vous avez marché ! » Nous ne comprenons pas trop bien quelle intention il peut y avoir là-dessous : la phrase en question ne peut être que celle dans laquelle nous parlions des « disputes hurlantes de la synagogue » ; c'est là une simple constatation de fait qui est à la portée de chacun, et que nous aurions pu tout aussi bien, si nous en avions eu l'occasion, exprimer indépendamment de toute intervention d'un F.-D. quelconque ; il n'y a d'ailleurs là rien de spécifiquement « antisémite » (la politique ne nous intéresse en aucune façon ni à aucun degré), mais, même s'il en avait été ainsi, nous ne voyons pas en quoi cela aurait pu être particulièrement gênant pour les *E. T.*, qui assurément n'ont pas la moindre attache judaïque. Enfin, le personnage, qui décidément paraît bien être atteint de « glossolalie » (et l'on sait qu'il n'y a pas que des saints à présenter ce curieux phénomène), termine sa lettre par les mots *cave canem* ; pour une fois, il s'est bien jugé lui-même, et il s'est appliqué une désignation qui lui convient admirablement ; seulement, le malheur est que, pour nous faire peur, il faut bien autre chose que les aboiements d'un chien ! Pour reprendre ses propres expressions, l'« âne prétentieux » que nous sommes à ses yeux continuera donc, tant qu'il vivra, et sans lui en demander la permission, à « morigéner » qui il lui conviendra, et à « donner les étrivières » (ou la cravache) à tout « chien » qui fera mine de vouloir le mordre, ainsi qu'à tout individu mal intentionné, sot ou ignorant qui se mêlera des choses qui ne le regardent pas. Nous entendons bien être seul juge de ce que nous avons à dire ou à faire en toute circonstance, et nous n'avons de compte à en rendre à personne ; n'ayant rien de commun avec les Occidentaux modernes, nous n'avons certainement pas à être « sport », comme il dit dans son langage grotesque ; les raisons pour lesquelles nous agissons de telle ou telle façon ne concernent que nous-même, elles ne sont d'ailleurs pas de celles qui peuvent être comprises par le « public », et elles n'ont absolument aucun rapport avec les conventions qui peuvent avoir cours dans le monde profane en général et dans le milieu des « gens de lettres » en particulier. Nous espérons bien que l'« ami parisien » aura encore l'obligeance de se charger de faire parvenir ces réflexions « to whom it may concern » ! – Nous profiterons de cette occasion pour adresser tous nos remerciements aux très nombreux lecteurs qui ont tenu, à propos de cette ignoble affaire, à nous exprimer leur sympathie et leur indignation. Nous pouvons du reste les assurer que nous n'en avons pas été affecté le moins du monde, et que nous en avons seulement éprouvé, tout comme eux-mêmes, le plus profond écœurement ; un tel personnage est beaucoup trop petit et trop bas pour pouvoir nous atteindre, et ses ordures ne nous éclaboussent même pas !

— *Les Cahiers d'Études Cathares* (n° d'avril-juin 1949) donnent le texte et la traduction de la *Versa* de Raimon de Cornet, poète occitan du XIVe siècle ; c'est une satire assez vive de la société de son époque, mais il est fort douteux que cela puisse avoir quelque rapport avec le Catharisme. Le plus curieux est que, dans toutes ses œuvres, et le plus souvent à la fin, ce poète fait intervenir, comme une sorte de marque distinctive, la « Rose », à laquelle il donne d'ailleurs des significations diverses suivant les cas ; il y a très probablement là comme un « signe de reconnaissance » ayant une valeur ésotérique, mais nullement « hérétique » pour cela, pas plus que chez Dante ou chez les auteurs du *Roman de la Rose*. – M. Déodat Roché publie une étude historicophilosophique sur *Saint Augustin et les Manichéens de son temps* ; il s'attache à montrer que saint Augustin a mal compris le Manichéisme, dont il n'aurait connu qu'un aspect exotérique, mais les textes sur lesquels il s'appuie sont souvent bien obscurs et il ne semble pas que son interprétation soit exempte de toute idée préconçue ; à vrai dire, l'énigme du Manichéisme n'est sans doute pas encore près d'être résolue.

— Dans *Atlantis*, M. Paul Le Cour, s'étant mis *À la recherche d'une doctrine*, avait commencé ce qu'il lui plaît d'appeler une « étude objective » par une pitoyable diatribe contre le Brâhmanisme dont nous avons parlé en son temps (voir n° de janvier-février 1949), et il a continué en s'occupant du Bouddhisme. Nous n'avons pas eu connaissance du n° qu'il a consacré au Bouddhisme en général, mais seulement du suivant (n° de janvier 1949), dans lequel il est plus spécialement question du *Lamaïsme* ; naturellement, on y retrouve la plupart des opinions qui traînent un peu partout en Occident : déclamations contre les « pratiques grossières et superstitieuses », ce qui vise surtout le Tantrisme ; confusion qui fait prendre les *mantras* pour des « formules magiques » ; attribution d'un caractère « mystique » à ce qui est tout autre chose en réalité, allant même jusqu'à parler d'une « initiation mystique », qu'il faudrait d'ailleurs distinguer d'une « initiation ésotérique » ayant simplement pour but de « procurer les pouvoirs » ! Laissons là ce beau gâchis, et constatons seulement que l'auteur énonce triomphalement, dans ses conclusions, que le Lamaïsme « ne remonte qu'au VIIe siècle de notre ère », comme si jamais personne avait prétendu le contraire ; il est vrai que cela permet de supposer sans trop d'invraisemblance qu'il a été « influencé par le Christianisme », ce qui explique sa satisfaction ; à part cela, nous ne trouvons guère, comme digne d'être noté, que le reproche bien amusant qui est fait au Bouddhisme de « ne pas se préoccuper du démiurge » ! En ce qui nous concerne, M. Paul Le Cour nous traite encore de « propagandiste de l'Hindouisme » ; nous devons donc lui signifier une fois de plus que nous n'avons jamais été le « propagandiste » de quoi que ce soit, et que, étant donné tout ce que nous avons écrit aussi explicitement que possible contre la propagande sous toutes ses formes, cette assertion constitue une calomnie bien caractérisée.

— Dans le n° de mars, c'est de *L'Islamisme* qu'il s'agit ; à côté de quelques notions historiques plutôt élémentaires, il y a là les clichés européens habituels sur le « fatalisme », l'« intolérance », etc., atténués cependant, il faut le reconnaître, par quelques appréciations plus favorables et aussi plus justes ; mais la préoccupation principale de l'auteur semble être de soutenir que l'Islam n'a pas d'unité doctrinale, ce qui est complètement faux. Quant à ce qui est dit du « mysticisme » et du « soufisme », mieux vaut n'en pas parler, d'autant plus qu'il y a à ce propos une invraisemblable confusion entre la « métaphysique des soufis » et la philosophie arabe la plus exotérique ; mais il serait dommage de ne pas mentionner que le mot *Coran* donne lieu à une série de rapprochements d'une haute fantaisie, aboutissant naturellement à y retrouver l'inévitable *Aor-Agni*. Nous nous demandons pourquoi M. Paul le Cour a écrit cette phrase : « Je serais heureux si M. René Guénon voulait bien nous renseigner sur l'ésotérisme musulman dans un prochain n° des *Études Traditionnelles* » ; nous n'avons assurément à « renseigner » personne, et lui moins que tout autre, mais n'a-t-il donc jamais eu connaissance des nos spéciaux que les *Études Traditionnelles* ont déjà consacré précisément à ce sujet, sans parler de l'article que nous avons fait paraître sous le titre *L'Ésotérisme islamique* dans un n° spécial des *Cahiers du Sud*[47] ? D'autre part, nous sommes obligé de lui faire savoir que nous n'avons jamais été « converti » à quoi que ce soit, et pour cause (voir notre article *À propos de « conversions »*, dans le n° de septembre 1948, qui contient toutes les explications voulues pour réfuter cette sottise), et aussi que nous n'avons jamais pris la moindre part à aucun « mouvement », ce qui d'ailleurs nous ramène à la calomnie du « propagandisme », bien que cette fois ce ne soit plus l'Hindouisme qui est en cause. Par surcroît, il a trouvé bon de se faire l'écho d'un racontar qu'il n'a certes pas inventé, car nous l'avions déjà vu ailleurs, mais dont il a été visiblement fort heureux de s'emparer ; nous lui apprendrons donc une chose qu'il ignore très certainement : c'est qu'il n'existe pas et ne peut pas exister de « Sheikh Abdel-Ahad », pour la bonne raison qu'Abdel-Ahad est un nom exclusivement copte. Précisons que M. Paul le Cour a recueilli le racontar en question dans une sorte de bulletin-prospectus publié par M. Jacques Marcireau, et où celui-ci a eu l'incroyable naïveté de reproduire une lettre qu'il avait reçue d'une soi-disant « correspondante égyptienne », qui, outre ce nom

---

[47] [Août-septembre 1935. Reparution en 1947.]

impossible, nous attribuait la qualité, que nous n'avons jamais eue, de professeur à l'Université d'El-Azhar, que d'ailleurs elle croyait être située à Alexandrie ; d'aussi énormes méprises prouvent trop évidemment que cette correspondante n'avait rien d'égyptien et ignorait même tout de l'Égypte, et, puisque cette occasion s'en présente, nous avons le regret de dire à M. Marcireau qu'il a eu affaire à quelqu'un qui s'est moqué de lui d'une belle façon !

Octobre-novembre 1949

— Dans le *Speculative Mason* (numéro de janvier 1949), nous signalerons des notes sur le Compagnonnage, à vrai dire un peu sommaires, et un article sur l'astrologie, qui expose des vues généralement justes sur la part de vérité que contient cette science telle qu'elle se présente actuellement et sur les fantaisies qui sont venues s'y mêler ; l'auteur de cet article attache peu d'importance au côté « prédictions », en quoi nous sommes tout à fait de son avis.

— Le numéro d'avril donne une très intéressante description des rites célébrés annuellement par la Maçonnerie opérative pour commémorer la fondation du Temple de Salomon ; il s'y trouve des considérations qui touchent de très près à quelques-unes de celles que nous avons exposées au cours de notre étude sur *Parole perdue et mots substitués* (voir numéros de juillet-août à décembre 1948). – Dans ces deux numéros, une étude intitulée *The Freemason of Irish Mythology*, qui doit d'ailleurs avoir encore une suite, apporte, en ce qui concerne l'ancienne tradition irlandaise, des renseignements curieux et peu connus, Nous noterons aussi des articles sur le « Zodiaque archaïque de Somerset », dont nous avons nous-même parlé ici autrefois dans *La Terre du Soleil* (voir numéro de janvier 1936) ; mais l'origine « sumérienne » qui lui est attribuée d'après quelques-unes de ses particularités nous paraît bien peu vraisemblable, et il nous est d'ailleurs impossible de prendre au sérieux des travaux comme ceux de L. A. Waddell, qui témoignent surtout d'une prodigieuse imagination.

— Le *Masonic Light* de Montréal (numéros de septembre 1948 à juin 1949) a publié une curieuse série d'articles exposant une nouvelle théorie sur l'origine de la Maçonnerie, que leur auteur veut rapporter non à Salomon, mais à Moïse, ce qui est plutôt paradoxal. Par des considérations basées surtout sur les nombres, mais qui ne sont pas toujours des plus claires (peut-être y aurait-il fallu quelques figures), il cherche à établir que le symbolisme du Tabernacle aurait été beaucoup plus complet que celui du Temple de Salomon, qui, d'après lui, n'en aurait été en quelque sorte qu'une imitation imparfaite, certains secrets ayant été perdus entre temps. À vrai dire, il est tout naturel que le Temple de Salomon ait présenté certains rapports avec le Tabernacle, puisqu'il était destiné à remplir la même fonction, mais aussi certaines différences, correspondant au passage des Israélites de l'état nomade à l'état sédentaire ; nous ne voyons pas en quoi les uns ou les autres peuvent fournir réellement un motif pour le déprécier ainsi. D'autre part, le Tabernacle n'était évidemment pas un édifice construit en pierre, et cela seul suffit, nous semble-t-il, pour exclure qu'on puisse parler de Maçonnerie à son propos ; le métier des charpentiers est certes bien distinct de celui des maçons, et l'antique différend qui s'est perpétué jusqu'à nos jours entre les uns et les autres montre bien que toute assimilation entre eux est impossible (voir notre article sur ce sujet dans le numéro de décembre 1946). Que les noms des principaux ouvriers qui travaillèrent à la construction du Tabernacle aient été introduits dans certains hauts grades, c'est là une tout autre question, qui n'a rien à voir avec la Maçonnerie proprement dite. Maintenant, si l'on veut aller au-delà de Salomon, on peut, avec beaucoup plus de raison, remonter encore plus loin, jusqu'à Abraham lui-même; on trouve en effet un indice très net à cet égard dans le fait que le Nom divin invoqué plus particulièrement par Abraham a toujours été conservé par la Maçonnerie opérative ; et cette connexion d'Abraham avec la Maçonnerie est d'ailleurs facilement compréhensible pour quiconque a quelque connaissance de la tradition islamique, car elle est en rapport direct avec l'édification de la *Kaabah*. – Signalons aussi un article tendant à prouver qu'il y aurait eu en réalité deux Hiram, le père et le fils : c'est le premier qui aurait été assassiné pendant la construction du Temple, et le second aurait ensuite achevé son œuvre ; l'argumentation est ingénieuse, mais elle n'est pas très convaincante, et l'interprétation des textes bibliques sur laquelle elle repose nous parait même quelque peu forcée. Parmi les autres articles contenus dans la même revue, et dont beaucoup sont intéressants au point de vue historique, nous mentionnerons seulement ceux dans lesquels est discutée la question d'une « modernisation » de la Maçonnerie ; partisans et adversaires y exposent tour à tour leurs arguments, et tout ce que nous pouvons en dire, c'est que les premiers prouvent surtout, par le point de vue très profane auquel ils se placent, qu'ils ne comprennent guère ce qui constitue le caractère essentiel de la Maçonnerie.

Décembre 1949

— Dans le *Symbolisme* (numéro d'octobre 1948), Marius Lepage, dans un article intitulé *La délivrance spirituelle par la Franc-Maçonnerie*, s'attache à préciser les caractères généraux de l'époque actuelle et dénonce très justement la confusion qui en résulte dans tous les domaines, et notamment dans le domaine intellectuel, où les choses en sont à ce point que les mots semblent perdre complètement leur sens. Malheureusement, lui-même commet aussi ensuite une autre confusion, lorsqu'il dit que, en Occident, il paraît n'y avoir actuellement que deux organisations qui puissent se dire « initiatiques », l'Église catholique et la Maçonnerie ; c'est exact pour cette dernière, mais non pas pour l'Église, car une religion, ou plus généralement un exotérisme traditionnel, n'a absolument rien d'initiatique. Cette confusion n'est pas sans avoir d'assez fâcheuses conséquences, car, mettant en parallèle et en quelque sorte en concurrence les deux organisations dont il s'agit, alors qu'en réalité leurs domaines sont totalement différents, elle risque fort de fournir un argument à ceux qui veulent voir entre elles une opposition radicale. On en trouve d'ailleurs ici même un exemple très net dans la façon dont l'auteur écarte les dogmes de la chute et par suite de la rédemption, voulant même trouver là une des différences principales entre l'Église et la Maçonnerie. C'est ce qu'a très bien relevé, dans le numéro de janvier 1949, un lecteur qui signe des initiales J. G., et qui fait un excellent exposé sur l'interprétation de ces dogmes, en ayant bien soin de marquer la distinction entre les deux points de vue exotérique et initiatique. Nous citerons quelques lignes de sa conclusion : « Si l'exotérisme peut se battre avec un autre exotérisme sur la réalité des définitions dogmatiques qu'il prône, il semble par contre impossible que le disciple d'un ésotérisme puisse nier le dogme religieux. "S'il comprend bien l'art", il interprètera, mais ne niera pas ; sinon, il descendrait sur le terrain même des limitations exotéristes. Il y aurait confusion fâcheuse à vouloir juger un exotérisme avec l'optique ésotérique et au nom d'un ésotérisme... » - Dans le numéro de novembre, puis dans ceux de janvier et février 1949, des articles signés « La Lettre G » envisagent une explication du *Marxisme*, en dehors de toute préoccupation politique, en le rapportant aux conditions de la période cyclique où nous nous trouvons actuellement, et dont il est bien en effet une des manifestations caractéristiques. Nous n'avons de réserves à faire que sur un point, qui, sans doute parce qu'il a été insuffisamment précisé, pourrait donner lieu à une équivoque : on doit assurément, au point de vue initiatique, s'efforcer de tout comprendre, ce qui n'est possible qu'en situant chaque chose à sa place exacte en s'appuyant sur les données traditionnelles, ainsi que l'auteur s'est proposé de le faire ici ; mais on ne saurait aucunement songer pour cela à « intégrer dans les notions traditionnelles » ce qui procède d'un esprit essentiellement antitraditionnel, c'est-à-dire non pas seulement le marxisme, mais toutes les conceptions spécifiquement modernes de quelque ordre qu'elles soient.

— Dans le numéro de novembre, un article de J. B. sur *La Gnose et les Éons* essaie de mettre un peu d'ordre dans ce qui a été conservé des théories des différentes écoles gnostiques, ce qui n'est certes pas une tâche facile. Il y a au début une assez curieuse contradiction : il est dit tout d'abord que « la Gnose est la connaissance transcendantale », puis, quelques lignes plus loin, que « la Gnose est un syncrétisme », ce qui est évidemment inconciliable et ne peut s'expliquer que par le fait que le même mot a été pris dans deux sens tout à fait différents : dans le premier cas, il s'agit bien réellement de la « Gnose » entendue dans son sens propre et étymologique de connaissance pure, mais, dans le second, il ne s'agit en réalité que du Gnosticisme, et cela montre encore combien on devrait avoir soin de s'appliquer à éviter toute confusion verbale. – Dans le même numéro, nous signalerons un intéressant article de Marius Lepage sur *La Lettre G* ; il cite d'abord ce que nous avons dit à ce sujet dans *La Grande Triade*, puis divers documents qui ont été publiés récemment, tant sur la Maçonnerie opérative que sur les premiers temps de la Maçonnerie spéculative, et dont il paraît bien résulter que, au grade de Compagnon, la lettre G était considérée comme l'initiale du mot « Géométrie », tandis que c'est seulement au grade de Maître qu'elle fut tout d'abord donnée comme signifiant

God. Comme nous l'avons déjà dit souvent, nous ne croyons nullement, pour notre part, à l'origine récente qu'on attribue communément au grade de Maître ; mais, en réalité, il n'y a aucune incompatibilité entre ces deux significations, qui se superposent seulement l'une à l'autre comme il arrive souvent dans le symbolisme ; nous aurons d'ailleurs peut-être encore quelque occasion de revenir sur cette question. – Dans le numéro de décembre, un article sur *Le symbolisme du point*, signé « Timotheus », rassemble quelques données tirées principalement de l'ésotérisme islamique et de la Kabbale, et en rapproche des textes d'auteurs occidentaux, notamment Saint-Martin et Novalis ; puis il y oppose le reflet inversé qu'on en trouve actuellement dans le surréalisme, qui est présenté, et sans doute non sans quelque raison, comme inspiré par la contre-initiation. – Le numéro de février 1949 contient une importante *Contribution à l'étude des landmarks*, par G. Mercier ; il s'y agit surtout de chercher à résoudre la question si controversée du nombre des *landmarks*, et l'auteur pense avec raison que la chose n'est possible qu'en se référant à la Maçonnerie opérative ; en s'appuyant sur les procédés employés par celle-ci pour déterminer l'orientation et les limites ou les bornes (sens originel du mot *landmarks*) d'un édifice, il arrive, par des considérations qu'il est malheureusement impossible de résumer, à fixer ce nombre à 22, dont il fait ressortir la valeur symbolique et les multiples correspondances ; et il trouve en outre une confirmation de ce résultat dans la figuration de la « planche à tracer ». – Du même auteur, dans le numéro de mars, un article sur *Corde nouée et houppe dentelée*, sujet qui touche de près à ceux de la « chaîne d'union » et des « encadrements » que nous avons traités nous-même ici (voir numéros de septembre et octobre-novembre 1947) ; il y expose encore d'intéressantes considérations sur le symbolisme numérique ; à vrai dire, il n'y est guère question de la « houppe dentelée », et cela était d'ailleurs inévitable, car on ne sait pas au juste ce que pouvait désigner primitivement cette expression, qui nous paraît se rapporter à quelque chose de comparable au « dais céleste » de la tradition extrême-orientale, bien plutôt qu'à la *tesselated border* de la Maçonnerie anglaise. – Dans ce même numéro, « La Lettre G » parle de l'*Opportunisme de l'initié*, qui « n'est pas la soumission à la mode de l'époque, ni la basse imitation des idées courantes », mais qui consiste au contraire à s'efforcer de jouer, conformément à la notion taoïste, le rôle de « recteur invisible » par rapport au monde des relativités et des contingences.

— Dans le numéro d'avril, le même auteur envisage *La tolérance, vertu initiatique*, qui n'a rien de commun avec cette sorte d'indifférence à la vérité et à l'erreur qu'on désigne communément par le même nom ; au point de vue initiatique, il suffit d'admettre comme également valables toutes les expressions différentes de la Vérité une, c'est-à-dire en somme de reconnaître l'unité fondamentale de toutes les traditions ; mais, étant donné le sens tout profane qu'a le plus souvent ce mot de « tolérance », qui d'ailleurs évoque plutôt par lui-même l'idée de supporter avec une sorte de condescendance des opinions qu'on n'accepte pas, ne vaudrait-il pas mieux essayer d'en trouver une autre qui ne risquerait pas de prêter à confusion ? – Ce numéro débute par un article nécrologique sur Albert Lantoine, l'historien bien connu de la Maçonnerie ; nous ne croyons pas, malheureusement, qu'il ait jamais compris vraiment le sens profond et la portée initiatique de celle-ci, et d'ailleurs il déclarait lui-même volontiers qu'il ne se reconnaissait aucune compétence en fait de symbolisme ; mais, dans l'ordre d'études auquel se rapportent ses travaux, il a toujours fait preuve d'une indépendance et d'une impartialité dignes des plus grands éloges, et ce sont la des qualités trop rares pour qu'on ne leur rende pas l'hommage qui leur est dû.

— Dans le numéro d'avril également, J.-H. Probst-Biraben étudie les *Couleurs et symboles hermétiques des anciens peintres italiens* ; il y a là une série de remarques intéressantes, mais il ne s'en dégage pas de conclusion bien précise, si ce n'est que, même à l'époque de la Renaissance, certaines connaissances ésotériques s'exprimaient encore fréquemment dans des œuvres dont l'apparence extérieure était purement religieuse ; d'autre part, nous retrouvons à la fin l'idée d'une « tradition méditerranéenne » dont la réalité nous paraît plus que problématique. – Dans le numéro de mai, *Psychanalyse collective et symbolisme maçonnique*, par « Timotheus » se base sur les théories de Jung pour interpréter l'idée de tradition et l'origine du symbolisme ; comme nous avons déjà montré, dans notre récent article sur *Tradition et « inconscient »* (voir numéro de juillet-août 1949), les dangereuses erreurs qu'impliquent les conceptions de ce genre, il est inutile que nous y insistions de nouveau, et nous remarquerons seulement ceci : quand on rapporte le surréalisme à l'action de la contre-initiation, comment peut-on ne pas se rendre compte que la même chose est vraie à plus forte raison pour la psychanalyse ?

Dans ce numéro et dans celui de juin, François Ménard étudie ce qu'il appelle *La sagesse « taoïste » des Essais de Montaigne* ; il est bien entendu que ce n'est là qu'une façon de parler, car Montaigne ne put certainement pas avoir connaissance du Taoïsme et ne reçut même sans doute jamais aucune initiation, de sorte que sa « sagesse » est en somme restée d'un ordre assez extérieur ; mais certaines « rencontres » n'en sont pas moins curieuses, et nous savons du reste que d'autres ont aussi remarqué une étrange similitude entre le mode de développement de la pensée de Montaigne et celui de la pensée chinoise, l'un et l'autre procédant en quelque sorte « en spirale » ; il est d'ailleurs remarquable que Montaigne ait retrouvé au moins théoriquement, par ses propres moyens, certaines idées traditionnelles que n'ont assurément pas pu lui fournir les moralistes qu'il avait étudiés et qui servirent de point de départ à ses réflexions.

— Dans le numéro de juin, J.-H. Probst-Biraben, dans *L'hermétisme de Rabelais et les Compagnonnages*, touche à la question fort énigmatique des relations de Rabelais avec les hermétistes et les organisations initiatiques de son temps ; il relève les nombreux passages de son œuvre qui paraissent contenir des allusions aux rites des fraternités opératives, et il pense qu'il dut être affilié à quelqu'une d'entre elles, sans doute en qualité de chapelain, ce qui n'a assurément rien d'invraisemblable. – Dans le numéro de juillet, sous le titre *Franc-Maçonnerie et Tradition initiatique*, J. Corneloup expose des idées qu'il estime correspondre au développement actuel de certaines tendances, en ce qui concerne une restauration de l'esprit traditionnel dans la Maçonnerie ; l'intention est certainement excellente, mais il y a çà et là quelques méprises : ainsi, il ne faudrait pas oublier que la Maçonnerie est une forme initiatique proprement occidentale, et que par conséquent on ne peut pas y « greffer » un élément oriental ; même si l'on peut envisager légitimement une certaine aide de l'Orient pour revivifier les tendances spirituelles endormies, ce n'est pas en tout cas de cette façon qu'il faut la concevoir ; mais c'est là un sujet sur lequel il y aurait beaucoup à dire et que nous ne pouvons entreprendre de traiter présentement. – François Ménard donne une intéressante *Contribution à l'étude des outils*, qui, s'inspirant de l'« esprit opératif », pourrait servir en quelque sorte de base à une restauration des rituels du grade de Compagnon, dans lesquels se sont introduits de multiples divergences quant au nombre des outils qui y interviennent et à l'ordre dans lequel ils sont énumérés ; il envisage quatre couples d'outils, équerre et compas, maillet et ciseau, perpendiculaire et niveau, règle et levier, chacun d'eux représentant deux principes cosmogoniques complémentaires, et en dernier lieu un outil isolé, la truelle, qui « correspond à la main même de l'ouvrier divin, constructeur du monde ».

— Marius Lepage parle *De l'origine du mot « Franc-Maçon »* : dans d'anciens documents anglais, on trouve l'expression *freestone masons*, « maçons de pierre franche », employée comme un équivalent de *freemasons*, de sorte que ce dernier mot paraît n'en avoir été qu'une abréviation ; l'interprétation plus généralement connue de « maçons libres » ne serait venue s'y ajouter que dans le Courant du XVIIe siècle ; mais cependant n'est-il pas possible que ce double sens, assez naturel en somme et d'ailleurs justifié en fait, ait déjà existé beaucoup plus tôt, même si les documents écrits ne contiennent rien qui l'indique expressément ? Enfin, dans *Sagesse et Initiation*, « La Lettre G » critique fort justement ceux qui, au milieu de l'instabilité du monde moderne, ont la prétention de « construire une nouvelle sagesse » sur des bases aussi instables que tout le reste ; il ne peut y avoir de véritable sagesse que celle qui repose sur ce qui ne change pas, c'est-à-dire sur l'Esprit et l'intellect pur, et seule la voie initiatique permet d'y parvenir.

Année 1949 (mois inconnus)

— La *Revue de l'Histoire des Religions* (n° de juillet-décembre 1948) contient un article de M. Mircea Eliade intitulé Le « dieu lieur » et le symbolisme des nœuds ; il s'agit en premier lieu de Varuna, mais, dans l'Inde védique elle-même, celui-ci n'est pas le seul « dieu lieur », et, d'autre part, on trouve dans les traditions les plus diverses des concepts qui répondent au même « archétype », et aussi des rites qui utilisent le symbolisme du « liage », en l'appliquant d'ailleurs dans les domaines multiples et très différents les uns des autres. M. Eliade remarque très justement que ces similitudes n'impliquent pas nécessairement une filiation « historique » comme celle que supposent les partisans de la « théorie des emprunts », et que tout cela est loin de se laisser réduire exclusivement à une interprétation « magique » ou même « magico-religieuse » et est en connexion avec toute une série d'autres symboles, tels que

« le tissage du Cosmos, le fil de la destinée humaine, le labyrinthe, la chaîne de l'existence, etc. », qui en définitive se rapportent à la structure même du monde et à la situation de l'homme dans celui-ci. Il nous paraît particulièrement important de noter ici le rapport du symbolisme des nœuds avec celui du tissage, et d'ajouter que, au fond, tous ces symboles se rattachent plus ou moins à celui du *sûtrâtmâ* dont nous avons souvent parlé ; en ce qui concerne le symbolisme « labyrinthique », nous rappellerons notre article intitulé *Encadrements et labyrinthes* (n° d'octobre-novembre 1947) et l'étude d'A. K. Coomaraswamy à laquelle il se référait et que mentionne aussi M. Eliade ; il est d'ailleurs possible que nous ayons encore à revenir sur cette question.

— Un article de M. E. Lamotte sur *La légende du Buddha* est surtout, en réalité, un exposé des vues discordantes qui ont été soutenues sur ce sujet par les orientalistes, et notamment des discussions entre les partisans de l'explication « mythologique » et ceux de l'explication « rationaliste » ; d'après ce qui est dit de l'état actuel de la question, il semble qu'on ait fini par reconnaître généralement l'impossibilité de séparer les éléments authentiquement biographiques des éléments légendaires. Cela n'a sans doute pas une bien grande importance au fond, mais ce doit être plutôt pénible pour des gens aux yeux desquels le point de vue historique est à peu près tout ; et comment pourrait-on faire comprendre à ces « critiques » que le caractère « mythique » ou symbolique de certains faits n'exclut pas forcément leur réalité historique ? Ils en sont réduits, faute de mieux, à comparer les textes pour tâcher d'en dégager les « états successifs » de la légende et les divers facteurs qui sont censés avoir contribué à son développement.

— Dans le deuxième n° d'une revue intitulée *Hind*, qui semble accueillir indistinctement des choses fort disparates (il paraît que cela s'appelle être « objectif »), mais dont la tendance dominante est visiblement très « moderniste », un orientaliste, M. Louis Renou, a donné, sous le titre *L'Inde et la France*, une sorte d'historique des travaux sur l'Inde faits en France depuis le XVIIIe siècle jusqu'à nos jours. Cela ne présente évidemment, dans son ensemble, aucun intérêt spécial à notre point de vue ; mais il s'y trouve un paragraphe qui mérite d'être reproduit intégralement (il s'agit de l'utilité qu'il peut y avoir à « conserver un certain contact avec cette masse anonyme de lecteurs au sein desquels peut surgir un jour une vocation », et qui n'est sans doute pas autre chose que ce qu'on appelle communément le « grand public ») : « ce contact ne doit pas, cependant, être recherché au détriment de la vérité. Il y a toujours quelque abus de pouvoir à trancher dans l'arène de questions délicates, surtout pour un domaine comme l'indianisme où tant de problèmes attendent leur solution. Mais tout est une question de mesure. Ce qui est franchement malhonnête, c'est d'utiliser l'Inde et la spiritualité indienne pour bâtir d'ambitieuse et vaines théories à l'usage des Illuminés d'Occident. Par le foisonnement des systèmes, par l'étrangeté de certaines conceptions, la pensée indienne donnait ici, il faut l'avouer, quelque tentation. C'est en partant de notions et d'images indiennes, plus ou moins déformées, que sont nées les sectes néo-bouddhistes, les mouvements théosophiques qui ont pullulé en Occident. Le succès des élucubrations d'un René Guénon, ces soi-disant révélations sur la Tradition dont il se croit le détenteur, montrent assez le danger. On veut distinguer à côté de l'indianisme officiel ou universitaire, voué, comme on nous dit, à la grammaire, un indianisme qui seul atteint à l'essence des choses. En réalité, un indianisme de voyageurs superficiels, de journalistes, quand ce n'est pas celui de simples exploiteurs de la crédulité publique, qui se flattent d'instruire un public ignorant sur le *Vêdânta*, le *Yoga* ou le Tantrisme ». Tous ceux qui ont la moindre connaissance de notre œuvre sauront apprécier comme il convient l'« honnêteté » du procédé qui consiste à placer la phrase qui nous vise, et dont ils pourront admirer par surcroît l'exquise politesse, entre la mention des théosophistes et celle des voyageurs et des journalistes ; si incompréhensif que puisse être un orientaliste, il n'est tout de même guère possible qu'il le soit au point de n'avoir aucunement conscience de l'énormité de pareils rapprochements. Nous souhaiterions à M. Louis Renou, ou à n'importe lequel de ses confrères, d'avoir fait seulement la millième partie de ce que nous avons fait nous-même pour dénoncer la malfaisance de ceux qu'il appelle les « Illuminés d'Occident » ! D'un autre côté, nous n'avons assurément rien de commun avec les voyageurs, superficiels ou non, ni avec les journalistes, et nous n'avons jamais fait, fût-ce occasionnellement, ni l'un ni l'autre de ces métiers ; nous n'avons jamais écrit une seule ligne à l'intention du « grand public », dont nous ne nous soucions nullement, et nous ne pensons pas que personne puisse pousser plus loin que nous le mépris de tout ce qui est « vulgarisation ». Ajoutons que nous ne prétendons être le « détenteur » de quoi que ce soit, et que nous nous bornons à exposer de notre mieux ce dont nous avons pu avoir connaissance d'une façon directe, et non point à travers les « élucubrations » déformantes des orientalistes ; mais évidemment, aux yeux de ceux-ci, c'est un crime impardonnable de ne pas consentir à se mettre à leur école et de tenir par-dessus tout à garder son entière indépendance pour pouvoir dire « honnêtement » et « sincèrement » ce qu'on sait, sans être contraint de le dénaturer pour l'accommoder à leurs opinions profanes et à leurs préjugés occidentaux. Maintenant, que nous en soyons arrivé à être considéré comme un « danger » à la fois par les orientalistes « officiels ou universitaires » et par les « Illuminés d'Occident », théosophistes et occultistes de toute catégorie, c'est là une constatation qui ne peut certainement que nous faire plaisir, car cela prouve que les uns et les autres se sentent atteints et craignent de voir sérieusement compromis le crédit dont ils ont joui jusqu'ici auprès de leurs « clientèles » respectives… Nous noterons encore que l'article en question se termine par un éloge de Romain Rolland, ce qui est un trait bien significatif en ce qui concerne la mentalité de certaines gens ; après l'attaque encore plus ridicule qu'odieuse que M. Louis Renou a trouvé bon de lancer contre nous, sans même essayer de la justifier par l'ombre d'une critique tant soit peu précise, nous éprouvons une certaine satisfaction à le voir déclarer qu'il « ne pouvait mieux clore cette étude qu'en évoquant la mémoire » de ce personnage dont le sentimentalisme niais s'apparente d'assez près à celui des théosophistes et autres « néo-spiritualistes » et a d'ailleurs tout ce qu'il faut pour plaire au « public ignorant » qui se laisse prendre aux racontars des journalistes et des voyageurs. Enfin, détail vraiment amusant, l'article est accompagné, en guise d'illustration, de la photographie d'un fragment de manuscrit sanscrit dont le cliché a été mis à l'envers ; ce n'est sans doute là qu'un accident de mise en pages, mais qui n'en a pas moins en quelque sorte une valeur de symbole, car il n'arrive que trop souvent aux orientalistes d'interpréter les textes à l'envers !

P. S. – On nous a signalé que, dans une *Histoire de la Littérature française* publiée récemment par M. Henri Clouard, il y avait un passage nous concernant ; nous en avons été fort étonné, car notre œuvre n'a assurément, à aucun point de vue, rien de commun avec la littérature. Cela était pourtant vrai, et ce passage témoigne d'ailleurs d'une assez remarquable incompréhension ! Comme il n'est pas très long, nous le reproduisons intégralement pour que nos lecteurs puissent en juger : « René Guénon, savant auteur d'une *Introduction à l'étude des doctrines hindoues* (1921), et qui estime avoir trouvé dans l'Orient de Tagore et même de Gandhi le seul refuge possible d'une intellectualité désintéressée et pure (*Orient et Occident*, 1924), a construit dans *Les États multiples de l'être* une métaphysique de l'ascension à Dieu par une série d'épurations qui équivaut à une longue expérience mystique. Le lecteur a le droit de se demander si le Dieu de Guénon est autre chose qu'un état subjectif de sérénité ; il accepte en tout cas de voir traiter en dangereuses idoles Science et Progrès ; il se laisse enseigner une philosophie du détachement. Mais il se rappelle avec scepticisme et mélancolie ces premières années de l'entre-deux-guerres où l'on écoutait l'Allemagne défaite vaticiner sur le déclin de l'Occident, où la traduction du livre anglais de Fernand (*sic*) Ossendowski *Bêtes, Hommes et Dieux* (1924), faisait fureur, et où l'Europe parut s'abandonner aux appels pernicieux des pays ancestraux d'Asie, si fidèles à eux-mêmes, si mystérieux et d'où peut toujours surgir à nouveau Gengis-Khan ». – D'abord, nous ne nous sommes jamais occupé que de l'Orient traditionnel, qui est assurément fort éloigné de « l'Orient de Tagore et de Gandhi » ; celui-ci ne nous intéresse pas le moins du monde, et aucun de nos ouvrages n'y fait la moindre allusion. Ensuite, nous ne voyons pas trop bien ce que peut vouloir dire « une métaphysique de l'ascension à Dieu », ni comment ce qui est métaphysique pourrait équivaloir à une « expérience mystique » ; nous n'avons d'ailleurs rien « construit », puisque nous nous sommes toujours borné à exposer de notre mieux les doctrines traditionnelles. Quant au Dieu qui serait un « état subjectif », cela nous paraît entièrement dépourvu de sens ; après que nous avons si souvent expliqué que tout ce qui est « subjectif » ou « abstrait » n'a pour nous absolument aucune valeur, comment peut-on bien nous attribuer une pareille absurdité ? Nous ne savons à quoi tendent au juste les rapprochements de la fin, mais ce que nous savons bien, c'est qu'ils ne reposent sur rien ; tout cela est bien peu sérieux... Enfin, nous nous demandons ce qui a déterminé le choix des trois livres qui sont mentionnés de préférence à tous les autres, à moins que ce ne soient les seuls que M. Clouard ait eu l'occasion de lire ; en tout cas, les amateurs de « littérature » qui s'en rapporteront à lui seront vraiment bien renseignés !

Janvier-février 1950

— Le *Speculative Mason* consacre une grande partie de son numéro de juillet 1949 à une importante étude qui, prenant pour point de départ un article de Marius Lepage dans le *Symbolisme* (voir notre compte rendu dans le numéro de décembre 1949), apporte des renseignements inédits et fort intéressants sur la question de la « lettre G », ainsi que sur ses rapports avec le *swastika* dans la Maçonnerie opérative ; nous n'y insisterons pas pour le moment, car nous nous proposons d'y revenir dans un article spécial[48]. – Dans le même numéro, un article sur les « dimensions du Temple » envisagées au point de vue astrologique, contient des considérations assez curieuses, mais peut-être un peu trop influencées par certaines conceptions « néo-spiritualistes ». – Nous noterons encore un exposé sur le « préjugé de couleur » dans la Maçonnerie américaine, donnant des précisions historiques peu connues et qui sont de nature à causer un certain étonnement chez tous ceux qui ne sont pas au courant de cette question.

Avril-mai 1950

— Le n° de juillet-septembre 1949 des *Cahiers d'Études Cathares* est presque entièrement composé d'articles relatifs au Graal ; le premier est intitulé assez malencontreusement *Les trois degrés d'initiation au Graal païen* ; pourquoi employer ce mot déplaisant de « païen » pour désigner ce qui se rapporte aux traditions antérieures au Christianisme ? L'auteur, Mme Wiersma-Verschaffelt, qui paraît avoir une grande confiance dans les théories fort contestables de Miss Jessie Weston a d'ailleurs en vue ce que les ethnologues désignent abusivement du nom d'initiation beaucoup plus que l'initiation véritable, et ce n'est en somme que dans ce qu'elle appelle le troisième degré qu'il semble pouvoir s'agir de celle-ci, bien que ce soit encore fort peu clair. Ces confusions sont d'autant plus regrettables que l'idée de rapporter à trois degrés différents l'aboutissement de la « queste » des trois principaux héros du

---

[48] [*La lettre G et le swastika* (juillet-août 1950).]

Graal, Gauvain, Perceval et Galahad, aurait peut-être pu donner quelque résultat intéressant si elle avait été mieux appliquée. – Le second article, par M. Romain Goldron, a pour titre *La quête du Graal et son rapport avec l'ésotérisme chrétien moderne* ; il est permis de se demander comment il pourrait bien exister un « ésotérisme moderne », car le rapprochement de ces deux mots fait l'effet d'une véritable contradiction ; mais, en fait, il s'agit tout simplement des conceptions de Rudolf Steiner. Il paraît que celui-ci était plus particulièrement « autorisé à aborder le problème du Graal », et la raison qui en est donnée est vraiment curieuse : c'est que « Goethe a été en contact, au cours de sa jeunesse, avec la tradition rosicrucienne », et que « le destin a placé précisément Rudolf Steiner dans l'orbite de la pensée goethéenne », car il fut, à une certaine époque de sa vie, « chargé d'éditer les écrits scientifiques de Goethe et de les compléter par les inédits déposés aux archives de Weimar » ; et voilà en quoi consiste, aux yeux de certains, le « rattachement » à une tradition initiatique !

— Ensuite, sous le titre *Le Graal pyrénéen, Cathares et Templiers*, M. Déodat Roché expose les découvertes qu'il a faites dans certaines grottes, où il a relevé des vestiges d'âge très différent, puisque, suivant l'interprétation qu'il en donne, il en est qui se rapportent aux mystères de Mithra, donc à l'époque romaine, tandis que les autres ne remontent qu'au moyen âge et seraient attribuables aux Cathares et aux Templiers ; cette sorte de coïncidence géographique, qui n'a rien d'étonnant en elle-même, ne prouve assurément pas, bien que cela semble être le fond de sa pensée, qu'il y ait eu quelque filiation traditionnelle plus ou moins directe entre les occupants successifs de ces grottes. Nous n'entendons pas examiner en détail l'identification des divers symboles figurés sur les parois de celles-ci, ce qui serait d'ailleurs à peu près impossible en l'absence de toute reproduction ; nous nous bornerons à dire que l'assimilation établie entre trois « révélations du Graal », représentées par des correspondances cosmiques différentes, et trois « époques de culture » (égypto-chaldéenne, gréco-latine et moderne), si ingénieuse qu'elle puisse être, ne repose pas sur des arguments bien solides, et aussi que l'affirmation suivant laquelle les Templiers auraient « recueilli en Orient la tradition manichéenne » est pour le moins fort hypothétique ; mais, sur ce dernier point, on sait déjà que M. Déodat Roché aime à retrouver un peu partout du « manichéisme ». Quant aux soi-disant « grands maîtres modernes » dont il est question à la fin, et qui auraient pour mission de préparer la venue de l'« époque du Verseau », nous ne savons que trop, hélas ! ce qu'il faut en penser... – Il paraît que M. Déodat Roché est encore de ceux qui ne sont pas satisfaits des remarques que nous avons faites sur leurs travaux, et il a éprouvé le besoin de s'en plaindre tout au long de deux grandes pages ! Il est indiqué que, dans ses études postérieures à son ouvrage *Le Catharisme*, nous n'ayons « rien trouvé de nouveau » en ce qui concerne la question de la filiation du manichéisme au catharisme, et il en aurait été surpris, dit-il, si nous n'avions écrit par ailleurs que « le gnosticisme sous ses multiples formes ne nous intéresse pas le moins du monde ». Il semble bien résulter de ce rapprochement qu'il inclut le manichéisme dans le gnosticisme ; quoique ce ne soit pas habituel, nous le voulons bien, car cela ne fait en somme qu'une chose de plus à ajouter à toutes celles, déjà fort diverses, qu'on range sous ce vocable ; mais, quoi qu'il en soit, la vérité est tout simplement que, pour pouvoir affirmer la filiation dont il s'agit, il faudrait d'abord savoir exactement ce que fut le manichéisme, et que jusqu'ici personne n'en sait rien ; c'est là, pour formuler des réserves, une raison qui n'a rien à voir avec l'intérêt plus ou moins grand que nous y prenons. Au surplus, M. Déodat Roché a manifestement un goût très prononcé pour l'« hétérodoxie », et il nous est absolument impossible de le partager ; quand il écrit :

« Nous laissons de côté les termes d'orthodoxie et d'hérésie... n'ayant pas le temps de nous livrer à des discussions byzantines et désuètes et voulant garder une attitude philosophique », il se trouve justement que ces choses qu'il estime « désuètes » sont de celles qui ont pour nous une importance essentielle, et cela parce que notre attitude n'est pas « philosophique » comme la sienne, mais strictement traditionnelle. Nous ne voudrions pas insister outre mesure, mais pourtant il y a encore au moins un point qui appelle des précisions nécessaires : à propos de l'« influence de R. Steiner » que nous avons notée dans son interprétation de la doctrine cathare, M. Déodat Roché se demande si nous ne parlons pas d'influence « par suite de l'idée que nous nous faisons de l'initiation » ; nous pouvons l'assurer qu'il n'en est rien et que nous n'avons pris là ce mot que dans son acceptation la plus ordinaire, d'abord parce que l'« influence spirituelle » n'a rien de commun avec ce qu'on appelle l'influence d'une individualité sur une autre et qui est ce dont il s'agit dans ce cas, et ensuite parce que R. Steiner n'avait certainement aucune initiation authentique à transmettre. Ensuite, citant cette phrase de nous : « La transmission régulière de l'influence spirituelle est ce qui caractérise essentiellement l'initiation », il ajoute ceci, qui est bien significatif :

« Voilà une méthode périmée, ce n'est pas une méthode moderne et ce n'est pas la nôtre ». Ainsi, il considère comme « périmé » ce qui a pour nous une valeur absolument permanente et intemporelle ; s'il préfère les « méthodes modernes » et par là même profanes, y compris la « méthode comparative de la science des religions », c'est assurément son affaire, mais alors qu'il ne soit plus question, ni d'ésotérisme ni d'initiation. En tout cas, cela est bon à enregistrer, car c'est la preuve la plus décisive qu'on puisse souhaiter que, entre son point de vue et le nôtre, il y a un véritable abîme !

— Dans le *Masonic Light* de Montréal (numéro de septembre 1949), nous trouvons un article sur les emblèmes découverts dans l'antique *Collegium* des Maçons opératifs de Pompéi, et un autre qui pose, mais sans la résoudre, la question de savoir qui fut le successeur immédiat de Salomon comme Grand-Maître de la Maçonnerie. – Nous y signalerons aussi la reproduction d'extraits d'une brochure publiée par une organisation anglaise s'intitulant *The Honourable Fraternity of Ancient Masonry*, issue d'un des schismes qui se sont produits dans la *Co-Masonry*, et devenue par la suite exclusivement féminine. Le plus curieux est que les personnes qui ont rédigé cette brochure soient assez mal informées des origines de leur propre organisation pour croire que Maria Deraismes reçut l'initiation dans la Grande Loge Symbolique Écossaise, avec laquelle ni elle ni le « Droit Humain » qu'elle fonda, et dont la *Co-Masonry* est la branche anglo-saxonne, n'eurent jamais aucun rapport, et qui d'ailleurs ne devint elle-même « mixte » que beaucoup plus tard ; la vérité est que Maria Deraismes fut initiée dans une Loge dépendant du Grand-Orient de France, et qui fut aussitôt « mise en sommeil » pour cette irrégularité. Il est singulier aussi que les dirigeantes de cette même organisation aient pu s'illusionner au point d'adresser à la Grande Loge d'Angleterre, en 1920, une demande de reconnaissance dans laquelle elles prétendaient assimiler l'admission des femmes dans la Maçonnerie au fait qu'elles ont maintenant accès à des carrières profanes qui autrefois leur étaient fermées ; il y fut répondu par une fin de non-recevoir courtoise, mais très ferme, et il est bien évident qu'il ne pouvait en être autrement. – Dans le numéro d'octobre de la même revue, nous signalerons un article sur le symbolisme de l'Étoile flamboyante, dont l'intérêt est surtout de montrer qu'il y a eu de nombreuses divergences dans son interprétation et même dans sa figuration. Ainsi, lorsqu'il est dit dans l'Encyclopédie de Mackey que l'Étoile flamboyante ne doit pas être confondue avec l'étoile à cinq pointes, cela implique qu'elle doit être représentée avec six pointes ; il en est parfois ainsi en effet, et c'est sans doute ce qui a permis de la présenter comme un symbole de la Providence, ainsi que de l'assimiler à l'étoile de Bethléem, car le sceau de Salomon est aussi désigné comme l'« Étoile des Mages ». Ce n'en est pas moins une erreur, car l'étoile à six pointes est un symbole essentiellement macrocosmique, tandis que l'étoile à cinq pointes est un symbole microcosmique ; or, la signification de l'Étoile flamboyante est avant tout microcosmique, et il y a même des cas où elle ne saurait en avoir d'autre, comme lorsqu'elle est figurée entre l'équerre et le compas (cf. *La Grande Triade*, ch. XX). D'autre part, quand on se place au point de vue proprement cosmique, l'identification assez étrange de l'Étoile flamboyante au soleil constitue une autre déformation, qui du reste fut peut-être voulue, car elle est en connexion manifeste avec le changement d'un symbolisme primitivement polaire en un symbolisme solaire ; en réalité, l'Étoile flamboyante ne peut être identifiée à cet égard qu'à l'étoile polaire, et la lettre G inscrite à son centre en est d'ailleurs une preuve suffisante, comme nous avons eu nous-même l'occasion de l'indiquer (cf. également *La Grande Triade*, cb. XXV), et comme le confirment encore les considérations exposées dans l'étude du *Speculative Mason* que nous avons mentionné plus haut.

— Le *Speculative Mason* (numéro d'octobre 1949), après avoir donné un aperçu général du contenu des manuscrits des *Old Charges*, dont on connaît maintenant à peu près une centaine, et avoir relevé les indications qu'on y trouve en ce qui concerne l'existence d'un secret, indications qui ne pouvaient évidemment pas être très explicites dans des documents écrits et même « semi-publics », étudie plus spécialement la question du nom qui y est donné à l'architecte du Temple de Salomon. Chose singulière, ce nom n'est jamais celui d'Hiram ; dans la plupart des manuscrits, il est, soit *Amon*, soit quelque autre forme qui parait bien n'en être qu'une corruption ; il semblerait donc que le nom d'Hiram n'ait été substitué que tardivement à celui-là, probablement parce que la Bible en fait mention, bien qu'en réalité elle ne lui attribue d'ailleurs pas la qualité d'architecte, tandis qu'il n'y est nulle part question d'Amon. Ce qui est étrange aussi, c'est que ce mot a précisément en hébreu le sens d'artisan et d'architecte ; on peut donc se demander si un nom commun a été pris pour un nom propre, ou si au contraire cette désignation fut donnée aux architectes parce qu'elle avait été tout d'abord le nom de celui qui édifia le Temple. Quoi qu'il en soit, sa racine, d'où dérive aussi notamment le mot *amen*, exprime, en hébreu comme en arabe, les idées de fermeté, de constance, de foi, de fidélité, de sincérité, de vérité, qui s'accordent fort bien avec le caractère attribué par la légende maçonnique au troisième Grand-Maître. Quant au nom du dieu égyptien *Amon*, bien que sa forme soit identique, il a une signification différente, celle de « caché » ou de « mystérieux » ; il se pourrait cependant qu'il y ait au fond, entre toutes ces idées, plus de rapport qu'il ne le semble à première vue. En tout cas, il est au moins curieux. à cet égard, de constater que les trois parties du mot de *Royal Arch* auxquelles nous avons fait allusion dans une de nos études (*Paroles perdue et mots substitués*, dans le numéro d'octobre-novembre 1948), et qui sont considérées comme représentant des noms divins dans les trois traditions hébraïque, chaldéenne et égyptienne, sont, dans la Maçonnerie opérative, rapportées respectivement dans cet ordre à Salomon, à Hiram, roi de Tyr, et au troisième Grand-Maître, ce qui pourrait donner à penser que la connexion « égyptienne » suggérée par l'ancien nom de ce dernier n'est peut-être pas purement accidentelle. À ce propos, nous ajouterons une autre remarque qui n'est pas sans intérêt non plus : on a supposé que ce qui est donné comme un nom divin égyptien, étant en réalité le nom d'une ville, ne s'était introduit là que par confusion entre une divinité et le lieu où elle était adorée ; pourtant, il entre réellement, sous une forme à peine différente, et même toute semblable si l'on tient compte de l'indétermination des voyelles, dans la composition d'un des principaux noms d'Osiris, qui est même dit être son « nom royal », et ce qui est encore plus singulier, c'est qu'il a proprement le sens d'« être », tout comme le mot grec dont il est presque homonyme et qui, suivant certains, pourrait avoir contribué aussi à la confusion ; nous ne voulons tirer de là aucune conclusion, si ce n'est que, dans des questions de ce genre, il ne faut peut-être pas avoir une confiance excessive dans les solutions qui paraissent les plus simples quand on n'examine pas les choses de trop près. – Parmi les autres articles, nous en signalerons un qui est intitulé *The Tables of*

King Salomon and King Arthur ; les « tables » dont il s'agit ont toutes deux un même symbolisme astronomique, et la priorité est ici revendiquée pour celle d'Arthur, parce qu'elle est identifiée au Zodiaque archaïque de Somerset, dont l'origine serait fort antérieure à l'époque de Salomon ; mais, à vrai dire, cette question de priorité nous paraît perdre beaucoup de son importance s'il s'agit, comme nous le pensons, de représentations dérivées d'un même prototype, sans aucune filiation directe de l'une à l'autre. – Mentionnons encore des réflexions diverses sur le symbolisme de la *Mark Masonry*, et un article intitulé *The A.B.C. of Astrology*, qui donne une esquisse des caractéristiques des planètes et des signes zodiacaux, en y introduisant d'ailleurs certaines vues modernes qui appelleraient plus d'une réserve.

— Dans le *Masonic Light* (numéro de novembre 1949), deux articles sont consacrés à des questions de symbolisme ; dans l'un d'eux, il s'agit du rameau d'acacia, symbole d'immortalité et aussi, suivant la signification de son nom en grec, d'innocence ; quant à la référence à l'initiation, nous ne pensons pas qu'on puisse la considérer comme constituant un troisième sens à proprement parler, car elle est liée directement aux idées de résurrection et d'immortalité. – L'autre article se rapporte à la règle de 24 pouces ; il y a lieu de remarquer que l'adoption plus ou moins récente du système métrique dans certains pays ne doit aucunement avoir pour effet de faire modifier, dans les rituels, l'indication de cette mesure qui seule a une valeur traditionnelle. D'autre part, l'auteur remarque que cette règle ne figure pas partout parmi les outils du premier degré ; cela est exact, mais il a complètement oublié, par ailleurs, de noter son rôle dans le rituel du troisième degré, et c'est pourtant là ce qui fait apparaître le plus nettement son rapport symbolique avec la journée divisée en 24 heures. Nous remarquerons aussi que la répartition de ces heures en trois groupes de huit, bien que mentionnée dans certaines instructions aux nouveaux initiés, ne représente en somme qu'un « emploi du temps » assez banal ; c'est là un exemple de la tendance « moralisante » qui a malheureusement prévalu dans l'interprétation courante des symboles ; la répartition en deux séries de douze, correspondant aux heures du jour et à celles de la nuit (comme dans le nombre des lettres composant les deux parties de la formule de la *shahâdah* islamique), donnerait certainement lieu à des considérations beaucoup plus intéressantes. Pour ce qui est de l'équivalence plus ou moins approximative du pouce anglais actuel avec l'ancien pouce égyptien, elle est sans doute assez hypothétique ; les variations qu'ont subies les mesures qui sont désignées par les mêmes noms, suivant les pays et les époques, ne semblent d'ailleurs jamais avoir été étudiées comme elles le mériteraient, et il faut reconnaître qu'une telle étude ne serait pas exempte de difficultés, car sait-on exactement ce qu'étaient, par exemple, les différentes sortes de coudées, de pieds et de pouces qui furent en usage, parfois même simultanément, chez certains peuples de l'antiquité ? – Parmi les articles historiques, nous en noterons un où sont exposés les faits qui amenèrent, entre 1830 et 1840, certaines Loges opératives anglaises à renoncer à tout caractère maçonnique et à se transformer en simples *Trade Unions* ; nous nous demandons si ce n'est pas là ce qui expliquerait qu'il se produisit dans les rituels opératifs, vers cette époque, certaines lacunes qui furent d'ailleurs réparées ultérieurement, mais surtout, à ce qu'il semble, à l'aide des rituels de la Maçonnerie spéculative. Par une curieuse coïncidence, il y eut en France, au cours du XIXe siècle, quelque chose de semblable en ce qui concerne les rituels du Compagnonnage, et c'est aussi de la même façon qu'on y remédia, ce qui peut d'ailleurs donner lieu à quelque doute sur l'ancienneté réelle de ce que ces rituels, tels qu'ils existent actuellement, présentent de commun avec ceux de la Maçonnerie, et qui peut n'être, au moins en partie, qu'une conséquence de cette reconstitution.

Juin 1950

— *Les Cahiers du Symbolisme Chrétien* (n° de janvier-février 1950) publient un article de M. Lanza del Vasto sur les apparitions du Christ après la Résurrection ; il est assez singulier que lui aussi insiste à son tour sur les 153 poissons de la pêche miraculeuse, mais l'interprétation qu'il donne de ce nombre est plutôt vague, aussi bien d'ailleurs que ses considérations plus générales sur le symbolisme du poisson. D'autre part, il note que ces apparitions, d'après les Évangiles, sont au nombre de neuf, mais il omet de remarquer que 153 est égal à 9 × 17 ; or, dans un autre article sur le symbolisme des apparitions mariales de Pontmain, qui dans son ensemble nous paraît quelque peu « forcé », M. Raoul Auclair attribue précisément une importance toute particulière au nombre 17 ; quand on connaît les idées « cycliques » très spéciales de l'auteur, on ne peut pas douter qu'il y ait là plus qu'une simple coïncidence.

— Une étude intitulée *Structure de la matière et symbolisme traditionnel*, par M. François Tanazacq, contient des considérations curieuses, notamment sur le parti qu'on peut tirer des nombres pour la classification des « corps simples » de la chimie (auxquels, notons-le en passant, il est fâcheusement équivoque de donner le nom d'« éléments », qui s'applique traditionnellement à tout autre chose) ; mais certaines conceptions de la science moderne y sont peut-être prises un peu trop au sérieux, et, si l'on veut pousser trop loin les rapprochements avec la « vision pythagoricienne du monde », on risque de se faire bien des illusions, car l'abîme qui existe entre la science traditionnelle et la science profane ne se comble pas si facilement. – M. Marcel Lallemand, dans un article sur *Spiritualité et phénoménologie supranormale*, insiste fort justement sur l'insignifiance des « phénomènes » en eux-mêmes au point de vue spirituel, sur les dangers qu'ils présentent à cet égard, ainsi que sur « les causes multiples et essentiellement différentes qui peuvent produire le supranormal » ; il y a là des vues qui s'accordent entièrement avec ce que nous avons exposé nous-même sur la distinction du psychique et du spirituel et sur le « rejet des pouvoirs ». Nous devons seulement faire une réserve quant à ce qui est dit de « la collaboration qui semble s'amorcer aujourd'hui entre des représentants des grandes traditions de l'humanité » ; en effet, les exemples qui en sont donnés ne sont pas faits pour nous inspirer une grande confiance, tant à cause de l'orthodoxie douteuse de quelques-uns de ces « représentants » du côté oriental que des intentions plus ou moins suspectes de certains autres du côté occidental ; il y a malheureusement, dans les tentatives de ce genre, bien des « dessous » dont il convient de se méfier.

— Dans les *Cahiers d'Études Cathares* (n° d'octobre-décembre 1949), une étude archéologique sur *Les stèles manichéennes et cathares du Lauragais*, par M. Raymond Dorbes, apporte quelques renseignements intéressants sur les « croix cathares » qui existent encore en assez grand nombre dans cette région et qui paraissent avoir été érigées primitivement dans des cimetières ; il est à remarquer qu'on y retrouve constamment, avec des variantes diverses, le symbole universel de la croix inscrite dans le cercle. – Dans un article intitulé *Les deux tentations chez les Cathares du XIIIe siècle*, M. René Nelli expose la distinction, vraisemblablement inspirée dans une certaine mesure de saintPaul, que ceux-ci faisaient entre la tentation « charnelle », qui, « correspondant à notre servitude physique, est naturelle et inévitable », et la tentation « diabolique », qui « procède du cœur, comme l'erreur, les pensées iniques, la haine et autres choses semblables ». – Vient ensuite un long travail de M. Déodat Roché sur *Les Cathares et l'amour spirituel*, dont le titre n'indique d'ailleurs pas entièrement le contenu, car il y est question aussi de diverses autres choses, comme le problème du mal, la formation de l'homme terrestre et la séduction luciférienne (qui est ici l'équivalent de la « chute » biblique, mais avec une curieuse distinction entre le rôle de Lucifer et celui de Satan). C'est une étude consciencieusement faite au point de vue historique, et intéressante notamment par les nombreux textes manichéens et cathares qui y sont reproduits ; il est seulement à regretter que l'auteur y ait encore mêlé parfois quelques-unes des interprétations « néo-spiritualistes » qui lui sont habituelles, en faisant appel aux « données de la science spirituelle moderne constituée par Rudolf Steiner ».

— Dans *Atlantis* (n° de janvier-février 1950), M. Paul Le C-R parle de *Celtisme et Druidisme* ; il a rassemblé patiemment les quelques données qu'il a trouvées éparses dans des ouvrages divers, mais il y a naturellement mêlé aussi un bon nombre de fantaisies, sur lesquelles nous n'insisterons pas autrement, car elles ne diffèrent guère de celles qui lui sont coutumières ; nous pensons en donner une idée suffisante en disant qu'il trouve « remarquable que, dans Cro-Magnon, il y ait le Grand Chi-Ro »... Lui aussi cède à l'obsession des 153 poissons, mais il en donne du moins une interprétation inédite : il a découvert que « ce nombre correspond à celui d'Aor Ag-Ni »... en faisant R = 100 ! D'autre part, il revient sur la prétendue « origine gauloise de Jésus », qu'il avait déjà soutenue dans son livre *Hellénisme et Christianisme*, et quelques-uns de ses arguments sont plutôt amusants ; il paraît que le nom de Nazareth devrait s'écrire *Nagareth*, « où nous retrouverions Aor, Ag, Ni Theos » ; évidemment, avec de semblables procédés, on peut toujours trouver tout ce qu'on veut. Il reproche à une revue consacrée à l'étude des doctrines celtiques de « s'appuyer sur l'ouvrage de F. Schuon », et il prétend que « l'auteur déclare que la vérité ne se trouve que dans les *Védas* et le *Coran*, ce qui n'a rien de spécifiquement celtique » ; or il est parfaitement certain que notre collaborateur n'a jamais rien

« déclaré » de tel, pour la bonne raison que, comme nous-même, et ainsi que le titre de son livre l'indique d'ailleurs expressément, il reconnaît l'unité fondamentale de toutes les traditions, ce qui implique nécessairement que la vérité se trouve dans tous les Livres sacrés sans exception. Ajoutons encore une petite rectification historique ; ce n'est pas Sédir qui a retourné le mot « désir », mais bien L.-Cl. de Saint-Martin lui-même, qui a fait de ce retournement le nom d'un des personnages de son *Crocodile* ; pour quelqu'un qui aime tant à se recommander de Saint-Martin, il est vraiment fâcheux de ne pas mieux connaître ses ouvrages !

— Le n° de mars-avril porte pour titre général *Magnétisme et Hyperborée* ; ce rapprochement peut paraître assez bizarre, et, en fait, il y a un peu de tout là-dedans, comme le montre cette sorte de sommaire qui figure en tête : « le magnétisme, l'aimant, la boussole, l'Hyperborée, les glaciations, le magnétisme humain, les guérisseurs, les sources guérissantes, les sources miraculeuses » ; dans les considérations auxquelles tout cela donne lieu, la science moderne ordinaire et « la métapsychique » tiennent une assez large place. Il faut du moins savoir gré à M. Paul Le C-R de ne plus confondre l'Hyperborée avec l'Atlantide comme il le faisait autrefois, et d'en arriver même à envisager l'origine nordique des traditions ; mais alors l'Atlantide va-t-elle passer maintenant, comme elle le devrait logiquement, au second plan de ses préoccupations ? À part cela, il n'y aurait rien de bien particulier à signaler s'il n'y avait aussi, hélas ! des choses d'un autre genre sur lesquelles nous nous voyons obligé de nous arrêter un peu plus longuement : d'abord, M. Paul Le C-R raconte qu'il s'est reporté, comme nous l'y avions engagé, à notre article des *Cahiers du Sud* sur l'ésotérisme islamique, et, après quelques assertions plus que contestables, il écrit ceci : « Que l'on juge de mon étonnement en apprenant que le soufisme, qui serait le plus haut degré initiatique, s'appuie sur l'astrologie des cycles et non l'astrologie profane, sur la science des lettres et des nombres, sur l'alchimie, qui n'est pas celle des brûleurs de charbon », sciences qui sont, ajoute-t-il, « les trois voies d'accès aux petits mystères ». Notre étonnement n'est pas moins grand que le sien, car nous n'avons pas dit un seul mot de ce qu'il nous attribue : le « soufisme » n'est pas un degré initiatique, mais tout simplement une dénomination conventionnelle (que du reste nous n'employons jamais) de l'ésotérisme islamique ; et celui-ci ne

« s'appuie » nullement sur les sciences traditionnelles en question, qui s'y incorporent seulement en tant qu'applications de la doctrine métaphysique à l'ordre cosmologique. Nous ajouterons que les « écoles coraniques » n'ont absolument rien à voir avec l'ésotérisme et l'initiation ; quand on est assez ignorant de ce dont il s'agit pour confondre une *tarîqah* avec un *Kuttâb*, on ferait beaucoup mieux de s'abstenir de parler ! Après cela, et sans doute pour suivre l'exemple de certain individu dont nos lecteurs doivent avoir gardé le souvenir, M. Paul Le C-R a éprouvé le besoin de reprendre à sa façon l'histoire des « Polaires » et de la préface d'*Asia Mysteriosa* ; il nous faut donc répéter encore une fois que nous n'avons pas été « dupe » et que nous ne nous sommes aucunement « fourvoyé », puisque, comme nous l'avons déjà expliqué[49], notre but, en agissant comme nous l'avons fait en cette circonstance, était uniquement de gagner le temps nécessaire pour procéder à des vérifications qui nous intéressaient pour diverses raisons qui assurément ne regardent pas nos contradicteurs. Où nous sommes tout à fait d'accord avec M. Paul Le C-R, c'est quand il déplore que « le monde soit actuellement rempli de ces faux prophètes que l'Amérique fait généralement éclore » ; mais ce qui est franchement amusant, c'est que, deux pages plus loin, il comble d'éloges un représentant d'une organisation américaine de cette catégorie, se montrant même tout disposé à admettre sa prétention de « posséder toute la science ésotérique de l'Orient et de l'Occident », et cela parce que ce personnage nous a pris à parti, paraît-il, dans un récent livre sur la réincarnation ; et, par surcroît, il profite de cette occasion pour citer Vivêkânanda et Gandhi comme des autorités en fait de tradition hindoue, ce qui est encore une assez belle méprise. Par contre, il maltraite l'auteur d'un autre livre parce que celui-ci nous cite favorablement et « s'appuie sur *nos* doctrines hindoues » (ceci est un véritable non-sens, car les doctrines traditionnelles, hindoues ou autres, ne sont assurément la propriété de personne, et d'ailleurs, pour notre part, nous n'avons jamais revendiqué même celle de quelque idée que ce soit), doctrines dans lesquelles, à son avis, « il n'existe aucune lueur spirituelle » ; manifestement, l'attitude des auteurs à notre égard sert de « critérium » à M. Paul Le C-R pour les appréciations qu'il porte sur leurs ouvrages, et, non moins manifestement, il faut se livrer à des déclamations sentimentales pour faire

---

[49] [Juin 1931.]

preuve à ses yeux de « spiritualité » !

Juillet-août 1950

— Le *Speculative Mason* (numéro du 1er trimestre 1950) contient un bon article sur l'orientation, et plus spécialement celle des temples et des églises, cas où les considérations « utilitaires » par lesquelles les modernes prétendent tout expliquer sont évidemment sans aucune valeur ; il aurait été bon cependant d'indiquer plus nettement que, dans les civilisations traditionnelles, il n'y avait aucune différence entre ce cas et celui de l'orientation des maisons et des villes, l'« utilitarisme » n'ayant pu s'introduire qu'avec le point de vue profane, qui a peu à peu tout envahi à tel point que, dans les temps modernes, l'orientation des édifices sacrés eux-mêmes, apparaissant comme « inutile », a fini par être entièrement négligée. Au sujet des « régents » des quatre points cardinaux. Il nous semble qu'il aurait été bien facile de trouver à citer de meilleures autorités que Mme Blavatsky ; mais, quoi qu'il en soit, nous sommes tout à fait d'accord avec l'auteur lorsqu'il demande : « Quelle est la valeur d'un phénomène physique quelconque s'il ne conduit pas à sa contrepartie d'ordre supérieur ? » C'est là, en effet, que réside la différence essentielle entre la science traditionnelle et la science profane des modernes, et c'est précisément pourquoi cette dernière n'a pas la moindre valeur réelle en tant que « connaissance ». Nous noterons aussi un article sur le symbolisme du centre, envisagé comme « le point autour duquel on ne peut errer », deux autres sur la signification du rituel, malheureusement beaucoup trop sommaires, et des impressions sur le *Mark Degree*.

— Dans le *Masonic Light* (numéro de décembre 1949), nous relevons un article sur l'*Order of the Eastern Star*, organisation féminine réservée aux épouses, mères, sœurs et filles de Maçons, mais qui cependant n'a et ne prétend avoir aucun caractère maçonnique, et un autre article sur *Shakespeare et la Maçonnerie*, qui est une analyse du livre déjà ancien d'Alfred Dodd, *Shakespeare Creator of Freemasonry*, dont nous avons parlé ici en son temps[50].
– À la suite de cet article, il en a paru, dans le numéro de janvier 1950, un autre

---

[50] [Février 1938.]

où est exposée la théorie « baconienne », à laquelle se rattache effectivement en réalité l'ouvrage d'Alfred Dodd, et où sont formulées des objections très justes sur le point plus particulier de l'attribution à Bacon de la fondation de la Maçonnerie. – Dans le même numéro, une étude est consacrée à divers points en rapport avec la question de la régularité maçonnique ; les Maçons des différents pays sont évidemment bien loin d'être d'accord sur ce qui doit être considéré comme essentiel ou non à cette régularité, et l'on sait d'ailleurs qu'une liste vraiment autorisée des *landmarks* n'a jamais été établie nulle part d'une façon définitive. Il nous faut signaler aussi un article plutôt bizarre, intitulé *The Freeing of the Medieval Mason* : d'après la thèse qui y est soutenue, le secret des Maçons opératifs du moyen âge aurait consisté surtout dans la possession et l'usage de la notation arithmétique et du calcul algébrique qui avaient été introduits en Europe par les Arabes, et que leur provenance, assure-t-on, aurait rendus suspects aux autorités ecclésiastiques, au point de donner lieu à des accusations de sorcellerie, de sorte qu'il eût été très dangereux de s'en servir ouvertement ; voilà qui est assurément fort éloigné du point de vue initiatique ! – Dans le numéro de février, un certain nombre des conceptions erronées concernant la Maçonnerie sont dénoncées et rectifiées ; il en est d'assez étonnantes, surtout si elles sont le fait de Maçons, mais il est vrai que nous avons eu l'occasion de constater nous-même que beaucoup de ceux-ci sont loin de se faire une idée exacte des rapports qui existent, par exemple, entre la Maçonnerie proprement dite et les divers Rites de hauts grades ou même certaines organisations « à côté ». Un article sur le symbolisme de l'Étoile polaire, qui touche d'assez près à la question que nous étudions ici d'autre part[51] (il y est notamment fait mention du *swastika* comme symbole du Pôle), est malheureusement gâté par le point de vue « évolutionniste » qui suppose que l'homme a dû débuter par quelques observations très simples, que ce n'est que peu à peu qu'il est parvenu à en dégager certaines conclusions, et que le symbolisme lui-même est dérivé de cette origine purement empirique ; il n'est pas besoin de dire que ces conceptions toutes modernes et profanes sont absolument incompatibles avec la moindre notion de ce qu'est réellement la tradition. – Le numéro de mars contient un aperçu de l'histoire de l'architecture, dans lequel il se trouve quelques renseignements intéressants ;

---

[51] [*La lettre G et le Swastika.*]

mais il est assez « simpliste », et d'ailleurs fort peu conforme à l'esprit traditionnel, de vouloir expliquer par une série de facteurs purement extérieurs les différences qui existent dans l'architecture suivant les temps et les pays ; l'auteur semble d'ailleurs n'avoir aucune idée du rôle essentiel joué par l'imitation d'un « modèle cosmique » dans toute architecture traditionnelle, et pourtant c'est de là avant tout que celle-ci tire sa valeur initiatique, sans laquelle l'initiation maçonnique elle-même n'aurait évidemment jamais existé. – Une petite remarque accessoire : pourquoi, dans une épigraphe reproduite en tête de chaque numéro, Voltaire (qu'on ne devrait d'ailleurs guère citer en invoquant sa qualité maçonnique, puisqu'il ne fut initié, *honoris causa*, que quelques mois avant sa mort) est-il donné comme ayant été membre de la « Loge des Sept Sœurs » ? Il nous semble pourtant bien que les Muses ont toujours été au nombre de neuf !

Octobre-Novembre 1950

— Les *Cahiers d'Études Cathares* (n° de printemps 1950) publient le début d'une longue étude sur *La capitulation de Montségur*, par M. Fernand Niel ; c'est un travail purement historique, d'ailleurs fort soigneusement fait, et qui se propose surtout de fixer d'une façon précise certaines dates sur lesquelles les témoignages contemporains présentent de singulières contradictions, dues vraisemblablement en grande partie à la négligence des copistes. M. Delmas-Boussagol étudie des monuments funéraires bogomiles dont des reproductions figurèrent à une récente exposition d'art médiéval yougoslave ; il y a là de curieux renseignements, mais l'essai d'explication de certains symboles ne nous paraît pas très satisfaisant, et, de plus, l'auteur a certainement grand tort de prendre au sérieux la prétention des « Deunowistes » bulgares à se donner pour les continuateurs des Bogomiles, ce qui ne serait d'ailleurs pas très flatteur pour ceux-ci. Vient ensuite la première partie d'une étude de M. Déodat Roché sur *Pistis Sophia ou l'enseignement du Ressuscité*, portant pour sous-titre *Esquisse de l'évolution de la gnose* (lisons « gnosticisme ») ; on y trouve notamment un exposé des « systèmes » de Simon le Mage et de Valentin, puis des recherches sur les origines « préchrétiennes » possibles de ces conceptions, tant du côté de l'ésotérisme judaïque que de celui des mystères égyptiens et chaldéens, c'est là un sujet particulièrement obscur, et nous ne savons si les nouveaux documents dont on annonce la récente découverte seront de nature à y apporter enfin un peu de clarté.

— Dans les *Cahiers du Symbolisme Chrétien* (n° de juillet 1950), M. Gaston Georgel étudie les théories du Dr.Paul Carton et marque très justement la distinction qu'il convient de faire entre la partie proprement médicale de son œuvre et celle où il a cru devoir se lancer dans des considérations à prétentions ésotériques, mais où, faute de se baser sur des données traditionnelles authentiques, il a commis des erreurs et des confusions multiples, du même genre que celles qui sont le fait habituel des occultistes. M. Georgel a joint à cet article, à propos des tempéraments et de leurs correspondances, une note sur la théorie hindoue des cinq éléments, inspirée en grande partie de notre travail sur ce sujet qui a paru autrefois ici même. Dans un autre intitulé *Méditations d'un jour de Pâques*, le même auteur insiste sur certains aspects mystérieux des apparitions du Christ après la Résurrection, et il en tire quelques conséquences en ce qui concerne les caractères du « corps glorieux ». M. Marcel Lallemand donne une étude intéressante sur *Le Nombre d'or*, dont il résume les principales propriétés mathématiques, ainsi que le rôle qu'il joue plus spécialement dans la structure des plantes ; dans une autre étude, il expose *Le symbolisme du papillon et de ses transformations*, en se référant principalement à la *Psyché* de l'abbé Pron et aux travaux de L. Charbonneau-Lassay.

— Nous avons reçu le premier n° d'une revue intitulée *L'Atelier de la Rose*, publiée à Lyon par un groupe d'« artistes-artisans », ainsi qu'ils se désignent eux-mêmes, et placée par eux sous les auspices du peintre Albert Gleizes. Comme on peut s'en rendre compte par là, il s'agit d'un effort de restauration de l'art traditionnel, et ses collaborateurs insistent avant tout, avec beaucoup de raison, sur le « métier » qui doit en constituer la base indispensable, ce qui est parfaitement conforme à ce qu'A. K. Coomaraswamy appelait la « vue normale de l'art ». Dans le domaine de la peinture, qui est celui qui tient ici la place principale, la plus grande importance est donnée à la peinture murale, qui doit s'harmoniser avec l'architecture et faire en quelque sorte corps avec elle ; nous signalerons particulièrement, à cet égard, des *Notes sur la fresque* de M. R.-M. Burlet. Un autre point essentiel est le rôle du rythme dans l'art traditionnel : un des articles qui s'y rapportent établit une curieuse comparaison entre la peinture et le chant grégorien. Enfin, au point de vue du symbolisme, nous noterons un très intéressant article de M. Robert Pouyaud, intitulé *Astrologie et Harmonie colorée* ; il s'agit du symbolisme des couleurs, envisagées plus spécialement dans leurs correspondances planétaires et zodiacales. Dans un autre article, sur *L'Église romane et la Cathédrale ogivale*, le même auteur reprend certaines idées qu'il avait déjà exposées ailleurs : il voit dans la première un type d'architecture traditionnelle par excellence, tandis que, dans la seconde, il découvre des éléments qui « annoncent une rupture d'unité » et qui font déjà prévoir l'approche des temps modernes, « avec leur cortège de conséquences désastreuses pour l'être humain ».

Année 1950 (mois inconnu, > juin)

— Dans le n° d'avril 1950 de la revue *Témoignages*, publiée par l'Abbaye bénédictine de la Pierre-qui-Vire, il a paru un long article intitulé *Sagesse hindoue et sagesse chrétienne*, par Dom Irénée Gros, qui présente bien des ressemblances avec celui que le R. P. Jean Daniélou avait consacré au même sujet dans les *Études* et dont nous avons rendu compte précédemment (voir n° de juin 1949). Tout d'abord, il est fait mention de nos ouvrages tout au début, alors qu'il n'en est plus aucunement question par la suite ; il nous semble bien que cela ne peut avoir pour but que de créer, à notre détriment ou plutôt à celui des doctrines que nous exposons, une confusion avec les « néo vêdantistes » plus ou moins affectés par les idées modernes, ainsi qu'avec les divers « vulgarisateurs » qui sont fréquemment cités au cours de l'article. Quant au fond, c'est toujours la même chose : affirmation que le Christianisme possède le monopole du surnaturel et est seul à avoir un caractère « transcendant », et, par conséquent, que toutes les autres traditions sont « purement humaines », ce qui, en fait, revient à dire qu'elles ne sont nullement des traditions, mais qu'elles seraient plutôt assimilables à des « philosophies » et rien de plus. « La Sagesse divine, est-il dit expressément, n'a pas de commune mesure avec cette sagesse humaine que nous propose l'Orient ; le Christianisme est d'un autre ordre » ; autrement dit, le Christianisme seul est une expression de la Sagesse divine ; mais malheureusement ce ne sont là que des affirmations, et en réalité, pour ce qui est des doctrines authentiquement traditionnelles, que ce soit celle de l'Inde ou toute autre, aussi bien que le Christianisme lui-même, ce n'est en aucune façon de « sagesse humaine » qu'il s'agit, mais toujours de « Sagesse divine ». Nous avons fait aussi une curieuse remarque, qui confirme d'ailleurs une impression que nous avions déjà eue à plusieurs reprises dans des cas similaires : c'est qu'on appelle « Dieu transcendant » le Non-Suprême, tandis qu'on considère le Suprême comme « immanent », alors que c'est exactement le contraire qui est vrai ; nous ne réussissons pas à nous expliquer ce renversement, et nous devons reconnaître qu'il procède d'une mentalité qui nous échappe ; mais cela ne pourrait-il pas jeter quelque jour sur la façon dont on entend la « transcendance » du Christianisme ? Bien entendu, nous retrouvons encore là-dedans la « mystique naturelle », expression qui, du moins en ce qui concerne l'Inde et plus généralement l'Orient (car nous ne savons pas si elle correspond à quelque réalité en Occident), est appliquée à quelque chose qui précisément n'est ni mystique ni naturel. On tient d'autant plus à ne voir que de l'« humain » dans les doctrines hindoues que cela faciliterait grandement les entreprises « annexionnistes » dont nous avons déjà parlé en diverses occasions, et dont il est de nouveau question ici, car on pourrait alors « gagner la philosophie hindoue au service du Christianisme comme le moyen âge a su conquérir la philosophie grecque » ; seulement, ce à quoi l'on a affaire est d'un tout autre ordre que la philosophie grecque et n'est même aucunement une « philosophie », de sorte que la comparaison porte entièrement à faux. Si l'on pouvait obtenir le résultat visé, on daignerait consentir à accorder aux doctrines hindoues, ou plutôt à une certaine partie d'entre elles (car on saurait choisir adroitement ce qu'on estimerait pouvoir « servir »), une « place subordonnée », en y mettant comme condition que l'Inde « renonce à sa métaphysique », c'est-à-dire qu'elle cesse d'être hindoue ; le prosélytisme occidental ne doute vraiment de rien, et nous le savons d'ailleurs depuis longtemps déjà ; mais comme il s'agit en fait de deux traditions, qui comme telles sont d'essence également surnaturelle et « non-humaine », et qui ne peuvent par conséquent, qu'entrer en rapport sur un pied de stricte égalité ou s'ignorer mutuellement, il va de soi que c'est là une impossibilité pure et simple. Nous ajouterons seulement que tout cela s'accompagne d'une argumentation purement verbale, qui ne peut paraître convaincante qu'à ceux qui sont déjà persuadés d'avance, et qui vaut tout juste autant que celle que les philosophes modernes emploient, avec d'autres intentions, quand ils prétendent imposer des limites à la connaissance et veulent nier tout ce qui est d'ordre supra-rationnel ; les choses de ce genre, de quelque côté qu'elles viennent, nous font toujours penser irrésistiblement à ce que pourraient être les raisonnements tenus par un aveugle qui aurait entrepris de prouver que la lumière n'existe pas !

NOTICES NÉCROLOGIQUES

Sédir et les doctrines hindoues

Publié dans le Voile d'Isis, *avril 1926.*

Nous avons appris avec tristesse la mort prématurée de Sédir au moment même où nous venions de lire, dans le dernier numéro des *Amitiés Spirituelles*, l'article qu'il avait consacré à la *Métaphysique hindoue*, à propos de notre livre sur *L'Homme et son devenir selon le Vêdânta*. Sédir, en effet, s'était beaucoup intéressé autrefois aux doctrines de l'Inde ; c'est surtout, croyons-nous, l'influence du Dr Jobert qui avait contribué à le diriger dans cette voie. Il avait publié alors une étude sur *Les Incantations*, qui n'était à vrai dire qu'un essai encore un peu confus, mais qui faisait espérer d'autres travaux plus importants et plus approfondis. Pourtant, il ne donna par la suite que quelques notes qui lui avaient servi pour des conférences sur la tradition hindoue, et qui parurent, si nous nous souvenons bien, dans la revue de M. Jollivet-Castelot. Nous ne voulons mentionner que pour mémoire une brochure sur *Le Fakirisme*, simple résumé des données courantes sur ce sujet qui, d'ailleurs, est d'une importance très secondaire. C'est que Sédir n'avait pas tardé à changer d'orientation et à se tourner vers un mysticisme chrétien un peu spécial, beaucoup plus préoccupé d'action que de pure connaissance ; et bon nombre de ses amis, tout en rendant toujours hommage à sa grande sincérité, ne purent s'empêcher de déplorer ce changement, qui était pour eux une véritable déception. Il faut dire, il est vrai, car cela peut aider à expliquer certaines choses, que Sédir n'avait trouvé que peu d'encouragement auprès de quelques Hindous qu'il avait rencontrés, et à qui il s'était montré trop soucieux de « phénomènes » ; mais il aurait certainement pu, s'il avait persévéré, se défaire de cette tendance trop occidentale et pénétrer plus avant dans la connaissance des véritables doctrines. Malheureusement, il se renferma dès lors dans une attitude qui nous causa toujours quelque étonnement : il chercha, entre le Christianisme et les traditions orientales, des oppositions qui n'existent pas vraiment ; il vit une sorte de divergence irréductible là où nous voyions, au contraire, une harmonie profonde et une unité réelle sous la diversité des formes extérieures. Son dernier article porte encore la marque de cette façon d'envisager les choses ; mais nous croyons y trouver aussi, d'autre part, la preuve qu'il n'avait jamais cessé, au fond de lui-même et en dépit des apparences, de s'intéresser à ces doctrines de l'Inde qui avaient exercé tant d'attrait sur lui au début de sa carrière ; et s'il avait vécu plus longtemps, qui sait s'il n'y serait pas revenu avec d'autres dispositions, et s'il n'aurait pas vu s'ouvrir devant lui de nouveaux horizons. Cette pensée ne peut qu'ajouter aux regrets que cause à tous ceux qui l'ont connu sa fin si soudaine et si inattendue.

Léon Champrenaud (1870-1925)

Publié dans le Voile d'Isis, *mai 1926.*

Léon Champrenaud est mort le 23 octobre 1925, âgé de 55 ans seulement, après une longue et douloureuse maladie. Il avait été mêlé tout jeune au mouvement occultiste contemporain, presque depuis les débuts, et il y avait pris une part très active, bien qu'il ait peu écrit. Devenu membre du Suprême Conseil de l'Ordre Martiniste, sous le nom de Noël Sisera, il fut rédacteur en chef d'un organe peu connu : *L'Initiateur*, bulletin d'études initiatiques réservé aux délégués martinistes, et qui n'eut, d'ailleurs, que sept numéros, de janvier 1904 à mars 1905. À partir du quatrième numéro, le nom de Sisera y fut remplacé par celui de Sédir ; c'est que, à ce moment même, Léon Champrenaud s'écartait de l'occultisme occidental, qui lui semblait engagé dans une impasse, et se tournait définitivement vers l'étude des doctrines orientales, à laquelle il s'intéressait depuis quelque temps déjà. C'est alors qu'il fonda avec Matgioi la revue *La Voie*, qui parut d'avril 1904 à mars 1907. Sous le nom de Théophane, il fit paraître en 1907, en collaboration avec Simon (Matgioi), la première partie des *Enseignements secrets de la Gnose* ; ce volume devait être suivi de deux autres, qui ne furent jamais publiés. C'est encore sous ce même nom de Théophane qu'il donna, en 1910, une étude sur *Matgioi et son rôle dans les Sociétés secrètes chinoises*, suivie d'un résumé de la Métaphysique Taoïste. Enfin, de 1909 à 1912, il s'occupa aussi de la revue *La Gnose*, qu'il contribua à diriger nettement dans le sens de l'étude des traditions orientales. L'ayant beaucoup connu à cette époque et ayant travaillé avec lui presque constamment pendant plusieurs années, nous ne voulons pas le laisser disparaître sans lui adresser ici un souvenir ému et sans rappeler qu'il fut un des premiers qui s'efforcèrent de faire connaître en France les véritables doctrines métaphysiques de l'Orient.

Madame Chauvel de Chauvigny

Publié dans le Voile d'Isis, *mai 1927.*

Le 9 février dernier, après une longue et douloureuse maladie supportée avec le plus grand courage, Mme Marie Chauvel de Chauvigny s'est éteinte à Toulon, où elle s'était retirée depuis quelques années. Tous ceux qui l'ont connue, et qui ont pu apprécier ses grandes qualités de cœur et d'intelligence, seront péniblement émus en apprenant sa disparition.

Sous le nom d'ESCLARMONDE, elle avait collaboré à la revue *La Gnose*, et publié quelques travaux, notamment un *Bref exposé de la Doctrine Gnostique* ; mais la plus grande partie de ses écrits est jusqu'ici demeurée inédite.

Nous tenons à remercier, au nom de tous ses amis, les membres du groupe psychique de Toulon qui l'ont assistée à ses derniers moments, et qui ont bien voulu se charger du soin d'entretenir pieusement sa tombe.

René Guénon

Déjà parus

OMNIA VERITAS LTD PRÉSENTE :

RENÉ GUÉNON
Aperçus sur l'Ésotérisme Chrétien

« Ce changement qui fit du Christianisme une religion au sens propre du mot et une forme traditionnelle... »

Les vérités d'ordre ésotérique, étaient hors de la portée du plus grand nombre...

OMNIA VERITAS LTD PRÉSENTE :

RENÉ GUÉNON
Aperçus sur l'Ésotérisme Islamique et le Taoïsme

« Dans l'Islamisme, la tradition est d'essence double, religieuse et métaphysique »

On les compare souvent à l'« écorce » et au « noyau » (el-qishr wa el-lobb)

Omnia Veritas Ltd présente :

RENÉ GUÉNON
Aperçus sur l'Initiation

« Nous nous étendons souvent sur les erreurs et les confusions qui sont commises au sujet de l'initiation... »

On se rend compte du degré de dégénérescence auquel en est arrivé l'Occident moderne...

OMNIA VERITAS

Omnia Veritas Ltd présente :

RENÉ GUÉNON
AUTORITÉ SPIRITUELLE ET POUVOIR TEMPOREL

« la distinction des castes constitue, dans l'espèce humaine, une véritable classification naturelle à laquelle doit correspondre la répartition des fonctions sociales »

L'égalité n'existe nulle part en réalité

OMNIA VERITAS

OMNIA VERITAS LTD PRÉSENTE :

RENÉ GUÉNON
ÉTUDES SUR L'HINDOUISME

« En considérant la contemplation et l'action comme complémentaires, on se place à un point de vue déjà plus profond et plus vrai »

... la double activité, intérieure et extérieure, d'un seul et même être

OMNIA VERITAS

Omnia Veritas Ltd présente :

RENÉ GUÉNON
INITIATION ET RÉALISATION SPIRITUELLE

« Sottise et ignorance peuvent en somme être réunies sous le nom commun d'incompréhension »

Le peuple est comme un « réservoir » d'où tout peut être tiré, le meilleur comme le pire

OMNIA VERITAS LTD PRÉSENTE :

RENÉ GUÉNON
INTRODUCTION GÉNÉRALE À L'ÉTUDE DES DOCTRINES HINDOUES

« Bien des difficultés s'opposent, en Occident, à une étude sérieuse et approfondie des doctrines hindoues »

... ce dernier élément qu'aucune érudition ne permettra jamais de pénétrer

OMNIA VERITAS LTD PRÉSENTE :

RENÉ GUÉNON
LE RÈGNE DE LA QUANTITÉ ET LES SIGNES DES TEMPS

« Car tout ce qui existe en quelque façon que ce soit, même l'erreur, a nécessairement sa raison d'être »

... et le désordre lui-même doit finalement trouver sa place parmi les éléments de l'ordre universel

OMNIA VERITAS LTD PRÉSENTE :

RENÉ GUÉNON
LE ROI DU MONDE

« Un principe, l'Intelligence cosmique qui réfléchit la Lumière spirituelle pure et formule la Loi »

Le Législateur primordial et universel

« Il y a, à notre époque, bien des « contrevérités », qu'il est bon de combattre... »

Parmi toutes les doctrines « néo-spiritualistes », le spiritisme est certainement la plus répandue

Omnia Veritas Ltd présente :

RENÉ GUÉNON
ORIENT & OCCIDENT

« La civilisation occidentale moderne apparaît dans l'histoire comme une véritable anomalie...»

... cette civilisation est la seule qui se soit développée dans un sens purement matériel

« Ce développement matériel a été accompagné d'une régression intellectuelle qu'il est fort incapable de compenser »

Qu'importe la vérité dans un monde dont les aspirations sont uniquement matérielles et sentimentales

Omnia Veritas Ltd présente :
RENÉ GUÉNON
LA CRISE DU MONDE MODERNE

«Il semble d'ailleurs que nous approchons du dénouement, et c'est ce qui rend plus sensible aujourd'hui que jamais le caractère anormal de cet état de choses qui dure depuis quelques siècles»

Une transformation plus ou moins profonde est imminente

Omnia Veritas Ltd présente :
RENÉ GUÉNON
LA GRANDE TRIADE

«On veut trouver dans tout ternaire traditionnel, quel qu'il soit, un équivalent plus ou moins exact de la Trinité chrétienne»

Il s'agit bien évidemment d'un ensemble de trois aspects divins

Omnia Veritas Ltd présente :
RENÉ GUÉNON
LE SYMBOLISME DE LA CROIX

«La considération d'un être sous son aspect individuel est nécessairement insuffisante»

... puisque qui dit métaphysique dit universel

La notion de l'Infini métaphysique dans ses rapports avec la Possibilité universelle

La Divine Comédie, dans son ensemble, peut s'interpréter en plusieurs sens

Le Vêdânta n'est ni une philosophie, ni une religion

OMNIA VERITAS LTD PRÉSENTE :

RENÉ GUÉNON

LE THÉOSOPHISME

HISTOIRE D'UNE PSEUDO-RELIGION

« Notre but, disait alors Mme Blavatsky, n'est pas de restaurer l'Hindouïsme, mais de balayer le Christianisme de la surface de la terre »

Le vocable de théosophie servait de dénomination commune à des doctrines assez diverses

OMNIA VERITAS LTD PRÉSENTE :

RENÉ GUÉNON

ARTICLES & COMPTES-RENDUS NON REPRIS

«... on voit une barque portée par le poisson, image du Christ soutenant son Église » ; or on sait que l'Arche a souvent été regardée comme une figure de l'Église... »

Le Vêda, qu'il faut entendre comme la Connaissance sacrée dans son intégralité

OMNIA VERITAS LTD PRÉSENTE :

RENÉ GUÉNON

COMPTES-RENDUS DE LIVRES

«... ce terme de « réincarnation » ne s'est introduit dans les traductions de textes orientaux que depuis qu'il a été répandu par le spiritisme et le théosophisme... »

... la « réincarnation » a été imaginée par les Occidentaux modernes...

... l'éloignement du Principe, nécessairement inhérent à tout processus de manifestation

Quant à l'Islam politique, mieux vaut n'en pas parler, car ce n'est plus qu'un souvenir historique

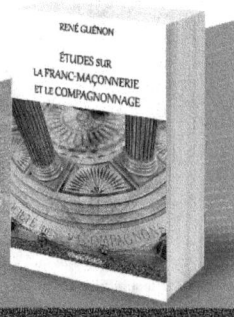

la distinction entre « Maçonnerie opérative » et « Maçonnerie spéculative »

OMNIA VERITAS LTD PRÉSENTE :

RENÉ GUÉNON

FORMES TRADITIONNELLES
& CYCLES COSMIQUES

« Les articles réunis dans le présent recueil représentent l'aspect le plus original de l'œuvre de René Guénon »

Fragments d'une histoire inconnue

OMNIA VERITAS LTD PRÉSENTE :

RENÉ GUÉNON

LES PRINCIPES DU
CALCUL INFINITÉSIMAL

«... il nous a paru utile d'entreprendre la présente étude pour préciser et expliquer plus complètement certaines notions du symbolisme mathématique... »

un exemple frappant de cette absence de principes qui caractérise les sciences profanes...

OMNIA VERITAS LTD PRÉSENTE :

RENÉ GUÉNON

Écrits sous la signature
de T PALINGÉNIUS

«... Il est un certain nombre de problèmes qui ont constamment préoccupé les hommes, mais il n'en est peut-être pas qui ait semblé généralement plus difficile à résoudre que celui de l'origine du Mal... »

Comment donc Dieu, s'il est parfait, a-t-il pu créer des êtres imparfaits ?

www.ingramcontent.com/pod-product-compliance
Lightning Source LLC
Chambersburg PA
CBHW071942220426
43662CB00009B/957